EVOLUTION OF STRATEGIC MANAGEMENT RESEARCH
PANTHEON AND MONUMENTS

战略管理学说史
英雄榜与里程碑

马浩 著

北京大学出版社
PEKING UNIVERSITY PRESS

图书在版编目(CIP)数据

战略管理学说史：英雄榜与里程碑/马浩著. —北京：北京大学出版社,2018.10
ISBN 978 – 7 – 301 – 29878 – 7

Ⅰ. ①战… Ⅱ. ①马… Ⅲ. ①战略管理—研究 Ⅳ. ①C931.2

中国版本图书馆 CIP 数据核字(2018)第 208447 号

书　　　名	战略管理学说史：英雄榜与里程碑	
	ZHANLÜE GUANLI XUESHUOSHI	
著作责任者	马　浩　著	
策 划 编 辑	张　燕	
责 任 编 辑	张　燕	
标 准 书 号	ISBN 978 – 7 – 301 – 29878 – 7	
出 版 发 行	北京大学出版社	
地　　　址	北京市海淀区成府路 205 号　100871	
网　　　址	http://www.pup.cn	
电 子 信 箱	em@pup.cn　　　　QQ:552063295	
新 浪 微 博	@北京大学出版社　@北京大学出版社经管图书	
电　　　话	邮购部 010 – 62752015　发行部 010 – 62750672　编辑部 010 – 62752926	
印 刷 者	北京中科印刷有限公司	
经 销 者	新华书店	
	730 毫米 × 1020 毫米　16 开本　26.75 印张　383 千字	
	2018 年 10 月第 1 版　2018 年 10 月第 1 次印刷	
印　　　数	0001—6000 册	
定　　　价	98.00 元	

To David B. Jemison

My Mentor in Strategic Management and Scholarship

前　言

　　本书勾勒与评介国际主流研究社区中战略管理学领域的演进与发展历程，涵盖其经典理论以及最为基础与核心的问题和方法。其主旨在于帮助读者更好地领略战略管理学的理论风采与学说意趣，为从事战略管理学专业研究的同行以及在读的研究生们提供一个参考读本。毕竟，通晓一个学科的历史传承与总体风貌，将有助于当下的研究与创新。

　　科学研究探寻真理。真理面前人人平等。这无疑是科学研究社区必须秉承与恪守的戒律信条。然而，科学乃科学家之社区，科学即科学家的修为。像任何由人组成的社区一样，科学家及学者圈内也有所谓的"明星"和"英雄"。他们的言行，无论对错，都会比一般的同行具有更大的影响力和指导性。他们最终界定和评判问题的重要性、方法的妥当性、结果的可信性以及学术贡献之大小高下。

　　概而言之，任何创造性的活动、原创性的东西，大概都是以明星制的生产方式进行的。而众人得以广泛参与的活动，主要是在传播领域和再创新的领域。虽然学术研究成果的判定、论文的最终评审，是在作者和审稿者互不知晓对方的双盲（Double-Blind）评审制度中产生的，但在论文引用和传播方面，大家还是可以识别明星学者和他们所代表的重要成果的。不是谁的文章都能传世。

　　也就是说，学术研究也是明星制盛行的社区，由明星学者或曰学术英雄来主导和代表。明星学者通常是那些在入行早期甚至在整个职业生涯中持续有重大贡献的学者，亦即其论文被大家引用最多的学者、对该领域的研究方向具有引领性影响的学者。因此，考察和研读明星学者及其主要贡献，可以说是迅速了解和把握一个学科发展脉络以及前沿阵地的便捷手段。

有鉴于此，本书将着力打造战略管理学领域的"学术英雄榜"，并以榜上英雄的卓越贡献为主要素材和代表来梳理和呈现战略管理学研究的精彩脉络与华美篇章。就像当年陈岱孙教授评述经济思想史时所说的，自亚当·斯密以降的所有经济学家，谁能占一章、一小节、一页纸、一次提名，都是有讲究的。名彪青史，靠的不仅是实力，还有同行的认可。

每个相对成熟和有影响的职业领域，都有自己的制度化传承，以铭记和昭彰那些榜样性的英雄人物及其里程碑式的成就与贡献。比如，优秀的电影演员可以通过奥斯卡等奖项而名载史册，各种球类运动巨星可以风光无限地晋身该项目的名人堂（Hall of Fame）。显然，能够获得专业奖项的职业人士都是该专业内的佼佼者。

学术界也不例外。各个学科领域通常都有自己专业学会的院士（Fellow）和相关的各类奖项，比如举世闻名的诺贝尔奖。而且，学术圈主要是靠发表文章吃饭的。明星学者的重要贡献，白纸黑字、一目了然，全都记录在文献里。如前所述，学术贡献最为精准的影响力指标，就是同行学者的引用率，即你的文章及其所代表的成就被多少同行学者引用提及、推崇赞赏、借鉴发挥、拓展增强。

基于明星学者的奖项和荣誉，尤其是其学术成就与贡献的重要性和影响力，我们可以构建英雄榜、瞻仰里程碑、欣赏学说史、开启新航程。学者们在战略管理学会（Strategic Management Society）和美国管理学会（Academy of Management）尤其是其战略管理分会（Strategic Management Division）的表现和成就，以及日益受到大家重视的谷歌学术引用次数等指标，将是我们使用的重要依据。

基于对英雄榜和里程碑的考察，我们可以相对全面精准地捕捉和把握战略管理领域研究的主线。本书亦将梳理一些重大研究专题的发展轨迹及其未来走向。不同的问题往往是与不同的研究视角密不可分的，比如经济学或者社会学的视角。因此，在讨论重大课题之际，我们将总结不同学科的研究视角对战略管理学的贡献。

出于对学术研究基本功的重视，本书也将总结和评述战略管理理论贡献的类别与评价标准以及相关方法论的特点与应用。从概念到分类法，从分析框架到数理模型，战略管理学的理论呈现精彩纷呈；从案例研究到田野调查，从扎根理论到统计分析，战略管理学的研究方法丰富多样。在欣赏理论呈现类别与研究方法多元化的同时，我们着重强调理论和方法与所研究问题的匹配与契合。

整理学说史与学术流派，不仅是为了记录过去，更重要的是为了预测和昭示未来，给当下的学者和同道者提供有益的启发。在本书中，我们还将设问和探究管理学研究与管理实践的关系，并审视和反思战略管理研究的使命与意义。同时，我们也将展望中国战略管理学者所面临的机遇与挑战，并从学说史的角度对潜在的研究方向给予思考和建议。

总体而言，本书将主要展现战略管理学国际主流学术社区的研究成果。毕竟，这是学科发展的主线和基石。对于战略管理而言，无论是"老将"还是"新兵"，都希望大家开卷有益、不虚此行。也希望大家随时造访、建议指正。更希望有志于学术研究的青年才俊积极参与到战略管理学研究的事业中来，冲锋陷阵、屡建战功。即使作为旁观者和鉴赏者，最好也要摇旗呐喊、喝彩壮行。

好，让我们一起出征！

马　浩

2018 年 2 月 4 日

于得克萨斯奥斯汀

西河沿翠溪轩

目录
CONTENTS

第一部分　战略管理学演进概览

第二部分 开天辟地的功勋人物

第三部分 星光闪耀的职业典范

第四部分　青梅煮酒之当代精英

第五部分　学科发展之前景展望

第一部分
战略管理学演进概览

　　当代战略管理学作为一个重要的管理学研究领域，可谓风华正茂、成就斐然，尤其是在过去的半个多世纪，学说繁盛、流派纷呈、定量定性、成果颇丰，不乏历久不衰的经典力作和战功卓著的学术英雄。第一部分旨在对当代战略管理学的发展演进做一个简要的回顾，对一些重要理论建树和学派观点进行梳理和解读，从而力争对国内从事战略管理学的各位"老将""新兵"带来一些有益的启发。我们将主要聚焦于国际战略管理学研究主流社区的文献。毕竟，这是本学科的理论基石和发展主线。

第一章　战略管理：百年回眸再出发[①]

　　始自早年哈佛商学院的企业政策研究传统——战略管理学已经逐渐发展成为一个相对成熟的学术研究领域。在其一百多年的演进过程中，产生了影响广泛的各类学说与精彩纷呈的学术流派。通晓其主流学派的发展与演进历程，领略其核心与经典文献的精髓风貌，乃是在该领域进行深入探讨所必须具备的基本功。为了帮助大家更加迅速便捷地接触和挖掘战略管理学领域里程碑式的贡献及较为经典的文献，以主导理论范式、公司战略、业务战略、战略管理过程和高管团队等五大类别为基本行文架构，本章力求忠实原本地梳理和解读各个时期的学说要点与理论成就，并尽量客观地从学说史的角度评价各类理论贡献。

战略管理领域的奠基阶段

早期源流：一般管理与企业政策

　　虽然直接或间接地受到以 Fayol（1916）和 Barnard（1938）等为主要倡导者的一般管理或曰总体管理（General Management）学说的早期影响，当代战略管理学的主要形成阶段大概是在 20 世纪 60 年代。哈佛大学商学院对一般管理的重视和推崇在其著名的企业政策（Business Policy）

---

① 本章所依据的主要素材曾以"战略管理学 50 年：发展脉络与主导范式"为题发表于《外国经济与管理》2017 年第 7 期，第 15—32 页。

的教学与研究中发挥得淋漓尽致。Learned 和他的同事 Andrews 等（Learned, Christensen, Andrews & Guth, 1965；Andrews, 1971）对企业政策方面的贡献，集中地体现在他们所创立的 SWOT 分析框架的精髓中，强调企业经营战略是在企业外部环境因素（决定企业可能做什么）和企业内部资源与运作（决定企业能够做什么）之间寻求契合，并不可避免地需要同时兼顾管理决策者个人偏好（决定企业想做什么）以及企业的社会责任与预期（决定企业应该做什么）。

一般管理的任务是将企业看作一个有机的整体，通过战略的视角从总体上把握企业与环境的关系。在以企业政策和一般管理为传统的案例教学与研究中，Andrews 等学者逐渐将重点聚焦在经营战略上。通过对不同产业进行的一系列案例研究，比如对瑞士钟表业的研究，他们试图用企业的战略定位以及战略实施来解释为什么同一产业内的不同企业间会存在持久的利润率差别。应该说，哈佛商学院的企业政策和一般管理研究为当代战略管理学的诞生打下了良好的概念性基础。

公司战略：Chandler 与 Ansoff

与企业政策和一般管理遥相呼应，并同时成为当代战略管理学理论基石的，还有企业史学大家 Alfred Chandler, Jr. 的著作《战略与结构》（*Strategy and Structure*）（Chandler, 1962）。值得一提的是，经济学家 Gort（1962）是最早关注企业多元化战略的重要学者之一。他的工作虽然没有构成对战略管理学科的直接贡献，但的确为当时研究公司层面战略挑战的各类学者所广为借鉴。Chandler（1962）的贡献则直接影响了战略管理学界对多元化战略及其管理结构、过程与绩效的理解。Chandler 在其巨著中对战略的概念给出了相关文献中最早的并且非常全面和系统的定义，至今仍然流传沿用。他用"战略"一词表述企业关于长期目标的制定、资源配置的选择和行动序列的设计，提出了"结构跟随战略"这一重要命题，并以企业史上多种案例举证，论证了组织结构（事业部制）与企业战略（多元化）相匹配对企业经营绩效的正面影响。

Igor Ansoff 以系统论为基础背景而构建的《公司战略》（*Corporate*

Strategy）（Ansoff，1965），乃是战略管理学科发展早期不可或缺的经典论著。Ansoff 的论著凸显多元化经营战略中的协同作用以及企业成长战略的设计与思考，推出了著名的产品-市场组合矩阵，通篇洋溢着理性思维的光辉以及工程师一般的对可操作性之强烈欣赏和关注。至此，1965 年左右，当代战略管理学的奠基之工可谓尘埃落定。以战略为基本概念、以企业政策为暂用名称的一个新兴学科宣告诞生，初步的理论框架和研究议程得以形成。

整体风貌与里程碑式的经典贡献

关于战略管理学科自 20 世纪 60 年代以来的整个演进历程的概览，请参阅表 1.1。该表中相对详细地列出了不同阶段的主要研究焦点和学说传承，较为全面地展现了战略管理领域不同学说和专题的演进历程与整体风貌。当然，这一图表性的总结和展示只是为了更加直观和相对系统。具体的时间节点和跨度，以每个十年来粗略分档，自然不可能完全精准。作为开篇概览，这里着重梳理各个时期的主导理论范式，兼及其他重要元素和脉络，主要聚焦纯学术研究的文献和部分具有较高学术价值的应用型文献；而且，重点在于介绍里程碑式的贡献与极为经典的文献。关于不同研究专题的纵向深入探讨以及相关的研究视角的考量将在后续著作中呈现。

表 1.1　战略管理学里程碑式的贡献（20 世纪 60 年代至 21 世纪 10 年代）

主题	代表文献
20 世纪 60 年代	
Dominant Paradigm 主导范式	Business Policy（Learned et al.，1965） 源自哈佛商学院企业政策研究和教学传统的战略分析框架（SWOT）
Corporate Strategy 公司战略	Business History（Chandler，1962） 事业部制组织结构与多元化企业战略的匹配影响企业经营绩效 Diversification Strategy（Gort，1962） 公司多元化的经济学考量 Corporate Strategy（Ansoff，1965） Ansoff 纵论公司战略：企业增长矩阵、协同作用、竞争优势 Organizational Structure and Multinational Strategy（Fouraker & Stopford，1968） 跨国战略与组织结构

（续表）

主题	代表文献
Business Strategy 业务战略	Studies of Industry Structure（Caves, 1964） 产业组织经济学的 S-C-P 分析范式尚未直接影响企业战略分析与制定，但此项工作奠定了"波特革命"的学术基础
Strategy Process 战略过程	General Managers and the General Management Process（Koontz, 1961） 一般管理者以及一般管理过程
CEO/TMT 高管团队	Behavioral Decision Making（Cyert & March, 1963） 行为决策理论（TMT 研究前身）
20 世纪 70 年代	
Dominant Paradigm 主导范式	Strategic Planning（Steiner, 1979） 战略前景分析（Scenario Analysis） 战略规划制定框架与工具
Corporate Strategy 公司战略	Concept of Corporate Strategy（Andrews, 1971） 公司战略的概念基础 Diversification Strategy and Performance（Rumelt, 1974） 多元化战略分类与绩效研究：业务间的相关性与协同作用 Simultaneous Equation Model（Schendel & Patton, 1978） 用联立方程捕捉公司战略 Corporate Social Responsibility（Carroll, 1979） 企业社会责任绩效的提出
Business Strategy 业务战略	Typology of Generic Strategies（Miles & Snow, 1978） 基本战略分类法与理想类型 PIMS（Schoeffler, Buzzell & Heany, 1974；Buzzell, Gale & Sultan, 1975） 营销战略与市场份额对企业利润率的影响
Strategy Process 战略过程	Decision Making as a Political Process（Bower, 1970；Pettigrew, 1973） 战略决策的政治过程 Structure of Unstructured Decisions（Mintzberg et al. , 1976） 非结构性决策的结构 Emergent Strategy as Patterns（Mintzberg, 1978） 自生战略的自然涌现和凸显
CEO/TMT 高管团队	Does Leadership Matter?（Lieberson & O'Connor, 1972） 领导者对于组织绩效有用吗？ 来自社会学对企业高管的研究乃是该专题领域实证研究的先驱

（续表）

主题	代表文献
20 世纪 80 年代	
Dominant Paradigm 主导范式	Industry Analysis（Porter, 1980） 波特产业结构分析与战略定位 Resource-Based View of the Firm（Wernerfelt, 1984） 资源本位企业观登场 Stakeholder Approach（Freeman, 1984） 利益相关者与战略制定
Corporate Strategy 公司战略	Dominant Logics（Prahalad & Bettis, 1986） 主导管理逻辑 Multipoint Competition（Wernerfelt & Karnani, 1984） 多点竞争 Joint Ventures（Kogut, 1988） 合资企业 Global Strategy（Ghoshal, 1987） 全球战略
Business Strategy 业务战略	Generic Strategies（Porter, 1980） 波特基本竞争战略 Strategic Group（Dess & Davis, 1984） 战略群组研究 Competitive Dynamics（Porter, 1980） 竞争动态分析 First Mover Advantage（Lieberman & Montgomery, 1988） 先动优势
Strategy Process 战略过程	Logical Incrementalism（Quinn, 1980） 逻辑渐进主义 Fast Decision Making（Eisenhardt, 1989a） 速变环境下的战略决策
CEO/TMT 高管团队	Upper Echelon：CEO & TMT（Hambrick & Mason, 1984） CEO 与高管团队研究正式开启/高阶管理视角及研究专题确立 Managerial Discretion（Hambrick & Finkelstein, 1987） 管理自由度
20 世纪 90 年代	
Dominant Paradigm 主导范式	Resource-Based View of the Firm（Barney, 1991） 资源本位企业观：VRIO 框架 Dynamic Capability（Teece et al., 1990, 1997） 动态能力理论形成 Austrian Approach（Jacobson, 1992） 奥地利学派与战略

（续表）

主题	代表文献
Corporate Strategy 公司战略	Core Competence（Prahalad & Hamel, 1990） 核心竞争力 Internal Corporate Venturing（Burgelman, 1994） 公司内创业 Parenting Advantage（Goold et al., 1994） 母合优势学说 Cooperative Strategy（Dyer & Singh, 1998） 战略关系观 International Diversification（Hitt et al., 1997） 国际多元化
Business Strategy 业务战略	Hyper-Competition（D'Aveni, 1994） 超级竞争学说 Coopetition（Brandenburger & Nalebuff, 1996） 竞合概念与框架 Game Theory and Strategy（Camerer, 1991；Saloner, 1991；Parkhe, 1993） 博弈论与战略 Winner Takes All（Hill, 1997） 产业标准的竞争
Strategy Process 战略过程	Absorptive Capacity（Cohen & Levinthal, 1990） 企业对外部知识的吸收能力对企业研发与创新的影响 Myopia of Learning（Levinthal & March, 1993） 组织学习短视症 Knowledge-Based View of the Firm（Kogut & Zander, 1992；Grant, 1996；Spender, 1996；Szulanski, 1996） 知识本位企业观 Corporate Political Strategy（Hillman & Hitt, 1999） 企业政治战略
CEO/TMT 高管团队	CEO/TMT Composition and Dynamics, Firm Process and Action, and Firm Performance（Wiersema & Bantel, 1992；Finkelstein, Hambrick & Cannella, 1996；Hambrick, Cho & Chen, 1996） 高管团队构成特点及动态与企业的过程、行为以及绩效的关系

（续表）

主题	代表文献
21 世纪 00 年代	
Dominant Paradigm 主导范式	Dynamic Capabilities（Eisenhardt & Martin, 2000；Teece, 2007） 动态能力研究持续升温 动态能力（及战略）的微观基础
Corporate Strategy 公司战略	Strategic Alliance and Networks（Gulati et al. , 2000） 战略联盟与战略网络 Real Options（Adner & Levinthal, 2004） 实物期权 Corporate Entrepreneurship Strategy（Ireland et al. , 2009） 公司总体创新战略 Corporate Political Activity and Strategy（Hillman et al. , 2004） 公司政治战略
Business Strategy 业务战略	Business Model and E-business Value Creation（Amit & Zott, 2001） 商业模式与电商竞争 Blue Ocean Strategy（Kim & Mauborgne, 2005） 蓝海战略 Strategy and the Internet（Porter, 2001） 网络时代的战略
Strategy Process 战略过程	Knowledge Flows within MNC（Gupta & Govindarajan, 2000） 跨国公司部门之间的知识互享 Strategy as Practice（Whittington, 2003；Jarzabkowski, 2004, 2005；Johnson, Melin & Whittington, 2003） 战略乃实践与活动组合
CEO/TMT 高管团队	Upper Echelon Revisited（Carpenter, Geletkanycz & Sanders, 2004；Hambrick, 2007；Finkelstein, Hambrick & Cannella, 2009） 高管团队研究回访与总结 Does Leadership Matter? CEO Attributes and Profitability under Perceived Environmental Uncertainty（Waldman, Ramirez, House & Puranam, 2001） CEO 领导特点（交易型与魅力型）在不同程度的环境不确定性情况下对利润率的影响

（续表）

主题	代表文献
21 世纪 10 年代	
Dominant Paradigm 主导范式	Microfoundations of Strategy（Barney & Felin, 2013） 战略的微观基础运动 Strategic Entrepreneurship（Hitt et al., 2011） 战略性创业
Corporate Strategy 公司战略	Corporate Social Responsibility（Carroll & Shabana, 2010） 企业社会责任与可持续发展 Corporate Political Activity and Strategy（Lux, Crook & Woehr, 2011；Wang & Qian, 2011；Jia, 2014） 公司政治战略的形式、过程与结果及其与社会责任表现的关系
Business Strategy 业务战略	Age of Temporary Competitive Advantage（D'Aveni et al., 2010） 短暂竞争优势 Business Model（Teece, 2010；Zott et al., 2011） 商业模式升温 Platform Strategy（Cennamo & Santalo, 2013）and Eco-System Strategy（Adner & Kapoor, 2010；Kapoor & Lee, 2013） 平台战略与生态系统
Strategy Process 战略过程	Behavioral Strategy（Powell, Lovallo & Fox, 2011；Gavetti, 2012）and Neuro Strategy（Powell, 2011） 行为战略以及脑科学对战略的影响 Strategy as Practice（Vaara & Whittington, 2012） "战略乃实践"运动持续升温
CEO/TMT 高管团队	Narcissitic CEOs（Chatterjee & Hambrick, 2007；2011） CEO 的自恋及其对战略的影响 Social Performance of CEO & TMT（Chin et al., 2013） 高管团队的政治意识形态对企业社会绩效的影响 Increasing Attention to CEO/TMT（Quigley & Hambrick, 2015） 大家对 CEO/TMT 效应的关注激增

战略管理领域的早期发展

公司战略：Rumelt 的分类与检验

20 世纪 70 年代，主流派的战略管理研究出现了较大的突破。Rumelt 于 1974 年出版了《战略、结构和经济绩效》（*Strategy, Structure and Economic Performance*）一书，在哈佛前辈学长之工作的基础上提出了一套后来具有广泛影响的"公司层"战略的分类法，提请大家注意相关多元化经营的竞争优势（由于一个企业的不同业务间共享研发、品牌和渠道等资源所导致的范围经济或协同效应），以及选择与企业战略相应的组织结构对企业经营绩效的重要性。该著作接续 Chandler 的开山之作《战略与结构》（Chandler，1962）中的主题，并开战略管理研究中大规模数据应用和统计分析之先河。自此，战略管理领域的研究日益推崇现代科学方法论和实证研究（Positivism）的范式，开始逐渐形成重视正规与严谨的理论发展之风气。

业务战略：PIMS 研究

20 世纪 70 年代早期，另外一个尊崇实证研究的分支，来自营销战略研究的贡献，可以说引领了"业务层"战略研究中统计分析的潮流。这一分支就是所谓的 PIMS（Profit Impact of Marketing Strategy，市场营销战略对利润率的影响）研究项目。参加该项目的研究人员来自市场学、管理学和经济学等领域。通过对不同制造业产业样本的统计分析，该项目早期的基本结论是市场份额与企业的利润率成正比，企业可以通过获取市场份额而提高其利润率。该项目由哈佛商学院的 Buzzell 教授倡导，后来演变成一个独立的常设机构，称为战略规划研究院。当然，后续的研究结果表明，市场份额与利润率之间并不一定存在正比的关系；即使是正比，也不一定代表因果关系。所以，不择手段地建立市场份额的方法并不能够保证提高企业的长期利润率。

战略规划运动：来去匆匆

对于应用研究而言，20 世纪 70 年代的另外一个风流占尽但终究昙花一现的时尚潮流，是所谓的战略规划（Steiner，1979）。美国通用电气和欧洲的壳牌石油公司等大企业是战略规划运动的积极倡导者和实践者，同时也资助了关于战略规划的大量研究。著名的波士顿矩阵和麦肯锡业务屏等帮助多元化企业进行业务组合管理的战略规划手段正是在这样一个大背景下提出的。虽然关于战略规划的论著在后来仍不断出现而且战略规划的传统和组织机构在很多大企业至今仍然存在（可参阅 Mintzberg 等（1996）对战略规划兴衰的述评），但战略规划的说法逐渐为战略管理所代替，战略本身的形成和实践意义早已逃出了规划体系和机构的束缚。在很多大企业里，战略规划部门所做的工作不过是该部门职员每年自娱自乐的季节性游戏而已。

战略管理领域的正式形成

20 世纪 70 年代后期，战略管理作为一个独立学科和研究领域的地位逐渐被以商学院为代表的学术界以及外部的企业界承认和重视。首先，主流派的研究取得了实质性的进展，受到管理学者和临近学科的广泛关注。其次，战略管理的博士项目日益增多，开始培养和开发学科快速发展所必需的人才储备。最后，战略管理学者的自我认知逐渐增强，开始自觉地用战略管理的名称来表述自己的领域。

基本战略分类法：Miles 和 Snow 的贡献

Miles 和 Snow 在 1978 年出版的《组织战略、结构和过程》（*Organization Strategy, Structure, and Process*）中首次提出一种基本竞争战略的分类体系。不同的企业在对待外部市场定位、内部组织程序和技术操作过程等经营任务时采用不同战略态势：前瞻者（Prospector）、分析者（Analyzer）、守成者（Defender）、被动者（Reactor）。该书强调企业战略和组织结构及过程的有机组合与理想状态，并承认殊途同归的可能性：基本战略体系中的任何一个稳定战略都可能带来卓越绩效。Miles 和 Snow 的开创性工作，第一次在战略管理自己的领域内，以管理学本身的素养为依据，独立地提出了一套完整的理论体系，并且可以通过实证研究来进行证伪。这一创建在很大程度上为战略管理学作为一个独立学科的存在提供了及时有效的合法性基础。

战略过程：自生战略与逻辑渐进主义

同时，关于战略过程的研究也在有声有色地进行着。基于其博士论文（于 20 世纪 60 年代末完成，20 世纪 70 年代逐渐发表）关于对管理者的角色和管理的实际过程的研究，Mintzberg（1978）正式阐述了"自生战略"的现象，并指出战略不仅可以被"制定"（Formulated）出来，也可以自动自发地"形成"（Formed）。战略决策可以是理性设计、上行下达的结果，也可以是随机发生、上下互动的结果。这样，Mintzberg 对战略概念和现象本身做出了超乎寻常的定义和诠释，令人耳目一新。

Quinn（1980）在同一时期关于逻辑渐进主义的系列研究与 Mintzberg 的理论遥相呼应，强调战略决策过程的复杂性、不确定性、系统性和开放性。如此，战略选择的过程必须考虑到人的心理因素、行为因素和政治因素等。其实，早在 1970 年，Bower（1970）就已经揭示了企业的重大战略投资决定基本上不是按照流行的金融和财务理论进行的项目比较，而是一个彻头彻尾的政治过程，包括高层、中层和基层等参与者的多方互动。

从三位学者对"自生""渐进"和"互动"的大为青睐，我们可以看出，这种对战略过程特点的关注继承了管理决策理论先驱 Simon（1947）的理论衣钵。Simon 关于决策者有限理性（Bounded Rationality）的忠告在早期针对战略管理过程研究的理论中得到了很好的回应。不仅如此，他们对政治因素的敏感性大大地突破了 Simon 对于有限理性这一技术性原因的关注，更加丰富了对战略过程的把握。与上述 Miles 和 Snow 有关战略内容的研究结合起来考察，战略管理学自身的理论建设可以说初具规模。

学科建设：博士项目与期刊阵地

20 世纪 70 年代后期至 20 世纪 80 年代早期和中期，战略管理学（企业政策或曰政策与战略）的博士项目如雨后春笋，层出不穷。早期培养博士较多而且毕业生出类拔萃的学校主要集中在几个战略重镇：哈佛商学院、沃顿商学院、西雅图华盛顿大学、普度大学和匹兹堡大学等。

Schendel 和 Hofer 在 1977 年邀请了当时战略管理领域的主要代表人物在匹兹堡大学集会，对本领域的发展做了一个阶段性的总结和展望，并根据会议上学者们提交的论文整理、主编并出版了集当时企业政策和战略规划研究之大成的论文集《战略管理》（*Strategic Management*）（Schendel & Hofer, 1979）。这本书的出版加速了本领域中基本概念和分析框架的正式化，并促成了"战略管理"代替"企业政策"和"战略规划"等称谓成为这一领域的正式名称。1980 年，由 Schendel 主编的《战略管理学期刊》（*Strategic Management Journal*）诞生。它标志着战略管理学正式成为一门独立的学科。至此，战略管理学科开始进入突飞猛进的快速发展阶段。

"波特革命"：产业组织经济学的全面洗礼

20 世纪 80 年代，Michael Porter（迈克尔·波特）的《竞争战略》（*Competitive Strategy*）（Porter, 1980）和《竞争优势》（*Competitive Advantage*）（Porter, 1985）风靡一时，尽显产业结构分析法之魅力。五因素模式、三种基本战略、价值链等为战略研究者、实践者和咨询者等奉为至宝，津津乐道，广为流传，至今盛誉不衰。可以说，战略管理学领域经历了一次产业组织经济学的全面侵袭和洗礼。经历了无数实证研究的检验以及其他理论的批评和补充，在"波特革命"骤然兴起近四十年后，我们可以比较客观地审视和评价 Porter 的贡献，以及产业经济学的理论和方法在应用于战略管理学研究时所表现出的某些缺陷和不足。

理论基石：产业组织经济学

以 Mason（1938）和 Bain（1954）为代表人物的产业组织经济学，经过几十年的实证研究和理论发展，形成了所谓 S-C-P（Structure-Conduct-Performance，意即"结构–行为–绩效"）的理论范式（Caves，1964）。其主要逻辑是产业结构决定产业内企业的行为（比如产品组合、定价、广告策略等），企业的行为决定了该产业内企业的平均绩效。既然企业的行为也由产业结构来决定，那么，产业内企业的平均绩效最终是由产业的结构特点来决定的。显然，这一理论范式的分析层次是产业而不是个体企业。这一点儿都不奇怪，因为根据定义，产业经济学的分析层次当然是产业。而且，产业组织经济学的服务对象主要是政府监管部门，目的在于帮助政府实施反垄断和增强竞争的措施，从而保护和增进消费者利益。

经济与管理的结合：Porter 的贡献

Porter 出身于哈佛大学经济系与哈佛商学院合办的管理经济学的博士项目，毕业后留在哈佛商学院任教。严谨的经济学训练使他对产业经济学的真谛谙熟于心，而商学院环境的熏陶又使他对企业政策的深厚传统耳濡目染，两种思潮的交锋和碰撞催生了一场声势浩大的"波特革命"。Porter 的主要贡献在于将 S-C-P 引入企业战略分析的研究中，对产业组织经济学为政府政策服务的目标进行了全面颠覆，使产业分析的手段和方法能够为企业服务，指引它们如何了解、预测并尽可能地操纵市场结构，从而最大限度地获取和最持久地保持竞争优势。

具体的分析手段就是著名的五因素框架（供给商和购买商的砍价能力、潜在进入者和替代者的威胁，以及产业内不同对手间的竞争）。很显然，这个框架具有如下几个主要特点。首先，它强调的是一种"市场力量"（Market Power）的较量。一个企业必须具有应对、影响和改变上述五种因素的强势力量。其次，它关于产业的定义是宽泛的和延展的，不仅包括本产业的对手，而且包括邻近行业的企业和潜在的对手。最后，它使得 SWOT 分析中的 OT（环境中的机会和威胁）分析更加系统化，更加严谨。如此，根据五因素框架和 S-C-P 范式的宗旨，战略的首要任务在于产业定位：在具有吸引力的产业中占据强势位置。不言而喻，产业分析和定位的背后，不可避免地晃动着环境决定论的身影。

产业内结构：战略群组

产业组织经济学对战略管理的另一个理论贡献在于对战略群组（Strategic Group）的研究（Dess & Davis，1984；McGee & Thomas，1986）。战略群组指的是在同一产业内采取相同或相似战略的一群企业的组合。一个产业可以由多个战略群组构成。由于战略群组间移动壁垒的存在，比如规模经济、资金投入、研发实力、品牌优势等，企业很难从一个相对较弱并容易进入的战略群组转移到另外一个相对较强的战略群组。由于不同战略群组面临的"产业内结构"（Intra-Industry Structure）是不一样的，不同的战略群组间将会存在长期的利润率差别。这种理论认为，产业内结构（一个特定战略群组直接面临的结构）同整个产业的结构特点共同决定着战略群组内企业的平均经营绩效。关于战略群组的研究争议很多，实证结果也不能提供令人完全信服的结果来表明战略群组确实存在并且对利润率有确定的影响（Dranove，Peteraf & Shanley，1998）。

竞争的基本层面：竞争动态

更深一个层次的产业分析，便是企业间的竞争动态。这一分支的研究既受到 S-C-P 范式的影响，比如对进入壁垒、退出壁垒和市场集中度等因素的考量，也受到新产业经济学中博弈论传统的影响，比如对战略承诺、可信威胁、激励机制等的探讨。Porter 对竞争动态分析也做出了非常重要的贡献，其中包括分析竞争对手时需要考虑的对手的目标、战略、假设和实力等因素，挑战者和领先地位者的不同战略选择，企业在不同类型市场上和产业生命周期中的竞争战略，以及多点竞争动态的主要特点等（Porter，1980）。

后来对这一分支理论贡献最大的当首推马里兰大学的 Kenneth Smith 及其同事，尤其是以陈明哲为优秀代表的一批毕业于马里兰大学的博士生等。他们以航空业为主要研究对象，针对竞争的基本单元（行动—回应、攻击—报复）考察企业竞争活动的模式和规律（攻击的广度（比如市场覆盖面）、强度（比如降价幅度）和时间跨度与频率，对手是否回应，回应的时滞、强度、广度和持久度等），以及环境、企业和管理者个人等多个层面上的因素对它们的影响。

竞争的升级：超级竞争

另外值得一提的是，并非受产业组织经济学的直接影响，但主要得益于熊彼特创新（Schumpeterian Innovation）理论的启发，D'Aveni（1994）提出了超级竞争（Hypercompetition）学说，对竞争动态分析做出了一个偏重实践应用的理论贡献。在超级竞争中，企业竞争从价格质量到时间和诀窍，从争夺势力范围到打造丰厚资源储备，步步推进。超级竞争的一大特点就是竞争优势难以持久。达文尼还认为合作战略并不能使企业走出超级竞争的困境。在超级竞争中取胜的唯一手段就是毫不犹豫、无所畏惧、全面拥抱、拔剑而战。适应不断打硬仗的挑战，不断获取短期竞争优势，大概应该算是超级竞争中战略管理的最高境界了。这也正应了善于在超级竞争中生存并胜出的英特尔公司前掌门人 Andy Grove 的那句名言："只有惶惶不可终日者才能生存。"

资源本位企业观：全面理论整合的美梦

资源本位企业观的涌现：Wernerfelt 的朴素机敏

1984 年，有一位学者在《战略管理学期刊》上发表了一篇研究通讯，题目是"资源本位企业观"。随后，它的发展和影响奇迹般地渗透到战略管理几乎所有的分支，甚至波及国际管理、创业学、市场营销乃至管理信息系统等诸多领域。首次擎起资源本位企业观这面大旗的上述学者是

Wernerfelt（1984），而在这面大旗下集聚的学者们却各有侧重，自持己见。与 Wernerfelt 同时独立进行以资源为基础的战略研究的学者主要包括 Rumelt（1984，1987）、Barney（1986，1991）、Dierickx & Cool（1987）等。

Wernerfelt 提出的资源分析法可以说与产业分析法分庭抗礼，但又兼有与之结合之意。他首次提出了与产业经济学中进入壁垒相似的"资源位置壁垒"（Resource Position Barriers）等概念，并以企业的资源组合为基点，分析企业多元化经营的方向与模式（例如 Chatterjee & Wernerfelt，1991），为后人展示了理论大家的游刃有余和无穷的想象空间。Rumelt 的论述则是文笔老辣、字字珠玑、切中要害、观点犀利。他的文章既有理论陈述，又有数理推导，无疑属于资源本位企业观乃至整个战略管理文献中的上乘佳作。他将资源本位企业观的阐述与熊彼特创新理论的神髓天衣无缝地糅合在一起，注重企业家在不确定性和复杂性高深莫测的境况下做有关资源与能力的决策时所需要的远见和勇气（Rumelt，1984，1987）。

资源本位企业观的定型：Barney 的范式革命

真正在资源本位企业观旗下"发迹"并为之献出扛鼎之作的，应该说是 Barney（1991）。游走于新制度经济学和组织经济学之间，Barney（1986）对战略资源要素的研究首次关注战略资源要素（那些在某种竞争环境中制定和实施某种有效的竞争战略所必需的资源与能力）在企业间分配的不均等性及其战略含义。这种持久的不均等性（Heterogeneity）会导致某些企业具有不可模仿的战略，从而享有可持续的竞争优势和卓越的经营绩效。Barney（1989）同 Dierickx & Cool（1989）的讨论使其理论得到逐步完善。苦于没有一个良好的标签，Barney 的论文（1986）在发表之后的若干年里并没有得到足够的重视。

随着 Wernerfelt 资源本位企业观的说法在文献中和学者间的不断快速升温，Barney 适时拥抱了这面旗帜，并于 1991 年在其时任副主编的《管理学期刊》（*Journal of Management*）上开设了一期关于资源本位企业观的专题。在收录于其中的文章里，Barney（1991）明确阐述了现在被认为是主流派的资源本位企业观的标准理论范式，即所谓的关于企业资源分析的VRIN（Valuable，Rare，Inimitable，Non-substitutable）框架。其主要论点是，企业所拥有的那些有价值的、稀缺的、不可模仿的和难以替代的资源与能力能够为企业带来持久竞争优势。另外几篇重要文章（Grant，1991；Mahoney & Pandian，1992；Amit & Schoemaker，1993；Peteraf，1993）为Barney的资源本位企业观夯实了理论基础，并对其与产业分析法的关系进行了较为清晰的梳理。Helfat & Peteraf（2003）通过引入"能力周期"（Capability Cycles）的概念，试图对资源本位企业观进行动态化的解读与拓展。

资源本位企业观在公司层面的表述：核心竞争力

核心竞争力（Core Competence）的概念，可以说是资源本位企业观在公司战略层面的体现。根据 Prahalad & Hamel（1990）的定义，核心竞争力，就多元化经营企业而言，是一个企业中集体学习与智慧的结晶，是企业的某种显著的竞争力，是协调多种技术和技能的知识体系和能力，是企业经营活动的基石与核心，广泛应用于企业的不同业务和终端产品中，在很大程度上界定企业的形象认知，属于企业总体而不属于某个业务单元。比如，佳能的图像处理能力和本田制造小型发动机的能力。核心竞争力的形成需要跨部门的交流、参与和承诺，需要在使用中得到积累，在共享中得到增强，需要谨慎保护和精心培育。核心竞争力为企业进入广泛的产品市场空间提供跳板、支持和契机，为它所支持的终端产品增加价值，使产品在客户的眼里具有较高的效用。并且，核心竞争力应该很难被对手模仿。

资源本位企业观的命运：衰落还是再生？

资源本位企业观曾被认为是可以整合整个战略管理文献的一个强有力的理论范式（Peteraf，1993）。然而，这只不过是又一美好的理想和期冀。

对于资源本位企业观对战略管理学研究的意义，Priem & Butler（2001a）持怀疑和批评的态度，尤其对资源本位企业观理论框架之循环论证有所指摘（资源的价值和竞争优势的关系难以清晰地界定）。而且，他们认为Barney对资源的定义太宽泛，如何获取独特资源仍是黑箱，资源本位企业观的适用边界没有清晰界定。在回应中，Barney（2001）对此批评基本不以为然，极力为资源本位企业观的有用性进行辩护。10年之后，2011年，即Barney资源本位企业观框架推出20年之际，Barney与合作者（Barney，Ketchen & Wright，2011）则采取了相对客观平和的态度，认为资源本位企业观研究已经进入成熟期，其兴盛再生取决于大家创新性的研究，其潜在衰落则可能是由于大家不能更好地确立该理论的微观基础（Barney & Felin，2013），不能更好地理解资源本位企业观与其他分析视角和方法的关系，从而不能进行创新性的利用和发展。

毫无疑问，无论如何精彩，资源本位企业观都存在一些重要缺憾和不足。其一，这一理论框架并非像其标榜的那样，真正是企业层面的理论。它关注的焦点仍然是市场和市场的不完善性（Market Imperfection），只不过这里的市场是资源要素市场（Market for Strategic Factors）而不是产业经济学所研究的产品市场。其二，由于过分强调那些不可模仿和不可替代的资源的重要性，该理论框架，在运气以外，并没有给企业家和经营管理者留下多少选择的空间。其三，资源价值在很大程度上取决于它应用的环境。离开产业环境，相对独立地看资源与能力的独特价值，虽然能够增进我们对SWOT分析中SW（Strength 和 Weakness，即强项和弱点）的了解，但同样也可能忽略战略分析中关于内外契合的主旨。

动态能力：一次有益的理论融合与精神回归

动态能力的提出：Teece 的理论整合与创新

虽然 Wernerfelt（1984）以及后来的一些学者（Conner，1991；Mahoney & Pandian，1992；Amit & Schoemaker，1993；Collis，1994）都试

图在产业结构分析法和资源本位企业观中搭建桥梁，但两方面研究的真正融合，也许有赖于 Teece，Pisano & Shuen（1997）对动态能力概念和范式的推出。这篇文章为缓解战略管理学中两个主要理论学派之间的紧张关系提供了一个有益的尝试。

Teece 等将动态能力定义为一个企业所具有的积聚、组合、调配以及应用资源并且能够根据市场变化和机会不断对资源进行重新组合、再调配和应用的能力。简言之，动态能力是一种调配和使用资源的能力，是利用资源去开发和捕捉市场机会的能力，是保持企业的资源组合与外部环境动态匹配的能力。这种理论融合的尝试有效地建立了产业定位和资源组合之间的联系，初步实现了对 SWOT 分析中内外契合精神的回归。没有良好的市场定位，独特的资源可能就得不到完全施展。资源组合配置不当，也会影响企业对市场机会的把握。企业的资源位置应与其市场位置互为支持与补充，从而相得益彰。

奥地利学派对战略的影响：注重行动与创新

由于对动态匹配的强调，动态能力研究的主导范式其实也体现了熊彼特创新的思想精髓。不断地组合或者重组资源、能力和知识，正是（通过一系列短期优势）构建持续竞争优势的创新举措。Jacobson（1992）对奥地利学派的描述、Kenneth Smith 等对竞争行动的注重、达文尼对超级竞争的勾勒，都强调了创新行动对改变竞争格局的影响。可以说，这些工作与动态能力的研究一起，在整个 20 世纪 90 年代共同见证了奥地利学派的崛起（Young，Smith & Grimm，1996）。

动态能力的再界定：多元解读与微观基础

当然，Barney 等学者大概认为动态能力理论应该属于广义的资源本位企业观。从某种意义上讲，动态能力也是企业资源与能力的一部分，是使用资源与能力的一种高层次的能力（Collis，1994）。没有动态能力，企业将无法及时地应对外部环境的变化，企业原来的显著竞争力或核心竞争力也会成为"显著僵硬性"或者"核心包袱"（Core Rigidity）（Leonard-Barton，1992），失去它的时效性和环境特定有效性。

另外，有些学者（Eisenhardt & Martin，2000）所理解的动态能力与Teece 等人的构想以及他人基于资源本位企业观的理解和界定是有很大区别的。二位学者认为，动态能力没有那么玄妙，就像常说的最佳实践一样，不一定是那么独特或者具有那么高的企业特定性（Firm Specificity）。动态能力在不同的企业间是有一定的共性的。而且，他们把动态能力的类型放在不同变化程度的竞争环境中去考察，尤其是把动态能力与Eisenhardt 一直研究的"快速变化的情境"（High Velocity Context）紧密相连，并在这个情境内强化了快速决策和试错的重要性，也拓展了大家对组织常态（Routine）和资源本位企业观的理解。

进入 21 世纪，大家对动态能力的热情有增无减。直至今日，动态能力的研究仍然是战略管理领域的一个主导范式。从动态管理能力等新概念的提出（Adner & Helfat，2003）到动态能力与组织常态和学习的关系（Zollo & Winter，2002），有关动态能力的文章在文献中占据着重要地位和分量。而且，动态能力的范式也逐渐渗透到市场营销和国际管理等文献中（例如，Teece，2014）。

与此同时，Winter（2003）和 Teece（2007）等学者也在倡导大家对动态能力等概念的微观基础，尤其是动态能力与组织常态和竞争力等概念的关系进行详细的考量和系统的梳理。这也引领并反映了战略管理领域研究的一个明显的大背景运动：对企业战略和组织活动的微观基础（Microfoundations）的深入探究（Felin & Foss，2005；Barney & Felin，2013；Felin，Foss & Polyhart，2015），成为一种最新的理论思潮和潜在的主导范式之一。

高层管理团队：战略的主体是人

高阶视角研究：Hambrick 对 Simon 的回归

20 世纪 80 年代，当战略管理研究的主流阵地见证产业经济学的侵袭和洗礼以及资源本位企业观的反动与应对之时，第三股势力继承 Simon 等开创的战略过程研究之传统，将战略背后的人（战略决策者）再一次突出地置于战略管理的总体图景中。这就是以 Hambrick 为首所提倡的高阶视角（Upper Echelon Perspective），注重对首席执行官（CEO）与高层管理团队（Top Management Team，以下简称 TMT）的构成、特点和动态进行研究的学派。Hambrick & Mason（1984）的论文，是这一学派公认的开山之作。

在此之前，对与高管团队的作用与影响的实证研究主要来自社会学领域，比如两位社会学家 Lieberson & O'Connor（1972）关于"管理者是否有用"的研究。而 Hambrick 所倡导的学派，在战略管理学的文献中占有非常大的篇幅和极为中心的地位。基于多学科的理论视角和广泛深入的实证研究，这一专题研究为我们了解高层管理团队的构成及其动态对企业的战略决策、组织结构、运作过程、经营活动和经营业绩的影响提供了有力的帮助。

高管团队与战略：CEO 与 TMT

首先，Hambrick 承袭了战略选择理论的精髓（Child，1972）以及战略管理者对企业的行为和绩效是有影响的这一基本信念，试图在环境决定论和自由意志论（具体反映于战略选择论中）这两个极端的论断中寻求一个平衡，为企业家和管理者界定一片活动空间。承担这项平衡任务的是"管理自由度"（Managerial Discretion）的概念。遗憾的是，"管理自由度"这个概念，无论理论定义还是实证研究中的操作测量，都要依靠环境、企业和个人三个层次的多个变量指标来表述。但是，这一学派的实证研究证据表明管理者的特点对企业的战略、行为和绩效的确是有影响的。单单这一点就足以成为令战略管理研究者兴奋和骄傲的原因。

其次，具体而言，这一学派的研究广泛深入地考察了管理者的特性（年龄、教育程度、社会阶层、职能背景、性格特点、能力程度、工作年限、任管理者年限、企业任职长短、同一产业内任职长短等），管理团队的构成特点（上述指标的平均值、偏差范围、同质化或异质化程度等）和动态（独裁拍板还是集体决策、政治行为的程度和类别、寻求一致还是允许差异、主动出击还是被动反应等），以及他们对企业战略类型的选择、组织结构的设计、控制体系的建立、企业文化的培育、决策中的风险承受以及企业经营绩效的影响。它对上述因变量的考察不仅仅着眼于它们的绝对值，并且还关注它们的变化区间以及与其他企业的比较。这种做法，便于考察什么样的团队更容易随大流，向中心倾向（Central Tendency）回归，什么样的团队更容易特立独行、与众不同。

最后，这一学派研究的一个重要课题就是 CEO 的更替。董事会的构成（内部和外部人士、有无管理职务、控股多少等），企业近期业绩，企业希望实现的变化，企业的类别和业务特点，现任 CEO 的年龄、任期、权力基础，有无合适候选人员等因素都会影响 CEO 的解雇和更替。比如，CEO 的内部提升多发生于希望稳定发展的企业；外部"空降"的 CEO 往往常见于渴求迅速变革的组织。另外，这一学派对 CEO 和 TMT 成员的薪酬待遇（比如期权和其他形式的奖金与福利）和解职补偿（比如对非自愿离职的交割赔付或者"金色降落伞"等）也有深入研究。随着对管理者团队特点，尤其是伦理道德方面考察的不断深入，对高层管理的研究也日益加强了对管理决策是否合乎基本的伦理道德标准以及对企业监管与控制方面的关注。

TMT 研究的挑战：繁盛与无奈

总结而言，虽然这一学派的研究成果卓著，但仍然存在许多不尽如人意之处。其一，有关董事会、CEO 和 TMT 的信息很多处于保密状态。由于缺乏比较真实可靠的信息，研究者的工作会受到很大制约，其结果也将大打折扣。其二，如果缺乏清晰的作用机制，而在研究中又忽略企业的具体行为模式这一中间变量，直接用 TMT 的特点去解释企业经营的结果会显得非常不可靠。这一学派的某些研究成果恰恰落入这种缺憾甚多的类别。其三，这一学派的某些研究项目，不分青红皂白，用 TMT 的构成去预测可以想到的任何战略现象，理论新意极其匮乏。

无论如何，大批学者对 TMT 研究的激情不减，游戏仍然在继续，新的结果仍然在产生。感兴趣的读者，请参阅对高阶研究系列（Carpenter, Geletkanycz & Sanders，2004；Hambrick，2007）和高层管理团队与战略领导力研究最新一轮的回顾和梳理（Finkelstein, Hambrick, & Cannella, 2009）。看看组织行为学领域，一个"领导—下属交换"（Leader-Member Exchange，简称 LMX）的说法就能让大家坚持不懈地去挖掘几十年。以此推断，估计 TMT 这个专题还会时兴下去。最近的焦点是 CEO 的自恋对公司战略与绩效的影响以及他们如何看待自己的成败盛衰（Chatterjee & Hambrick，2007，2011），以及 CEO 和 TMT 对企业社会责任方面表现的影响（Chin，Hambrick & Treviño，2013）。

战略过程研究：认知学习与行为政治

战略过程与内容：不得已而为之的两分法

企业的战略管理实践，乃是一个有机鲜活的整体。但在研究过程中，为了更好地理解和把握战略管理的具体要素与方方面面，学者们倾向于将问题划分为不同的概念类别和区域。甫自早期，大家就倾向于采取一个比较简单的两分法（Dichotomy）来对待战略管理的挑战：战略制定（Strategy Formulation）和战略执行（Strategy Implementation）。战略制定一般被认为是战略内容（Strategy Content）和战略分析（Strategy Analysis）的领地，而战略实施则主要涉及战略过程（Strategy Process）的探究。其实，仔细思之，战略内容和过程的研究都贯穿于战略制定与实施的整个过程，而且制定和实施本身通常就是不可分的（例如，Mintzberg，1978）。之所以这样区分，在很大程度上，不过是为了研究本身的便利而已。

早期的过程研究：正式过程与非正式过程

从一般管理的研究开始，对战略过程的重视就一直是战略管理学科的基本特色。从 20 世纪 70 年代 Mintzberg 对决策过程和结构的勾勒、对自生战略的详细描述，以及 Andrew Pettigrew 对决策过程中政治行为的研究，到 20 世纪 80 年代 James B. Quinn 对逻辑渐进主义的研究及其提倡将组织行为过程与组织中正式的计划和实施体系的结合，战略管理过程的研究，亦是文献中的重要组成部分。Fredrickson & Mitchell（1984）和 Fredrickson（1986a）系统地论证和比较了战略规划过程中的复杂性（Comprehensiveness）对决策绩效的影响。这也是战略过程研究早期一个较为重要的贡献。

硅谷的影响：快速决策与内部创业

Eisenhardt（1989a）针对硅谷企业在快速变化情境下的快速决策过程的研究更是影响广泛。她发现，快速决策和快速反应考虑的信息和因素不一定少，而且很可能更多，只不过是快速尝试和迭代、快速纠偏和应对罢了。同时，Eisenhardt（1989b，1991）对以案例研究作为理论构建方法的尝试和贡献可堪褒扬。她的贡献使得以案例为主要素材和手段的定性分析法得到了战略管理和组织管理主流研究社区的认可和欣赏。同样，Burgelman（1983a，1994，1996）主要基于英特尔公司和其他硅谷创新企业的素材，对战略转型的过程和公司内部创业（Internal Corporate Venturing）的研究做出了重要的贡献，也为企业创新管理的研究奠定了坚实的基础。

战略过程研究：心理学与社会学的贡献

战略管理学过程的研究也受益于社会学和心理学的贡献，比如，基于以社会学背景的组织生态学对企业战略进入与退出的研究（Haveman，1993）和对多点竞争的研究（Baum & Korn，1996）；基于外部控制视角（External Control）的组织资源依赖（Resource Dependence）理论对战略过程、行为和结果的各类研究（Pfeffer & Salancik，1978；Hillman et al.，2009）。

基于认知心理学和行为决策学对战略决策过程之简单化（Simplification）的研究（Schwenk，1984）、对战略行动和组织更新的研究（Barr, Stimpert & Huff, 1992）、对战略群组的研究（Reger & Huff, 1993），以及所谓的行为战略（Behavioral Strategy）概念，甚至基于脑科学对战略（Neuro Strategy）影响的研究（Powell, Lavallo & Fox, 2011；Powell, 2011），这些主要以微观机制和过程为焦点的研究，不仅凸显了人的判断和行为本身的重要性，而且丰富了各项战略内容（Strategy Content）研究的方法和视角。

知识与学习：知识本位企业观

从知识和学习的角度出发，20 世纪 90 年代，也出现过知识本位企业观的说法（Grant, 1996；Spender, 1996a）。知识本位企业观将企业看成一个学习型组织，一个不断地吸收、获取、存储、加工、检索和使用知识的有机体。这一研究分支对知识本身的特点（比如可以被编码的知识相对于不可言喻的知识）以及组织中知识传播的机制（比如学徒过程中师傅的言传身教相对于大规模系统的正规培训）有非常详尽的探讨（Nonaka, 1994）。

然而，由于缺乏比较独立完整的理论框架和对企业经营战略内容方面的贡献，知识本位企业观这一分支只能是对战略过程研究的一个补充和细化，而并没有能够成为影响整个战略管理学领域的一场全面的革命，并没有形成主导的理论范式。尽管如此，与知识和学习相关的各类研究自 20 世纪 90 年代开始可谓此起彼伏、方兴未艾。关于吸收能力（Absorptive Capacity）（Cohen & Levinthal, 1990）、组织学习的挑战（Levinthal & March, 1993）、企业内知识的流动与分享（Szulanski, 1996；Gupta & Govindarajan, 2000）的研究也正日益受到研究者的重视。

企业内外的政治：政治行为与企业政治战略

20 世纪 90 年代，自 Pettigrew（1973）就开始的"决策乃政治过程"

的研究也不断升温，比如，从企业内部政治过程（Quinn，1980）到外部
关系方面的非市场战略（Non-Market Strategy）（Baron，1995），从面对所
有利益相关者（Stakeholder Approach）的社会合法性战略（Freeman，
1984）到主要针对政府政策与监管的企业政治活动和政治战略（Corporate
Political Activities and Corporate Political Strategy）（例如，Hillman & Hitt，
1999），等等。再有，由于华人战略管理学者不断加入国际主流研究社
区，以及整个学界对转型经济体中各种制度变革的关注（例如，Peng，
2003），大家对制度学派的采用（例如，Oliver，1991，1997）以及对企业
政治战略研究（Jia，2014）的热情亦是空前高涨。

其他考量：中层的力量与"战略乃实践"运动

另外值得一提的是，尽管战略主要是 CEO 和 TMT 的职责，但战略的
执行过程中则要靠组织中各个层面的所有人的参与和努力。因此，战略管
理文献中也存在着对中层管理人员在战略过程中角色和作用的考察
（Wooldridge & Floyd，1990；Floyd & Wooldridge，2000；Wooldridge, Schmid
& Floyd，2008）。

有感于"波特革命"的强烈影响以及战略内容分析之冷峻甚至过于
抽象的事实，欧洲的一些学者（例如，Whittington，2003；Jarzabkowski，
2004，2005）掀起了一场小有规模的"战略乃实践"（Strategy as Practice）
运动，再次强调战略制定和实施中人的作用和战略应用与落地的重要性。
与战略内容研究和主导范式中的"微观基础"运动相呼应，这种对战略
实践的强调把研究的焦点放在构成战略过程的具体活动之上（Activity-
Based View）（Johnson, Melin & Whittington，2003）。

在 20 世纪 80 年代、90 年代和 21 世纪初，每隔一段时间就有比较全
面的战略过程研究的文献梳理和总结性文章。对战略过程研究感兴趣的读
者，请参阅相关的文献梳理和总结性文章（Huff & Reger，1987；Rajagopalan,
Rasheed & Datta，1993；Mintzberg, Alstrand & Lampel，2005）。

公司战略：业务组合与总体绩效

企业战略的阶层分类

在战略分析和应用方面，企业的经营战略通常可以被划分为多个层级。最为简单和常用的是关于公司战略（Corproate Strategy）和业务战略（Business Strategy）的两分法。前者界定企业的经营范围和主导逻辑，后者应对具体业务的竞争与持续发展。应该说，公司层面的战略管理和具体业务单元的竞争战略，在通常情况下，也是高度融合与紧密镶嵌的。然而，由于公司和业务两级一般管理的实际存在，这种战略分层毕竟具有一定的实际意义。

当然，如果从业务战略往下走，便是所谓的运营战略（Operational Strategy）或者更加具体的职能战略（Functional Strategy），比如营销战略和财务战略。如果从公司战略往上走，有人主张将合作战略或者多个组织之间的网络层面战略（Network Level Strategy）单独列出（De Wit & Meyer, 2014）。实际上，从研究的角度来看，合作与网络（乃至生态系统的）分析方法和视角可以同时应用于公司战略和业务战略的考量中。在实践上，企业的任何外部行为，无论是任何形式的结盟与合作，都可以被看作公司总体战略的一部分。

另外，在最早的战略层级分类法中，战略管理学者就已经开始关注战略的社会合法性问题。公司战略与业务战略这两个层级直接与市场竞争相关。而制度层面的战略（Institutional Strategy），则被认为是要应对高于市场层面战略的挑战（Hofer & Schendel, 1978）。同样，在相关的企业与社会的文献中，Carroll（1979）着重强调了企业社会绩效的重要性，开企业社会责任（Corporate Social Responsibility，简称 CSR）研究之先河。

公司战略：多元化、纵向一体化与全球化

我们首先看多元化战略。20 世纪 70 年代，Rumelt（1974）针对美国

《财富》500 强企业的研究，印证并拓展了 Chandler 的开创性工作。在整个 20 世纪 80 年代，Rumelt（1974，1982）对多元化战略分类法及其对企业内部业务之间相关性（Relatedness）的重视，对几乎所有的多元化战略的研究产生了广泛而深远的影响。在多元化程度的测度方面，Palepu（1985）对熵（Entropy）的应用乃是 Rumelt 多元化战略分类法之外的另外一个重要测量指标。

与 Rumelt 相呼应，Teece（1980）以及 Wernerfelt & Montgomery（1986，1988）都强调了多元化战略中专注与聚焦的重要性。Teece（1980）首次将范围经济的概念引入多元化战略的探讨。Wernerfelt & Montgomery（1986）注重有效率（有限度）的多元化战略与外部环境特点之匹配对经营绩效的影响，Wernerfelt & Montgomery（1988）展现了产业聚焦（Industry Focus）对于经营绩效的正面影响。

在理论层面，Prahalad & Bettis（1986）提出了主导逻辑（Dominant Logic）的概念，强调企业多元化业务之间管理逻辑相同或者相似的重要性。这将 Rumelt 的相关性假说从业务操作层面（资源与能力）的相关性提升到公司总体战略层面（业务之间）的管理相关性。同样，Teece 等（1994）认为采取多元化战略的企业应该在公司层面保持某种总体一致性（Corporate Coherence），尤其是在选择和界定其业务范围的时候。以此观之，在推崇"业务有限相关多元化"的背后，还有更深层次的公司层面的总体考量，无论是主导逻辑、总体一致性，还是所谓的核心竞争力。

早在 20 世纪 60 年代，战略管理学者就已经开始把多元化战略的研究拓展到国际竞争的大视野之下。比如，Fouraker & Stopford（1968）将 Chandler 命题（结构跟随战略）应用到跨国公司的研究中，探讨组织结构与跨国战略的匹配问题。Geringer，Beamish & da Costa（1989）同时考察了跨国公司多元化和国际化对绩效的影响。Hitt，Hoskisson & Kim（1997）则考察了国际化程度（Multinationality）与业务多元化之间的交叉效应和各类非直线效应。针对多国化程度与企业绩效的关系，Lu & Beamish（2004）提出了三阶段的 S-曲线效应。

有关不同时期对于多元化战略一般性和总体性研究的回顾与总结，请参阅 Ramanujam & Varadarajan（1989），Montgomery（1994），以及 Palich, Cardinal & Miller（2000）。有关国际化和全球化战略，请参阅 Ghoshal（1987）和 Yip（2001）。

企业的纵向一体化（Vertical Integration）也是公司战略的重要考量要素之一（Klein, Crawford & Alchian，1978）。所谓的"外边买还是自己做"（Make or Buy）选择（Williamson，1975）主要涉及企业边界的界定，受到市场不确定性（Harrigan，1985a，1985b）、技术不确定性（Balakrishnan & Wernerfelt，1986）以及组织能力（Argyres，1996）等多种因素的影响（Jacobides，2008）。

多元化的道路：兼并与收购

与多元化战略和纵向一体化战略不可分割的一个话题是企业间的兼并与收购，简称并购（Merger and Acquisition，简称 M&A）。从组织管理的视角来看并购的问题，Haspeslagh & Jemison（1991）是战略管理文献中的重要典范。该文献注重并购的过程管理以及从保持和增强公司能力的角度来考察是否需要整合以及如何整合。

Porter（1987）给出了并购的三大准则：产业吸引力，价钱合适，双方至少一方有增益。来自欧洲的学者，在研究母公司与子公司之间关系时则强调二者之间的匹配，即所谓的母合效应（Parenting Advantage）（Goold, Campbell & Alexander，1994）。对于并购的过程和节奏，最近时兴的所谓实物期权（Real Options）或许是一个有益的分析视角和决策方法（Kogut & Kulatilaka，2001；Adner & Levinthal，2004）。

合作战略：战略联盟与关系租金

企业间的合作战略（Cooperative Strategies）、企业间的战略联盟（Strategic Alliances）、企业在其社会网络（Social Network）和生态系统（Ecosystem）中的定位等话题，可谓公司层面战略的重要领域和维度。

Hamel, Doz & Prahalad（1989）认为战略联盟中企业之间的关系主要是学习上的竞赛，在于一个企业如何快速地从对手那里学习自己所需的东西。Das & Teng（2000）则从资源本位企业观的视角来考察战略联盟形成的动因、过程、结构和绩效，强调在联盟中获取关键资源的重要性。

对于战略联盟的研究，一个至今影响广泛的方法便是社会网络分析法，不是把企业看成一个简单的个体，而是看成一个社会网络上的节点或者一对一的关系组合（Dyads）。Gulati（1998）以及 Gulati, Nohria & Zaheer（2000）对于战略网络的研究是这一研究领域的主要标杆。而这一领域有关合作战略最重要的研究贡献，当首推 Dyer & Singh（1998）关于关系租金（Relational Rents）的研究。他们认为，企业的优异绩效主要来自与具体的合作伙伴特定的合作关系中产生的独特贡献，比如针对合作构建和共享的特定资产、知识互享的常规实践、互补的资源和能力以及有效的治理结构等。

作为战略联盟的一个具体形式，合资企业也一直是战略管理领域的一个重要话题。有关合资企业的研究，包括其形成动机、管控方式、运作模式、结构稳定性与经营绩效等，请参阅 Kogut（1988）和 Inkpen & Beamish（1997）。

政治战略与社会责任：动机与结果

随着国际化进程的不断加速，以及人们对可持续发展的日益关注，对企业社会责任的研究也在逐渐升温。在关注企业利润的同时，大家越来越重视企业在社会责任方面的表现（Carroll, 1999；Carroll & Shabana, 2010）。同时，大家也注意到了企业的社会表现与经济利润之间的关系（Aupperle, Carroll & Hatfield, 1985），但其实证研究并没有发现社会绩效和经济绩效之间有任何显著的关系。也有学者（Waddock & Graves, 1997）发现企业的社会绩效与前期的经济绩效以及其后的经济绩效都具有正相关关系。新的研究结果也正在不断涌现（Mackey, Mackey & Barney, 2007）。

在介绍战略过程时，前文曾提到有关企业政治战略的研究（Hillman &
Hitt，1999）。一般而言，企业的政治战略主要在公司总体战略层面统一协
调。进入 21 世纪，对企业政治战略的研究也在不断增强（Hillman，Keim
& Schuler，2004；Jia，2014）。已经有足够的研究文献支撑 Lux，Crook &
Woehr（2011）对企业政治战略活动之诱因与结果的元分析（Meta-
Analysis）。而且，研究者也越来越关注企业政治战略与其社会责任表现的
交叉与融合（Wang & Qian，2011）。

战略与创业：创业型战略还是战略性创业？

另外一个公司层面的话题，是企业内的创业创新（Internal Corporate
Venturing，Intra-preneurship）（例如，Burgelman，1983a，1994，1996）以
及公司层面总体的创业与创新管理（Corporate Entrepreneurship Strategy）
（例如，Ireland，Covin & Kuratko，2009）。同时，由于战略管理学科的日
益成熟，更多的战略管理学者逐渐地转向创业学（Entrepreneurship）的研
究。一个新的范式——战略创业学（Strategic Entrepreneurship）开始涌现
（例如，Hitt，Ireland，Camp & Sexton，2001；Ireland，Hitt & Sirmon，
2003）。《战略创业学期刊》（*Strategic Entrepreneurial Journal*）的创立更是
促进了这一细分领域的研究进程。

业务战略：从竞争战略到商业模式

业务战略：是否影响经营绩效？

业务战略主要指的是业务层面的竞争战略，包括如何应对竞争（比
如 Miles 与 Snow 基本战略分类法）以及如何获取和保持竞争优势（比如
Porter 的基本竞争战略）。20 世纪 70 年代，在战略管理学科发展的早期，
业务战略的研究主要聚集在与 PIMS 相关的实证检验上。进入 20 世纪 80
年代，大家对 Porter 基本战略作为战略群组的分类基础（Dess & Davis，
1984）以及作为竞争优势的来源（比如 White，1986）对经营绩效的影响

进行了各类检验。Dess & Davis（1984）的结果表明，执行任何三个基本战略之一的企业绩效要高于没有清晰基本战略的企业。White（1986）则发现：成本领先战略在低自主权的业务单元对投资收益率有正效应；业务单元内不同职能间的协同和整合则会提升差异化战略对销售增长的贡献。

战略群组：存在与影响

战略群组的研究也对企业的竞争战略研究做出了重要贡献。介于产业结构和企业行为之间，战略群组这一"产业内"结构概念，在一定程度上解释了某些战略相似和相同的企业之间绩效的趋同。也就是说，战略群组间的差异大于群组内企业间的差异（Fiegenbaum & Thomas，1990）。而且，由于产业内战略群组之间移动壁垒（Mobility Barriers）的存在（Caves & Porter，1977；Porter，1979），战略群组的成员归属通常会被认为是相对稳定的。

主要是基于资源本位企业观的逻辑，Barney & Hoskisson（1990）对战略群组是否真正存在持怀疑的态度，认为企业的独特性和异质性也许是解释绩效差异更有效的指标。比如，Cool & Schendel（1987）发现，不同群组间的市场份额虽有较大的差异，但利润率上并没有明显差异。后来的研究，结合资源本位企业观的观点，倾向于认为群组内企业自身的独特性和异质性对绩效的影响大于战略群组的影响（Short，Ketchen，Palmer & Hult，2007）。

Reger & Huff（1993）认为战略群组主要是一个认知上的概念，企业对不同对手在认知上的理解和把握影响企业间的竞争动态以及产业的演进。请参阅 McGee & Thomas（1986）对战略群组研究早期的回顾和总结。此外，也有学者在 20 世纪 90 年代对于战略群组的研究进行了再次总结，对战略群组概念的有效性毁誉参半、将信将疑（Dranove，Peteraf & Shanley，1998）。

竞争动态：业务战略与公司战略层面的应用

自从 Porter 将竞争动态的研究（Porter，1980）引入战略管理领域之后，竞争动态分析也成为业务战略层面的一个重要话题。从竞争的"行动—回应"回合（Chen & MacMillan，1992；Miller & Chen，1994）到"意识—激励—能力"分析框架（Chen，1996），从小企业与大企业竞争行为的不同（Chen & Hambrick，1995）到领先企业与挑战者的争斗（Ferrier，Smith & Grimm，1999），对于竞争动态的研究一直持续（Ketchen，Snow & Hoover，2004；Chen & Miller，2012）。

　　自 Karnani & Wernerfelt（1985）将多点竞争动态分析引入战略管理之后，竞争动态在公司层面的应用以及在国际化领域的应用也得以拓展。Gimeno & Woo（1999）系统地比较了多点竞争与范围经济对多元化公司绩效的影响。Gimeno（1999）还验证了所谓的"互相忍让"假说以及企业在多点竞争中建立"势力范围"（Spheres of Influence）的重要性。Golden 与马浩（Golden & Ma，2003）系统勾勒了企业间互相忍让战略的企业内部组织前提：多市场运作之间的协调与整合。还有学者（Yu & Cannella，2007；Yu，Subramaniam & Cannella，2009）将多点竞争的考察引入跨国公司间的国际竞争之中。请参阅 Yu & Cannella（2013）对多点竞争研究的回顾和梳理。

竞争与合作：博弈论的应用

　　谈到竞争动态，离不开博弈论的贡献。随着产业组织经济学从 20 世纪 80 年代起逐渐从实证转向理论，S-C-P 对战略研究的影响也逐渐让位于博弈论的理论范式和分析方法（Camerer，1991；Saloner，1991）。博弈论的最大影响，大概主要在于合作战略领域，比如影响广泛的竞合（Coopetition）概念与框架（Brandenburger & Nalebuff，1996）以及战略联盟治理结构的研究（Parkhe，1993）。同时，来自网络理论的借鉴和应用，也同样体现在竞争动态的研究中。比如，有学者（Gnyawali & Madhavan，2001）用结构镶嵌方法来分析合作性网络与竞争动态的关系。

竞争优势：业务战略研究的因变量

　　继 Porter（1980）引入产业分析和基本竞争战略之后，Porter（1985）

开始聚焦于竞争优势的探究。与资源本位企业观一样，Porter 的研究注重可持续竞争优势（Sustainable Competitive Advantage）的构建。Lieberman & Montgomery（1988）则系统地勾勒了先动优势（First Mover Advantage）以及相关的后发优势。Hill（1997）对"赢者通吃"行业之产业标准形成与操纵的应用型研究，亦极为经典且具有启发意义。

与超级竞争学说（D'Aveni，1994）一脉相承的是对竞争优势之日渐短期化的研究（D'Aveni，Dagnino & Smith，2010）。这一分支的研究认为在某些行业或者业务上一成不变的持久竞争优势是不可能的，企业必须不断地通过创造新的短期竞争优势（Temporary Competitive Advantage）或曰临时竞争优势（Transient Competitive Advantage）来保持自己持久卓越的经营绩效。这与动态能力的主旨也是相同的，企业需要不断地重组其资源与能力组合并更新其业务组合，从而实现企业资源与能力以及快速变化的外部环境之间的动态契合（Teece，Pisano & Shuen，1997；Eisenhardt & Martin，2000）。而所谓的蓝海战略则主张规避现有竞争，通过精准定位进行价值创新，从而开辟全新的市场空间（Kim & Mauborgne，2005）。

网络时代的竞争战略：商业模式及其他时髦概念

进入 21 世纪，在全新的网络时代，尤其是移动互联网时代，战略管理研究与企业经营实践的结合也越来越紧密。像商业模式（Business Model）这样产生于应用型管理实务文献中的概念，也得到了主流学者的积极拥抱。最早的贡献来自 Amit & Zott（2001）对电子商务中商业模式的解读。战略大家 Teece（2010）也对商业模式的应用和创新青睐有加。无论你怎么看待战略与商业模式的关系，有一点是共同的，那就是二者关注的最终焦点都是卓越的价值创造。有关商业模式在战略管理文献中的应用与探索，请参阅 Zott，Amit & Massa（2011）对该研究专题的回顾与梳理。

与商业模式相关的概念，比如生态系统（Ecosystem）（例如，Moore，1996；Adner & Kapoor，2010；Kapoor & Lee，2013）、互联网时代的战略

（Strategy and the Internet）（例如，Porter，2001）、平台战略（Platform Strategy）（例如，Cennamo & Santalo，2013）以及共享经济（Sharing Economy）（例如，Cusumano，2015）都为新时期战略管理的研究提供了广阔的空间和崭新的契机。这也为新近参与到战略管理领域的中国学者提供了与主流社区学者同步竞争的可能。

理论的系统整合：任重道远

　　至此，本章只是相对机械地介绍和评论了一些较为重要的学说、命题、研究分支和重要贡献。实际上，在对具体的战略现象和问题的研究中，采用某种狭隘的视角和独特的方法本身去解读，肯定能够产生一些独到的见解和启发。然而，面对鲜活、复杂而不确定的许多问题，单一的视角和方法往往是不够的。因此，也许我们应该更加注重理论的整合以及多视角和多方法的研究应用（Jemison，1981a），比如经济学与组织行为学和社会学理论的共同应用（Hansen & Wernerfelt，1989；Zajac，1992；Poppo & Zenger，1998）。

　　另外，多层次和跨时段的分析方法也会为更加全面和精准地阐述并解读研究结果做出有益的贡献。比如，在研究经营绩效的决定时，到底是产业的影响大（Schmalensee，1985）、公司的影响大（Bowman & Helfat，2001），还是业务单元的影响大（Rumelt，1991）？样本的时间跨度和对时间效应的不同处理方法（比如静态与动态方法）会怎样影响我们的研究结果（Guo，2017）？还有，定性分析与定量分析如何有机地结合？对这些问题的创造性回答将有助于我们构建和检验更为接近战略管理实践之现实的理论学说。

第二部分
开天辟地的功勋人物

　　一个学科的学说史，无疑是其主要成就和演进过程的记录。其实，成就和过程中的主角是人。学术乃学者的社区。学术研究乃学者之修为。学说史在很大程度上是学者的历史，是明星学者的成就史。学术社区的成就、地位和影响主要体现在学者之论著和理论贡献在同行中被欣赏和引用的程度以及由此而带来的各种奖项与认可。有些学者可能一时名满天下，而后归于沉寂；有些学者则长期默默无闻，偶尔一飞冲天；也有少数精英终生游走于一线前沿；还有极端个别情形下，某些学者贡献的价值要在身后才真正得以体现。无论如何，在一个学科的发展进程中，深具影响的明星学者通常代表了该学科在特定时期的典范与风貌。因此，考察这些明星学者的贡献是我们在梳理学说史时的一个必经之路。本部分将分别考察战略管理领域早年前辈先驱的开创性贡献（第二章），以及开宗立派的十大"元帅"（第三章）和战功卓著的十大"上将"（第四章）之里程碑式的成就。

第二章 前辈先驱：拓荒者与缔造者

战略管理学"英雄榜"

学术圈乃明星制的社区

每个相对成熟的职业，都有自己的制度化传承和里程碑式的人物。以美国为主要基地和典范代表的国际主流管理学研究社区也不例外。美国管理学会（Academy of Management，简称 AOM）成立于 1936 年。作为一个学术领域，管理学在过去的一个世纪以来可谓人才辈出、群星璀璨。组织行为学分会是美国管理学会中最早的也是迄今最大的分会，而战略管理分会则是仅次于组织行为学分会的第二大分会。

全名为"企业政策与战略分会"（Business Policy and Strategy Division，简称 BPS）的战略管理分会成立于 1976 年。在 2017 年夏天于亚特兰大召开的美国管理学会年会上，该分会正式更名为"战略管理分会"（Strategic Management Division）。著名的战略管理学会（Strategic Management Society，简称 SMS）则成立于 1981 年。该学会的会刊《战略管理学期刊》于 1980 年就已经开始发行。

自战略管理领域于 20 世纪 80 年代正式定名以来，产生了大量的学术明星，他们代表着这个学科里程碑式的成就。可以说，任何创造性的活动、原创性的东西，人概都是以明星制的生产方式进行的。而大家可以公开参与的活动，主要是在传播领域和再创新领域。虽然学术研究成果的判定、论文的最终评审是在双盲制度中产生的，即作者和评审者互相不知道对方是谁，但在论文引用方面，大家是可以识别明星作者和他们代表的重要成果的。

显然，明星学者（早期或者一直持续有重大贡献者，自然也是其论文被大家引用最多的学者）对该领域的研究方向具有引领性的影响。通过他们的论著以及他们的学术把关职能（比如，在各种主要学术期刊和评审机构担任编审），他们在很大程度上界定着一个学科所研究的各种问题的重要性、研究方法的妥当性、研究结果的可信性以及理论贡献的大小。因此，考察和研读明星学者及其作品，是迅速了解一个学科发展脉络和前沿阵地的便捷手段。

战略管理学"英雄榜"的主要依据

本章主要推出战略管理学"英雄榜"，评介明星学者之里程碑式的贡献。其标准主要是学术贡献本身，兼及对学科发展的贡献和对后辈人才的培养。一般情况下，入选者应该大致满足如下基本条件：

• **专业归属**。第一专业学术领域是战略管理。一个学者如果研究领域是战略/创业（Strategy/Entrepreneurship），则其入选的可能性远远大于一个研究领域是创业/战略（Entrepreneurship/Strategy）的学者。因此，那些主要从事国际管理（International Management）和创业管理（Entrepreneurship）等相近学科的研究（而纯粹的战略管理学研究属于其边缘研究领域）的学者不包括在内，比如 Paul Beamish 和 Michael Geringer 或者 Ian MacMillan和 Scott Shane。

• **实际贡献**。战略管理虽非其第一专业学术领域（或者同时并重的多个专业学术领域之一），但的确是其极为重要的研究领域，而且在此领域做出过重要贡献者。比如，以全球战略（Global Strategy）研究著称的 Bruce Kogut 和 Mike Peng。某些跨学科的学者，可能在战略管理领域的成就甚高，但他们在其他领域的成就和名分可能更早或更为突出。这些学者通常不被列入"将帅榜"而被列入第六章的"友军将领"之列，比如早年以演化经济学研究著称的 Richard Nelson 和 Sydney Winter。

- **时间跨度**。在 1980 年至 2010 年间有相对持续的学术文章发表。这是战略管理领域日臻成熟的黄金时代。主要的"将帅级"明星大都在这个时期建功立业。此前的重要学者大都被编入"史前纪元"，包括后来甚至最近仍然有零星文章发表的学科创始人之一、曾任《战略管理学期刊》创办主编二十多年的 Dan Schendel。而且，所有的学术成果都要经过时间的检验。以当下的影响力就将某些新人和论著直接放在学说史上的某个位置，恐怕也是不太妥当的。这些后来者将被列入"少壮派新锐精英"之列。

- **学术影响**。上榜与否和贡献大小的主要依据是某学者的学术成就的引用率。虽然社会科学索引指标（SSCI）在学术社区内被公认为相对专业和精准的指标，但它对战略管理研究所追求的某种程度上的实用性影响可能捕捉有限，而且其信息搜集成本可能过于高昂。因此，我们决定采用日益为学术社区和多种利益相关方所接受的谷歌学术引用次数（Google Scholar Citations）来作为学术影响力指标。除了特别注明，所有的谷歌学术引用次数数据均为基于 2017 年 10 月左右查证的结果。同时，我们考虑了各种期刊与学会的最佳论文奖项。

- **学科贡献**。学术社区讲究传承和延续，不断挑战极限、自我更新。因此，除了学术成就本身，对学科的各种服务贡献，尤其是对博士生的培养以及担任主要学术期刊与学术评审机构的编审，乃明星学者义不容辞、责无旁贷的使命。美国管理学会和战略管理学会都有自己的院士等荣誉系列。美国管理学会的战略管理分会有"杰出教育家奖"（Outstanding Educator Award）。这些奖项以及在各类学会与期刊的任职服务也是重要的考量因素。

当然，需要澄清的是，这毕竟是笔者一个人总结的榜单。虽然力求全面系统和客观公正，但由于资源与时间的约束以及个人的见识与能力有限，这个粗略的榜单肯定存在诸多不妥之处和难免的遗漏疏略，无论是入选标准还是实际人选都注定反映笔者个人的喜好和偏见。这里只是抛砖引玉而已，祈求方家校正。

如上所述，我们把"英雄榜"上的明星学者大致分为三类：前辈先驱、主要"将帅"，以及其他"名将"与后起之秀。在本部分我们考察的重点是对前辈先驱的回顾以及十大"元帅"和十大"上将"的主要成就与贡献。本章我们介绍前辈先驱的早年业绩与成就。

致敬前辈先驱

美国管理学会之战略管理分会成立于 1976 年。以此为分水岭，其重要研究主要是在此之前完成的重要学者，基本上列为"前辈先驱"。原因在于：一是因为当时战略管理学科并未真正建立，二是早期论著的实际影响力难以准确地被估量，三是相关信息较为缺乏。虽然某些先驱至今仍然在从事研究和发表文章，但已是"赵云不敌姜维"，强弩之末。拿他们现在的状态和影响与当下的同行比是不切实际的，也是不公正的。但他们终身致力于学术研究的精神不禁令人肃然起敬。

Kenneth Andrews

战略管理的奠基工作主要体现在 20 世纪 60 年代。Kenneth Andrews，哈佛企业政策（Business Policy）学派之集大成者，1965 年与 Learned、Christensen 和 Guth 合作出版《企业政策：文本与案例》（*Business Policy: Text and Cases*）一书，推出 SWOT 分析等经典框架；1971 年又在《公司战略的概念》（*The Concept of Corporate Strategy*）一书中详细阐述了哈佛企业政策研究自 1912 年以降的成果和精华，强调一般管理的重要性，并认为战略的要务是制定和尊崇统一一致的总体经营方针和管理纲要。

代表作：

　　Andrews, K. R. 1971. *The Concept of Corporate Strategy*. Homewood, IL: Dow Jones-Irwin.

Igor Ansoff

Igor Ansoff，公司战略研究的重要奠基者之一。他于 1965 年出版《公司战略》，首次提出公司总体战略和企业发展向量（Growth Vector）等概念，推出了产品和市场组合的战略矩阵，并明确地提出了竞争优势等概念。Ansoff 强调总体规划与设计，他后来与 Mintzberg 展开过一系列辩论，认为战略规划（Strategic Planning）仍然是重要的，虽然 Mintzberg 更强调所谓自生战略或曰涌现战略（Emergent Strategy）的普遍性甚至不可避免性。

> **代表作：**
>
> Ansoff, H. I. 1965. *Corporate Strategy*. New York：McGraw-Hill.

Joseph Bower

Joseph Bower，战略过程研究的鼻祖之一。他于 1970 年出版《资源分配过程之管理》，揭示了公司的重大财务决策通常不是按照资本资产定价模型（CAPM）或者净现值（NPV）等财务分析模型进行，而是一个彻头彻尾的行为政治过程，需要基层、中层和高层的上下往返互动。后来，Bower 成为哈佛商学院一般管理研究的擎旗者，并在并购与创新等领域有持续贡献，曾经提携过提出颠覆性创新概念的 Christensen 等后起之秀。

> **代表作：**
>
> Bower, J. 1970. *Managing the Resource Allocation Process*. Homewood, IL：Irwin.

Edward Bowman

Edward Bowman 早年主要从事生产运营管理研究，后来专注于管理决策和公司战略研究。自 1952 年起的三十年间，他曾先后分别三次出任麻省理工学院斯隆管理学院的正教授，并短暂任职于耶鲁大学和俄亥俄州立大学的教学管理岗位。从 1983 年至 1998 年去世前，一直任教于沃顿商学院。早在 1975 年，他就在《加州管理评论》（*California Management Review*）上发表文章，开始提倡研究企业的社会责任。其后，他是公司战略和风险研究的重要贡献者，曾经力推用公司金融的视角来研究战略和技术管理。他也是实物期权研究法在战略管理领域应用的最早倡导者。

代表作：

Bowman, E. H. and Hurry, D., 1993. Strategy through the option lens: An integrated view of resource investments and the incremental-choice process. *Academy of Management Review*, 18 (4): 760—782.

Archie Carrol

Archie Carrol 长期任职于佐治亚大学，最早的研究非市场战略（Nonmarket Strategy）的学者之一，在 20 世纪 70 年代末就强调企业的社会责任是其总体战略的一个有机构成部分。在之后的三十多年间，卡罗尔教授一直坚持不懈地强调企业社会责任的重要性。他是前辈先驱中较为罕见的在退休以后仍然坚持从事研究和发表文章的学者。他在最近几年发表的文章仍然颇具影响力。如今，企业社会责任这一领域日益受到大家的重视，成为一个热门的研究方向。

代表作：

Carroll, A. B., 1979. A three-dimensional conceptual model of corporate performance. *Academy of Management Review*, 4 (4): 497—505.

John Child

John Child 教授早在 1972 年就阐述了战略选择（Strategic Choice）之说。他认为管理者具有政治意识和权力并因此拥有战略选择的能动性。他们并不只是被动地为应对外界环境压力而选择组织结构，而是主动地去操纵和改变外部环境以及相关的绩效评判标准。这种对战略选择的推崇乃是支撑战略管理的一种至关重要的精神资源。Child 教授曾经执教于剑桥大学等著名英国学府，如今任职于伯明翰大学。在西方管理学界，他是最早关注改革开放后经济转型中的中国企业各项管理问题的主要学者之一。

代表作：

　　Child, J., 1972. Organizational structure, environment and performance：The role of strategic choice. *Sociology*, 6（1）：1—22.

Alfred Chandler, Jr.

Alfred Chandler 教授乃是商业史学大家、普利策奖获得者。其 1962 年的《战略与结构》、1977 年的《看得见的手》（*The Visible Hand*）、1990 年的《规模与范围》（*Scale and Scope*），可谓三部经典，三座丰碑，尤其是 1962 年那本书，勾勒了美国企业从单一业务向多元化业务转变的过程，首次给出了战略的一个经典定义，并提出结构跟随战略以及事业部制对多元化企业管理的重要性，催生了哈佛商学院以 Rumelt 的论文为代表的一系列博士论文去研究多元化战略、公司总部职能、组织架构体系及其对绩效之影响等课题，影响深远。

代表作：

　　Chandler, A. D., 1962. *Strategy and Structure*. Cambridge, MA：MIT Press.

Arnold Cooper

Cooper 教授曾与 Hofer 和 Schendel 一起将普度大学（Purdue University）打造成战略管理研究早期的一个重镇。他在创业学领域亦有卓越贡献。从 20 世纪 60 年代起就开始研究小企业的管理和创新。他在普度大学培养了众多的战略管理学和创业学的后生学者，荣获 1997 年美国管理学会战略管理分会的"杰出教育家奖"。笔者曾在颁奖现场聆听老先生的获奖感言，如沐春风。老先生不仅学问博大精深，而且为人极为谦和友善，有口皆碑。

> **代表作：**
>
> Cooper, A. C., Gimeno-Gascon, F. J., and Woo, C. Y., 1994. Initial human and financial capital as predictors of new venture performance. *Journal of Business Venturing*, 9 (5): 371—395.

Charles Hofer

Hofer 教授也是早年致力于战略管理并逐渐转向创业学研究的一位重要前辈学者。他曾与 Schendel 一起，为战略管理学科的正式成立做出过重要贡献。他们二人与同事们组织召开了战略管理学科正式成立前期的第一次全体大会——1977 年的匹兹堡大学集会（Pittsburgh Conference），并出版了大会的论文集（*Strategic Management*：*A New View of Business Policy and Planning*，1979），在学科成立之初产生了广泛深远的影响。

> **代表作：**
>
> Hofer, C. W. and Schendel, D., 1978. *Strategy Formulation*：*Analytical Concepts*. St. Paul：West Publishing.

William Glueck

Glueck 教授长期任教于密苏里大学和佐治亚大学，早在 1975 年即当选美国管理学会院士，是战略管理分会的第一任主席。他是最早出版以战略管理为主题之著作（Glueck，1976）的学者之一，提出了有关战略管理和一般决策的多种模型。至今，美国管理学会战略管理分会的最佳论文奖（Glueck Best Paper Prize）就是以他的名字命名的。

> 代表作：
>
> Glueck, W. F. , 1980. *Business Policy and Strategic Management.* New York：McGraw-Hill. 3rd Edition.

John Grant

Grant 教授早年执掌另外一个战略管理学研究重镇匹兹堡大学。在 20 世纪 80 年代曾亲自培养或指导过 Irene Duhaime，Paul Shrivastav，V. Ramanujam，N. Venkatraman，Ari Ginsburg，Deepak Datta，Abdul Rasheed，N. Rajagopalan 等多名优秀学生。其主要研究结果集中在战略决策方面，尤其是有关并购与剥离的决策方面。

> 代表作：
>
> Venkatraman, N. & Grant, J. H. , 1986. Construct measurement in organizational strategy research：A critique and proposal. *Academy of Management Review*, 11（1）：71—87.

William Guth

Guth 教授是早期哈佛企业政策研究传统（1965）的参与者和缔造者之一，后来转任职于纽约大学斯特恩商学院（NYU Stern School）。20 世纪 80 年代之后，主要致力于研究战略变革和中层管理在战略实施中的作用等多个课题，再后来也涉及创业和创新管理的研究。曾在纽约大学提携过包括著名的创业学和战略管理学名家 Ian MacMillan 在内的在战略管理领域做出过重要贡献的诸多学者。

> **代表作：**
>
> Guth，W. D. & MacMillan，I. C.，1986. Strategy implementation versus middle management self-interest. *Strategic Management Journal*，7（4）：313—327.

Bruce Henderson

也许，Bruce Henderson 最为著名之处，乃是其波士顿咨询公司（BCG）创始人的身份。此前，他曾担任范德比大学（Vanderbilt University）的管理学教授。他的研究以及 BCG 早期的工作以概念创新和实证数据分析为导向，深具实战色彩和实用特色。他所推出的经验曲线（Experience Curve Effect）、波士顿矩阵（BCG Matrix）、作为战略本源的独特性（Uniqueness as the Origin of Strategy）和边缘（弄险）政策（Brinkmanship）等概念与框架，无疑是战略管理应用研究和实践的上佳典范。

> **代表作：**
>
> Henderson，B. D. 1979. *Henderson on Corporate Strategy*. New York：Mentor.

William Newman

Newman 教授应该是笔者这里提及的最早的前辈先驱，堪称一代宗师。他曾在沃顿商学院和哥伦比亚大学任教，学术生涯长达六十余年。其研究采用一般管理视角，关注一般管理者与战略的关系。其 1940 年的著作

《企业政策与管理》（*Business Policies and Management*）很可能是最早的战略管理方面的论著，比哈佛商学院的成果要早 25 年！

Newman 教授曾在 1936 年参与成立美国管理学会，于 1951 年荣任其主席，1953 年当选其院士，并在其后长期担任院士团的主席（Dean of Fellows）。在整个管理学界荣誉等身、备受尊崇。在哥伦比亚大学，Newman 教授曾提携过 Hambrick、Harrigan 和陈明哲等重要的战略学者。

作为中美建交后最早访问中国的美国管理学界人士，Newman 教授1979 年曾到大连干部管理学院为中国的管理学教师和管理干部进行培训。

代表作：

　　Newman, W. H. & Logan, J. P. 1971. *Strategy, Policy, and Central Management.* Cincinnati：South-Western Publish Co.

James B. Quinn

Quinn 教授曾任教于达特茅斯学院塔克商学院数十年。20 世纪 80 年代以"逻辑渐进主义"（Logical Incrementalism）而著称于世，把企业战略决策看成一个复杂的社会系统，着力强调与正式理性分析相匹配和补充的社会行为视角的重要性。他与 Mintzberg 等编著的教材《战略过程》在全球范围内广受好评。20 世纪 90 年代，他的重要贡献在于智能企业和知识管理，尤其是在服务企业中的应用，以及外包与创新等。

代表作：

　　Quinn, J. B., 1980. *Strategies for Change：Logical Incrementalism.* Homewood, IL：Irwin.

Dan Schendel

战略管理学领域，可能没有人不知道 Schendel 教授的。Schendel 教授是《战略管理学期刊》的创始主编，在过去的几十年里，眼看着一茬又一茬的新人入行成长、掉队落伍。他亲手签发过无数的"命运审判书"——令少数人欣喜若狂的论文录用信和令大多数人痛不欲生的拒稿函。Schendel 教授 1965 年开始任教于普度大学，与 Hofer 和 Cooper 一起将普度大学建成早期的战略管理高地。20 世纪 70 年代，他开始提倡用严谨的实证分析来替代原先盛行的案例方法。他是最早的研究战略群组以及企业间利润率差异的学者，培养了 Karel Cool 等若干重要的战略学者。Schendel 教授也是在战略管理之学科制度建设和成果发表载体（《战略管理学期刊》）的构建、维护与发展上最为重要的贡献者。他与同事共同发起组织了学科历史上两次重大的学者集会：1977 年的匹兹堡会议和 1990 年的西雅图华盛顿大学会议。前者为战略管理学科正式定名定调，后者则帮助进一步界定了战略管理领域的核心要义与研究主题以及博士生培养的大政方针。Schendel 教授还是战略管理学会的创始主席和首任院士团主席。

代表作：

Cool, K. & Schendel, D., 1988. Performance differences among strategic group members. *Strategic Management Journal*, 9（3）：207—223.

George Steiner

George Steiner 教授乃是战略管理领域前身之战略规划时代（20 世纪 70 年代至 80 年代）最为重要的代表学者之一，强调战略规划在公司战略中的核心作用。1937 年在伊利诺伊大学获得经济学博士之后，他曾在美国联邦政府任职，并在 50 年代中期担任洛克希德·马丁公司首席经济学家。此后，Steiner 教授长期执教于洛杉矶加州大学（UCLA），直至荣休。他曾于 1958 年参与创办《加州管理评论》，1964 年当选美国管理学会院士，1972 年担任美国管理学会主席。

代表作：

Steiner, G. 1979. *Strategic Planning*. New York：Free Press.

Charles Summer, Jr.

Charles Summer 教授乃是笔者从未谋面的师爷。与当年哥伦比亚大学的 Newman 和 UCLA 的 Koontz 一样，属于研究一般管理的老一代学者。讲究管理学研究与教学的实用性，尤其强调对学生的概念性能力的培养。其学术研究注重一般管理视角和战略决策的过程特点。在他与同事的努力下，西雅图华盛顿大学成为早期的战略管理学重镇之一。他们早年培养的学生有 LJ Bourgeois, David Jemison（笔者的导师），Kenneth Smith, Gregory Dess 和 James Fredrickson 等在学科发展早期或者持续做出重要贡献的诸多学者。

代表作：

Summer, C. E., Bettis, R. A., Duhaime, I. H., Grant, J. H., Hambrick, D. C., Snow, C. C. & Zeithaml, C. P., 1990. Doctoral education in the field of business policy and strategy. *Journal of Management*, 16（2）：361—398.

第三章 十大"元帅"：开宗立派的巨匠

"元帅"的标准

本章我们回顾战略管理领域十大"元帅"的丰功伟绩。"元帅"的入选标准主要有如下三个：第一，在战略管理领域做过原创性的贡献，开创了某个研究分支或者自创了某个学术流派。第二，有非常出众的学生和追随者。第三，在 20 世纪就已经功成名就，而且在过去 30—40 年间一直保持着一流的学术水平。

表 3.1 列出了符合上述标准的十位学者。其中，各位学者的名字背后，有一些指标可供参考，例如，是否当选战略管理学会院士、美国管理学会院士，是否当过美国管理学会战略管理分会主席，是否获得过杰出教育家奖，是否获得过《战略管理学期刊》的年度最佳论文奖，以及是否获得过 Prahalad 实践奖，等等。

当然，最重要的是学术论文发表情况。从学术论文发表情况来看，谷歌学术引用次数是一个比较容易获取而且相对可靠的评价指标。显然，这个指标也有一些缺陷，比如，不分学术文献和应用文献的引用、重要期刊和一般杂志的引用，偏重近期论文的影响，等等。但该指标毕竟有相当的公信力和代表性。

表 3.1 战略管理十大"元帅"概览

姓名	战略管理学会院士	战略管理期刊年奖	美国管理学会院士	战略管理分会主席	杰出教育家奖得主	Prah-alad实践奖得主	谷歌学术引用总数（万次）	单篇引用最高数量（万次）	本科专业	博士毕业学校	博士学位获得时间
Jay Barney	X		X	X	X		11.5	5.2	社会学	Yale	1982
Kathleen Eisenhardt	X	X	X		X	X	11.0	4.0	机械工程	Stanford	1982
Raymond Miles			X				3.0	1.2	新闻	Stanford	1963
Donald Hambrick	X		X	X	X		5.5	0.9	金融	PSU	1979
Henry Mintzberg	X	X	X		X	X	9.0	1.4	机械工程	MIT	1968
Michael Porter	X		X		X	X	32.0	13.0	航天工程	Harvard	1973
CK Prahalad	X	X					9.0	3.0	物理	Harvard	1975
Richard Rumelt	X	X				X	2.9	0.5	电机工程	Harvard	1972
David Teece	X	X					11.3	2.8	商学	U Penn	1975
Birger Wernerfelt		X					4.4	2.6	哲学	Harvard	1977

注：谷歌学术引用数量乃是基于 2017 年 3 月左右的数据。

十大"元帅"之奕奕神采

Raymond Miles

十大"元帅"中，出道最早的大概应该是 Miles 教授。他在 1963 年从斯坦福大学获得博士学位；毕业后一直任教于伯克利加州大学 Hass 商学院；早年研究组织行为学、组织理论和人力资源管理；曾任著名老牌期刊《工业关系》（*Industrial Relations*）主编；1975 年出版专著《管理理论：组织行为与发展》（*Theories of Management：Implications for Organizational Behavior and Development*）。

Miles 与其博士生 Snow、Meyer 和 Coleman 在 1978 年出版了《组织战略、结构和过程》（*Organizational Strategy，Structure，and Process*），推出了著名的 Miles 与 Snow 基本战略分类法（Miles and Snow Typology）。这部论

著牢固地奠定了他在战略管理领域的宗师地位。

Miles 与 Snow 基本战略分类法不仅展示了分类法作为理论构建方法的魅力，而且首次成功地将企业战略、组织结构、运作过程和经营绩效等与企业战略管理相关的核心要素糅合在一起，是战略管理学科理论发展的典范和早期的重要里程碑。它对前瞻者、守成者、分析者和被动者等四类基本战略的形象描述以及对理想类型和殊途同归（Equifinality）的论述甚为精彩。该分类法并非静态。它所基于的是企业对于环境的不断应对的周期（Adaptive Cycles），包括企业业务范围的界定、运营过程的设计，以及有关组织和人事的行政管理三个方面，即创业周期（Entrepreneurial Cycle）、运营周期（Engineering Cycle）和管理周期（Administrative Cycle）。Hambrick 在 20 世纪 80 年代早期以及 Shaker Zahra 等众多学者在稍后曾致力于这一分类法的检验和拓展应用（Snow & Hambrick，1980；Zahra & Pearce，1990）。

Miles 与 Snow 基本战略分类法作为战略管理发展早期的典范成就，其影响一直延续至今。更为值得称道的是，这项工作也是对管理学不同领域的研究进行整合的典范。当时，企业政策与战略的研究已经日益将战略作为一个重要的组织变量来考察。而组织理论和组织行为学则对战略几乎没有提及。按照 Miles 和 Snow 后来在回顾其当年研究过程时的说法，他们的研究至少在三个方面具有贡献与启发（Miles & Snow，2006）。第一，在同一个行业内的不同企业的高管认知模式可以被观察与识别。第二，一个不断演进的行业可以同时支持不同的竞争战略，允许所谓的殊途同归。第三，一个具体的战略必须与合适的组织结构和过程相匹配才能使企业得以成功。

在痛批交易费用经济学和代理人理论"对管理实践影响极坏"（Bad for Practice）的同时，Ghoshal 教授则盛赞 Miles 与 Snow 基本战略分类法理论扎实、影响广泛（Ghoshal，2006）。他认为有四个原因使得 Miles 与 Snow 的研究成为影响持久的经典。其一，致力于长期智识旅程（Intellectual Journey）的好奇心与勇气。其二，如果能够传世的学术乃充满风险的智识之旅的结晶，那么它一定始自于足够宽广的话题。Miles 与 Snow 呈现了一个广博的框架而不是一个缜密而狭隘的因果关系理论。其三，一个能够持久的学术贡献往往重在整合。上述 Miles 与 Snow 对其自身三方面贡献的解释，恰恰全面而精当地说明了他们在理论整合方面的造诣。其四，具有规范性的（Normative）指导意义。Miles 与 Snow 基本战略分类法并不是给出一个包治百病的简单处方，而是提出一个视角、一个分析诊断的基础、一个反思进一步攻略的方法。总之，Miles 与 Snow 的工作不仅在整个管理学领域具有广泛的理论影响，而且在管理实践中广获应用与好评。

Miles 与 Snow 基本战略分类法要比 Porter 著名的基本战略分类法早两年面世，对早期的战略管理研究影响巨大。这个贡献的伟大之处在于，它是完全取材并根植于管理学本身的素养和基础，不依靠任何其他社会科学内母学科的概念框架和方法，尤其凸显管理学之独立正宗。当然，有些时候，跨学科的借鉴和应用是理论创新之必然。比如，较为典型的跨学科研究包括心理学对组织行为学的影响、社会学对组织理论的影响，以及经济学对战略管理的影响。Miles 的工作为管理学者坚守自己的阵地做出了可堪钦敬之表率。

Miles 教授曾于 1983—1991 年任 Hass 商学院院长；20 世纪 90 年代荣休后，到现在还是 Hass 商学院的荣誉教授（Emeritus Faculty）。值得尊敬的是，老爷子终生致力于学术研究，尤其是对实践有影响的学术研究。如果按照常规的评价标准，应该把他尊列为学科先驱。但他不仅在学科成立早期功勋卓著、影响至今，而且在过去的 30 年一直持续地关注组织管理方面的重大问题。进入 21 世纪后，Miles 与 Snow 等同事合作，在网络组织、组织设计、知识管理与创新等方面仍然有所建树。因此，笔者没有把他同贡献主要集中在学科建设的 Schendel 一样列为学科先驱，而是放在了颇有战功的实力派"元帅"的位置上。

大概在 1991 年左右，Miles 在笔者就读的奥斯汀得克萨斯大学做了一年的访问学者，使笔者得以见识大家风采。这位从德州走出去的学术英雄非常优雅有范儿，待人真诚温和友善，完全没有任何官气和傲慢，甚至保持着几分令人难以置信的天真和自嘲；偶尔还像刚入行的年轻人一样半是调侃半是抱怨：为什么我的论文投稿老是被拒？我希望办一个期刊，专门发那些被拒绝的论文！所以，他后来的很多论文就发在《加州管理评论》、《长期规划》（*Long Range Planning*）或者《组织动态》（*Organizational Dynamics*）等比较偏重实务问题和以管理实践者为主要读者对象的刊物上，甚至发表在不怎么入流的期刊，比如《管理探索期刊》（*Journal of Management Inquiry*）上。但老派学者研究的问题都是真问题，不会去玩一些生搬硬造的概念。而且，他们所做的工作也非常扎实和规范，其文章读起来如沐春风。就像著名影星 Robert De Niro 老来转演喜剧，也很有意思。

总之，能以自己的名字命名一个理论的战略管理学者，除了 Porter，就只有 Miles 和 Snow 了。而 Miles 是那个分类法研究项目的精神领袖和学术导师。因此，他是"元帅"级别的，令人尊仰。再强调一遍，他的工作完全是基于管理学领域内自己的素材来展开的！其分类法不仅具有深刻的理论含义和影响，而且具有强烈的实践色彩和启发意义。他与 Snow 的合作在下一章介绍 Snow 的时候还会继续提及。

Richard Rumelt

Rumelt 教授曾被《麦肯锡季刊》标榜为"战略家中的战略家"，可谓学术大师中的大师、战略管理英雄中的英雄。几十年来，Rumelt 的巨大影响总共也就靠三五篇论文、一两本书，而且纯学术领域以外的作者对其论著的引用也不是特别多。其论著的谷歌学术引用次数乃是十大"元帅"中最低的。然而，Rumelt 在战略管理学领域的地位，可以与 Coase 在经济学领域的地位相媲美。

Rumelt 本科和硕士学的都是电机工程专业，于 1972 年在哈佛商学院获得 DBA（工商管理博士）学位。1976 年到 UCLA 任教，一直到笔者读博士的时候（1990 年左右）还是副教授。后来作为杰出访问教授跑到位于法国枫丹白露的欧洲工商管理学院（INSEAD）晃荡了几年，于 1996 年王者回归，荣任 UCLA 大牌讲席教授，成为 UCLA 战略领域的"镇宅之宝"。

Rumelt 的博士论文发表于 1974 年，接承 Chandler 教授对多元化战略的研究，聚焦"结构跟随战略"的命题，研究美国《财富》500 强公司战略和组织结构对经营绩效的影响。他对公司战略的分类法和多元化类别的划分至今仍然被广泛应用和传播。他的博士论文在战略管理领域（尤其是在重视案例研究的哈佛商学院）首开大样本统计分析之先河，标志着战略管理的研究正式进入科学化和实证研究的时代。

Rumelt 最早发表的论文是 Schendel 和 Hofer 主编的匹兹堡会议论文集中的一篇（Rumelt，1979），主题是战略评估（Strategy Evaluation）。1981 年在美国管理学会年会论文集（AOM Proceeding）中有一篇文章，证明 PIMS（市场战略对利润率影响的研究项目）和 BCG（波士顿咨询公司）等推崇的高市场份额与高利润率之间的关系不靠谱。1982 年发表在《战略管理学期刊》上的论文的主题是有限相关多元化可以带来最优绩效（Rumelt，1982）。1982 年发表的"不确定的可模仿性"（Uncertain imitability）（Lippman & Rumelt，1982）是资源本位企业观最为早期和最为精致的理论基础方面的呈示之一。

Rumelt 在 Robert Lamb 主编的论文集《竞争性战略管理》（*Competitive Strategic Management*）（1984）中的一个篇章"迈向战略性的企业理论"（Towards a strategic theory of the firm）可以说是整个战略管理领域有关战略之实质要义的最为重要的阐释，强调在不确定性和复杂性情形下企业家之战略选择的重要性，并着重分析了企业间的异质性（Heterogeneity）对于战略性企业理论的基石作用。虽然该篇文章是采用经济学的视角并且包含长篇的数理分析和证明，但其核心观点犀利明晰而富于见地，把战略和熊彼特创新在企业管理层面的挑战和含义说得透彻无比。

1987 年，在 Teece 主编的《竞争性挑战》（*The Competitive Challenge*）一书中，Rumelt 的论文"理论、战略与企业家精神"（Theory, strategy, and entrepreneurship）重申了其在 1984 年文章中的主要观点，比如企业特质及其隔离保护机制（Isolating Mechanism）等重要概念，并对组织中的创新进行了新的阐释。毫无疑问，这两篇文章也是后来以 Barney 为代表的资源本位企业观学派最为重要的奠基之作。Barney 入行后的第一个教职正是来自 Rumelt 坐镇的 UCLA。二人在 20 世纪 80 年代曾做过若干年的同事。

1991 年，Rumelt 在《战略管理学期刊》上发表了另外一篇被广为传颂的论文"产业间的区别到底有多大"（How much does industry matter）。这一专题的研究本来由曾任麻省理工学院斯隆管理学院院长的经济学家 Richard Schmalensee 于 1985 年发起，后由包括 Michael Porter 在内的众多战略管理学者积极参与，成为一个重要而持久的研究课题。与他人的研究不同，Rumelt 发现产业效应和公司效应对业务的绩效影响并不明显，业务本身（其独特性）起着关键作用。这也许是资源本位企业观被正式提出之前就已经存在的最早的实证支持证据。

作为学科代言人，Rumelt 与 Schendel 和 Teece 一起发起了战略管理领域的第二次重要集会（西雅图华盛顿大学会议）。会议之后，三位学科领袖共同主编了《战略管理学期刊》（1991）专刊，并在 1994 年出版了囊括当时众多具有学科代表性之学者的论文集《战略管理的基本课题》（*Fundamental Issues in Strategy*）。他们在专刊的引言中雄辩地阐释了战略管理与主流微观经济学的不同。虽然 Rumelt 和 Teece 在技术上完全可以跟顶尖的经济学家们随时在经济学的地盘上用经济学的规则交锋对垒，但他们却自认是企业战略与创新的守护者。

再往后，直到 2003 年，Rumelt 教授在《战略管理学期刊》上还有严肃的学术研究成果发表，主题是从支付视角（Payment Perspective）和协议视角（Bargaining Perspective）看战略（Lippman & Rumelt, 2003a, 2003b）。Rumelt 还是很老派的学者，惜墨如金，亦甚严谨。原来在北京大学光华管理学院任教的夏凡教授在 UCLA 是 Rumelt 和 Harold Demsetz 的入室弟子。有一次夏凡跟笔者说，他曾有个写论文的思路，Rumelt 说很感兴趣，两人商量着要一起写论文，而且老先生答应去找数据。找了几年，他告诉夏凡说，对不起，没找到。于是就没写成。不过后来去了法国的夏凡教授最近在《战略管理学期刊》上也发表了文章，值得庆贺。

前两年，Rumelt 教授出了一本畅销书《好战略/坏战略》（*Good Strategy/Bad Strategy*）。其基本的意思还是要弄清战略的实质：战略是什么，不是什么。该书在 Rumelt 1984 年和 1987 年文章精神的基础上，把其观点打磨得更具实用性和操作性，直白简单，切入主题，加了一些根据自己的咨询经验积攒的案例。虽然文章写得有些杂乱，但瑕不掩瑜，有很多闪光点，没有废话和任何遮拦。学术大师终于也成了世俗的大师，最近打交道的主要是《麦肯锡季刊》之类的媒体。

Henry Mintzberg

大名鼎鼎的 Henry Mintzberg，在学界和实务界同样有名，可以说是在与管理相关的研究、教学、咨询和实务等领域家喻户晓、老幼皆知。他的论著深刻地影响了几代人。这即使在号称偏重实践的战略管理学领域的学者当中也是相对少见的。1968 年，Mintzberg 在麻省理工学院斯隆管理学院拿到博士学位，主攻战略（Policy），副业是政治学（Political Science）。至今他获得荣誉博士十余个，获各种奖项无数。

在科学社区，流传着这样一种说法：我们只相信上帝，其他人开口必须先亮数据。当然，除非你是德鲁克那样的"大师"，你说的话本身就被芸芸众生当作真理，根本不用诉诸数据。可以说，在实务界和畅销书市场上，Mintzberg 就属于德鲁克级别的大师。然而，没人把德鲁克当作学者，他也不用混学术圈，但很多人还是真心地把 Mintzberg 当作学术英雄的。在学术圈，尤其是日益"科学化"的管理学研究社区，坚持不用所谓的数据说话，这更是其难能可贵之处。

不是他技术不行，无法用数据说话，而是他故意不用。有劲儿而不使，那是真有劲儿。Mintzberg 本科在麦吉尔大学（McGill University）是学机械工程的，其数理基础和能力肯定不会差。但"出卖"其工科背景的，仅仅是其在呈示某些分类法（比如组织结构）时画的模型图或者流程图而已。笔者读了他那么多著作和文章，印象中就没见过任何数据和统计。单看他的文字，你会以为他是英文系毕业的，文字雄辩而亲和。不过，他于1961年本科毕业后，确实又在次年通过夜校学习在康考迪亚大学（Concordia University）拿了一个艺术学（General Arts）的学士学位。看来他还是很文艺范儿的。

Mintzberg 的文章有实地调查、案例呈现、故事勾勒、逻辑推论、道理说明，而且自成体系。1986年，他在《加州管理评论》上发表了一系列从各个角度剖析"本田效应"（The Honda Effect）的文章。"本田效应"是斯坦福大学的 Richard Pascal 教授到日本实地采访负责于20世纪60年代将本田摩托车打入美国市场的几位本田公司高管后提出的。该故事主要说明战略是通过"折腾"碰运气而不是运筹帷幄的事前规划。Mintzberg 在其评论文章中声称，"本田效应"是整个管理学界这么多年来唯一可以摆上桌面的人尽皆知的事实。一个深入的案例，讲出了波士顿咨询公司单从理性分析（市场份额、规模经济、经验曲线）看不到的幕后精彩故事，以及故事所体现的道理。

数据本身并不是事实，不管样本有多大。通常的数据处理或者数据挖掘（Data Dredging）是所谓的"进出都是垃圾"（Garbage in, Garbage out）。或者干脆像经济学家们，直接通过数理模型进行证明，不需要任何证据。无独有偶，决策领域的一代宗师 Herbert Simon 教授也曾说过："即使只有一个样本（意指案例）也比没有样本强！"（"A sample of one is better than none!"）从这个意义上讲，我们不要忘记中国社会科学研究成就中早年的典范——费孝通的《江村经济》。用文化人类学的视角和方法来研究企业战略和管理问题，Mintzberg 是大家，也给大家树立了榜样和楷模。

Mintzberg 经常说，如果你研究的问题中某个变量的影响效果（Effect Size）足够大，只需要简单地摆明数据（Plot the Data），基本上结论就都一清二楚，根本用不着那么多复杂而精致的统计方法。确实是这样，如果你研究的是管理问题，你的拟合优度的变化（ΔR^2）仅仅是 0.02（$P <$

0.01）级别的，基本上没有任何意义，比随机游走还随机。

简而言之，Mintzberg 的主要研究可以划分为三个领域：一般管理者的角色、战略管理过程、组织结构和权力与政治。

Mintzberg 1973 年在其博士论文基础上写作出版的《管理工作的性质》（*The Nature of Managerial Work*），乃是其早年的成名作。这本书采用的是文化人类学的研究方法，依靠对 5 位经理人的深度访谈和实地观察而完成，主要勾勒管理者扮演的 10 种角色和工作特点。1975 年，其核心内容发表在《哈佛商业评论》上，并获得了当年的麦肯锡最佳论文奖。自此，Mintzberg 名声大振。

1979 年，Mintzberg 出版了《组织的结构》（*The Structuring of Organizations*），该书主要讲组织结构的分类，涉及组织的任务环境、技术特点和运作流程等多个要素。

Mintzberg 1983 年出版的《组织内外的权力》（*Power in and Around Organizations*），主要阐释组织中的权力与政治过程。Mintzberg 也许是整个管理学界首先坦承组织政治的正反两方面影响的学者，详细勾勒了多种政治游戏的类别和特点，解读组织权力的获取和应用。他在这方面的研究与组织理论大家 Pfeffer 教授的研究相呼应和媲美。

当然，Mintzberg 在战略管理领域最著名的贡献是他对战略过程的研究，尤其是所谓自生战略（Emergent Strategy）的研究。他最早的学术论文是 1976 年与人合作发表在《管理科学季刊》（*Administrative Science Quarterly*）上的"关于非结构性决策之结构"（Structure of unstructured decisions）。随后是 1978 年发表在《管理科学》（*Management Science*）上的"战略形成的模式"（Patterns of strategy formation）、1985 年发表在《战略管理学期刊》上的"有意战略和自生战略"（Of strategies, deliberate and emergent），以及在《哈佛商业评论》（1987）和《加州管理评论》（1987）上发表的对战略过程与定义的精彩解读。

这一系列文章把战略的自生或滋生过程阐述得淋漓尽致。他认为，战略通常不是制定的（Formulated），而是形成的（Formed）。这也是他跟推崇战略规划的 Ansoff 在 20 世纪末进行争辩时的立场。对于战略管理实际过程感兴趣的学者通常会认同和支持 Mintzberg 的观点，并倾向于同意战略是通过事后之理性总结而得出的具有某种一致性的"模式"之类的说法。这种模式，或由当事人自身总结得出，或由旁观者考察得出。

单此一项贡献，就足以和所有以理性假设为基础的各项战略理论分庭抗礼。1994 年，Mintzberg 出版了《战略规划之兴衰》（*The Rise and Fall of Strategic Planning*），该书总结了轰轰烈烈但基本上是昙花一现的战略规划运动，虽然他自称颇具批判意义但仍然态度积极。Mintzberg 的贡献，符合 Simon 教授关于有限理性（Bounded Rationality）的假设，与另外一位战略管理领域的先驱人物 Quinn 教授的战略逻辑渐进主义遥相呼应。两人后来还合编过一本文集作为战略过程研究的教材，被广为传播。

1998 年，Mintzberg 的《战略历程》（*Strategy Safari*）一书总结了战略管理的多种流派和视角，类似于 Harold Koontz 在 20 世纪六七十年代总结的"管理理论的丛林"（Jungle of Management Theories）。也许这是中国读者最为熟悉的 Mintzberg 的著作。而且，国人亦非常喜欢有关划分流派和类别的东西。这时的 Mintzberg 已然名满天下，完全不需要用论文来说话了，每本书基本上都能引起不同程度的轰动。

当然，商学院里的学术英雄，自然难免要褒贬 MBA（工商管理硕士）教育。世纪之交，Pfeffer、Bennis、Ghoshal、Mintzberg 等多位学者在不同的场合呼吁重视现行 MBA 教育的弊端：MBA 教育要有人文精神，要有社会责任，不能唯利是图，不能只重视管理的技术硬课而忽视领导力等软实力的构建，如此等等。

2004 年，Mintzberg 出版了《管理者，而非 MBA》（*Managers，Not MBAs*）。其含义不言而喻：我们需要的是管理者，而不是 MBA！该书的主旨基本上就是两句话。第一，现行的西方主流的 MBA 教育体系是在错误的时间和错误的地点用错误的方法和错误的内容培养了一批错误的人。第二，要大力推进在岗教育和在职培训。Mintzberg 倡导并在全球发起了一个新型的管理硕士项目"管理实践国际硕士"（International Masters in

Practicing Management,简称 IMPM)。该项目注重现地教学和在职培养,强调对管理的亲身实践,不按常规的形式上课。Mintzberg 除了终生在蒙特利尔的麦吉尔大学任职,还曾在 20 世纪 90 年代长期访问 INSEAD。中国管理学者肖知兴曾在 INSEAD 读博士,曾经参与过 IMPM 项目的运作并有相关的记述。

同所有的大师们(从 Porter 到 Prahalad)一样,有意于在学术圈以外构建社会影响的学术"大佬"们最终的关注点都自然地转向社会问题:金字塔的底层、医疗产业和国家发展等,不一而足。Mintzberg 也不例外,他最近的新书是关于社会中不同势力之间的平衡:无论左、中、右,别走极端。

最后,有一点需要说明,Mintzberg 是老派正宗管理学者,对经济学的沙文主义深恶痛绝。在 1997 年的美国管理学会年会上,他曾大声疾呼:管理学不能老是被经济学"污染"。每个管理学者都要从自身做起,在教授餐厅不要和经济学家同桌吃饭!这是管理学大家的气派。"元帅"也!

Michael Porter

Porter 教授经常被称为"战略第一人"及"竞争战略之父"云云。就其影响而言,确实如此。其谷歌学术引用次数超过 30 万。在经济学界无处不在的诺贝尔奖获得者 Jean Tirole,其谷歌学术引用次数也不过是 10 万级别的。更不用说,Porter 先生还要经常跟某些国家的元首们喝茶聊天、成为国师资政了。

五力模型、三大基本战略、战略定位、持久竞争优势、价值链、产业集聚、国家竞争优势(钻石模型)、竞争力的微观经济学基础,如此等等,无论是学界、咨询界还是政商实务界,Porter 的贡献可谓如雷贯耳、世人皆知,其影响持续近 40 年,盛誉不衰。

虽然在移动互联网时代,大家怀疑其理论的适用性与时效性,但他的上述贡献仍是绕不开的里程碑。如今,从医疗改革、环境保护、社会责任,到信息技术、互联网环境下的产品智能化与新的竞争格局的研究,他仍然深入参与并积极立言，要在新时代保持自己的相关性和话语权。

Porter 本科在普林斯顿大学学的是航空工程，曾是学校橄榄球队的队员；之后在哈佛商学院获得 MBA 学位，于 1973 年在哈佛商学院与哈佛经济系合办的管理经济学博士项目（Ph. D. in Managerial Economics）毕业，师承产业组织经济学大家 Richard Caves，专注于产业组织经济学的研习，有深厚的经济学功底和积淀；后于哈佛商学院任教，受到 Roland Christensen 等老一辈学者的企业政策传统的影响，洞悉企业管理实践中 CEO 和高管团队面临的实际挑战。

Porter 自称在哈佛商学院坐了六七年的"冷板凳"，规规矩矩地发了一系列的学术文章，终于通过 1980 年出版的《竞争战略》（Competitive Strategy）一书（1979 年在《哈佛商业评论》上首先发表五力模型）而一鸣惊人，自此一发不可收拾。出名既早，又一帆风顺，声名远扬。

他所做的，是把严谨的经济学分析用管理实践者能够听得懂的语言告诉他们。这是哈佛商学院重视管理实践的文化氛围和他个人经济学的扎实训练相结合而赋予他的得天独厚的能力。你讲所谓的"结构-行为-绩效"范式（S-C-P paradigm），管理者们不知所云、将信将疑。你讲五力模型，谁都知道是什么意思。没人会太在乎"五力"中的哪些经过检验推敲，哪些是设想和猜测。实践者喜欢的正是类似操作说明书（Users' Manual）那样的工作指南。

笔者读博士期间第一学期的"经典阅读"课上，首次读到 Porter（1980）的著作。在作业评论中，笔者曾经不知深浅地说，虽然非常精彩，而且很多话题都可以引发继续的专题研究（事实上笔者后来的博士论文题目"多点竞争"就是书中的一个小节的内容），但总体感觉就是个工作手册，没有过多精彩的理论。笔者的导师 David Jemison 看了作业后，小有赞赏，认为笔者对学术研究还算有点儿感觉。

其实，Porter 早年的纯学术研究也是相关文献中的重要论著，尤其是 1979 年在《经济学与统计学评论》（Review of Economics and Statistics）上发表的有关战略群组（Strategic Group）和产业内结构的文章，以及 1977

年与 Caves 合作在《经济学季刊》（*Quarterly Journal of Economics*）上发表的关于产业内移动壁垒（Mobility Barrier）的文章，都非常严谨和精彩。

Porter 在管理学领域的第一篇文章应该是 1976 年在《加州管理评论》上发表的关于“退出战略”的论述。而他在管理学领域的学术期刊上发表的首篇论文应该是 1981 年在《管理学会评论》（*Academy of Management Review*）上发表的那篇，主要介绍产业组织经济学对战略管理研究的潜在贡献。

关于 Porter 的东西是否已经过时，见仁见智。学术圈讲究的也是潮流。不同的概念，不同的语境。大家现在说生态圈，而五力模型讲的其实就是生态圈，就看我们怎么理解和应用了。统计叫大数据，一堆伺服器叫云，运输叫物流，采购叫供应链。更新的大多是概念。当然，偶尔也会由量变到质变。

粗略观察，Porter 的世界观还是比较具有决定论（Deterministic）色彩的。不知道这是否受他航空工程背景的影响。他认为任何事情大概都有一个比较靠谱（甚或最优）的解决方案，而他自己提出的就是最靠谱的（We believe our approach is the most appropriate）。至少从学说史的角度来看，大家完全可以对此不以为然。也许，学说史更应该采取大百科全书式的态度和胸怀，兼收并蓄，保持对多种理论、视角和方法的欣赏。一个理论一旦自闭，也许就比较无趣了。

对于具体的研究者而言，Porter 无疑起到了表率和典范的作用。那就是：做研究，要产生影响，最好是专注和一致，或者至少在一个具体领域、一个特定时期坚持如此。说得庸俗一点，不够“一根筋”、不够执着的人，一般也成不了大气候。无论是做学术还是去创业，乃至干任何事业，没有一种足够强大的无条件信奉的使命和自信以及义无反顾的执着与自律，往往难以自持并有巨大收获。据笔者观察，在构建及相信自己的理论体系这方面，笔者的同事林毅夫教授和 Porter 教授很有一拼。两位经济学家还在路上，旁边的诺贝尔奖还在观望。

国际商学院联盟（AACSB）曾规定战略管理是管理学学士和 MBA 的“封顶课程”（Capstone）。这意味着各个学校通常是把这门课放在最后一个学期，作为学生学习的一个总结。Porter 则在哈佛商学院把战略管理分成了第一年讲授的竞争战略（主要是业务战略）课程和另外一门稍后讲授的公司战略课程。据说，这样他就可以在第一年见识所有的 800 多位 MBA 新生，可以在麦肯锡和高盛下手之前直接给 Offer（录用通知书），收入他的咨询公司 Monitor Group。

前两年 Monitor Group 倒闭。于是有人说，连自己的企业都弄不好，其理论有啥用？这种说法很无聊。他只是当年参与创立该企业，自己并不主管。况且，理论和管理是两回事儿，中间有各个环节：解读、翻译、程序化、应用、调整，等等。得诺贝尔奖的金融学教授炒股可能大赔，但这不一定意味着学习和应用其理论的人大赔。一名出色的游泳教练也可能根本不会游泳。说到底，Michael Porter 是一位学者。

以下是 Porter 教授官方网站的介绍：

> 他的研究获得了无数奖项，而且他是在经济学和商学领域引用率最高的学者。究其核心，Porter 博士乃是学者，而其工作在诸多领域也受到实践者们的显著认可。（His research has received numerous awards, and he is the most cited scholar today in economics and business. While Dr. Porter is, at the core, a scholar, his work has also achieved remarkable acceptance by practitioners across multiple fields.）

是的，Porter 教授骨子里是一个学者，大"元帅"！

CK Prahalad（1941—2010）

十大"元帅"中，唯一已经去世的是长期执教于密歇根大学的 Prahalad 教授。也许很多人并不准确地知晓或者记得住他的大名，但他的一个重要贡献在全球各地与企业管理相关的所有社区可谓尽人皆知——他是"核心竞争力"一词的首创者。Prahalad 去世前的两届"商界思想家 50 人"（Thinkers 50）评选机构曾把他排在当世最有影响的商业管理方面的思想大家的榜首。曾经获得这一殊荣的还有德鲁克、Porter 以及 Christensen 等在商业畅销书市场上风光无限的大师们。

Prahalad 本科在印度学的是物理，后来进入印度管理学院（IIM）学习，毕业时是同届学生中成绩最优秀者和毕业致辞代表（Valedictorian）。1975 年，他在哈佛商学院用了两年半的时间拿下 DBA 学位。他的导师就是前边介绍过的战略管理学前辈先驱之一 Joseph Bower。

Prahalad 一生主要研究跨国公司和国际战略管理、多元化企业的治理和竞争力，以及金字塔底层的社会问题与潜在的商务应对可行性。他的研究获奖无数，并获得多个荣誉博士学位。可以说，Prahalad 不仅是学术英雄，而且是管理实践界的导师，也是其母国印度的"国师"。

这些年来，Prahalad 大概有 4 篇文章影响最大。虽然其中 3 篇都是在《哈佛商业评论》上面向管理实践者写的，但其观点非常鲜明而且极其富于洞见，在学术圈中也被大量传颂和引用。

1989 年，Prahalad 与其在密歇根大学指导的博士 Gary Hamel 合写的"战略意图"（Strategic intent）一文给他带来了第一个《哈佛商业评论》麦肯锡年度最佳论文奖。这是整个管理文献中对企业使命、愿景或曰战略意图最为雄辩和精彩的论述之一。（堪与其比肩的，大概是《基业长青》作者 Collins 和 Porras 同在《哈佛商业评论》（1996）上关于核心意图与核心价值的论述。）这篇文章中，作者比较了若干日本企业和欧美企业从 20 世纪 60 年代到 80 年代的命运转换，基本上只用了静态比较的简单方法，就比较令人信服地说明了长期战略导向并不断为之进行承诺的（意在称霸世界市场的）"战略意图"之重要性。

有这篇文章为模板和榜样，笔者对于过去十几年间在北京大学指导过的 200 多篇 EMBA 学生的论文，都坚持要求学生做某种比较分析——相同与不同的比较（Comparison and Contrast）。自己与对手比，与对标榜样比，与相邻或相似行业的样本比，自己与自己跨时段比，成功的做法和不成功的做法比，好的部门和不好的部门比。通过比较，就能看出差异并能讲出些故事。按此要求做出的文章不一定完全符合科学方法论的严谨要求，但毕竟还是做了某种程度的基本调查和思考，简单而强大。

另外一篇论文也是 1989 年发表的，是和 Hamel 以及自己在哈佛大学的 DBA 同学 Yvez Doz 合写的 "与你的竞争者合作并取胜!" (Collaborate with your competitors and win!)。这也许是在跨国合资企业和战略联盟研究中最有洞见的一篇文章。合作是另外一种形式的竞争。合作成败的关键指标不是表面上关系的和谐与否。合作是一场从对手那里快速学习的竞赛。作者用日本企业与西方企业合作的大量精彩案例来证明自己的观点。而这些观点言辞犀利、逻辑清晰,可谓振聋发聩。能够与这些观点在同一个层面 "游走" 的大概就只有 1996 年的竞合战略学说了。

毫无疑问,Prahalad 教授影响最大的自然是论核心竞争力的那篇文章。1990 年,他与 Hamel 再次合作,在《哈佛商业评论》上发表了 "公司的核心竞争力" (The core competence of the corporation) 一文,阐释了核心竞争力的概念和应用。一个多元化公司立于不败之地的秘诀,在于通过组织学习和实践,打造和应用自己难以被对手模仿的、可以广泛共享于多种业务之间的核心能力及其所支撑的核心产品,比如佳能的图像处理以及本田的小引擎制造与研发。这篇文章获得当年《哈佛商业评论》年度麦肯锡最佳论文奖,并成为其整个历史上重印最多的文章之一。可以说,这篇文章是资源本位企业观在商业畅销文献中最为经典的代表。但 Prahalad 等二位作者的研究主要依靠自己的路数和见识,并没有直接根植于资源本位企业观的学术土壤,比 Barney 学派的资源本位企业观发表得还要早。当然,也几乎没有多少学者把这篇 1990 年的文章当成资源本位企业观的核心学术文献。

也许,Prahalad 等二位作者的创见,在某种程度上受到 Wernerfelt 在密歇根大学任教时的某种影响,文章开篇就洋溢着对公司资源与能力的欣赏而不是对外部定位的强调,与 Wernerfelt 1984 年对资源本位企业观的论述如出一辙、遥相呼应。而且,Prahalad 在 1996 年确实和其当时密歇根大学的同事 Kathleen Conner 在《组织科学》(Organization Science) 上有一篇资源本位企业观的文章,侧重于知识资产。

"核心竞争力" 这个概念在全球学术界尤其是实践界受欢迎(当然更多的是被误解)的程度令人难以置信。在中国,这个概念流行到某些经济学家也可以信手拈来、如数家珍，就好像是自己发明的一样。恨不得一个街头小贩都要大谈自己的核心竞争力如何。做营销的人也大肆宣称品牌就是核心竞争力，全然不晓这里所说的竞争力（Competence）首先是一种能力，而不是某种泛泛的资产强项或者竞争优势。

在纯学术的文献中，Prahalad & Bettis（1986）在《战略管理学期刊》上发表的"（公司的）主导逻辑"（Dominant logic），至少在学术圈，也是类似于"核心竞争力"的一个现象级的概念。可以说，这是关于公司战略逻辑最为精彩的论述。与 Wernerfelt（1984）勾勒资源本位企业观的视角一样，该文采用的都是逻辑说明和实例举证的方法，并没有高深的模型或者精准的数据分析。这篇文章后来获得了《战略管理学期刊》最佳论文奖。公司主导逻辑的思路，与 Teece 等（1994）的"公司一致性"（Corporate Coherence）概念遥相呼应，无疑激发了大家对公司总部层面战略一致性的重视。Grant 教授则据此提出了"战略相关性"（Strategic Relatedness）的概念，与 Rumelt 的业务间"相关性"（Relatedness）概念（主要是运营方面的，比如多元化公司不同业务之间的资源共享等）并驾齐驱，增进了我们对公司内部多元化实践动机与过程的理解。

当然，Prahalad 教授的书籍也很有影响力。最早的一本著作就是他和 Doz 在 1987 年合著的《跨国公司的使命》（*Multinational Mission*）。这是他们对国际管理领域学术成果的一次集中梳理，主要强调的是全球化和本地化之间的平衡。该书和 Sumantra Ghoshal 与 Chris Barlett 以及大前研一当时的有关论著，乃是跨国公司战略管理的典范和标准。

再后来，就是他与 Hamel 合著的《竞争大未来》（*Competing for the Future*）以及《金字塔底层》（*Bottom of the Pyramid*）等关注社会底层人群的商业著作。《竞争大未来》是两人对曾发表在《哈佛商业评论》上的几篇文章的集大成式的总结和更新，在商业畅销书市场上影响广泛。这个做法后来被 Chan 和 Mauborgne 效仿，他们在其从 1997 年开始发表在《哈佛商业评论》上的若干篇文章的基础之上，于 2005 年出版了风靡全球的《蓝海战略》（*Bule Ocean Strategy*）。《金字塔底层》则探究企业如何能够通过服务底层而获利。这种从专业走向社会问题的做派和使命，自然只有学术大师级的人物才有资格和公信力去承担。

David Teece

一百多年来，战略管理自强调一般管理的整合视角到多元化战略研究的兴起，从同行业企业间利润率持久差异的研究到战略规划的应用，从Porter的战略定位与竞争优势到资源本位企业观的确立与核心竞争力概念的传播，从动态能力的考量到最近时髦的商业模式，可谓日新月异、精彩纷呈。

而在战略管理的重大课题领域，Teece的身影几乎无所不在。也许在学术圈以外没有太多人知道他，但Teece可以称得上在技术创新与管理和战略管理等多个领域贡献卓著的巨匠和常青树。在战略管理领域，他至少在三个重要节点上做过里程碑式的贡献，包括其最近对商业模式的探讨和早期对多元化战略的研究，以及他所开创的动态能力（Dynamic Capabilities）研究范式。

Teece来自新西兰。他在新西兰获得本科学位之后到美国留学，并于1975年在宾夕法尼亚大学获得经济学博士学位。读博期间，他师从Eward Mansfield研究技术创新与管理，聚焦于企业的研发和跨国公司的技术转移。上学期间，Teece还受到Oliver Williamson关于交易费用经济学研究的重要影响。

Teece最早的论文是1977年发表在《管理科学》和《经济学期刊》（*The Economic Journal*）上关于技术转让的研究。从1977年到1985年左右，其研究的主要焦点之一在于大企业尤其是跨国公司的创新及其转让与传播。

1982年，Teece的另外一个主要研究焦点或者特色开始显现。他在《法律经济学期刊》（*Journal of Law and Economics*）上发表了"可收益的租金"（Appropriable rents）的文章（Monteverde & Teece，1982）。对于经济租金的可收益性（Appropriability）的研究，使他的工作具有了法律上和公共政策方面的应用含义。这是他以研究技术创新起家后贯穿其整个学术生涯的一个不可或缺的特色。

Teece 于 1986 年在《研究政策》（*Research Policy*）上发表的文章"从技术创新中获利"（Profiting from technological innovation），是关于技术创新可获益性研究的一座里程碑，单篇文章的谷歌学术引用次数已经超过 1 万。

早在 1978 年，Teece 就在《贝尔经济学期刊》（*The Bell Journal of Economics*）上发表了关于多元化战略和事业部制组织结构对公司绩效之影响的文章。这是他 1980 年前后研究的第三个重要课题，涉及战略管理，与 Rumelt 早期的研究课题相似。

后来，正像 Rumelt 专注于有限相关多元化中的"相关性假说"一样，Teece 也对相关多元化的研究做出过奠基性的贡献。他在 1980 年发表的关于范围经济（Economy of Scope）的文章比《美国经济评论》（*The American Economic Review*）上的同类文章（Panzar & Willig，1982）还要早。虽然这个概念最早可能是贝尔实验室（Bell Lab）的经济学家们在工作论文中首创的，但 Teece 对范围经济这一概念的确定以及首次将它用于企业边界的研究（Teece，1980），则属于原创性的重大贡献。

20 世纪 80 年代中期，Teece 在经济学家的基础上，确立了管理学家（至少是战略管理学家）的身份。1984 年，他在《加州管理评论》上大谈经济分析与战略管理的关系。这是他关于战略管理最早的论著，主题是经济学对战略的贡献和局限。同年，他与 Sydney Winter 还在《美国经济评论》上发表文章，讲新古典经济学在管理学教育中应用的局限性。这种文章能在《美国经济评论》上刊发（虽然只是几页纸的会议论文），至少说明两位作者当时都是地道的经济学业内人士。

但两位作者都是关注企业层面管理的经济学家。因此，他们自动地进入了管理学的阵地。同情管理学，就意味着对企业内部的运作感兴趣。至少在当年，经济学家是不屑于进入企业"黑箱"的。Teece 非常关注跨国公司的内部组织，于 1985 年在《美国经济评论》上发过关于该专题的义章。

在阐述经济学与战略管理的关系方面，Teece 的贡献在 1990 年左右达到一个相对的高峰。1990 年 James Fredrickson 主编的论文集《战略管理的视角》（*Perspectives on Strategic Management*）中，有 Teece 教授的一个篇章——"经济分析对战略管理的贡献与障碍"（Contributions and impediments of economic analysis to the study of strategic management）。那是笔者当时见到的对类似话题最为全面精准的解释，另外它还附有一张非常清晰的逻辑图。

再后来，就是他跟 Rumelt 和 Schendel 一起主持了在西雅图华盛顿大学的会议（1990），会议的成果作为《战略管理学期刊》专刊（1991）和论文集《战略管理的基本课题》（*Fundamental Issues in Strategy*，1994）出版，Teece 担任主编之一。

顺便说一下，后来名满天下的"动态能力"（Dynamic Capability）这一概念，就是 1990 年那次会议前后提出来的（Teece, Pisano & Shuen, 1990）。这篇工作论文在同行间被传阅无数，并在众多正式发表的文章中被广为引用。直到 1997 年，该文才被正式接受并发表在《战略管理学期刊》上。期间，有一个版本是在《产业与公司变革》（*Industrial and Corporate Change*）上发表的（Teece & Pisano，1994）。

20 世纪 90 年代，资源本位企业观一波未平，动态能力一波又起。大家对 Teece 等人的论文争相传阅。可以说，与 1990 年的原始版本相比，正式发表的版本（Teece et al.，1997）基本上已经面目全非。而且，在很长一段时期，读过工作论文的人可能比读过此篇正式发表文章的人更多。到后来，引用正式版本的人可能有很多，但真正细读的恐怕没那么多。

20 世纪 90 年代，Teece 有一批数量可观的文章聚焦在竞争与合作上，核心还是与技术创新的可收益性相关的各种组织和法律问题。20 世纪 90 年代后期开始，他有若干篇文章探究知识资产、知识产权、知识管理和知识的可获益性。

其实，只需"动态能力"这一个概念，Teece 就可以拥有不可撼动的战略管理学术英雄"元帅"级的地位。但进入新世纪，他一点儿也没歇着：刚于 2005 年提出"熊彼特式领导力"（Schumpeterian Leadership），在斯坦福大学和《加州管理评论》上把熊彼特创新和 Jim March 教授的痴狂浪漫主义搅和在一起,随后又于 2011 年在英国的老牌期刊《长期规划》专刊上引领潮流,精彩无限地讲述商业模式了。

和 Amit 以及 Christensen 一样,Teece 教授乃是在学术界最早研究商业模式的战略学者之一,而且是绝对的权威。Teece 对商业模式的论述,与其数十年对可获益机制的研究一脉相承,强调价值的可获益性(Value Capture),写得极为全面透彻、发人深省。

Teece 关于新问题的研究一直在继续。2017 年夏天,在亚特兰大召开的美国管理学会年会上,Teece 教授主持了一个专题讨论,专门考察创新与新兴产业形成的关系。同时,他所创立的动态能力研究范式及其引发的学术运动正在如火如荼地进行,并拓展到创业学、营销学和国际管理等多个学科领域。

Birger Wernerfelt

十大"元帅"中,在学术圈以外最没有名气的也许就是 Wernerfelt 教授了。他是一个纯粹的学者,甚至可以说是天才级别的学者。这位来自丹麦的学者,不禁让我联想起另外一位伟大的学者——物理学界所谓哥本哈根学派的大师波尔。Wernerfelt 在战略管理、市场营销、经济学三个学术领域的研究都是顶尖或者至少是一流的。他试图从经济学、管理学和营销学三个方面构建一个有关企业和市场的统一的理论。

在 1970—1974 年的 4 年间,Wernerfelt 在哥本哈根大学获得了哲学学士学位和经济学硕士学位。1974—1976 年,他只用了两年时间就在哈佛商学院获得了管理经济学的 DBA 学位。他先后执教于密歇根大学、西北大学凯洛格商学院和麻省理工学院斯隆管理学院。

这里,我们主要回顾他在战略管理领域的贡献。他最早的战略论文——1984 年发表在《战略管理学期刊》上的"资源本位企业观"(A resource based view of the firm)一文——就奠定了其"元帅"级别的英雄地位。Wernerfelt 此文的初衷,是引起大家对企业资源和能力的重视以及对企业内部运作的重视。该文单篇谷歌学术引用次数在 2.6 万左右。

这篇文章基本上是对"波特革命"的一种反动，至少是一种纠正和补充。在大家欢呼和拥抱 Porter 产业结构分析的当口，这项工作企图把分析的视角从外部定位引向企业内部的决策和选择导致的独特性。他把产业层面的变量（比如进入壁垒）转述成企业层面的变量（比如资源壁垒），把企业的可持续竞争优势和超额利润的来源从外部行业垄断引向企业内部独特性（李嘉图租金）。

值得玩味的是，Porter 和 Wernerfelt 都在哈佛大学获得博士学位，前后相差四年（前者为 1973 年，后者为 1977 年）。两人的成名作的出版时间也是相差四年（前者为 1980 年，后者为 1984 年）。笔者一直认为，两人的贡献就是对哈佛商学院的企业政策教研室在 1965 年推出的 SWOT 框架之拓展和充实，以及在精神实质上的回归。Porter 使得 OT 之分析系统严谨，Wernerfelt 使得 SW 之分析规范明晰。而战略最终靠的是外部要求与内部运作的契合（Fit）。

毫不奇怪，产业分析与定位和资源本位企业观一度成为整个战略管理领域最为主导的两大理论学派。进而言之，Teece 后来的所谓动态能力，则使得 SWOT 分析动态化而不是停留在一个静态的循环系统里，强调的是通过不断地调整与更新企业的资源和能力来实现外部机会与内部竞争力的动态契合。这种调整、更新、重组的能力被称为动态能力。

毕竟，理论是有前后传承的。应该说，Wernerfelt 当时文章的主要思路是强调内部分析视角的重要性。而后来 Barney 学派的资源本位企业观，其实是借用了 Wernerfelt 在 1984 年树立的资源本位企业观的大旗。你可以认为 Barney 使得资源本位企业观更加精准系统，你也可以认为 Barney 的资源本位企业观跟 Wernerfelt（1984）说的不完全是一回事儿。

虽然二者的学术基础都可以有意识或无意识地追溯到 Edith Penrose 关于企业增长的论著，但 Barney 学派的学术根基主要在于 Rumelt 的不确定的可模仿性和张伯伦与罗宾斯夫人的垄断竞争理论（Chamberlinian Imperfect Competition）。尽管 Wernerfelt 讲的"资源壁垒"（Resource Position

Barriers）与 Rumelt 的"隔离保护机制"（Isolating Mechanism）极为相似，但总体而言，Wernerfelt 更加直观，Rumelt 更加精准，Barney 则更加全面系统。

但有一点需要说明和澄清，Barney 学派的资源本位企业观不仅被人诟病有循环论证之嫌，而且至少在早期其分析单元主要还是在市场层面而不是企业层面。只不过此市场是资源市场（Strategic Factor Markets）而不是产品市场。Barney（1986）在《管理科学》上发表的那篇关于战略资源要素市场的文章，可以说是他最为精彩的原创性文章。虽然其最为著名的两篇文章——发表在《管理学期刊》（*Journal of Management*）（Barney，1991）和《管理学会实务》（*Academy of Management Executive*）（Barney，1995）上——都强调从企业内部着手看战略（Looking from Inside Out），但其实他的理论是资源市场的不完善理论，而不完全是确切的企业理论。这种资源市场不完善的观点后来由 Peteraf（1993）说得再透彻不过了。总之，Barney 学派的资源本位企业观跟 Wernerfelt 相对朴素的资源本位企业观还是有些区别的。

当然，Wernerfelt 并不是写完这一篇就与战略作别了，虽然他同时专注于战略管理、市场营销和经济学等若干领域。他之后的若干篇战略管理文章都是理论构建或实证检验的典范。

笔者个人得益最大的则是他在 1985 年与 Aneel Karnani 合作的有关多点竞争（Multiple Point Competition）中战略选择的论述。这是发表在《战略管理学期刊》上的一篇研究通讯（Research Note），进一步阐发了 Porter 在其《竞争战略》一书中提及的产业组织经济学里的一个经典话题。正是这篇小文引起了笔者的极大兴趣，以至于后来笔者选择了多点竞争作为博士论文研究的题目。多点竞争意味着多元化经营企业在多个市场碰面。为了稳定它们跨市场的整体关系，它们可能会产生勾结行为（比如"互相忍让"，Mutual Forbearance），从而弱化竞争，增强垄断，因此可能会损害消费者利益。这本来是产业组织经济学里的一个反垄断话题。Wernerfelt 在这篇文章中提出更加正式的构想之后，在《美国经济评论》

（1986）上还发表了一篇相关的小文，并于此后在战略领域里引发了一个新的研究分支，影响至今。

Wernerfelt 和他的夫人——毕业于普度大学的 Cynthia Montgomery，曾在 20 世纪 80 年代中期共同在密歇根大学任教。他们二人于 1986 年合作过一篇相当精彩的论文"什么是有吸引力的行业？"（What is an attractive industry?），发表在《管理科学》上。这也是从精神上回归 SWOT 分析中外部环境与内部运作之契合主旨的一个典型例证。一个行业不可能对所有企业有同样的吸引力。是否有吸引力，取决于企业自身的资质和特点。高盈利的行业对高效率的企业更有吸引力，高增长的行业对低效率的企业更有吸引力。

Wernerfelt 和 Montgomery 还在《美国经济评论》和《兰德经济学期刊》（Rand Journal of Economics）上发表过两篇关于多元化企业经营绩效托宾 Q 的文章（Montgomery & Wernerfelt，1988；Wernerfelt & Montgomery，1988），也与 Raffi Amit 合作发表过有关企业风险的文章（Amit & Wernerfelt，1990）。

Wernerfelt 还与其博士生合作，在战略领域发表过三篇非常优秀的论文，每一篇都是美国管理学会战略管理分会最佳博士论文奖的入选论文。1986 年，他与学生发表了一篇关于纵向一体化战略的文章（Balakrishnan & Wernerfelt，1986），展示了技术变革的不确定性与企业间竞争的强度对纵向一体化最佳程度的影响。

1989 年，Wernerfelt 与其博士生 Gary Hansen 合作发表了一篇研究企业经营绩效决定因素的论文（Hansen & Wernerfelt，1989），比较经济因素和企业的组织因素对企业绩效影响的大小。结果表明组织因素的影响比经济因素的影响要大。这也从另外一个侧面提前证明了 Rumelt（1991）所报告的"业务本身的独特要素"比公司和产业的影响都更大的研究结果。显然，这种结论是管理学者喜欢的，它赋予战略选择（及其组织实施）合法性，而不是诉诸环境决定论或者经济因素决定论。

1991 年，Wernerfelt 与学生合作发表了一篇企业资源特点与多元化战略类型关系的文章（Chatterjee & Wernerfelt，1991）。这是广义的资源本位企业观在公司战略层面的一个上佳应用和验证。其主要观点是，企业冗余资源的可流动性（Liquidity）决定着其多元化举措能够离开其原始核心业务或曰主业的距离。

Wernerfelt 文章的精彩之处，不仅在于理论精妙、简单明了、直观有趣、很难反驳，而且在于其实证研究的设计和执行极为巧妙。比如上述文章用高增长和高盈利两个指标来划分行业，用一个指标（多元化程度）的高低来判断企业效率的高低。虽然这种方法可能让大家觉得有些粗糙，但却有足够的可信性（Plausibility），因为他所用的方法或者指标都有文献支持。比如，在测量组织因素时，他用的指标就是组织氛围（Organizational Climate）——组织行为学文献中现成的概念（Glick，1985）。其可贵之处在于挑选时的新颖和巧妙。

总之，要尽可能把测试（Treatment）变量或者控制（Control）变量直接设计到研究场景（Empirical Setting）和样本的选择本身上，或者找可靠的替代性指标（Surrogates）去处理主要变量，而不是像某些极为高产的"蓝领技师"那样，总是试图直接地去操作打磨每一个变量，又是问卷，又是测量的。这是 Wernerfelt 的过人之处，令很多对实证研究通常没多大兴趣的学者也会觉得有点儿意思。

笔者曾经在 20 世纪 90 年代的某次美国管理学年会会议上听过 Wernerfelt 演讲。小有幽默，当然也很孤傲清高。他义正词严地声称，作为理论家，我们的任务才刚刚开始、远未结束，你们等着吧！

致敬大师！致敬大"元帅"！

Donald Hambrick

Hambrick 是一个地道的学术企业家。确切地说，他是一个极具企业家精神的学者。他本科在科罗拉多大学读的是金融专业；1972 年在哈佛商学院拿到 MBA 学位，主攻营销和战略；后来在宾州州立大学（PSU）当了个类似 MBA 招生办主任的教学行政人员。在 PSU 任职期间，他自己策划了一个在职博士项目，找到当时做企业政策和战略规划研究的教授 Max Richards、Bob Pitts 与 Chuck Snow 等作为导师团。

1979 年 Hambrick 博士毕业后，进入学术领域，在哥伦比亚大学从助理教授一路做到大牌讲席教授。2002 年他从哥大荣休后又回到 PSU 的 Smeal 商学院任教，坐拥两大教席——一个 PSU 校级的讲席教授和一个 Smeal 商学院的 Smeal 讲席教授。

Hambrick 教授正好在战略管理领域正式形成之际入行，根正苗红、前途无量，与这个领域共同成长，见证了它的辉煌，也为之贡献良多，并开启和引领了新的研究风尚。而这一风尚，便是至今延绵不断的对高层管理者的系统研究，从 CEO 到董事会，从个体领袖到高管团队（TMT）。虽然这一领域的学术根源在于 Simon 和 March 等代表的卡内基学派的行为决策和组织管理研究，但在战略管理领域，Hambrick 无疑是这一研究传统和流派的开山鼻祖。

Hambrick 最为著名的文章（Hambrick & Mason，1984）谷歌学术引用次数在 9 000 次左右，乃是高层管理研究领域的奠基之作。这一领域的开拓给很多学者的研究指明了出路。无论你是研究社会学的、心理学的、博弈论的，还是其他相关学科的，都可以研究 CEO 和 TMT。有一阵子美国管理学会开年会，每年战略管理分会接受的论文中 TMT 研究要占到三分之一，可谓声势浩大。

只要你的研究的因变量是企业经营绩效，那么你的文章就是战略领域的。这似乎是一个基本的不成文的规则和共识。如此，大部分的 TMT 研究肯定是战略管理领域的。当然，也有一些学者坚持认为 TMT 研究基本上是属于组织行为学领域，只不过你研究的小团队（Small Group）恰巧是高管团队而已。

出道早期，Hambrick 研究的完全都是当时主流的标准战略话题：拓展和细化 Miles 与 Snow 基本战略分类法（Snow & Hambrick，1980；Hambrick，1983a）；界定业务层面的战略（Hambrick，1980）；考察成熟行业中的企业战略（Hambrick，1983b）；解读竞争环境的监测与分析过程

（Environmental Scanning）在战略制定中的应用（Hambrick，1982）。此外，Hambrick 还与同事合作检验过波士顿咨询公司矩阵（BCG Matrix）的四个象限和利润率的关系（Hambrick，MacMillan & Day，1982）。

其实，在其1984年高层管理基本理论框架奠基之前，Hambrick 就已经开始着手研究高管团队了：高管团队中的权力（Power within TMT，1981a），高管团队中的战略意识（Strategic Awareness within TMT，1981b），以及高管团队内部的战略环境监测（Environmental Scanning within TMT，1982）。

找到了高层管理视角这个抓手，而且在"波特革命"将战略管理引入外部环境定位（包括其隐含的环境决定论）的当口，大声疾呼要把作为决策者的人拉回到战略管理的研究图景中，这一提示和警醒，无疑是大受赞赏并被广为追捧的。有了这个视角和其后的研究潮流与学派，Hambrick 于是成为战略管理领域里"元帅"级的英雄。

仔细想象，Hambrick 的贡献虽然伟大，但他似乎缺乏一个像 Miles 与 Snow 基本战略分类法那样的点睛之笔或者像 Prahalad 之核心竞争力那样的核心概念。

他跟也许是他最出色的博士生 Finkelstein 一起发明的"管理自由度"（Hambrick & Finkelstein，1987）这一概念倒是一个比较有意思的说法，但这一概念本身又需要由环境、企业和个人三个层面的要素来综合界定，尤其是加上个人层面的禀赋和感觉，有些套套逻辑（Tautology），不够精准和吸引人。

Hambrick 另外两个比较有成就的学生是提出超级竞争（Hypercompetition）概念的 Richard D'Aveni 和研究高管团队也做多点竞争研究的 Albert Cannella。Hambrick 有位出色的中国学生——陈国立（Guoli Chen），乃是他在 PSU 的入室弟子。同样是研究高管团队的陈教授已经在 INSEAD 获得终身教职，并于2016年获得战略管理学会每年一位的"新锐学者奖"（Emerging Scholar Award），可喜可贺。

Hambrick 教授著作等身，后来在 A 类刊物上至少也发表近百篇论文了。仅 2017 年，他就至少在顶尖期刊上有 4 篇文章发表。好在 Hambrick 的每篇文章基本上都是非常扎实的，而且他的想象力也确实值得赞赏。比如，他最早在比较年轻 CEO 和年长 CEO 对绩效的影响时，不管采用什么理论，因变量基本上都是绩效的变化率而不是绩效本身的高低。年轻 CEO 的绩效变化比年长 CEO 的绩效变化"振幅"要大。这就比较容易令人接受而且结果相对有趣。

类似 Hambrick 或者 Wernerfelt 那样的巧妙设计和直观吸引力，在很多实证研究中其实是极为缺失的。原先战略管理学研究还算是有些哲学底蕴和管理思想的"精英"职业，现在基本上是常规性"拷打"数据的"蓝领"职业。无奈，任何一个职业都得养活人，大家都要有饭吃。

你得先在行业里站住脚才能有资格针砭行业中的某些劣迹和误区。而一旦站住脚并享受各种与之俱来的荣誉和利益，你又很难愿意去改变什么。学术圈里，大概在任何时候，反潮流基本上都是没有好下场的。曾经当过美国管理学会主席的 Hambrick 本人也清楚地意识到这一点。他在任美国管理学会主席时就大声呼吁，希望我们的管理学研究要有与实践的相关性，要有实际影响（Practical Impact），而不能只是自娱自乐的游戏，要像经济学家一样影响政策和实践。

另外，他还呼吁，要有事实证据的积累。20 世纪 90 年代末期，Hambrick 参加某届美国管理学年会，战略管理分会给他颁发"杰出教育家奖"，Hambrick 在获奖感言中说：下一段话没有得到终身教职的同行们可以捂上耳朵假装没听见。我们需要积累实际证据（Cumulative Evidence）。不能每一篇文章都要求理论创新或者方法和数据独特。否则，长此以往，我们确实没有所谓的重复，但我们也没有积累互相可比的证据。我们应该像工程和科学领域一样，要有地方发表只呈现结果的报告。

可以说，Hambrick 和 Wernerfelt 是不同类型的学者。Wernerfelt 近乎天才，时刻不忘以理论为本。Hambrick 是一个完美的职业学者（Consummate Professional），一个管理学领域的通才和全才，既重理论，亦重实证，既从事研究，也关注其相关性，同时还重视教育与人才培养，积极投身于学科建设与服务。

TMT 研究，成就了令人敬重的 Hambrick "元帅"。

Jay Barney

十大"元帅"中，笔者真正直接认识的，就只有 Barney 教授。他是笔者的博士论文指导委员会的五位成员之一，是当时从他任职的德州农工大学（Texas A&M）请到得克萨斯大学来的校外指导委员。笔者在撰写博士论文期间，去 Barney 的学校拜访过他两次。Barney 也到奥斯汀参加了笔者的开题报告答辩和论文答辩。Barney 老师高风亮节、慷慨无限，对笔者这个根本不算他学生的外校学生尽力指导和帮助。最令笔者感激的是，笔者博士论文的基础数据是 Barney 帮忙从他们 Mays 商学院实验室找到的——免费，而且可以直接用 SAS 软件进行分析！师恩无限，感激不尽。

Barney 本科在杨百翰大学（BYU）学社会学，1976 年进入耶鲁大学读社会学博士。1978 年他自己组建了一个跨学科的博士项目（横跨社会学和管理学的 Administrative Sciences）并在 1982 年拿到博士学位。自 1980 年到 1986 年，他在 UCLA 的安德森商学院做助理教授；1986 年转到德州农工大学，从助理教授一直做到正教授；1994 年转到俄亥俄州立大学（Ohio State University）做名噪一时的"第一银行捐赠讲席教授"（Bank One Chair），待遇优厚，尊崇有加。如今，他坐镇犹他大学，享受校长级讲席教授的最高荣誉。

跟 Hambrick 相比，Barney 刚出道时，文章发得还是慢了些。他刚开始是做组织理论，比较组织理论中的资源依赖、效率和组织生态等视角（Barney，1984），合作者是后来大名鼎鼎的人力资源宿将 Dave Ulrich（Barney 后来的文章里也有人力资源和企业员工的痕迹）；然后在《社会网络》（*Social Networks*）上发表了关于非正式社会网络（Informal Relations in Organizations）的文章（Barney，1985）。

1986 年，Barney 的三篇有分量的文章同年出炉。一篇发表在《管理学会评论》上，探讨企业文化是否可能是一种可持续的竞争优势。这是对其后来的 VRIO（有价值、稀缺、不可模仿、有组织）或者 VRIN（有价值、独特、不可模仿、不可替代）框架的早期萌发和应用。另外一篇也发表在《管理学会评论》上，讲不同类型的竞争以及相应的战略挑战，有意识地总结和对比资源市场（后来的资源本位企业观）与产品市场（当时的 Porter 产业分析）上不完全竞争的战略意义以及熊彼特创新的战略含义（后来 Teece 提出的动态能力）。

第三篇文章则发表在《管理科学》上（Barney，1986c），讲战略资源市场上的异质性和不确定性。Barney 的这篇文章是他早年最为精彩和最有见地的文章。该文也在 2004 年被评为《管理科学》期刊成立以来最有影响的 50 篇文章之一。通过对资源市场不完善性的描述，Barney 揭示了企业间资源和能力差异性（Heterogeneity）存在和持续的原因。这也是 Barney 资源本位企业观的一个重要的理论基础和序曲。

从 20 世纪 80 年代后期到 1990 年，Barney 发表了两篇关于兼并和收购战略的文章。一篇聚焦相关性假设（Barney，1988），另一篇聚焦并购战略的目标（Barney，1990）。还有一篇经常被引用来否定战略群组（Strategic Group）存在的文章发表在《管理与决策经济学》（*Managerial and Decision Economics*）上，系与 Hoskisson 合作（Barney & Hoskisson，1990）。该文认为，即使没有任何理论基础，人们也可以从哪怕是随机的数据中找出某种想象的群组。这种群组可能没有任何实际意义。

同样在 1990 年，Barney 在《管理学会评论》上发表了一篇梳理管理理论和组织经济学之间关系的文章，用社会学中关于社区（Social Community）的理论来解释不同学术社区的不同兴趣和语言体系，从群组冲突的角度来考察各种相关的分歧。那时，Barney 还深深地沉浸于当时所谓的"组织经济学"（Organizational Economics）的未来框架和范式情境中。至少在 1988 年，UCLA 的博士生招生简章上还有 Barney 的名字，研究方向是新制度经济学和组织经济学。

组织经济学，应该是指他和 William Ouchi 以及 Rumelt 等在 UCLA 推崇的用经济学方法研究组织问题的潜在范式。1986 年，Barney 与以"Z

理论”著称的 William Ouchi 编过一本论文集《组织经济学：迈向探究和理解组织的新范式》。UCLA 经济系的 Alchian 和 Demsetz 等属于这个学派的“友军”。组织经济学的一般性研究传统，至少可以追溯至 Cyert 和 March 的《行为视角的企业理论》（*A Behavioral Theory of The Firm*），其后则是 Williamson、Teece 和 Rumelt 等。

毕业于 UCLA 的 Julia Liebeskind、William Hesterly、Todd Zenger、Russ Coff 等人大概就是在这个范式下开展研究工作的。达特茅斯学院的 Margie Peteraf 和 Connie Helfat，与沃顿商学院相关的 Dan Levinthal、Joe Mahoney、Laura Poppo 和 Rick Makadok，Berkeley 的 JA Nickerson 和 Nick Argyres 等人也是这种套路。一般而言，研究组织经济学的人，好像都小有梦想，那就是要构建一个自己的企业理论（The Theory of the Firm）。

现在，Daniel Levinthal 在“运筹与管理科学学会”（INFORMS）创办了一个类似《管理科学》《营销科学》《组织科学》的《战略科学》（*Strategy Science*），主要就是这一支学者的“阵地”。原来的“阵地”主要是《战略组织》（*Strategic Organization*）。值得一提的是，Levinthal 在沃顿商学院的学生——来自清华大学的吴迅（Brian Wu）——已经在密歇根大学拿到终身教职。这是极为难得的成就。

在经济学方面，偏好组织管理者的“阵地”是《经济行为与组织》（*Journal of Economic Behavior and Organization*）和《经济学与管理战略》（*Journal of Economics and Management Strategy*）。

对于管理领域的人而言，核心问题是组织。对于经济领域的人而言，核心问题是经济学的应用。理论弄来弄去，无非是新古典、交易费用、代理人理论、合约理论等。但双方在技术上都少不了模型构建（Modeling）。

如果还研究所谓的组织经济学，Barney 可能不会有现在的地位和声誉。组织经济学的名称太宽泛，前面的大师太多。1991 年，时任《管理学期刊》副主编的 Barney，客席主编了一期理论专刊，正式祭出 Wernerfelt 在 1984 年推出的资源本位企业观之大旗。

从此，Barney 的战略资源市场理论、Dierickx & Cool（1989）的资源

存量（Asset Stock）理论、Nelson & Winter（1982）的组织常态理论、Rumelt 的不确定可模仿性理论、张伯伦的垄断竞争理论，加上战略领域已有的对于组织能力的论述，以及 Penrose（1959）关于资源既是企业增长的发动机又是刹车闸的论述，都被 Barney 融汇在一起，掰开揉碎，整合定型，推出了他的 VRIN 框架。

同期的期刊上还刊出了几篇其他学者的文章，从各个方面探究和考察资源本位企业观的特点和用处，包括 Castanias & Helfat（1991）和 Conner（1991）等。自此，资源本位企业观的地位被正式确立。Barney 真正成为如今名满天下的 Barney。Barney（1991）的谷歌学术引用次数至今已超过5 万次！

1991 年之后，Barney 的一个重要工作自然是帮助推广其资源本位企业观在多个学科、多个领域、多个话题和多个场合的应用，比如，他自己关于信任（Trusthworthiness）与竞争优势的关系（Barney，1994）和 IT 与竞争优势的关系（Barney，1996）的研究。一场轰轰烈烈的资源本位企业观运动也随之应运而生。他人的引用和拓展使得资源本位企业观得以与 Porter 的产业定位分庭抗礼，成为整个战略管理领域关于可持续竞争优势的两个主导视角。重要的拓展和支持工作体现在 Mahoney & Pandian（1992）、Amit & Schoemaker（1993）和 Peteraf（1993）上。

作为组织学者，Barney 在经济学分析之余，也非常强调组织行为学的重要性，并与 Ed Zajac 合作写过组织行为学与竞争分析之关系的文章（Barney & Zajac，1994）。他自己在《战略管理进展年刊》（*Advances in Strategic Management*）上也发表了其独著的文章，解析二者的关系。Barney 曾说过，组织行为学是战略管理的母学科（Mother Discipline）。

再后来，Barney 在多种场合解析资源本位企业观，还出版了相关的专著与教材。也许，任何个人学者的理论框架一旦足够成型，就相对自成一体，不会过于开放和自我修正。

Barney 似乎是从来不提所谓动态能力的。在 Barney 所有的文章中，他也基本上是不区分资源和能力的差异的，而是将其并列通用（资源与能力）。任何的企业属性（天生特点、资产、属性、关系等）都是有价值的资源，只要能够以其为基础来承载难以被对手模仿的组织战略。

因此，他大概也不认为动态能力的引入改变或更新了他的分析框架，而且动态能力本身也可以被纳入 VRIO 框架的分析。在世纪之交的一次美国管理学会的年会上，Barney 讲了一个略带调侃和揶揄的故事：

> 我给学生上课讲资源本位企业观。下课后，有个学生兴奋地对我说："Barney 教授，我想我找到了一种符合 VRIO 的组织能力！"我问他在哪儿，他说在他的包里。然后学生打开包，我们发现包里什么都没有。我问他去哪儿了，他说可能飞走了。我说："噢，原来是一个动态的呀！"（It's a dynamic one!）

从 1989 年开始，Barney 就已经在创业学领域展开工作，从风投到创业，从机会到估值，从企业家的"盲目"自信到大家对创业的"公共兴趣"。他在这一领域的主要合作者是其博士生 Busenitz 以及原来在俄亥俄州立大学的同事 Sharon Alvarez。通常情况下，Barney 本人是不诉诸数据的，靠的是纯粹的概念性思维和抽象的理论构建能力。

Barney 有两个出色的中国学生——王鹤丽（Heli Wang）和童文峰（Tony Tong）。两人的工作都多少具有一些金融取向。王鹤丽的工作至少在早期偏重公司层面的战略。他在香港科技大学工作多年之后，又去了新加坡，现在是新加坡管理大学的李光前讲席教授。童文峰与 Barney（尤其是后来与 Jeff Reuer）合作写了多篇关于实物期权（Real Options）理论及其在战略管理研究中之应用的文章。童文峰在布法罗大学和科罗拉多大学任职期间有非常优秀的论文发表，并曾在老牌战略大本营——普度大学获得正教授职位。

Barney 也对中国的管理学界有所贡献。2005 年左右，北京大学光华管理学院连续三年在夏季聘他为特聘杰出访问教授。Barney 还与中山大学的张书军在《管理与组织评论》（*Managerial and Organization Review*）上合作发表过文章，探讨中国管理实践与管理理论之间的关系。

Kathleen Eisenhardt

Kathleen Eisenhardt 本科在布朗大学（常春藤盟校中最小的学校）学的是机械工程专业，在海军研究生院读硕士时学的是计算机系统专业，1982 年在斯坦福大学商学院获得博士学位，专业是广义的组织行为学；毕业后一直在斯坦福大学工学院管理科学与工程系任教，一个人撑起一片天地；发表论文逾百篇，曾先后获得 4 个荣誉博士学位。

Eisenhardt 教授可能是十大"元帅"中跨界最多也最为独特的一个高产学者，在诸多领域都有重要的建树。她在美国管理学会的组织与管理理论分会（OMT）、战略管理分会（STR）、技术在管理中的应用分会（TIM）和创业学分会（Entrepreneurship）等多个领域都有所涉足和贡献。但是，她的研究主题与方法却有足够的内在逻辑和一致性。

可以说，Eisenhardt 的研究至少有三大特点：

第一，聚焦于高速增长和快速变化的行业（尤其是高科技行业）中企业面临的重大问题（尤其是技术和创新管理）。事实上，她是研究硅谷企业之战略和管理的第一人。

第二，她的研究聚焦于企业的战略和组织维度，包括从决策到实施的整个过程，涉及战略决策的准则、组织结构、公司治理、战略联盟、企业并购、动态能力、高管团队以及薪酬体系等多种要素。

第三，她的主要研究方法是定性研究，尤其是案例研究。可以说，与 Robert Yin 在整个社会科学领域内对案例研究的贡献相媲美，Eisenhardt 单枪匹马、纵横驰骋，顽强地将案例研究的合法性和可信性大旗再次插在纯学术研究中理论构建与检验的最高领地和前沿阵地。

她的博士论文的主题是从代理人理论的视角来看待组织中的控制。其博士论文的研究结果于 1985 年部分发表在《管理科学》上。她对技术创新与创业（Technical Entrepreneurship）的研究，也自 1985 年起开始发表。基于代理人理论，她还研究过零售企业的薪酬制定（Eisenhardt，1988），也梳理过代理人理论视角在管理学研究中的应用前景（Eisenhardt，1989c）。

自 1987 年起，她开始发表有关快速变化情境（High Velocity Environment）下企业决策过程的研究文章（Bourgeois & Eisenhardt，1987；Bourgeois & Eisenhardt，1988；Eisenhardt & Bourgeois，1988；Eisenhardt，1989a；Schoonhoven，Eisenhardt & Lyman，1990；Eisenhardt，1990）。

对于硅谷企业的研究，斯坦福大学商学院的 Robert Burgleman 算是一位顶级的专家，而顶级专家中最具代表性和权威性的则应该是 Eisenhardt 了。她的研究不仅总结了快速变化情境下企业决策的实际特点，而且也为此类快速决策法赋予了合法性。快速决策和快速反应考虑的信息和因素不一定少，反而很可能更多，只不过是快速尝试和迭代、快速纠偏和应对罢了。在瞬息万变的行业中，这样快速试错的企业反而可能更容易把握机会。如果今天谁能进入腾讯等企业做类似的研究，那也一定会有大的贡献。

决策，尤其是战略决策，一直是 Eisenhardt 研究生涯的主题。Eisenhardt 在这一领域的一个重大贡献，在于提出所谓的"以时间为基准的决策节奏把握"（Time-Pacing），以区别于传统的所谓"以事件为导向的决策节奏把握"（Event-Pacing）。高科技企业要讲究自己的节奏，要有意识地适时转换，而不能只是应对外部事件和潮流。英特尔公司创始人开创的摩尔定律，就是这一决策风格的最佳佐证。关于 Time-Pacing，Eisenhardt 不仅得出了学术性的研究结果（Brown & Eisenhardt，1997），而且向管理者做了精彩解读（Eisenhardt & Brown，1998）。

2001 年，Eisenhardt 和 Don Sull 在《哈佛商业评论》上发表了"作为简单法则的战略"（Strategy as simple rules）一文。这是她在决策领域与快速试错相关（甚至不可分割）的另外一个重要贡献。在两人合作并于2012 年发表在《哈佛商业评论》上的另外一篇文章"复杂世界的简单法则"（Simple rules for a complex world）中，他们再次强调了简单法则在复杂情境下的必要性与可行性。2015 年，两人将这方面的研究结果汇总出书，仍然取名为《简单法则》。正是有了相对简单而又比较靠谱的决策法则，企业才能快速决策，不至于失去过多的机会，也不至于沉溺于无效的路径。

用行为决策理论和认知心理学的方法来研究决策准则，Eisenhardt 并不是首创。但用决策经验法（Decision Heuristics）等视角来研究高科技企业在快速变化行业的决策（Bingham & Eisenhardt，2011）确实是值得称道的工作，而且强化和丰富了她在这一研究主题和潮流中的表现与成就，因而值得一书。她是有一个自洽一致的研究规程（Research Program）的，不是完全见机行事、追逐潮流。这是"元帅"级别的学者应有的定力。

Eisenhardt 和 Schoonhoven 的文章（Eisenhardt & Schoonhoven，1990），使她关于创业企业的研究得以引人注目。其后，她不仅在产品研发与创新方面着力（Brown & Eisenhardt，1995；Eisenhardt & Tabrizi，1995），而且把资源本位企业观引入对初创企业战略联盟之形成的研究中（Eisenhardt & Schoonhoven，1996）。

Eisenhardt 还关注创业企业的兼并和治理（Graebner & Eisenhardt，2004）以及企业家如何获取风险投资（Hallen & Eisenhardt，2012）。在公司创新方面，2000 年左右，Eisenhardt 专注于对模块性组织（Modular Form of Organization）的考察（Galunic & Eisenhardt，2001；Helfat & Eisenhardt，2004）。

当然，使得 Eisenhardt 进入"元帅"行列的重要原因之一，是她对案例研究方法的使用与推广，并且用这种方法研究快速变化情境下的管理决策而做出的前所未有的贡献。

可以说，以哈佛商学院为代表的案例写作主要在于展示和演绎某些现象和观点，甚至可以被用来"证明"（其实是检验）或者解释某些理论。但很少有人会想到用案例研究来构建理论。当然，在社会科学领域，Robert Yin 数十年来一直在推介案例研究的要义和方法；Mintzberg 的田野调查也算是早期相关的尝试。然而，在整个管理学领域，是在 Eisenhardt（1989b）的"从案例研究构建理论"（Building theories from case study research）和 Eisenhardt（1991）的"单一案例研究"（Single-case research）发表之后，大家才真正意识到，案例研究方法是可以用来做严谨的学术研究、构建和开发理论的。之后,Eisenhardt 在案例研究方法上的贡献持续不断(Eisenhardt & Graebner, 2007)。

除了在案例研究中的卓越贡献,Eisenhardt 还有另外一篇文章(Eisenhardt & Martin, 2000)的谷歌学术引用次数过万。标题直白不啰嗦:"动态能力:它们到底是什么?"(Dynamic capabilities:What are they?)但 Eisenhardt 和 Martin 理解的动态能力与 Teece 等人的构想以及他人基于资源本位企业观的理解和界定是有很大区别的。他们认为,动态能力没有那么玄妙,就像常说的最佳实践一样,不一定那么独特或曰具有较高的企业特定性(Firm-Specificity),在不同的企业间是有一定的共性的。而且,他们把动态能力的类型放在不同变化程度的竞争环境中去考察,尤其是把它们和 Eisenhardt 一直研究的快速决策情境紧密相连,并在这个场景内强化了简单法则和快速试错的重要性,也拓展了大家对组织常态和资源本位企业观的理解。

这也从另外一个侧面验证了一个常识。"元帅",是有自己的"打法"的。你说你的,我说我的。你打你的,我打我的。当我说你的东西的时候,实际上还是在说我的,巧妙新颖地重复我一直说的东西。将官们,在没有成为元帅之前,都是打别人的仗,给别人打仗,用别人的打法打仗。当然,大多数人一辈子都成不了元帅,无论战功有多么傲人。Eisenhardt 教授,卓然而立,与众不同,战功赫赫,远扬芳名。"元帅"也!

"元帅"回眸:精英背景

"王侯将相,宁有种乎?"笔者认为,或许还是有些模式和相关概率的。看看十大"元帅"的来历。只有 Hambrick 一个是公立学校的博士,其他人的学位全部来自传统私立名校。即使是 Hambrick,也是哈佛商学院的 MBA,是在常春藤学校浸淫过的。学术研究社区是讲究人才集聚和制度传承的,原则上是精英统治和明星当道的社区。私立名校在资金、资源、传统、声誉和现有人才集聚上是有绝对优势的。因此,"元帅"级别的学者们大多出自这些学校并终身任教于这些学校（或游走或定居），也是一点都不奇怪的。

另外一个有趣的发现是这些学者的本科专业分布：既有传统的文科领域（比如新闻学和社会学），也有不同专业的理工科领域（从航空航天到传统的电机与机械工程）。只有两位学者本科学的是与商业管理有关的学科。西方的高等院校，尤其是精英院校的本科专业，大部分还是实行通才或通识教育，讲究的是提升总体的悟性和见识、基本的素质和学养、广泛的科学精神和人文情怀、独立思考的能力和习惯，以及解决问题的思路和方法。

需要指出的是，国外的名牌大学中，大部分的博士项目都是从优秀的本科生中直接招生的。硕士学位往往只是博士资格考试后的一个中间认证，或者是给那些博士资格考试没通过而不能继续攻读博士学位者的一剂安慰贴。而且，本科是不是本专业的并不是十分重要（对于商学院和管理系亦是如此）。工作经验也完全不是必要条件。然而，从本章所介绍学者的工科背景的相对集中来看，在战略管理的研究中，一定的数理分析能力或者模型构建能力还是比较重要的。

第四章 十大"上将"：战功卓著的英雄

"上将"的标准

下面我们评介战略管理领域十大"上将"的成就和贡献。我们首先来看"上将"的标准（符合其中之一即可）。

第一，独树一帜，在某一重要领域有开创性贡献。这一贡献可以是与"元帅"合作，也可以是独立完成但由于各种原因而缺乏"元帅"级别的影响，还可以是在某个规模和影响不够大的专题领域内独领风骚。

第二，在两个或者以上的专题领域有仅次于"元帅"级影响的重要贡献（Instrumental Contribution），帮助确立某种范式或者学派。

第三，在某个或多个细分研究领域具有标志性的和持续性的贡献。具体而言，这意味着该学者应该有至少一篇文章具有经典的特质以及极为广泛的知名度和影响力。恰巧，入选的十位学者中每一位都有至少一篇代表性文章的谷歌学术引用次数超过1万次（2017年3—4月数据）。

表4.1中，与"元帅"榜相似，各位学者的名字背后都有一些指标可供参考：是否当选战略管理学会院士或美国管理学会院士，是否当过美国管理学会战略管理分会主席，以及是否获得过《战略管理学期刊》（SMJ）的最佳论文奖，等等。

表 4.1　战略管理十大"上将"概览

	战略管理学会院士	SMJ最佳论文奖	美国管理学会院士	战略管理分会主席	谷歌学术引用次数	单篇引用最高次数	博士毕业学校	博士学位获得时间	现任或最后任职学校
Raphael Amit	X	X			32 500	10 500	Northwestern	1977	Wharton
Jeffrey Dyer					31 793	11 500	UCLA	1993	BYU
Sumantra Ghoshal	X		X		60 000	15 000	MIT（Ph. D.）HBS（DBA）	1985 1986	LBS
Robert Grant	X	X			52 000	15 000	City U.		Bocconi
Gary Hamel	X				60 000	12 420	Michigan	1990	LBS
Bruce Kogut	X				62 000	13 500	MIT	1983	Columbia
Daniel Levinthal	X	X	X		66 000	32 164	Stanford	1985	Wharton
Margaret Peteraf	X	X	X	X	24 878	11 919	Yale	1987	Dartmouth
Habir Singh	X			X	43 500	11 500	Michigan	1984	Wharton
Charles Snow			X		30 000	12 000	Berkeley	1972	PSU

十大"上将"之傲人风采

Raphael Amit

　　Raphael Amit 教授不仅是战略领域的常青树和"劳动模范"，而且在学科发展的多个节点和多个领域做出过举足轻重的贡献。来自以色列的 Amit 教授，在西北大学凯洛格商学院用了两年的时间获得管理经济学与决策科学的博士学位（1977）；回到以色列理工学院任教几年后，于 1984 年重返母校凯洛格商学院任教；1990 年转任职于加拿大英属哥伦比亚大学（UBC）；1999 年赴沃顿商学院任讲席讲授至今。

　　与 Wernerfelt 相似，Amit 也是一个多面手。他早年研究煤炭、石油等能源领域的决策问题，回到北美后转向公司战略的研究，聚焦于与财务和金融相关的课题。因此，金融一直是他的另外一个研究领域。而他在金融领域的一流期刊上也不断有文章发表，从公司治理到风险投资以及家族经济的融资、治理与市场表现等。他最近关注的领域是创业学和家族企业管理。

在战略领域，他在三个时段于不同领域表现优异。首先，20世纪80年代后期，Amit崭露头角。他与Livnat合作，以研究多元化战略的绩效、风险和路径（自生还是并购）而著称（Amit & Livnat, 1988a, 1988b）。比如，他用多种方法来测度多元化战略（四种连续变量法）以及企业的绩效和风险（会计指标和资本市场表现），提高了结果的可信度。而且，他还提出了多种同时增加盈利和降低风险的建议（Amit & Livnat, 1988a）。虽然非相关多元化企业不如相关多元化企业利润高，但它却可以带来相对稳定的现金流和杠杆潜力（Amit & Livnat, 1988b）。这一专题的研究一直持续到20世纪90年代初期。他曾与Wernerfelt合作，通过实证研究展示了企业降低风险的两大动机：低价获取资源以及更有效率地运营（Amit & Wernerfelt, 1990）。

进入20世纪90年代，Amit开始大举进军创业学领域。这方面的大部分研究主要聚焦于金融视角，不在我们考察的核心领域。

1993年，Amit和Schoemaker关于"战略资产与组织租金"（Strategic assets and organizational rent）的研究（Amit & Schoemaker, 1993）不仅是他在20世纪90年代职业腾飞的最大亮点，也是其整个职业生涯中最具影响的一篇文章，为资源本位企业观的确立和流行做出了关键性贡献。该文也在2000年获得了《战略管理学期刊》的最佳论文奖。

这篇文章突出了资源市场不完善性以及管理者决策误差这两大因素对某些企业（由于拥有排他性的独特资源而）可能享有持久竞争优势的重要意义。首先，该文与Peteraf（1993）在同一时期强调了资源市场不完善的作用，呼应了Barney（1986）的观点。其次，该文区分了产业层面的要素（Strategic Industry Factor）以及企业层面的要素（Strategic Firm Asset），有效地界定并融合了产业分析与企业资源两方面的考量，与Wernerfelt（1984）和Mahoney & Pandian（1992）相呼应。最后，Porter提出的产品市场不完善性以及Peteraf提出的资源市场不完善性，都在某种程度上隐含着决定论的意味，并没有清楚或者直接考虑管理者的判断与选择。而 Schoemaker 正是行为决策领域的高手。Amit 和 Schoemaker 合作的这篇文章将受制于有限理性的管理决策者的判断引入相应的分析中，进而指出，管理者在选择企业战略资产与产业战略要素相匹配的问题上的表现，在很大程度上决定了企业能否享有持久竞争优势。此乃该文精彩奇妙之处。

进入 21 世纪，Amit 开始关注新经济，率先将电子商务和商业模式等概念正式引入战略管理的学术文献中（Amit & Zott，2001）。他在这一领域的合作者是他迄今为止最为出色的一名博士生——Chirstopher Zott。二人在主流的管理学期刊上为商业模式这一流行术语提供了学术研究的合法性（Zott & Amit，2007，2008，2013；Zott，Amit & Massa，2011）。

早在 2001 年，两位作者就对电子商务赖以成功的商业模式给出了相当清晰的界定（Amit & Zott，2001）。业务是否能够创造价值，主要取决于四个相互依存的要素：效率、互补、锁定和新颖。虽然两位作者的工作借鉴了战略管理和创业学领域的诸多素材，但是他们认为这两个领域的文献里没有任何理论可以解释电子商务在新经济中的表现。他们建议以商业模式本身为新的基本分析单元（Unit of Analysis）来考察交易的内容、结构和治理模式以及交易的各方如何利用机会来创造价值。自此，战略管理的因变量开始逐渐由持久竞争优势与卓越经营绩效转向价值创造（Value Creation）。

2007 年，两位作者将商业模式分析运用到新创企业的绩效分析（Zott & Amit，2007）。通过将商业模式设计分为新颖性主导和效率性主导，他们发现新颖性对企业绩效的影响相对较大，而试图同时追求新颖和效率的企业可能适得其反。通过进一步考察新颖性主导的商业模式与企业战略的关系，他们发现，如果此类商业模式与企业的产品战略（差异化、低成本、早期进入市场）相结合，就可以增进企业的绩效。因此，可以推测，商业模式和产品战略是互补而非替代关系。

2011 年，在一篇文献回顾中，Amit 和同事（Zott，Amit & Massa，

2011）对有关商业模式的研究进行了梳理与评判，强调了其早期的基本观点。第一，商业模式正在成为一个独特的分析单元。第二，商业模式讲究的是生态系统层面的总体性的生意模式。第三，商业模式的核心应该是企业的各种活动系统（Activity System）。第四，商业模式要同时解释价值创造与价值获取。谈到价值创造和价值创新，尤其是商业模式，Amit 堪与 David Teece 比肩。

Amit，当之无愧的"上将"！

Jeffrey Dyer

十大"上将"中资历最浅的当属 Jeffrey Dyer 教授。他是其中唯一的在 1990 年之后获得博士学位的学者。但他与沃顿老将 Harbir Singh 教授合作的从企业间关系的视角看合作战略与竞争优势的研究堪称独树一帜的经典，影响广泛而深远。他在合作战略研究领域从理论到实证的持续性贡献使其成为该领域最具标志性的人物之一，与另外一位重要代表 Ranjay Gulati 并驾齐驱。但 Dyer 教授的单篇文章最高引用次数（Dyer & Singh，1998）以及其在学术圈内和管理实务界的综合影响力则是略胜一筹。因此，我们完全可以按照成就和贡献将其奉为"上将"。

Dyer 教授师出名门。他在杨百翰大学攻读组织心理学本科以及 MBA 学位，均以最高荣誉毕业。此后，他在贝恩咨询公司任职四年，于 1988 年进入 UCLA 读博士，正式投身学术界。他在 UCLA 的博士论文研究美国和日本汽车制造企业与供应商的关系，关注治理结构和资产专业化与特定化等战略联盟间常见的问题，为后续发表的多篇高质量的文章奠定了良好的基础。他在博士阶段的研究方向聚焦于战略管理、组织经济学和国际管理。他的两位共同导师乃是大名鼎鼎的 William Ouchi 和 Richard Rumelt。他在沃顿商学院任教数年之后，于 1999 年返回母校杨百翰大学并任教至今。

Dyer 教授一直是"两条腿走路"，一边是严谨的学术文章，一边是面向管理实践者的精彩著作，在商业畅销书市场上保持自己的声音。也许，他深受曾以《Z理论》闻名于世的 William Ouchi 教授的影响。二人于1993年曾在《斯隆管理评论》上撰文评介日本式的合作伙伴关系与竞争优势之间的关系。1994年，Dyer 在《哈佛商业评论》上撰文分析日本制造业企业专业化资产（Dedicated Assets, Specialized Assets）的特点。

Dyer 在博士论文研究的基础上发表的第一篇学术文章是"作为竞争优势的特定供应商网络：以汽车制造业为例"（Dyer, 1996a）。这篇文章展现了汽车制造商与其特定供应商之间相互交融的"共同专业化"（Co-specialization）对经营绩效的正面影响作用。其结论是，以日本企业为代表的紧密供应商关系（相邻的地理位置以及人力资源的共同专业化）要优于以美国企业为代表的松散型的、低专业化/特定化关系的供应商结构。

接下来，在另一篇独著的文章中，Dyer 进一步揭示了专业化的供应商关系不仅可以增加上下游双方的价值，而且可以降低（而不是增加）交易成本（Dyer, 1997）。交易费用分析视角的运用显示了 Dyer 在 UCLA 受到的组织经济学的良好训练。

基于上述研究成果，1998年 Dyer 与 Singh 合作发表了其最具影响的总结性和纲领性文章（Dyer & Singh, 1998）。可以说，这篇文章不仅是合作战略的典范，而且也是资源本位企业观在合作战略上的上佳应用，很可能上升到自成一体的高度，成为所谓的"关系本位企业观"（A Relation-Based View of the Firm），与 Porter 的产业定位理论和 Wernerfelt/Barney 的资源本位企业观并驾齐驱。其核心要义简单明了：企业的关键资源可能跨越企业边界而主要存在于企业间的某种关系和常规中。一个有价值的分析单元，不是企业自身，而是企业间的关系。

具体而言，两位作者提出了四种潜在的竞争优势源泉：与关系相关的特定资产（Relation-Specific Assets）、知识共享的常规（Knowledge Sharing Routine）、互补的资源与能力（Complementary Resources and Capabilities）、有效的治理机制（Effective Governance）。他们进而详细地解读了四种源泉背后的支持过程和运作机理以及可以保护这些源泉的潜在隔离机制。这些隔离机制包括合作伙伴间的资产相互关联与镶嵌程度（Interorganizational

Asset Interconnectedness)、合作伙伴的稀缺性（Partner Scarcity）、共享资源的不可分割性（Resource Indivisibility），以及是否崇尚信任的制度环境（Institutional Environment），等等。

1998—2008 年的这 10 年间，ScienceWatch 的统计显示，上述这篇文章在整个经济学和商学领域的引用率排名第二。2011 年《管理学会透视》上的一篇文章，依据在学术界的影响和实践界的影响之双重指标，将 Dyer 排在最有贡献的管理学学者之首。他也是 1990 年之后获得博士学位的学者中获得学位当年谷歌学术引用次数最高的学者。Science Indicators 的统计显示，1996—2006 年，Dyer 的学术引用次数在全球管理学领域所有学者中排名第四。

1998 年之后，Dyer 有关供应商关系的理论和实证研究持续进行，重点关注信任（Dyer & Chu，2000，2003，2011）、知识共享（Dyer & Nobeoka，2000；Dyer & Hatch，2006）和供应商学习（Nobeoka，Dyer & Madhok，2002）等专题。显然，Dyer 这一时期发表的文章主要集中在国际商务和管理领域，凸显了其罕见的理论功底和实力。Dyer 与 Chu 在《国际商务研究期刊》（*Journal of International Business Studies*）上关于美、日、韩汽车业供应商关系与信任的研究（Dyer & Chu，2000）在 2010 年获得该刊的十年大奖（Decade Award）。

Dyer 教授另外一项值得关注的研究，是在创业学领域对机会识别以及创新者特质的研究。与以颠覆性创新著称的 Christensen 以及 Gregersen 合作，Dyer 聚焦于研究创新者的基因密码（The Innovator's DNA）。他们发现创新者个体通常在五个方面优异于常人：善于联想（Associating），喜好发问（Questioning），勤于观察（Observing），广泛结交（Networking），勇于尝试（Experimenting）。他们进一步畅想了有关创新团队的 DNA 之组合与构建：如何通过人、过程和理念（People，Process and Philosophy）的最佳结合将创新者的 DNA 引入企业经营与管理的日常实践中。他们在《哈佛商业评论》上的相关文章"创新者的 DNA"（The DNA of innovators）（Dyer，Gregersen & Christensen，2009）获得当年麦肯锡最佳论文奖第二名的荣誉。同名著作（2011）在商业畅销书市场上广受好评。

Dyer，正在盛年的"上将"，前途远大光明。

Sumantra Ghoshal

英年早逝的 Sumantra Ghoshal 教授，其学术贡献直逼"元帅"级学者的成就。他在管理实践界的名声亦曾如日中天。在十大"上将"中，他的成就和影响无疑首屈一指、令人赞叹。

Ghoshal 出生于印度，本科学习物理，早年在印度石油公司从业。1981 年，他通过富布赖特奖学金（Fulbright Fellowship）等资助赴美国学习，几乎同时在风光旖旎的波士顿查尔斯河南岸和北岸攻读两个博士项目，通过两篇不同的论文分别获得两个博士学位——麻省理工学院斯隆管理学院的博士学位（1985 年）和哈佛商学院的 DBA 学位（1986 年）。毕业以后他先于 INSEAD 任职，破格晋升为教授，后转任职于伦敦商学院（London Business School）。1996 年，他促成了印度商学院（Indian School of Business）的成立并成为创院院长。

Ghoshal 精力旺盛，善于与各方人士合作；思维活跃清晰，智力超凡过人；成就斐然，论著等身。令人遗憾的是，Ghoshal 教授不幸于 2004 年因突发脑溢血而病故。他的离去无疑给管理学界带来了极大的损失。然而，Ghoshal 的学术影响至今盛而不衰。

Ghoshal 最重要的研究工作，大部分是和他在哈佛商学院的老师 Christopher Bartlett 合作完成的。他们的合作长达二十年之久，直至 Ghoshal 去世。可以说，刚出道时，Ghoshal 做的都是标准的国际管理和全球战略方面的课题。

1986 年，Ghoshal 与 Bartlett 在《哈佛商业评论》上发文，提出跨国公司总部不要自以为是，而应该极力挖掘各国分部（Strategic Business Unit，SBU）的能动性和潜力。为了更好地梳理和管理总部与分部的关系，他们依照分部的战略重要性和实际的业务实力，将分部角色划分为四类：战略领袖（既有能力又很重要）、贡献者（有能力但不重要）、执行者（能力和重要性都较低），以及黑洞（市场很重要但分部实力一般）。这基本上是波士顿矩阵在全球管理上的一个翻版，但对从业者很有启发。

1987 年，Ghoshal 在学术领域正式登场，并一举成名。他独著的文章"全球战略：一个总括性框架"（Global strategy：An organizing framework）不禁令人耳目一新，真正地从战略管理和竞争优势的视角来看待跨国公司的管理，而且为理论研究指明了方向。这在当时国际管理这样一个理论相对缺乏的细分领域尤其显得重要和难得（Ghoshal，1987）。

接下来，Ghoshal 所做的与上述跨国公司分部角色课题相关的研究结果，发表在 1988 年的《国际商务研究期刊》上，主要探究跨国公司分部间的沟通与整合对创新的影响。同年，他在《国际商务研究期刊》上正式发表了他在麻省理工学院的博士论文（Ghoshal，1988），研究韩国企业对外部环境的监测与分析（Environmental Scanning）——战略管理的一个标准课题在国际管理中的应用。他与自己在麻省理工学院的导师之一Westney 还合作发表了关于企业竞争分析系统的设计与应用的文章（Ghoshal & Westney，1991）。

1989 年，他与自己在麻省理工学院的同学、哈佛商学院现任院长 Nitin Nohria 合作发表了"跨国公司内部组织的差异化"（Internal differentiation within multinational corporations）一文，展示了公司总部与分部之间不同的关系模式（阶层制、邦联制、宗族部落式和整合型）及其各种决定因素（环境与技术特点等）以及具体构成要素（比如权力的集中度、规则的正式程度，以及人员之间的整合程度等）。接续这一专题，二者发表了关于差异化的匹配与共享价值观的研究（Nohria & Ghoshal，1994）。这一项目的系列研究结果，最终在 1997 年结集成书（Nohria & Ghoshal，1997），当即广获好评，并获得了美国管理学会的乔治·特里年度著作大奖（George Terry Book Award）。

对组织结构和人的关注自此一直体现在 Ghoshal 的研究工作中。Bartlett 和 Ghoshal 认为，矩阵组织主要不是一种紧身衣那样的结构，而是一种积极合作的理念。因此，自上而下的结构调整往往无济于事，而起自基层的态度和行为转变才是更加容易奏效的方法（Bartlett & Ghoshal，1990）。1994年，Ghoshal 与同事发表了有关跨国公司分部之间以及分部与总部之间沟通的相关研究（Ghoshal, Korine & Szulanski, 1994）。

1997年，Ghoshal 和 Bartlett 合作出版了《个性化的公司》（*Individualized Corporation*）一书，强调发挥作为个体的人之最大潜力并构建个性化的公司才是价值创造的本源。该书亦数度获奖。

自1988年开始，Bartlett 和 Ghoshal 就着力提倡所谓的"泛国公司"（Transnational Corporation）的概念（Bartlett & Ghoshal, 1988）。1989年，两人出版了他们最著名的合作专著《跨越国界的管理：泛国战略》（*Managing Cross Borders：The Transnational Solution*）。1992年，他们又推出了该著作的姊妹篇《泛国管理》（*Transnational Management*）。这两本论著极为畅销，至今数次再版，享誉全球。

泛国管理（Transnational Management）的基本精神是：跨国公司日益受到应变、效率和学习等多种日益复杂的挑战。现有的组织结构通常难以适应这种要求。而上述差异化的组织结构以及与任务环境相匹配的总部与分部关系模式的灵活设计与适当应用，则可以帮助跨国公司解决这些问题。虽然这一概念非常诱人而且貌似有理，但最终过于理想化，其实际运作的可行性与有效性并不尽如人意，而且在学术研究中也难以具体把握和操作。因此，上述著作虽然畅销，也只是一家之言。

20世纪90年代，Ghoshal 最为著名的工作可能是对管理理论中过分注重所谓的科学化和专业化倾向而缺乏社会责任感和道德自律性的批评。他与学生 Peter Moran 曾撰文指出，诸如交易费用学说和代理人理论等经济学概念与方法对人性的负面特点过分关注和渲染，从而不利于健康正常的商业活动（Bad for Practice）（Ghoshal & Moran, 1996）。

由此，他也大肆批评了现行 MBA 教育对学生的培养方式（使得他们成为专业逐利者），并认为这些 MBA 毕业生应该对各种不断传出的商业丑闻负全责。这一批评，与几乎同时来自商学院的若干学界巨头的声音不谋而合。Mintzberg、Bennis、Pfeffer 等学者，与 Ghoshal 共同发难，逼迫商学院社区集体反思。由此可见，虽然 Ghoshal 本科学习的是物理，但并没有唯科学本身是从，而是颇具书生意气、人文情怀。他的研究也多以案例为基础，深入管理实践一线，永远试图探究和捕捉管理者行为背后的原因。

最后，必须提到的，可能也是最为扎实和精彩的，是 Ghoshal 在 1998年发表的两篇重要文献。这很可能是他在纯学术领域令人肃然起敬的最高成就。一篇是"社会资本、智力资本与组织优势"（Nahapiet & Ghoshal，1998），另外一篇是他与其在伦敦商学院的博士生 Wenpin Tsai 合作的"社会资本与价值创新：企业内的网络"（Tsai & Ghoshal，1998）。前者认为组织比市场更能集聚社会资本并因之更容易催生和共享知识资本。该文单篇谷歌学术引用次数超过 1.5 万次。后者发现社会资本（包括结构性、关系型和认知性三个维度）与资源交换和产品创新密切相关。社交程度和信任与组织单元之间的资源交换成正比，并因此对产品创新有显著的正面影响。该文单篇谷歌学术引用次数超过 6 000 次，从而使得 Tsai 教授成为当今实力派的领军人物之一。

让我们一起感谢 Ghoshal 教授为整个管理学领域做出的不可磨灭的贡献。

Robert Grant

十大"上将"中，也许 Robert Grant 教授是涉足研究领域最为广泛的学者，而且是唯一有两篇文章的单篇谷歌学术引用次数上万的学者。一篇是对资源本位企业观的重大贡献（Grant，1991a），一篇是有关知识本位企业观（A Knowledge-Based View of the Firm）的独立原创研究（Grant，1996）。这种成就，即使在"元帅"级别的学者中，也是极为罕见的。

Grant 教授在伦敦城市大学获得博士学位。自 20 世纪 70 年代后期进入学术界以来，他一直保持敏锐的嗅觉和良好的品位，数度在战略管理及相关领域的学术先锋领地"翩翩起舞"，其研究和文章发表不断与时俱进。更有趣的是，他的足迹遍及欧洲和北美若干美丽而有韵味的城市，先后任教于 LBS（伦敦）、UBC（温哥华）、UCLA（洛杉矶）、Calpoly（加州小镇 San Luis Obispo)、Georgetown(华盛顿特区)和 Bocconi(米兰)。

Grant 教授以研究产业组织经济学起家,早在 1977 年就开始研究英国企业的多元化问题。1982 年,他在英国的《产业经济学期刊》(*Journal of Industrial Economics*)上发表了关于英国石油批发市场定价的研究——产业组织经济学当时的标准课题之一。1985 年,Grant 教授首次进入管理学阵地,在《加州管理评论》上发表文章,预测美国企业将受到来自国外的更加严峻的挑战,即使当时居高的美元汇率在未来持续下降,也将如此。

其后,Grant 的研究和文章发表全部聚焦于战略管理学主流社区的核心话题。20 世纪 80 年代中期,他与另外一位后来也成为战略管理宿将的英国学者 Howard Thomas 等人合作研究英国企业的多元化战略和绩效,关注 Rumelt 关于多元化战略的分类法及其与绩效的关系。1988 年,该研究正式发表于《管理学会期刊》(*Academy of Management Journal*)(Grant, Jammine & Thomas, 1988)。基于 1972—1984 年 304 个大型英国企业的样本,他们发现产品多元化与利润率在某个转折点之前呈正相关关系,之后则呈负相关关系。

也就是说,产品的多元化与利润率之间的关系不是线性的。但几位学者非常严谨,他们在承认自己的结果总体上印证和支持了 Rumelt(1974,1982)结论的同时,认为自己的结论只是表明有限(适度)多元化(Moderate Diversity)的绩效相对较高,但不能确认这些就是相关多元化。他们猜测,Rumelt 的结果之所以表明相关多元化的绩效比非相关多元化的绩效高,主要是因为在 Rumelt 的分类法里非相关多元化一类通常囊括了多元化程度最高的那些公司。是过分多元化(程度),而不一定是非相关(类别)导致了绩效的差异。这既是概念问题,也是度量方法问题(类别变量与连续变量),需要更加精准的后续研究进一步澄清结果。

同时,他们发现,本国市场的利润率会诱发企业/跨国经营。如此导致的"国际多元化"又会进一步提升企业的利润率。实际上,Grant 此前一年在《国际商务研究期刊》上独立发表的文章(Grant, 1987)中,更详细地报告了国际多元化与利润率成正比的研究结果。而且,他进一步证实,此结果不受国际多元化之目的地国家选择的影响。Grant 教授由此推断,利润率的提升并不是由于目的地国家市场的利润率高,而是由于多元化企业自身的竞争优势。

在"主导逻辑"(Dominant Logic)这一概念被提出(Prahalad & Bettis,1986)之后,Grant迅速地意识到其重要性,立刻撰文,将主导逻辑和Rumelt著名的"相关性"(Relatedness)学说打通(Grant,1988)。他指出,Rumelt的相关性,只是业务和运营(Operational)层面的,而主导逻辑所指的相关性可以是战略(Strategic)层面的。因此,可以通过战略层面的相关性要素和维度(比如公司总部与分部的关系)来测度公司总部的主导逻辑。虽然此文只是以研究通讯而不是正式完整论文的形式发表,但其反应之灵敏、动作之快、见识之精妙、建议之具体,无疑令人赞叹。

下面是Grant为"快手"的另外一个证据。Porter的《国家竞争优势》(*The Competitive Advantages of Nations*)(1990)刚出版不久,Grant就给出了评论(Grant,1991b),在肯定Porter融合战略管理和国际经济学之贡献的同时,指出Porter的很多概念定义不清、理论关系模糊、案例乃是非常有选择地选用和解读。后来,他也毫不留情地臧否过Hamel之出言轻狂与傲慢(Grant,2008)。

可以说,Grant教授最具原创性和独立贡献的"快手"工作,便是对资源本位企业观的独特贡献。他在《加州管理评论》上的文章(Grant,1991a)与Barney最为经典和有影响的文章(Barney,1991)在同一年发表,同样都是受到Wernerfelt(1984)的启发和鼓舞,同样都是自己的思考和框架。Grant此篇文章过万的谷歌学术引用次数清楚地表明了大家对其独立贡献的肯定。

更为可贵的是,在这篇文章的框架里,Grant已经明确地提出了"可收益性"这一Teece早已关注的问题,并从产权界定、资产的组织镶嵌性和资源提供者与企业之间的谈判能力等若干维度予以界定。Barney(1991)强调的是VRIN,直到后来在以教学和业界传播为主要目的的写作中才将该框架修正成VRIO,添加了组织(Organized)维度,提醒企业作为一个组织应该有意识地保护并攫取那些独特、稀缺、不可模仿和难以替代的有价值的资源(Barney,1995)。

再往后，Grant 教授就已经快到处于绝对领先的位置了。"快手"已然成为"旗手"。1996 年，他率先祭出了知识本位企业观的大旗（Grant，1996）。敢于提出自己的企业理论的无疑都是高手。与先前的有关企业内知识管理和应用的文献不同，Grant 声称企业的知识主要在于个人，因此企业的主要角色是"个体知识"的整合与应用，而不是所谓"组织知识"的创造。

知识在企业内的集聚和运用取决于若干重要因素。首先，知识本身的可转移性（Transferrability）取决于它的显性与隐性（Implicit vs Explicit）程度、其可以被编码界定（Codification）的程度。其次，知识的可聚集性（Capacity for Aggregation）意指不同领域的知识是否可以方便地归结在一起，从而方便转移和传输。再次，对于知识拥有者来说，其知识资产的可收益性也是重要的考量因素。还有，知识获取的专业性（Specialization in Knowledge Acquisition）意味着知识通常由专家获取和拥有，"万金油"基本上没有独特有用的知识。最后，企业生产活动对知识有着必然的要求（Knowledge Requirements of Production）。生产过程就是知识运用的过程。

一个企业理论最核心的要点是解释企业为什么存在。知识本位企业观的核心要义是：企业之所以存在，是因为它能比市场更有效地整合和利用专业化的个体知识进行生产。这里，Grant 特别解释说，他的企业理论的根基并不是因为隐性知识的获取在市场上有很高的交易费用，因而使得企业由于市场失灵而存在。恰恰相反，Grant 引用 Ghoshal 等对交易费用的批评和对组织本身之功能和价值的推崇（Ghoshal & Moran，1996），认为企业的主要功能不是主持交易而是有效地组织复杂的生产活动。对个体知识进行整合并应用于生产过程正是这样一个功能，是企业组织的独特功能。

一个企业理论不仅要讲企业为什么存在，而且要勾勒出企业如何运营。Grant 进一步描述了企业组织内部的协调机制与过程。他认为，已有的个体知识的整合（Knowledge Integration）远比大家互相学习和借鉴的知识传输（Knowledge Transfer）来得自然便捷。而且，Grant 把所谓的组织能力（Organizational Capability）定义为知识整合的结果，是一个组织调配和协调不同个体专家知识的能力。知识整合的跨度越宽，整合知识的能力就越难以被复制，其所带来的竞争优势也就越能够持久。

知识本位企业观对组织结构的含义，涉及阶层制的角色（Role of Hierarchy）以及做出决策的位置（Location of Decision Making）。阶层制依赖规则和上下级汇报。如果专业知识存在于两个基层部门，他们分别层层汇报到自己的高层，则高层之间是无法协调和整合的，因为知识不由他们所掌握。阶层制显然不利于知识的整合，比不上知识拥有者那一阶层的直接跨部门团队协作决策。整合那些复杂的隐性知识的决策必须授权至具体拥有知识那一层。

最后，任何企业理论都必须回答企业边界（Firm Boundary）的问题。无论是横向（行业或产品范围）边界还是纵向（价值链上下游的参与）边界，企业边界的确立在于它对知识整合能力的驾驭以及知识体系与产品体系的动态匹配。知识体系和产品体系不可能完全匹配，而经常与后者大致匹配的则属于企业内部核心知识体系。企业内部知识的盈余与不足，通常可以通过企业边界外的战略联盟来疏解和弥补。

学术文章的发表之外，尤其值得一提的是，Grant 教授的著名教材《当代战略分析》（*Contemporary Strategy Analysis*）也是业界罕见的经典。该书理论严谨明晰，案例鲜活有趣，萃取学术前沿精华，紧扣管理实践主题；自 1991 年问世以来，风靡全球，畅销不衰。

Gary Hamel

因为本书讨论的是学说史，所以有些人物和学说自然是绕不开的。虽然他们可能后来离开学术领地或者不再以学者身份言行于世，但由于他们在特定阶段不可磨灭的历史性贡献，在学说史上注定要有一定的地位。十大"上将"中的 Gary Hamel 便是这样一位英雄。

如今，他的名头是战略管理学大师。但他最为重要的贡献，主要都是早年跟 Prahalad 合作的成果。虽然那些重要成果本身大多也是呈现于偏重管理实践的期刊与媒体，而且多以有选择的案例素材来举证说明，但毕竟有足够的学术文献的支持和深厚学养与研究积淀的支撑。

Hamel 后来的论著，可以说基本上都是以其由于各种原因而接触的企业为案例素材而阐发的个人意见。偶尔颇有亮点，大多耸人听闻，抑或是变相的老生常谈。正如 Grant 教授指出的，Hamel 后来常用的口头禅是"现有的管理学理论已经完全不能满足新经济形势下管理实践的需求"（Grant，1996），我们需要全新的理论。这里所说的现有理论显然包括他自己 6 个月前提出的理论。所以，你最好每半年都请他给你讲一次最新的理论，听他给你论证干成某件事的"唯一"正确方法必然是你肯定会忽略的那种方法。

Hamel 博士的个人主页上如此介绍：

> Gary Hamel 是世界上最具影响力和偶像级别的（Iconoclastic）商业思想家。他为《哈佛商业评论》总共撰文 17 篇，其论著被翻译成 25 种文字。《财富》杂志称其为"全球首屈一指的商业战略专家"（The World's Leading Expert on Business Strategy）。《金融时报》称其为"无与伦比的管理创新者"（Management Innovator without Peer）。《华尔街日报》曾将其排在最具影响的商业思想家的首位（The World's Most Influential Business Thinker）。通过他的工作，Hamel 领导了某些全球最为著名公司的变革并帮助创造了数十亿美元的股东价值（In his work, Hamel has led transformational efforts in some of the world's most notable companies and has helped to create billions of dollars in shareholder value）。

其实，在纯学术文献中，Hamel 是有过一些贡献的。但这些贡献本身不足以支撑他的"上将"地位。他与 Prahalad 最早的合作是研究"管理跨国公司的战略职责"（Managing strategic responsibility in the MNC）（Hamel & Prahalad，1983），考察公司总部如何根据不同国家分部的业务特点决定其战略决策的集中度与分部自主权。

也正是在 1983 年，Hamel 于伦敦商学院任职。他在 1993 年成立自己的咨询公司 Strategos 之后，基本离开了学术界。但在教学方面，他一直与伦敦商学院保持兼职或者访问的聘任关系至今。

2008 年，Hamel 与伦敦商学院的同事 Julian Birkinshaw 以及另外一位英国同行在《管理学会评论》上发表了一篇较有影响的学术论文，解析"管理创新"（Management Innovation）。管理创新被定义为"对于旨在提振组织目标的、相对于现状乃是新颖的管理实践、过程、结构和技能的创造与实施"（Birkinshaw, Hamel & Mol, 2008）。这篇文章采取的是组织内部的视角。在比较了制度（Instituional）、时尚（Fashion）、文化（Cultural）和理性（Rational）等四个相关的分析视角后，他们认为管理创新是否能够成功取决于四大过程及其决定因素。这四大过程包括激励（Motivation）、创造（Invention）、实施（Implementation）以及理论化与贴标签（Theorization and Labeling）。

使 Hamel 成为 Hamel 的，是其与 Prahalad 的合作。

说实话，笔者 1994 年博士毕业刚开始教 MBA 的时候，对于 Hamel 和 Prahalad 以及 Yvez Doz 等一起合作的文章，真心地喜爱和推崇。Hamel 在 20 世纪 90 年代左右的研究工作可谓功底扎实而又富于新意，行文清晰流畅，有理有据有趣，靠谱而实用，不愧为学术研究在商务畅销文献中的标杆典范。

Hamel 最重要的三篇文章——"战略意图"（Hamel & Prahalad, 1989）、"与你的竞争对手合作并取胜"（Hamel, Doz & Prahalad, 1989）以及"核心竞争力"（Prahalad & Hamel, 1990），都是与 Prahalad 合作的（其中一篇由 Hamel、Prahalad 和 Doz 三人合作）。这些文章，包括以它们为基础形成的影响巨大的《竞争大未来》一书，在第三章中评介 Prahalad 的时候已经介绍过。兹不赘述。

遍查各类媒体，所有的信息都把 Prahalad 与 Hamel 列为合作者而非师生关系。笔者特意查找了 Hamel 的博士论文（Competitive collaboration: Learning, power and dependence in international strategic alliances），这基本上是 Hamel, Doz & Prahalad（1989）的底本。他以此论文于 1990 年在密歇根大学获得博士学位。他的导师是赫赫有名的国际管理学专业老将 Vern Terpstra。Prahalad 乃是指导委员会的另外三位委员之一。

在上述三篇义章中，Hamel 在两篇义章中都是第一作者，这无疑说明了 Hamel 的实力以及实质性的贡献。因此，从这个意义上，也可以说至少是 Hamel 的合作贡献成全了 Prahalad 的"元帅"地位。但从另外一方面看，在与 Hamel 合作上述三篇深具影响的文章之前，Prahalad 在国际管理和多元化管理（主导逻辑）领域就早有成就，而且在此之后还持续创造了其他重要的成就，比如引领了"金字塔底层"的研究潮流。而在 Prahalad 去世之后，除了极个别的文章，Hamel 的工作通常只有媒体影响，几乎没有任何学术价值。

在上述三篇文章之外，Hamel 和 Prahalad 还合作过"战略乃是拓展和撬动"（Strategy as stretch and leverage）一文（Hamel & Prahalad，1993）。与哈佛商学院企业政策分析强调内部资源与外部机会之契合的理念不同，该文建议企业要拓展其梦想，积极延展到现有能力所及之外的领域。同时，企业要撬动杠杆，更加有效率地利用资源与能力。这基本上是"战略意图"（Hamel & Prahalad，1989）一文的延展，新意锐减。另外，1998 年，Hamel 与 Doz 合作出版了《联盟优势》（*Alliance Advantage*）一书，再次强调有效地使用战略联盟对于价值创造的重要性以及相关的艺术与技巧。该书的影响尚可。

1996 年，Hamel 开始"拥抱"革命。"战略乃革命"（Strategy as Revolution）的说法闪亮登场（Hamel，1996）。粪土当年万户侯！于是，在此之前的所有管理理论都成了垃圾。2000 年，Hamel 出书，进一步声称要"领导革命"（Leading the Revolution）！书的封面上，大字标题和作者名字占据了 80% 的版面，密不透风，令人感叹。书中表达的信息就更令人焦灼不安了：渐进变革已经不灵了。旧的管理世界面临灭顶之灾。必须要用全新的革命性的思维与做法，重新打造商业模式，方可涅槃重生。此后，Hamel 是以大师的身份游走江湖的。

Bruce Kogut

Bruce Kogut 教授，乃是国际管理领域屈指可数的几位顶尖学者之一。他的研究工作甫自出道早期，便有浓重的战略管理色彩，而不只是限于国际管理领域本身的学养和积淀。他的工作对整个战略管理领域，尤其是全球战略与合作战略方面产生了巨大影响。他在合资企业方面的早期理论研究以及对企业作为知识传播与再造者的研究具有原创性和开拓性的贡献。因此，与同样聚焦于国际管理但对战略管理乃至整个管理学界影响巨大的 Ghoshal 教授一样，Kogut 教授当之无愧地荣列战略管理十大"上将"。

Kogut 教授本科在伯克利加州大学学政治学，后于哥伦比亚大学获得国际关系硕士学位，1983 年在麻省理工学院斯隆管理学院获得管理学博士学位；毕业后任职于沃顿商学院，从助理教授一直做到讲席教授；中间偶尔于欧洲数地小住；2003 年移师法国 INSEAD；2007 年至今在哥伦比亚大学担任讲席教授。Kogut 教授乃国际管理学会和战略管理学会的双料院士，亦曾获得美国管理学会国际管理分会的杰出学者奖。他的论文曾两次获得《国际商务研究期刊》的十年大奖，并获得过《战略管理学期刊》的最佳论文奖。

Kogut 最早发表的学术文章起源于其对国际企业中战略群组的研究（Kogut，1984），这是战略管理的一个标准话题在国际管理中的应用。其主要观点意在平衡跨国公司全球化战略中本地化运营的灵活性以及价值链上游由全球一体化所带来的各种经济性。也就是说，全球战略的一个重要的、标志性的特质在于能够在多个地方市场灵活地运作，从而更好地应对本地的不确定性。因此，可以想见，一个跨国公司可以在不同的国际市场分别隶属于不同类别的战略群组。

在同时期于《斯隆管理评论》上发表的一篇文章（Kogut，1985）中，Kogut 为管理决策者指出了比较优势（与目的地国家的本地要素特点相关的地点优势）以及跨国公司自身的竞争优势之双因素的考量对于设计跨国公司全球价值链的重要性。跨国公司全球战略的要点，在于首先发现全球获利的各种机会，然后创造组织灵活性来应对这些由环境变化带来的机会。

1988 年的两篇重要文章，使得 Kogut 真正成为引人注目的新星。其中一篇是 Kogut 独著的"合资企业：理论与实证视角"（Kogut，1988），该文获得了 1998 年《战略管理学期刊》的最佳论文奖。该文系统地比较了交易费用（旨在降低总的生产成本和交易费用）、战略行为（旨在构建和使用相对于对手的竞争优势）以及组织知识与学习（旨在获取和保持某些隐性知识和能力）这三个研究视角，指出了三种视角对于跨国公司的形成和稳定性研究的相关意义。

同时，Kogut 还总结和比较了以往实证研究中所采用的合资企业样本在生产制造业、资源开发业和服务性行业间的分布和特点。在已有的 6 篇管理学实证研究中，合资企业在制造业中最为普遍，占到样本总数的一半以上（53.5%至67.1%之间）。初步的解读说明，上述三种研究视角的有用性都可以找到支持。之后，Kogut 将跨国合资企业引入其分析中，并考虑了由跨国经营所带来的特殊因素，比如合作方国家的文化特点与本国市场特色。最后，他的讨论涉及合资企业稳定性的话题，相对系统而简略地梳理了一些重要的影响因素，比如母公司和分公司的冲突以及战略目标转移等。

另外一篇文章，是 Kogut 与沃顿商学院同事 Singh 教授一起发表的，主题是探究国家文化对于跨国公司进入模式选择的影响（Kogut & Singh，1988）。此文在 10 年之后获得《国际商务研究期刊》的十年大奖（1998）。此乃相关文献中首次对该问题进行的大样本实证分析。具体的实证数据是与企业进入美国市场相关的 228 个数据。进入模式的选择涉及收购（Acquisition）、全资独自进入（Wholly Owned Greenfield）以及合资经营（Joint Venture）三种。就进入美国的企业而言，基本的理论假设有两个。其一，进入企业的国家文化与美国文化的差异越大，企业越容易选择合资或者独资，而不是选择收购。这是因为不同的文化间进行收购管理的协调成本较高。其二，进入企业的国家文化中"避免不确定性之偏好"（Uncertainty Avoidance）越高，企业越容易选择合资或者独资，而不是选择收购。这是因为管理收购业务通常会面临较多和较大的不确定性。显然，二者选择的文化维度是文献中现成的霍夫斯塔特指标之一。实证结果支持了上述假设。即使把样本中大批（行为相对独特的）日本企业剔除之后，结果虽然变弱但仍然显著。

接下来，在合作战略和跨国管理的多个研究专题上，Kogut 教授持续发表了多篇高质量的论文：合资企业与业务拓展和收购的选择（Kogut，1991），技术能力与日本企业在美国的投资之间的关系（Kogut & Chang，1991），互惠与竞争对合资企业稳定性的影响（Kogut，1989），等等。另外，Kogut 关于运营灵活性以及多国网络的期权价值研究乃是实物期权理论逻辑在战略管理中较早的实证应用研究（Kogut & Kulatilaka，1994）。

进入 20 世纪 90 年代之后，Kogut 的研究方向逐渐转向企业的知识和能力，为后来广义的知识本位企业观的研究潮流（Grant，1996）做出了至关重要的前奏性贡献。Kogut 教授在这方面的合作者是瑞典学者 Udo Zander。他们关于"企业知识、组合能力与技术复制"（Knowledge of the firm，combinative capabilities，and the replication of technology）的合作研究（Kogut & Zander，1992）乃是两人职业生涯中最具影响力的。在该文中，先于 Grant（1996），两位作者旗帜鲜明地提出：企业的存在不在于降低交易费用而在于共享和转移企业内存在于个体和团队内的知识。这种知识包括信息（谁知道什么）以及诀窍（Know-how，如何做一件事）。而且，知识不仅存在于个体的人与团队，而且存在于他们交往和运作的规矩及准则中。因此，组织的知识管理和自我发展面临如下的悖论：如果一个企业企图有意识地去复制自己的技术，这也会增加其被对手所模仿的可能性。但如果把研究的焦点聚集在企业如何为了避免被模仿而去创新，就可以勾勒出一个关于企业如何创造新知识的动态理论。

两位作者用的比喻是这样的。一个软件的传播与应用，必须让使用者（包括内部的和外部的）获得使用它的知识。但是如何设计和改变软件则是使用者通常不会知道的知识。这就是说，企业的核心能力是如何通过社会化的关系模式与运作流程以及制度化的组织准则去创造和组合知识，而不是其知识资产本身。作者进一步指出，企业的知识与能力创新取决于它对于现有知识与能力的再组合（Recombination）。也就是说，企业的再组合能力（制度化的组织准则）乃是其基本分析单元。再组合的素材包括企业内部已有的知识及其正在获取的知识，包括那些通过组织再造和实验等内部学习活动以及并购和合资等外部学习活动所获取的知识。一个企业的过去大致可以用来预测其未来。企业经过长期积累形成的知识体系及其再组合能力为其在未来不确定境况下的发展提供了相应的可选方案（Options）。

接下来，两位作者将上述理论引入跨国公司的情形中（Kogut & Zander，1993），并提出：跨国公司的出现和存在，并不是由于买卖知识的市场失灵，而是由于跨国公司在知识跨越国界的转移和传输中具有市场所不具备的优势。企业的专长正是通过内部流程来传输难以编码和外化的隐性知识（Tacit Knowledge）。此文的实证研究表明，需要传输的技术越难以被编码和传授，跨国公司越倾向于采用独资经营的方式通过自己组织的内部流程来运作。这一结果支持和强化了企业作为知识传播和再造者的基本理论基石。此文在 2003 年获得《国际商务研究期刊》的十年大奖。

Daniel Levinthal

Daniel Levinthal 本科就读于哈佛大学；1985 年在斯坦福大学商学院获得博士学位，专业是经济学、商学与公共政策，导师是整个社会科学界的一代宗师 James March 教授。Levinthal 先任职于卡内基梅隆大学，于 1989 年转任职于沃顿商学院，现任以通用电气原董事长 R. H. Jones 之名命名的著名讲席教授。他是美国管理学会和战略管理学会的双料院士，曾荣获美国管理学会组织与管理理论分会的"杰出学者奖"（2010）以及战略管理分会的"杰出教育家奖"，曾任《管理科学》战略管理领域主编以及《组织科学》主编。

毫无疑问，Levinthal 教授乃是十大"上将"里最像科学家而不是管理学家的学者：数学太好，建模能力超强。因此，毫不奇怪，他在 2014 年于 INFORMS（运筹与管理科学学会）旗下创办了一个新的期刊《战略科学》，与已有的《管理科学》《组织科学》《营销科学》《运筹研究》等比肩而立，但主要是为那些广义的"组织经济学"学者和善于使用数理模型的学者搭建的一个新的平台阵地。

一开始，Levinthal 的研究就是以产业经济学为学科基础的。他在读博士期间曾与 March 教授在研究企业行为的经济学家们喜欢扎堆儿的期刊《经济行为与组织》上发表了"组织搜寻的适应性模型"（Levinthal，1981）。他的第一篇独著文章"组织的代理人理论模型调查"也是发于此刊（Levinthal，1988）。此外，他在《美国经济评论》上也发表过"在组织中通过经验进行学习"的文章（Herriot, Levinthal & March，1985）。这些文章涉及的都是学术巨匠 March 教授长期研究的领域。

此后，他与 March 合作的有关"组织学习的短视症"（The myopia of learning）的系统而深入的探究与梳理（Levinthal & March，1993）乃是组织学习领域的一个里程碑式的贡献。简言之，组织学习对于组织智力（Organizational Intelligence）和战略优势是重要的，但组织学习往往是存在缺陷的。通常情况下，组织用两种机制来应对从经验中的学习：简单化（Simplification）和专业化（Specialization）。这两种机制虽然促进了组织的学习与绩效提升，但同时也带来了难以察觉和避免的短视症。短视症具体体现在三个方面：忽略长期性（Long Run）、忽视大图景（Larger Picture）和忽视过去的失败（Failures）。也就是说，组织学习过程中容易忽视相对遥远的时间、与自己小天地不直接相关的地点和范围，以及过去的失败事件与经历。

然后，两位作者进一步探讨学习短视症与 March 教授有关探索性和挖掘性学习与行为的两分法（March，1991）之间的关系：上述三种短视症阻碍了一个组织在其学习过程中对探索与挖掘之平衡的把握。文章由宏入微，抽丝剥茧，步步递进，精彩纷呈。最后，作者讨论学习与战略的关系。战略管理必须机智地应对有关三类基本问题的决策问题：对不确定性的无知（Ignorance）、人物以及部门间的冲突（Conflict）、组织中的各种模糊性（Ambiguity）。而对于这些问题，人类的认知与学习只能提供有限而不完全的解决方案。

因此，作者的建议很明确：不要因为短视症就放弃组织学习，而是要相对冷静客观地看待问题，要有一定的保守性预期。这无疑符合 March 教授与其当年的"战友"Simon 教授对"有限理性"（Bounded Rationality）

作为决策者之常态的描述。世界本来如此。魔法当然很好，但未必找得到。该文于 2002 年获得《战略管理学期刊》的最佳论文奖。

任何一位"元帅"和"上将"都必须拥有自己的一个专属的研究领地或者标志性的话题、概念与框架。也许 Levinthal 最为经典的是他与经济学家 W. M. Cohen 合作的两篇同样是在组织学习领域的文章。一篇是关于"创新与学习"的（Cohen & Levinthal, 1989），发在英国老牌期刊《经济学期刊》上，单篇谷歌学术引用次数逼近 1 万。其主要观点是：一个企业的研发（R&D）功能不仅仅是产生新的信息，而且包括提升企业同化和挖掘现有信息的能力。

构建在上文基础之上的，是另外一篇更加精彩的关于"吸收能力"（Absorptive Capacity）的文章（Cohen & Levinthal, 1990），发表在《管理科学季刊》上。该文单篇谷歌学术引用次数超过 3 万。其主旨非常简单明晰，理论构建和实证分析精准细致。企业利用外部知识的能力乃是其创新能力的重要构成要素，而评价和利用外部知识的能力在很大程度上取决于企业之前所具有的相关知识储备。该储备可以使企业有能力去识别新信息的价值，将其吸收同化，并应用于商业用途。这种知识储备可以被称为"吸收能力"。在这篇文章中，两位作者以认知心理学为基础，先考察个体的吸收能力以及与解决问题能力的相似性。然后，作者将分析单元从个体提升到组织层面，考察组织吸收能力的特点。组织的吸收能力不仅仅是个体吸收能力的总和，而且取决于组织与外部交流的方式、组织内部机构之间的交流方式以及组织内知识和专长的特点与分布。作者进而探讨了吸收能力的路径依赖性。一个企业如果没有参与某项技术的初期研发，很难想象它能够在之后识别和吸收与之相关的最新研发成果。之后，作者讨论了吸收能力对于技术传播（Diffusion of Innovations）的影响。在某种程度上，Kogut 和 Zander 提出的再组合能力与这两位作者提出的吸收能力有异曲同工之妙。

说到 Levinthal 的科学家特质，他与 W. M. Cohen 在《管理科学》上还有一篇合作论文"运气青睐有准备的企业"（Fortune favors the prepared firm）

（Cohen & Levinthal, 1994），完全通过数理模型来推演企业对其自身吸收能力的投资行为。假设之繁多，问题之隐晦，不要说管理者，就是大多数管理学研究者也很难搞清他们到底要说什么。另外，Levinthal 还有一篇极为有名的独著文章"在崎岖风景中的调整应变"（Adaptation on rugged landscapes）（Levinthal, 1997），也发表在《管理科学》上。该文的主旨是，一个企业在其创始时的组织形式对其后来的组织形式有很强的制约作用。该文企图为企业的调整适应行为（Adaptation）与组织生态学（Population Ecology）所谓的环境选择（Selection）之间的交互作用构建模型，并通过模拟分析（Simulation）来说明结果及其意义。

2015 年，Levinthal 获得了美国管理学会战略管理分会颁发的"杰出教育家奖"，以表彰他在学生培养方面的卓越成就。他有若干个毕业于沃顿的博士生已经成为战略管理领域的著名教授和中坚力量，比如在达特茅斯学院任教的 Ron Adner（1998 年博士毕业）和 Giovanni Gavetti（2000 年博士毕业）、在伦敦商学院任教的 Sendil Ethiraj（2002 年博士毕业）以及在密歇根大学任教的 Brian Wu（2007 年博士毕业）等。他与学生合作的诸多论文都在相关的专题领域拥有广泛的影响，也为其学生带来了各种职业荣誉和嘉奖。比如，他与 Ron Adner 合著的文章"什么不是实物期权？"（Adner & Levinthal, 2004）乃是实物期权研究在战略管理领域应用之潮流中相对罕见的冷静而客观的评说。实物期权的价值不仅在于能够按照原来的意图跟进投资，而且在于可以依据实情终止期权。但要非常自律地终止或者废弃某项实物期权，就必然意味着一个企业的决策准则对其组织刚性（Organizational Rigidity）具有严格的要求。而这种组织刚性很可能会浪费前期搜索和投资尝试过程中积累的很多好的经验。因此，很多情况下，实物期权法的使用效果和意义可能会相对劣于其他的资源分配法则。

Margaret Peteraf

十大"上将"中唯一的女性是 Margaret Peteraf 教授。无论用"大器晚成"还是"厚积薄发"来形容她的学术历程和今天的成就，她都不愧为一个在战略管理学领域一直辛勤耕耘、笔耕不辍的"战将"。而且她曾不失时机地顺势而上，为资源本位企业观和动态能力学派这两大主导范式的正式定形与推广传播做出过关键性的贡献。如今同在达特茅斯学院任教的Constance Helfat 教授与 Peteraf 在同期走过了极为相似的历程。虽然 Helfat教授今天在动态能力研究领域可能风头更劲，但无论从理论功底还是学术贡献的原创性和影响力来看，Peteraf 教授也许都略胜一筹。因此，我们将她列为战略管理学十大"上将"之一。

Peteraf 教授于 1987 年从耶鲁大学获得经济学博士学位，之后任教于西北大学凯洛格商学院。她在毕业后的前五年内一篇文章都没发，1992年发表的第一篇文章也只是一篇书评，评介哈佛商学院战略学者Ghemawat 教授的著作《承诺》（*Commitment*，1991），发表在主要为研究战略的经济学家们发表文章而新创办的期刊《经济学与管理战略》上。次年，Peteraf 教授发表了其整个学术生涯中最有影响的一篇论文（Perteraf，1993），阐述资源本位企业观的基石。

这篇文章事后被证明是资源本位企业观研究领域最为重要的几篇文章之一，谷歌学术引用次数过万。这是继 Barney（1986）的战略资源市场理论之后对资源本位企业观最全面的经济学逻辑分析，也是对 Rumelt 和Barney 关于资源本位企业观之理论分析最为全面系统的总结和准确精致的呈现与推进。她用四个步骤的经济学分析正式勾勒了资源本位企业观的理论基础。

首先，作为一个自然的初始状态，一个行业内企业间的资源分配注定会有所谓的异质性（Heterogeneity），而不可能完全相同或者相似。这就意味着某些企业因为恰巧拥有某些独特资源而比其他企业具有竞争优势。其次，这种异质性可以由于资源市场竞争的不完全性（Imperfect Competition in the Resource Factor Market）而得以持续存在。也就是说，对资源的事后竞争是有限的（*ex post* Limits to Competition）。再次，由于不确定的可模仿性（Uncertain Imitability）、资源的难以流动性（Imperfect Mobility）等隔离保护机制（Isolating Mechanism）的存在，某些独特的异质性资源将会持续存在于某些特定的企业内（Sustained within Certain Firm）。最后，由于复杂性和不确定性的存在，在事前（*a priori*），这种异质性资源之价值并没有被别的企业发现或者其价格还没有被炒上来。这就意味着恰巧拥有该异质性资源的企业是以正常价格或者廉价获得它的。也就是说，对这类后来证明有独特价值的异质性资源的事前竞争是有限的（*ex ante* Limits to Competition）。

总结而言，异质性自然存在，异质性可以持久存在，异质性可以持久存在于某特定企业，该企业并未对该异质性付出高昂代价从而抵消其带来的超额收益。因此，依据上述四步的分析，异质性的独特资源可以为某些企业带来可持续竞争优势。

讲一个题外话：早在 20 世纪的某次美国管理学会年会上，笔者碰巧在某个分会上碰见 Peteraf 教授。当时笔者问了她一个问题："我有一个学哲学的学生，他听完我讲您 1993 年的框架时问道，在这个框架里，管理者到底起到多大的作用？"当时 Peteraf 教授没有马上回答我的问题，而是说："你的学生挺聪明呀！"

虽然这篇文章现在看来非常有价值，但当时也只是一篇文章而已。可以说，Ghemawat 主要是凭了《承诺》那本书的成就（当然也还有几篇正经的学术论文）就在 32 岁时成为哈佛商学院历史上最年轻的正教授，但 Peteraf 单凭这么一篇优质文章（外加几篇产业组织经济学方面波澜不惊的论文）在凯洛格商学院与副教授都无缘。在凯洛格商学院做助理教授长达 9 年之后，Peteraf 于 1996 年在明尼苏达大学卡尔森商学院获聘副教授；2000 年转任职于如今战略管理大牌明星学者（包括 Ron Adner、Richard D'Aveni、Sydney Finkelstein、Vijay Govindarajan、Constance Helfat 等）云集的达特茅斯学院塔克商学院，2005 年升任正教授，2009 年荣任讲席教授。

Peteraf 教授在 20 世纪 90 年代另外一个比较重要的贡献，是关于战略群组的研究，主要与 Mark Shanley 合作，涉及的基本上还是产业组织经济学和战略管理交叉领域的话题。首先，她采用社会学习与社会认知

（Social Learning and Social Indentity） 视角来考察战略群组的存在和演变
（Peteraf & Shanley，1997），认为只有那些在相关企业的管理者头脑中形
成强认知（Strong Identities） 的战略群组才有可能成立并被重视。也就是
说，战略群组并不一定是实体上的客观存在，而主要是一种认知上的分
类，用来帮助管理决策者去分解和简化其产业竞争环境。

其次，她与同事提供了一个分析框架和方法来应对战略群组到底是否
存在的问题（Dranove，Peteraf & Shanley，1998）。一个基本的标准，就是
去看在企业层面和产业层面对企业经营绩效的影响之外是否还有独立的群
组效应。与产业经济学标准的预测一致，他们进一步认为，虽然群组间的
互动对于群组的存在及其对绩效的影响至关重要，但介于战略群组之间的
所谓"移动壁垒"的存在不可或缺。在回顾了既往的战略群组的实证研
究之后，他们相对谨慎地认为，即使研究者采用了他们建议的方法，战略
群组研究的意义和可能取得的成果依然很难被看好。

进入 21 世纪，她继续在资源本位企业观领域里拓展。她的重要贡献
（Peteraf，1993）已经开始把分析的单元从市场不完善转向企业内的异质
性之可持续性，逐步将资源本位企业观从一个资源市场不完善的故事转换
到企业内部独特性的故事。在与 Barney 合作的一篇文章（Peteraf &
Barney，2003） 中，两位作者再次强调除非资源本位企业观将分析重点放
在资源层面，否则过多地引入经济学分析可能会适得其反，增加困惑。两
位作者进一步为竞争优势提供了一个更为精准的定义，并将关键资源与经
济租金、经济价值以及市场需求相关联，试图提供一个从资源到租金的更
加清晰的解释。在另外一篇文章中，Peteraf 将竞争环境分析与资源分析相
连接，进一步阐释了资源的特点（稀缺性与不可替代性） 与竞争优势的
获取与持续之间的关系（Peteraf & Bergen，2003）。

Peteraf 教授在 21 世纪的另外一个重要贡献是对动态能力研究的倡导、
辩护和推进（Helfat & Peteraf，2003，2009）。2003 年，Peteraf 和同事
Helfat 一起提出了动态资源本位企业观（Dynamic Resource-Based View） 的
说法和企业能力生命周期（Capability Life Cycle） 的概念，试图勾勒出企

业能力演变的一般性模式和路径（Helfat & Peteraf, 2003）。她们指出，能力生命周期的不同阶段都会影响企业间的异质性。此文乃是打通资源本位企业观和动态能力研究的一个经典尝试。

之后，Peteraf 和 Helfat 又在 2009 年系统地比较了 Teece, Pisano & Shuen（1997）和 Eisenhardt & Martin（2000）关于动态能力的不同定义与解读，而且同时考察了 Teece 在获得《战略管理学期刊》最佳论文奖之后对 1997 年原文的回顾与拓展（Teece, 2007）。她们认为，动态能力的研究无论从理论构建还是实证检验方面都有继续发展的可能。

2013 年，Peteraf 再次出击，试图进一步比较和整合 Teece, Pisano & Shuen（1997）以及 Eisenhardt & Martin（2000）两个版本的动态能力学说（Peteraf, Di Stefano & Verona, 2013）。他们发现，引用和拓展这两个版本的学者基本上属于两个不同的阵营。Teece 阵营相对封闭和紧密，包含了很多经济学背景的学者，如 Adner、Helfat、Winter 等。Eisenhardt 阵营则相对开放宽松，包含了很多管理学内其他相邻领域（比如组织理论、知识管理）的学者和一些老牌的"全能选手"，如 Hitt、Ireland、Zahra 等。两大阵营间的交流和对话几乎不存在。

其实，据笔者观察，虽然 Barney 从来不提动态能力之说，但他的影子是一直闪耀在这个研究领域的。简而言之，从实质上讲，Teece 团队的版本强调动态能力是独特稀缺的以及不可模仿和难以替代的，至少是难以替代的。而 Eisenhardt 团队的版本则认为，动态能力只是一种组织常态或者最佳实践，几乎可以被任何企业拥有，也可以被替代，因此不可能像 Teece 团队版本所声称的那样可以带来持久竞争优势。Peteraf 这篇文章的价值主要在于问题的提出以及系统的比较。至于如何对话和整合，只是一些初步的设想而已。

最近，该领域的研究趋势转向构建资源本位企业观和动态能力的微观基础（Microfundations）。Peteraf 再次与 Helfat 合作（Helfat & Peteraf, 2015），考察管理者的认知能力如何影响企业的感知（Scnsing）、捕捉（Seizing）和重新组建（Reconfiguring）的动态能力。

Harbir Singh

久居沃顿商学院三十多年的"老将"Harbir Singh 教授，遵循的是美国商学院中著名印度学者常走的路径：在印度理工学院（Indian Institute of Technology）读本科，在印度管理学院（Indian Institute of Management）读 MBA，然后在美国名校读博士。Singh 于 1984 年在密歇根大学获得战略管理学博士学位，在沃顿商学院从助理教授做起，1990 年获得终身教职，1998 年获聘讲席教授。三十年来，Singh 一直是沃顿商学院战略管理领域的核心力量和标志性人物。

Singh 教授的研究跨越了战略管理学的多个细分领域。与其沃顿同事 Amit 教授的经历相似，Singh 出道早期致力于研究多元化企业战略的绩效与风险。他的研究表明，相对于相关多元化战略的企业而言，采取非相关多元化战略的企业通常具有较高的系统性风险（Montgomery & Singh，1984）。此外，Singh 与 Montgomery 还发现，收购者与被收购者之间业务相关的并购要比业务不相关的并购带来更高的总体经济回报。具体而言，业务相关的被收购者将比业务不相关的被收购者从并购中获益更大（Singh & Montgomery，1987）。

接下来的一个突破，便是与 Kogut 一起合作的关于国家文化对跨国公司进入模式选择的研究（Kogut & Singh，1988）。这项研究结果乃是 Singh 教授职业生涯早期影响力最大的学术成就。此文曾获《国际商务研究期刊》十年大奖。对此我们曾在介绍 Kogut 教授时详细评述过，兹不赘述。

自 20 世纪 80 年代后期起，Singh 还涉足有关高层管理团队的多项课题的研究。他与同事曾考察高管团队与董事会的关系对被收购的风险与"金色降落伞"之采用的影响（Singh & Harianto，1989a）、高管团队的任期和股权结构对"金色降落伞"大小的影响（Singh & Harianto，1989b）、CEO 更替与股市反应之间的关系（Friedman & Singh，1989），以及管理层收购之前的运营变迁（Singh，1990），等等。20 世纪 90 年代，公司重组也是 Singh 教授曾经关注的一个研究专题（Bowman & Singh，1993）。同时，其关于并购的研究仍然在继续（Anand & Singh，1997；Morosini，Shane & Singh，1998）。

Singh 教授在整个职业生涯中最为重要的成就，乃是与当年的沃顿同事 Dyer 教授合作的连接合作战略与竞争优势的所谓以"关系"为基本视角的企业观（Dyer & Singh，1998）。与 Porter 的产业定位学说以及 Barney 等的资源本位企业观对竞争的强调有所不同，此文强调的是合作关系对竞争优势的重要性。其分析单元既不是产业也不是企业，而是企业间的关系。正是这篇文章的独特贡献，才使得 Singh 与 Dyer 二人同时跻身十大"上将"之列。如果缺少这一成就，正在盛年的 Dyer 教授还需要继续努力才能真正证明自己的"将帅"实力，而 Singh 教授则可能与另外一位赫赫有名的"老将"Edward Zajac 难分伯仲。Singh 和 Zajac 都是久经沙场、多方游走并屡建战功，但 Zajac 缺乏的正是这样一篇具有超级影响力的单篇力作。

Singh 教授在合作战略研究方面早期的另外一项重要贡献是与 Ranjay Gulati 教授合作的关于战略联盟之合作架构的研究，该研究同时考察了协调成本与可收益性对于不同的战略联盟治理结构（Governance Structure）选择的影响（Gulati & Singh，1998）。

上述两篇文章，也代表和昭示了 Singh 教授在 21 世纪向合作战略（尤其是战略联盟）研究领域进军的开始。2000 年，Singh 教授与两位韩国学生对美国投行的研究发现（Chung，Singh & Lee，2000），投行间的能力互补性、地位相似性以及它们的社会资本对于它们之间战略联盟的形成具有正向作用。说到韩国学者，Singh 教授与其相对比较著名的韩国学生张世宗（Sea Jing Chang）的合作研究也具有一定影响。其中一篇是关于跨国公司的进入模式选择以及资源适配对于其退出模式的选择之影响（Chang & Singh，1999），另外一篇是有关产业和公司对业务单元竞争地位的影响（Chang & Singh，2000）。

同样在 2000 年，基于关系资本的概念，Singh 教授的一项研究表明：参与战略联盟的企业间可以通过增进彼此的信任以及个人层面的交往来同时促使双方的互相学习并且抑制投机主义的自我保护倾向（Kale，Singh &

Perlmutter，2000）。这项研究的启示是，参与战略联盟的企业一方面力争通过向对手学习来获取技术诀窍和关键能力，另一方面又希望保护自身的独特诀窍与能力而不被对手轻易模仿和掏空。而关系资本的构建和使用，将帮助企业在互相学习和自我保护之间取得相应的平衡。

Singh 教授与同事还在战略联盟研究中引入了"组织间常态"（Interorganizational Routine）的概念（Zollo，Reuer & Singh，2002）。组织间常态意味着参与战略联盟的两个企业在长期的交往和经验之上形成的固定合作模式。这种基于特定的伙伴关系、技术特定性和特定的经验积累的常规，对企业间的知识积累、机会促成和各自战略目标的实现产生了重要影响。而这种常态的出现及其运作的有效性取决于相应的治理机制的选择。在该团队的另外一篇文章中，他们考察了战略联盟形成以后常见的治理结构的变化，以及这种变化与成员企业以往的战略联盟经历独特性之间的关系（Reuer，Zollo & Singh，2002）。

同时，Singh 与 Dyer 也在合作战略领域持续进行合作。他们在《斯隆管理评论》上发表了如何使战略联盟奏效的研究（Dyer，Kale & Singh，2001），在《战略管理学期刊》上发表了联盟能力、股市反应及其与战略联盟长期制胜关系的研究（Kale，Dyer & Singh，2002），并在《管理与决策经济学》上发表了关于战略联盟中参与成员企业间如何分享收益的研究（Dyer，Singh & Kale，2008）。

值得一提的是，Singh 教授的研究还通常采用组织学习的视角。在与其学生 Kale 的合作中，他们将战略联盟中的组织学习详细而具体地分解为四个步骤的过程：对与战略联盟管理相关的知识与诀窍所进行的界定（Articulation）、编码（Codification）、分享（Sharing）和内化（Internalization）（Kale & Singh，2007）。他们认为，组织学习乃是战略联盟得以有效运作从而带来良好联盟绩效的一个重要机制。

在与其学生 Zollo 的合作研究中（Zollo & Singh，2004），他们认为一个企业不仅可以有意识地决定对被收购企业的整合程度以及对其高管团队的替代程度，而且可以通过并购经验的不断积累来提炼管理并购整合的各种手段，比如对相关的经验进行正式编码。基于 228 例美国银行业并购案的研究，他们发现，并购知识和经验的编码化对并购绩效有正面影响，而经验积累本身则对并购绩效没有影响。而且，并购后双方的整合程度与绩效呈正相关，而更换被收购企业的高管团队通常会对并购绩效产生负面影响。

在企业并购研究中，Singh 教授还关注并购后的协调与整合程度与被并购企业自主权之间的平衡对于产品创新的影响（Puranam，Singh & Zollo，2006）。他与学生的研究表明，结构性的整合对于那些被收购前尚未推出新产品的企业的产品创新是不利的，而且这种组织结构整合对产品创新的负面影响在紧随并购之后的阶段是适用于所有并购案的，虽然这种负面影响会随着创新轨道的不断演进而逐渐消失。直到 2011 年，Singh 仍然关注并购话题，在《管理科学》上撰文探讨收购者如何保留被收购企业中成功的 CEO（Wulf & Singh，2011）。

Singh 教授于 1997 年担任美国管理学会战略管理分会主席。他还是战略管理学会的院士，2017 年刚刚卸任该学会院士团的主席。

Charles Snow

在战略管理学文献中，Charles Snow 的名字通常是与十大"元帅"之一 Raymond Miles 的名字联系在一起的。同样对组织如何应对外部环境变化的话题感兴趣的两人在伯克利加州大学相遇，Miles 成为 Snow 的博士生导师。Snow 于 1972 年获得博士学位。之后，他在斯坦福大学做了一年的博士后（管理学博士做博士后的例子极为罕见），从 1973 年开始任教于宾州州立大学（PSU），直至退休，现在仍然处于荣休状态。Snow 教授乃是美国管理学会院士。

在博士学习的初期，Snow 就对组织管理的宏观话题感兴趣，以企业为其基本分析单元。他在 1969 年曾为当时正在伯克利加州大学访问的著名社会学家和管理学家 Charles Perrow 当助研。在为 Perrow 教授次年（1970 年）出版的名著《组织分析：社会学透视》（*Organizational Analysis: A Sociological View*）搜集素材的时候，Snow 开始对组织如何与环境互动以及企业高管的感受（Perceptions）在互动过程中的角色深感兴趣。曾经以研究人力资源和组织行为学著称的 Miles 则希望将他对管理者认知的研究与企业的组织设计和发展联系起来。于是，Snow 请 Miles 担任其博士生导师。

师徒二人的合作始于 1970 年。他们试图寻找一个快速增长而且不同企业的管理者很可能对其竞争环境存在不同感受的行业，以便系统地考察管理者对行业的感受如何影响组织的战略、结构与过程。他们最终选定了大学教材出版行业作为研究的对象，并在 16 家出版商中选定了 62 位高管进行访谈与数据采集。基于此项研究，Miles 与 Snow 开发了后来以其名字命名的基本战略分类法，包括前瞻者、分析者、守成者和被动者。在他们奠定了该分类法总体框架的基础之后，另外两位博士生进入 Miles 门下：Meyer 和 Coleman。他们二人的博士论文研究工作对 Miles 与 Snow 基本战略分类法进行了进一步的验证、补充与拓展，丰富了其理论色彩以及实践含义。

诸多著名的战略管理学者曾经对 Miles 与 Snow 基本战略分类法的理论拓展和改进以及实证检验与应用做出了重要贡献。Snow 本人曾与同事合作考察其分类法与企业独特竞争力（Distinctive Competence）以及绩效的关系（Snow & Hrebiniak，1980）。与预测一致，前瞻者与守成者都有可以鉴别的但是不同的独特竞争力，而分析者的独特竞争力则不甚显著。在政府管制的行业之外，三种稳定的战略对绩效的影响一致高于被动者战略。

Hambrick 也是最早与 Snow 进行合作研究的学者。二者考察了对分类法的四种测度方法并探讨了每种方法的优劣（Snow & Hambrick，1980）。之后，Hambrick（1983a）在两个方面对 Miles 与 Snow 基本战略分类法进行了验证与拓展。首先，前瞻者与守成者绩效的评判取决于竞争环境与绩效指标的选择。在所有的行业里，守成者在利润率和现金流上都优于前瞻者。而在创新性行业里（并且只有在这种行业里），前瞻者的市场份额增长优于守成者。其次，前瞻者和守成者的某些职能偏好得以证实：前瞻者更倾向于开拓市场（体现为较高的研发费用和营销费用），而守成者则更专注于提高运营效率（体现为较高的资本密集度与员工生产率和较低的直接生产费用）。

其他的验证与拓展在文献中可谓屡见不鲜。典型的研究包括：该分类法在营销领域的应用前景（McDaniel & Kolari，1987）；对该分类法与组织规模和绩效的研究（Smith，Guthrie & Chen，1986）；对该分类法研究的回顾与总结以及在理论构建和方法论方面的建议（Zahra & Pearce，1990）；技术对该分类法中不同战略之成败的影响（Dvir，Segev & Shenhar，1993）；该分类法与业务单元能力以及环境不确定性和企业绩效的关系（DeSarbo，Di Benedetto，Song & Sinha，2005）。

在实证研究的方法论方面，有学者专门比较了档案数据分析法和受访者自我分类法对于该分类法之测度的有效性和可靠性，结果显示两种方法均可相对精准地测定不同的战略类别（Shortell & Zajac，1990）。之后，受访者自行分类的结果再次得到验证和支持（James & Hatten，1995）。还有学者以 Miles 和 Snow 基本战略分类法为例，详细探讨了分类法作为一个独特的理论构建方法的价值（Doty & Glick，1994；Fiss，2011；Snow & Ketchen，2014）。另外值得一提的是，Snow 还曾经与同事撰文探讨实地研究方法（Field Research Methods）对战略管理研究的贡献（Snow & Thomas，1994）。

在 Miles 与 Snow 基本战略分类法提出 25 周年之际，Hambrick（2003）精彩地评论道：

> 正像当年 Chandler 以及 Rumelt 等对于多元化战略的研究将公司层面的战略聚焦于"我们应该在哪些业务领域里经营"（What businesses should we be in）这一主要问题，Miles 与 Snow 基本战略分类法则将业务层面的战略准确地聚焦于"给定我们的业务，我们应当如何去竞争"（How should we compete in a given line of business）这一核心主题。

笔者认为，此乃战略管理领域里学科基石性的贡献以及里程碑式的成就。如此，与 Miles "元帅"长期合作的 Snow 教授荣列战略管理十大"上将"之一。

"上将"Snow 并没有躺在功劳簿上酣睡。直至 2017 年，他仍然在从事研究和发表论文。Snow 教授与同事致力于组织结构设计和商业模式的探讨（Fjeldstad & Snow，2017），认为合作性的组织形式易于促进公开与灵敏的商业模式的出现和实施。此前，他一直关注各种新的（尤其是网络型与合作型）组织形式的出现、运作及其面临的挑战。

该系列的研究包括如下具有代表性的专题：新的组织概念与形态在动态环境下的出现（Miles & Snow，1986）；网络型组织失败的原因（Miles & Snow，1992）；组态构型（Configuration）对绩效的影响（Ketchen，Thomas & Snow，1993）；利用泛国团队来促进企业全球化进程（Snow，Snell，Davison & Hambrick，1996）；企业家精神对于在不同组织类别中构建文化竞争力的作用（Hult，Snow & Kandemir，2003）；组织理论与供应链之间的关系（Miles & Snow，2007）；合作性企业家精神：网络型企业社区如何通过持续创新创造经济财富（R. Mile，G. Miles & Snow，2005）；用企业合作社区的模型来考察连续的产品创新与商业化过程（Snow，Fjeldstad，Lettl & Miles，2011）；以有自组织能力的行动者，资源储备的公共空间以及倡导合作的公约、过程与基础设施为要素构建的合作架构（Fjeldstad，Snow，Miles & Lettl，2012）。

此外，Snow 还与学生及同事进行过竞争分析以及战略决策方面的研究并产生了一定的影响，内容包括：股市对战略投资决策的反应（Wooldridge & Snow，1990）；产业类别与绩效的关系（G. Miles，Snow & Sharfman，1993）；对竞争动态研究的回顾与展望（Ketchen，Snow & Hoover，2004）；通过战略决策过程与竞争动态的匹配来增进企业经营绩效（Ketchen，Snow & Street，2004）；服务业企业在不同信息不对称环境下的战略信号应用（Skaggs & Snow，2004）；等等。

Charles Snow 始终聚焦于战略与组织的研究，南征北战，东挡西杀，战功赫赫，宝刀不老。他是值得后学尊仰与钦敬的老将军！

第三部分
星光闪耀的职业典范

学术研究是一项对思想创意和研究能力（比如对实证研究的执行力）要求都极强的一项工作。而且，要想在学术社区持久地产生影响，除了必要的天分，勤奋和专注乃是必需。并不是每个人都能够做出像十大"元帅"那样的里程碑式的成就或曰划时代的贡献。但有些学者能够数十年如一日地坚持战斗在学术研究的一线前沿。他们无疑是一个学科发展壮大所不可或缺的中坚力量。他们用自己不懈的努力保证了学科实力的关键聚集度，并通过对知识的不断检验、积累和更新促进了学科的平稳发展。

本部分记录了十大"元帅"和十大"上将"之外的一系列杰出学者。由于年龄或者从事教学和行政工作等原因，许多对学科早期做出重要贡献的学者在进入 21 世纪后已经不再从事研究，但他们曾经的贡献值得在学科发展史上留下一笔。有鉴于此，第五章评介曾经"那时花开"的当年名将。

有些学者则保持高水平的学术文章发表长达三四十年。出于对他们由衷的敬意，我们在第六章评介这些基业长青的"职业典范"。通常来说，能够数十年如一日地辛勤耕耘的学者们往往涉猎的研究专题与方法论较多。而随着学科的深入发展和专业化程度的不断提高，比上述"职业典范"入行稍晚的一些优秀学者，则力求使其研究专题和方向更加专注，能够形成自己的特色，在学科中的某些细分领域独树一帜。第七章将评介这些成就与特色凸显的"专业英雄"。

第五章　那时花开：当年沙场任驰骋

如果借用彼得·蒂尔（Peter Thiel）从 0 到 1 的说法，战略管理学领域自 1980 年左右正式形成以来，十大"元帅"的重要贡献可以被认为是在关键领域里取得了从 0 到 1 的开创性成就，并且通常持续参与从 1 到 N 的演进。十大"上将"的战功则可能是在关键领域内从 0.5 到 1 的贡献，或者在某些重要领域内从 0 到 1 的贡献。

在学科发展的早期到其成熟期的二三十年左右的时间里，尤其是 20 世纪的最后 20 年里，还有一些重要的学者，他们或者参与了从 0 到 0.5 的拓荒，或者参与了从 0.5 到 1 的攻坚，或者见证并辅助了从 0 到 1 的整个过程。然而，由于各种原因（比如转做教学与行政管理、专注于教学实践，或者转入其他学科的研究），这些学者在 21 世纪（尤其是近期）的战略管理学文献中已经不再占有一席之地，或者影响日渐式微。但他们早期的贡献仍然在学科发展史上留下了浓墨重彩的一笔，值得提及和赞赏。我们把这些学者称为"那时花开"的当年名将（见表 5.1），并选择其中一些学者进行简要评述。

表 5.1   "那时花开"的当年名将：主要学术贡献在 20 世纪的著名学者

姓名	战略管理学会院士	美国管理学会院士	战略管理分会主席	谷歌学术引用次数	单篇最高引用次数	博士毕业学校	博士学位获得时间	现任或最后任职学校
西雅图樱花早开								
LJ Bourgeois			X	11 500	1 861	Washington	1977	Virginia
David Jemison			X	8 000	2 336	Washington	1978	Texas Austin
James Fredrickson				8 489	1 078	Washington	1980	Texas Austin
匹兹堡钢流滚滚								
Irene Duhaime			X	2 850	530	Pittsburgh	1981	Georgia State
V. Ramanujam				9 500	4 625	Pittsburgh	1984	Case Western
N. Venkatraman				37 762	4 543	Pittsburgh	1985	Boston U
Ari Ginsberg				6 000	1 400	Pittsburgh	1985	NYU
"老佛爷"普度一方								
Cynthia Montgomery				16 000	3 200	Purdue	1979	Harvard
Carolyn Woo			X	11 000	2 414	Purdue	1979	Notre Dame
Karel Cool				13 582	9 963	Purdue	1985	INSEAD
哈佛系半壁江山								
Balaji Chakravarthy	X			4 600	1 896	Harvard	1978	IMD
Christopher Bartlett	X	X		30 000	9 500	Harvard	1979	Harvard
Kathryn Harrigan		X	X	11 500	2 250	Harvard	1979	Columbia
David Collis				8 800	3 208	Harvard	1986	Harvard
密歇根渐露峥嵘								
Jeffrey Williams				1 000	500	Michigan	1977	Carnegie Mellon
Sayan Chatterjee				6 198	1 500	Michigan	1985	Case Western
Anju Seth				4 500	699	Michigan	1988	Virginia Tech

（续表）

姓名	战略管理学会院士	美国管理学会院士	战略管理分会主席	谷歌学术引用次数	单篇最高引用次数	博士毕业学校	博士学位获得时间	现任或最后任职学校
战略烽火已燎原								
Lawrence Hrebiniak				8 500	1 850	SUNY Baffulo	1971	Wharton
William Joyce				5 800	1 450	PSU	1977	Dartmouth
Anne Huff	X	X		10 000	1 600	Northwestern	1977	Cranfield
John Prescott				8 820	1 257	PSU	1983	Pittsburgh
Carl Zeithaml			X	6 738	875	Maryland	1980	Virginia McIntire
Mark Sharfman				5 100	1 021	Arizona	1985	Oklahoma
Avi Figenbaum				4 600	675	Illinois	1986	Technion
Idalene Kesner			X	5 000	650	Indiana	1986	Indiana
Mark Shanley				11 353	4 880	Pennsylvania	1987	UIC
美利坚英伦风范								
Howard Thomas	X	X		11 000	1 300	Edinburgh	1970	Singapore MU
JC Spender				15 500	4 950	Manchester	1980	Rutgers
Charles Hill				24 812	3 399	Manchester	1983	Washington

早期的学科助推者

这些早期的学科助推者，大多数在 20 世纪 70 年代获得博士学位，也有些在 20 世纪 80 年代早期得到正规的战略管理学博士训练。他们为学科早期的发展做出了重要的贡献。他们之中有来自美国名校的卓越代表，也有来自英国的杰出学者，但大多数学者的博士学习集中在几个当时的战略管理学重镇：哈佛商学院、匹兹堡大学、华盛顿大学、普度大学以及密歇根大学。

西雅图樱花早开

在战略管理学科正式形成的 1980 年左右，由前辈先驱 Charles Summer 教授坐镇的西雅图华盛顿大学乃是当时的战略管理学术重镇之一。从该校博士毕业的著名战略管理学者包括 LJ Bourgeois（1977 年毕业）、David Jemison（1978 年毕业）、Kenneth Smith（1979 年毕业）、James Fredrickson（1980 年毕业）和 Gregory Dess（1980 年毕业）。另外，自 Hill 教授任职于华盛顿大学之后，其战略管理博士项目较好地恢复了早期的优良传统，在 20 世纪 90 年代相继培养了 Mike Peng、Melissa Schilling、Frank Rothaermel 等优秀学者（见表 5.2）。我们将在下一章分别介绍这三位学者，在本章的下一节介绍职业生涯常青的 Kenneth Smith 和 Gregory Dess。在本节中，我们简要回顾另外三位学者（Bourgeois、Jemison、Fredrickson）早期的主要学术贡献。

表 5.2　20 世纪华盛顿大学战略管理学博士毕业生一览

姓名	博士学位获得时间	姓名	博士学位获得时间
LJ Bourgeois	1977	Phillip Phan	1992
David Jemison	1978	David Deeds	1994
Kenneth Smith	1979	Paul Godfrey	1994
Gregory Dess	1980	Mike Peng	1996
James Fredrickson	1980	Mellisa Schilling	1997
Alex Miller	1983	Sharon Matusik	1998
Tailan Chi	1990	Frank Rothaermel	1999

LJ Bourgeois

在战略管理学发展的早期重镇之一华盛顿大学，最早的战略管理英雄当属 LJ Bourgeois 教授。他于 1977 年获得博士学位，其论文"战略制定、经营环境与经济绩效：一个概念性与实证性的探索"曾获得 1978 年美国管理学会企业战略最佳博士论文奖。他毕业后任职于另外一个战略管理学早期重镇匹兹堡大学（1978—1980），并兼职于麦吉尔大学（1979—1980）；1980—1986 年任教于斯坦福大学商学院；1986 年至今一直在弗吉尼亚大学达顿商学院任教，于 2005—2008 年出任主管国际事务的副院长。他曾任美国管理学会战略管理分会主席（1989—1990）以及《管理科学》副主编（1985—1991）；有三篇文章入选 Hambrick 于 1988 年编纂的《1980—1985 年间最重要的 50 篇战略管理论文》。

Bourgeois 的文章最早发表在《管理学会期刊》上，聚焦企业与环境的关系，探究不同的组织环境对于组织设计的影响（Bourgeois, McAllister & Mitchell, 1978）。他早期的另外一篇实证研究也发在《管理学会期刊》上（Bourgeois, 1985）。他的研究结果表明，如果管理者试图避免真实的环境不确定性并且寻求高度的目标一致性，其行为对企业的经营绩效可能产生负面的影响。

另外，他在《战略管理学期刊》上也有两篇文章发表。在其中一篇文章中，他发现管理层对公司目标的共识（Consensus）以及对实现方法的共识都与经营绩效正相关，对于方法的共识更为重要和显著。而且，只对目标有共识而对方法没有共识，反而会对绩效产生不利影响（Bourgeois, 1980）。另外一篇文章，乃是文献中少见的对"战略实施"（Strategy Implementation）研究的一个经典贡献（Bourgeois & Brodwin, 1984）。该文摒弃了战略制定与战略实施在概念和过程上的无谓分割，阐释了命令（Commander）、变革（Change）、协作（Collaborative）、文化（Cultural）和渐进（Crescive）等五种战略实施过程以及相对应的 CEO 角色：理性决策者（Rational Actor）、构架设计师（Architect）、协调者（Co-ordinator）、教练（Coach）、前提制定者（Premise-Setter）以及裁判（Judge）。此项研究的结果同时发表在面向管理实践者的《加州管理评论》上（Brodwin & Bourgeois, 1984）。

Bourgeois 在《管理学会评论》上发表了四篇文章，各个精彩有趣。首先，Bourgeois 主张在管理学领域内构建所谓的"中区理论"（Mid-Range

Theory）——那些介于每日研究必须应对的微小细碎的假说（Minor but Necessary Working Hypotheses）和覆盖整个学科的宏大的统一理论（A Grand Unified Theory）之间的实用理论（Bourgeois，1979）。中区理论建立在一个学科内大家相对公认的原理和证据之上。管理学欠缺的恰恰是这些中区理论。没有它们作为基础，宏大的整合叙事反倒显得势单力孤、于事无补。中区理论的构建应该有相应的文献基础和数据检验。

其次，Bourgeois对战略管理学科的界定做出了重要贡献。依据组织理论的文献，他比较了一般环境和任务环境以及客观环境与主观感知的环境，并探讨了不同环境下公司战略（领地的界定：应对一般环境）与业务战略（领地内游走：应对任务环境）之要务，以及企业环境特点（复杂性与动态性）对其战略过程与战略内容的影响（Bourgeois，1980）。

接下来，他把研究焦点转移至企业内部，考察组织裕度（Organizational Slack）的定义与测量（Bourgeois，1981）。在比较了文献中的多种定义之后，他选择以March教授的定义为基础进行重述：组织裕度乃是由真实抑或潜在的资源带来的缓冲保护（Cushion），从而使得组织能够成功地应对要求进行调整的内部压力以及诱发政策改变的外部压力，并实施战略变革去适应外部环境。具体而言，组织裕度的功能有三个：个人层面的激励（Inducement）、部门层面的冲突和解（Conflict Resolution）、组织层面工作流方面的缓冲（Workflow Buffer）。组织裕度也是战略行为的助推器，帮助企业尝试创新，应对有限理性所要求的局域性搜索与满意准则，并容许和吸收必要的组织政治活动所带来的正反两方面的效应。之后，他把组织裕度分为相对的和绝对的以及外部的和内部的。他倡导以不介入（Unobtrusive）方式用可观察到的客观指标来测度组织裕度，比如盈余留存率、股东分红、行政费用、资产负债率、信用评级等。

最后，Bourgeois（1984）比较了环境决定论与战略选择论之间的关系。在总结了组织理论中的权变理论、产业组织经济学的结构分析理论以及生命周期理论等在环境决定论方面的含义之后，他建议采用战略选择视角作为必要的补充，辩证地考察环境决定论与基于自由意志的战略选择之间的双向因果关系（Dialectical View on Reciprocal Causality）。这无疑为后来 Hambrick 与 Finkelstein 的管理自由度学说提供了良好的学术基础。

Bourgeois 教授与十大"元帅"之一的 Eisenhardt 的合作乃是他在结束其研究生涯之前的收官之作。继续他对中区理论的倡导，在他的第三篇《管理学会期刊》文章（Eisenhardt & Bourgeois, 1988）中，两位作者探讨了快速变化情境下企业战略决策中的政治行为。他们发现，权力集中诱发政治行为，政治行为不利于企业绩效，政治联盟并非由于具体问题而临时形成并不断变化，而是依据年龄和办公室地点等人口学特征而形成并且相对稳定。

同年，在《管理科学》上的一篇文章中，两位作者基于对硅谷四个企业的深度考察，提出了快速变化情境下的一系列管理悖论（Bourgeois & Eisenhardt, 1988）。该文提出：成功的决策取决于系统而细致的分析以及快速而果敢的行动；CEO 必须能够当机立断但同时又善于授权，既要迅速构想并勾勒出一个总体战略，又要避免强调其最终的正式性，要尝试相对保险的渐进实施；战略决策必须同时考量决策的质量、速度与实际实施过程。他们在这一专题领域的研究成果也曾发表于《哈佛商业评论》与《加州管理评论》。

自 1990 年在弗吉尼亚大学升任正教授之后，Bourgeois 就专注于教学和教务与行政管理，其研究工作戛然而止。但他在短短 10 年内的学术成就可谓辉煌灿烂，在战略管理学发展史上留下了不可磨灭的印记。另外，他还培养了几位出色的博士生：Jitendra Singh、Teresa Lant、Margaret Cording 等。

David Jemison

David Jemison 教授是笔者的导师。他在战略管理学领域成立之初为学科建设做出过重要贡献，并在战略决策过程、战略联盟以及并购管理等研究专题上发表了颇具影响的文章。Jemison 于 1978 年在华盛顿大学获得博士学位，师从 Summer 教授；毕业后先任职于印第安纳大学；1981 年转任

职于斯坦福大学商学院；曾于 20 世纪 80 年代中期在 INSEAD 访问；1988
年加入奥斯汀得克萨斯大学商学院，任职近三十年，曾任管理系主任和主
管学术事务的高级副院长，现已退休，留任荣休讲席教授。

他曾担任美国管理学会战略管理分会主席（1985—1986），并获得该
分会颁发的"杰出教育家奖"（1997），以表彰他在管理学教育（尤其是
在 MBA 教学）方面的卓越贡献。他与 Philippe Haspeslagh 合作的关于并购
管理的专著（1991）获得美国管理学会 1992 年的乔治·特里年度著作
大奖。

Jemison 教授在战略管理学领域正式发表的学术文章，是在《战略管
理学期刊》上，比较来自组织方面和环境方面的要素对于战略决策的影
响（Jemison，1981c）。基于对 15 家组织的研究，他发现与外部环境的互
动模式乃是决定一个部门在组织战略决策中影响力的主要因素。除此之
外，他的博士论文还探讨了组织中的"边界拓展者"（Boundary Spanners）
角色对于战略决策过程与质量的重要性（Jemison，1984）。

Jemison 教授早期的其他几篇文章，大多专注于对战略管理学科本身
的界定、战略教学的侧重点及其改进，以及对战略管理研究主题和方法与
视角的畅想和建议。他首先与印第安纳大学的同事一起提倡从战略的角度
改进当时的企业政策课程（Jemison & Lenz，1980）。其后，他与斯坦福大
学的同事（也是其华盛顿大学的师兄）Bourgeois 一起在企业经营战略的
情境下分析和考察企业文化（Bourgeois & Jemison，1982）。

他在《管理学会评论》上组织并亲自参与的系列文章，从不同的学
科视角看战略管理领域的发展，在当时产生了重大影响，对学科基础的构
建和理论研究的深化与融合做出了贡献。第一篇的总括性文章，开宗明
义，提倡采用整合的方式（An Integrative Approach）来研究战略管理
（Jemison，1981a）。与 Bourgeois 对中区理论的倡导相呼应，Jemison 教授
提倡以产业组织经济学、组织行为学和市场营销学为研究手段在战略管理
领域进行"异体受精"（Cross-Fertilization）以及跨学科的融合互鉴。产业
组织经济学和营销学将对战略内容的研究具有较大的潜在贡献，而组织行

为学将对战略过程的研究助益良多。同时，Jemison 教授详细比较了三个不同学科的分析单元、其背后的主要理论逻辑、对企业绩效的解释与管理含义、对于战略制定与战略实施的适用程度，以及对战略内容与过程研究进行整合的潜力。

在同一系列的文章里，受邀的 Michael Porter 阐述了产业组织经济学对战略管理研究的潜在贡献（Porter，1981），Ralph Biggadike 阐述了市场营销学对战略管理研究的潜在贡献（Biggadike，1981），Jemison 教授自己则阐述了组织行为学对战略管理研究的潜在贡献（Jemison，1981b）。这里，组织行为学是一个广义的称谓，包括宏观的组织理论和狭义的微观组织行为学。Jemison 教授认为，组织行为学的贡献在于将组织视为一个有目标的开放系统，不断应对环境的变化，在于对组织情境中的管理者行为模式的考察和对于决策过程的描述，在于对组织与环境之间匹配的关注以及对组织设计和过程的改进，从而增进组织能力与外部环境的契合。

Jemison 教授的另外一个研究主题，是对企业风险的考察。在《管理科学》上发表的一篇独著文章（Jemison，1987）中，他认为企业的回报以及风险（回报的不稳定性）是两个不同的绩效测量指标，它们与组织战略、结构和过程的关系有各自不同的可能性，而不像大家原先想象的那样简单。在两年之后与 INSEAD 的同事于《战略管理学期刊》发表的文章中，他们应用结构方程分析发现，以市场份额为代表的市场强权对于企业风险的影响取决于该市场上企业间竞争的激烈程度（Cool, Dierickx & Jemison，1989）。

Jemison 教授的另外一个值得一提的贡献，是关于战略联盟的研究（Borys & Jemison，1989）。在该项研究中，他将战略联盟看成多个组织的组合——一种混合型的制度安排（Hybrid Arrangement），并考察其目的、界限、价值创造和稳定性，以及在兼并与收购、合资企业、授权经营和供应链协议等方面的应用。

Jemison 教授在其职业生涯中最为重要的学术贡献，是关于企业并购战略的研究。他与其在斯坦福大学时的学生 Sim Sitkin 一起在《管理学会评论》上提出并系统阐释了关于公司并购的过程视角（Jemison & Sitkin，1986a）。他们认为并购过程在通常情况下具有间断性和割裂性（Discontinuous and Fractioned），具体表现为对并购整合的四种潜在的阻碍：活动的细分化（Activity Segmentation）阻碍并购整合；不断升级的动能（Escalating Momentum）可能因为过于迫不及待而使得并购整合欲速则不达；并购前故意营造的模糊性（Expectational Ambiguity）不利于并购后的整合；母公司出于对自己能力的过分自信而对分公司在管理系统方面的强加（Management System Misapplication）可能降低被收购业务成功的可能性。此项关于并购的过程研究也同时发表在《哈佛商业评论》上（Jemison & Sitkin，1986b）。十年之后，Jemison 教授与同事将管理决策者的风险偏好引入并购过程分析（Pablo，Sitkin & Jemison，1996）。

Jemison 教授与 Haspeslagh 在 1991 年合作的专著《并购管理》（*Managing Acquisitions*）乃是并购研究中的一个重要典范。他们以组织能力为主线，以价值创造为目标，详细解剖了并购过程的方方面面，视并购后的整合为价值创造的真实源泉。在真实世界中，企业间的并购通常由投资银行和咨询公司推动，主要由律师、会计、财务专家参与。很少有人从并购管理的角度详细考察并购过程以及并购中的人和组织能力及其整合对于并购的重要作用。该书乃是管理学者对于并购过程和实务最为早期、最为经典，也是迄今为止最为全面系统而又切实可行的回应。从这个意义上说，该书乃是企业兼并与并购方面的必读之作。

该书之后，与其师兄 Bourgeois 相似，Jemison 教授的职业重心转向教学实践和行政管理。他曾一度担任得克萨斯大学 EMBA 项目主任。近四十年来，Jemison 教授在印第安纳大学、斯坦福大学和得克萨斯大学屡屡荣获各类教学奖项。

James Fredrickson

James Fredrickson 教授，是另外一位早期的华盛顿大学战略管理博士生，毕业于 1980 年。与其师兄 Bourgeois 当初的路径一样，Fredrickson 毕业后也是先去匹兹堡大学，投奔 Grant 教授的团队。自 1982 年至 1989 年，他任教于哥伦比亚大学，与 Hambrick 成为同事；1989 年赴得克萨斯大学任教至今。Fredrickson 屡次获得各种教学奖项，曾任整个商学院的教学发展"总教头"。笔者也正好于 1989 年进入得克萨斯大学商学院管理系攻读博士学位。因此，Fredrickson 是笔者地地道道的师叔。

可以说，在整个 20 世纪 80 年代，Fredrickson 是战略过程研究的翘楚。根正苗红的 Fredrickson，一辈子也就写了不到 20 篇论文，但每篇文章的管理学身份认知都极为纯正，而且只在顶尖期刊上发表，除了《战略管理学期刊》，不是《管理学会评论》，就是《管理学会期刊》，从不在别的期刊上浪费工夫；也不像某些"全能选手"那样跟各类博士生合作在各个题目间游走，在各种场合出现。他洁身自好，宁缺毋滥。他曾经非常自豪地声称，凡是研究战略过程的文章，参考文献里不可能没有"F"，否则他往哪儿搁呀？真有一次，他投稿时不想刻意（抑或刻意不想）引用自己先前的文章，于是收到的论文评审者回复中有如下的严正建议：请你务必参考一下 Fredrickson 某篇文章的相关贡献！

Fredrickson 在战略管理领域的首度亮相，正是发表在《管理学会评论》上的"战略管理过程：问题与建议"（Fredrickson, 1983）。这篇文章正式系统地比较了总括的（Synoptic）和渐进的（Incremental）战略决策过程，从决策启动原因的不同（是因环境监测发现机会和问题而决策，还是因对现状的某种不满而决策）和终极目标的不同（是实现某种意图，还是改善现有状况），到决策分析之复杂程度的不同（是考虑所有因素，还是只考虑少数直接相关的因素）以及整合程度的不同（战略到底是被看作一个有意识的整体设计的结果，还是不同的松散关联的个体决策组合）。这是对林布隆"渐进推动"（Muddling Through）概念与 Mintzberg 自生战略（Emergent Strategy）理论的一个精彩的总结与整合。

在相关的实证研究中，Fredrickson 用综合性（Comprehensiveness）来代表总括性决策中的理性程度，将其定义为在决策中力求穷尽和包容各种要素的程度（Fredrickson & Mitchell, 1984）。以锯木行业（通常被认为是一个多变的非常不稳定的行业）为背景，Fredrickson 的研究结果发现，战略决策中的综合性程度与企业绩效呈负相关。据此，可以比较可信地推断，决策的综合性程度在稳定行业中会促进企业绩效，在不稳定的行业中会损害企业绩效。这是对总括性战略决策之有效性最早的实证研究。

紧接着，在同年发表于《管理学会期刊》的第二篇文章（Fredrickson，1984）中，Fredrickson 对第一篇文章中的研究进行了拓展和补充。这次，他选择以油漆与涂料行业（通常被认为是一个非常稳定少变的行业）为背景，来检验在稳定行业中决策复杂性对绩效的影响。结果证实了其早期的推断和预期：在稳定行业（至少在所选的这一行业），战略决策的综合性与企业经营绩效呈正相关。也就是说，总括性的决策方法对于稳定行业的企业是有所助益的。总体而言，决策的综合性程度对企业绩效的影响取决于不同的环境特点。

接下来，Fredrickson 将战略决策过程的研究与组织结构的文献连接起来（Fredrickson，1986a），详细地探讨了组织结构的集中度（Centralization）、正规化程度（Formalization）、复杂性程度（Complexity）分别对战略决策过程中决策启动（Motive of Initiation）、决策目标（Role of Goals）、决策的复杂性（Comprehensiveness in Decision Making）以及决策整合的复杂性（Comprehensiveness in Integrating Decisions）等可能产生的各类影响和制约。此文在当时的战略过程研究者中产生了巨大的影响。同年，Fredrickson 在《战略管理学期刊》上发文检验并证实了他在决策过程复杂性的实证研究中所采用的对决策过程的测度方式的有效性（Fredrickson，1996b）。

1989 年，Fredrickson 在《管理学会期刊》上再次发文，以"爬行的理性"（Creeping rationality）为题，与其学生 Iaquinto 一起考察企业决策综合性的变迁（Fredrickson & Iaquinto，1989）。两人的研究结果如下：（1）再次证实了 Fredrickson 早期实证研究的结果；（2）企业的决策综合性程度在不同的行业间有显著的不同；（3）在同一个企业内，决策综合性程度却相对稳定，甚少改变；（4）影响决策综合性程度之渐进改变的因素包括组织规模的变化、高管团队的企业内任期以及高管团队构成的连续性等。由此，Fredrickson 告别这一专题的研究，转入高管团队的研究。

Fredrickson 关于高管团队研究的首次发表，乃是他在哥伦比亚大学时与其同事 Hambrick 及一位博士生的合作，研究 CEO 被解职的现象（Fredrickson, Hambrick & Baumrin, 1988）。他们认为，虽然 CEO 被解职与企业经营绩效有关，但这种关系受到若干方面的社会与政治因素的调节作用，包括董事会对 CEO 的预期与归因、董事会的价值观以及对企业的尽职感和对 CEO 个人的忠诚度、CEO 替代者存在与否，以及现任 CEO 的权势。

之后，Fredrickson 再次与 Hambrick 等人合作，研究企业高管对于现状的承诺（Commitment to Staus Quo）及其决定因素（Hambrick, Geletkanycz & Fredrickson, 1993）。他们发现，高管在行业内的任期比在某个企业内的任期更能解释其对现状的满足与承诺。当然，高管的现状承诺受到当期绩效的正面影响，尤其是在管理自由度较高的行业。而且，现任 CEO 通常希望继任 CEO 跟他自己的特点一样。

Fredrickson 的高管团队研究也包括与他在得克萨斯大学的博士生的合作。研究主题包括：信息处理需求对 CEO 薪酬的影响（Henderson & Fredrickson, 1996）；高管团队协调需求对 CEO 薪酬差距的影响（Henderson & Fredrickson, 2001）；社会比较与高管团队内部薪酬差异间的关系（Fredrickson, Davis-Blake & Sanders, 2010）；高管团队对战略决策过程之共识的前因后果（Iaquinto & Fredrickson, 1997）；不同环境不确定情况下企业高管团队的特点与企业国际竞争态势的关系（Carpenter & Fredrickson, 2001）。

此外，Fredrickson 与其当时在得克萨斯大学的同事 Jim Westphal 也在此专题领域合作发表了文章。到底是谁指引企业的战略变革，董事会还是 CEO？两人的研究发现，虽然新聘 CEO 的经历表面上可以预测企业的战略变革，但这种影响作用在同时考量董事会成员的经历时便会消失。因此，他们推断，实际上是董事会在指引企业的战略变革。董事会成员想象

的战略更像自己企业的战略，而且他们会选择那些符合他们需求和喜好的
CEO 去实施这种战略（Westphal & Fredrickson，2001）。

另外值得一提的是，Fredrickson 曾与 Hambrick 合作，在《管理学会
实务》（AME）上发表了一篇面向管理实践者的文章"你确信你有战
略？"（Hambrick & Fredrickson，2001）。他们用五个问题来概括战略。第
一，竞技场（Arena）：我们将在哪些领域活动？考量因素包括产品、细
分市场、地域范围、核心技术、价值创造的具体阶段。第二，载体
（Vehicles）：我们如何到达那里？考量因素包括内生、合资、专营、收
购。第三，差异点（Differentiators）：我们如何胜出？考量因素包括形象、
定制、价格、格调、可靠性。第四，展开（Staging）：我们的行动速度与
顺序如何？考量因素包括扩张速度、举措顺序。第五，经济逻辑
（Economic Logic）：我们如何获取回报？考量因素包括规模经济、范围经
济、优质服务、产品独特。此文的中译版曾刊登在《北大商业评论》上。

除了上述 2010 年的那篇较近的文章，2001 年之后，Fredrickson 基本
停止了学术研究，转而专注于教学和行政管理。2010 年至 2016 年间，他
曾担任得克萨斯大学管理系主任。

匹兹堡钢流滚滚

普度大学的 Schendel 与 Hofer 于 1978 年在匹兹堡大学主持召开企业政
策学者们的第一次全会，为战略学科的确立打下了良好的制度根基。作为
东道主的匹兹堡大学，也是早期战略管理学研究的重镇之一（以 John
Grant 和 John Camillus 教授为主要代表，包括后来的 John Prescott）。他们
在 20 世纪 80 年代左右培养了一批出色的博士生，这些人成为战略管理领
域在从早期向成熟期发展进程中的中坚力量以及引领潮流的学者（初步统
计见表 5.3）。这里，我们选介 Irene Duhaime、V. Ramanujam、N. Venkatraman
这三位在当年比较有代表意义的学者。

表 5.3　20 世纪匹兹堡大学战略管理学博士毕业生一览

姓名	博士学位获得时间	姓名	博士学位获得时间
Majorie Lyles	1977	N. Venkatraman	1985
VK Narayanan	1979	Jeffrey Covin	1985
Irene Duhaime	1981	Deepak Datta	1986
Paul Shrivastava	1981	Abdual Rasheed	1988
V. Ramanujam	1984	N. Rajagopalan	1988
Ari Ginsberg	1985	Liam Fahey	198X

Irene Duhaime

Irene Duhaime 于 1981 年在匹兹堡大学获得博士学位，先后任职于伊利诺伊大学香槟校区、孟菲斯大学和佐治亚州立大学。她曾担任过美国管理学会战略管理分会的主席（1993—1994），现任战略管理学学会院士（2010 年当选）以及院士团主席（2017—2018）。她因在美国管理学会领衔的博士生教育推进项目而获得该学会 2014 年的杰出职业服务大奖。

Duhaime 教授在 20 世纪 80 年代对战略管理决策过程的研究，尤其是公司层面有关并购与剥离的决策，乃是当时颇为主流和重要的贡献。她不仅是较早地研究企业剥离决策（Divestment or Divestiture）的学者，而且也是较早地将金融学的研究视角和方法引入战略管理研究的学者。她正式发表的第一篇论文，便是与其在伊利诺伊大学的同事 Howard Thomas 合作的，阐述了多种财务分析和计划手段在战略管理领域的应用前景（Duhaime & Thomas，1983）。

另外值得一提的是，伊利诺伊大学在 20 世纪 80 年代和 90 年代也先后聚集了一批重要的战略管理学研究人员，成为战略管理研究的一个重要领地。当时该校的师资曾包括 Rajshree Agarwal、Irene Duhaime、Anne Huff、Joe Mahoney、Charles Schwenk、Anju Seth、Mingjie Tang（现任职于台湾大学的汤明哲教授）以及 Howard Thomas 等。

Duhaime 博士的首篇重要文章，是与其在匹兹堡大学的导师 John Grant 合作的基于她博士论文的研究——"关于业务剥离决策的田野调查",发表在《战略管理学期刊》上（Duhaime & Grant，1984）。在对40家大型多元化公司高管访谈的基础上，该研究总结了公司业务剥离决策的影响因素：业务单元的实力、与其他业务单元的关系，以及母公司与竞争对手在财务状况上的差异，而一般性的宏观经济状况则影响不大。

之后，她曾进一步研究业务单元自身的规模与剥离决策之间的关系（Duhaime & Baird，1987），发现企业在剥离小的业务单元时具有相对的灵活性。对于业务相对较差的小单元的剥离，企业主要考虑该业务是否值得花费管理者的时间去弥补和纠正；对于绩效较差的大单元的剥离，企业主要考虑的是如果不及时地剥离会有什么样的不利后果。她们进一步猜测，每一个业务单元也许都有一个"最低效率规模"（Mininum Efficient Level，即符合效率要求的最低规模）。

她还与伊利诺伊大学的同事 Charles Schwenk 一起探究了企业并购与剥离决策过程中的认知简化问题（Duhaime & Schwenk，1985）。他们认为，并购与剥离的决策情形通常充满了复杂性和模糊性，决策者可能会采用某种认知上的简化过程来面对此过程以及难以把握的决策问题：通过类比进行推断、对控制的幻觉、承诺升级，以及单一结果计算等可能产生的认知偏差。

进入20世纪90年代，Duhaime 曾系统地考察了 COMPUSTAT Ⅱ 和 TRINET 等数据库本身的特点对于纵向一体化、多元化以及产业分析研究的影响（Davis & Duhaime，1992）。同时，她与两位博士生以银行业为例，共同探究了政府管制与解除管制对于企业战略选择以及经营绩效的影响（Reger，Duhaime & Stimpert，1992）。他们认为，管制的范围和渐进性影响企业的选择与绩效。具体而言，放松管制直接影响企业的选择，并直接和间接地影响回报及风险。

在20世纪90年代末期，具体而言是1997年，她有三篇重要文章发表，主题分别是：战略转变的理论与证据（Barker & Duhaime，1997）；产业、多元化战略、业务战略对绩效的影响（Stimpert & Duhaime，1997a）；多元化企业中高管对于业务"相关性"（Relatedness）的认识（Stimpert &

Duhaime，1997b)。此后，她的主要精力转入行政管理。其最近的一篇文章，是关于高管认知与竞争动态的关系（Marcel，Barr & Duhaime，2011)。

V. Ramanujam

分别于 1984 年和 1985 年从匹兹堡大学获得战略管理博士学位的印度学者 V. Ramanujam 和 N. Venkatraman 堪称 20 世纪 80 年代中期战略管理领域最为闪耀的"双雄"组合之一。在短短几年的合作中，他们在主流期刊上发表了十余篇论文，内容从理论构建到实证分析，从概念界定到方法论的倡导，一时间广为流传，对战略管理研究的演进与发展做出了重要的贡献。稍显遗憾的是，Ramanujam 的所有学术贡献都集中在 20 世纪 80 年代。按照他的成就和贡献，当时其实也是可以被破格提升为正教授的。但由于他在 1990 年之后几乎没有任何成果发表，至今他仍是其博士毕业后一直任职的凯斯西储大学（Case Western University）的副教授。

他最重要的成就，当是与 Venkatraman 合作的对战略管理研究中企业绩效测度方法的比较分析（Venkatraman & Ramanujam，1986)。将近5 000 次的谷歌学术引用次数，对于一个 20 世纪 80 年代的文章而言，其实是非常难得的。当然，从另外一个角度看，此文之主要影响在于涉及了研究方法论的问题，尤其是对于战略研究中一个非常重要的因变量的考量和解读。因此，这种工作也是很多研究话题中绕不开的，故而带来了较高的引用次数。事实上，Ramanujam 教授的若干篇文章都是属于此类型的，在战略管理学科建立之初做出了极为重要的贡献。

与此相关和类似的工作还包括：对过度信任和推崇某种单一测度企业绩效方法之潜在风险的警示（Venkatraman & Ramanujam，1987a)；对应用当时流行的 PIMS 数据库所进行的战略管理研究的梳理与总结（Ramanujam & Venkatraman，1984)；对战略规划系统之主要特点及其成效的系统考察（Ramanujam，Venkatraman & Camillus，1986；Ramanujam & Venkatraman，1987；Venkatraman & Ramanujam，1987b)。

Ramanujam 教授的另外一位重要合作者是 P. Varadarajan。他们关于多元化战略的总结与回顾文章（Ramanujam & Varadarajan, 1989）乃是早期该类文章的典范。该文阐释了多元化程度（Diversity）以及多元化战略（Diversification）等不同的相关概念，系统地梳理了公司多元化战略的动机、类别、方向、路径、绩效和管理的各个方面，并对它们之间的关系以及相关的研究前景做出了颇有启发的畅想和建议。无论对于学术研究、课堂教学，还是战略咨询与企业实践，此文都是不可多得的经典基础参考文献。

此前，他们曾基于 Rumelt 的工作将多元化指标简化为窄谱（Narrow-Spectrum）和广谱（Broad-Spectrum）两种——前者主要基于 SIC（标准产业分类系统）中两位数产业的参与，后者是四位数产业分类相对于两位数产业分类的比率——并考察它们对公司绩效的影响（Varadarajan & Ramanujam, 1987）。他们发现，相关多元化也许是良好绩效的必要但非充分条件，非相关多元化也并非注定导致较低的绩效。此结果既证实了 Rumelt 的研究结果，亦提出了该结果可能存在的潜在不足，为进一步的研究提供了有益的启示。

他们对于影响公司经营绩效之多种因素和视角的研究，乃是 Ramanujam 教授迄今为止发表的最后一篇学术论文（Varadarajan & Ramanujam, 1990）。

N. Venkatraman

N. Venkatraman 教授乃是战略管理领域在 20 世纪 80 年代最为风光的新锐领军人物之一。1985 年从匹兹堡大学博士毕业后，他的第一个正式教职是麻省理工学院斯隆管理学院（毕业前曾短暂地在伊利诺伊大学做兼职讲师），之后长期任教于波士顿大学，直至今日。

从出道开始，N. Venkatraman 就一直游走在战略管理和信息管理两个领域。自 20 世纪 90 年代之后，他的主要研究领域从战略逐渐转型至管理信息系统和信息管理战略的研究。如今，他是数字战略方面的权威之一。尽管如此，在 21 世纪，Venkatraman 教授在战略管理学的顶尖期刊上仍有数篇文章发表，只是其研究的主题和内容更多地涉及信息管理而不是战略管理。

从学说史的角度来看，也许 Venkatraman 教授至少可以比肩那些基业长青的职业老将，比如 Hoskisson，甚至可以比肩属于十大"上将"级别的学术英雄，比如 Singh。这里，我们对其评价仅限于他在战略领域的成就和贡献，而且主要聚焦于他在 20 世纪的研究。

如前所述，Venkatraman 与 Ramanujam 教授的合作在当时产生了相当大的影响。此外，他还有自己诸多独特的贡献。他对信息技术与组织战略和结构之匹配性的研究（Henderson & Venkatraman，1992），无论是在战略管理领域还是管理信息系统领域都产生了广泛的影响。

他在 20 世纪 80 年代的研究工作一直专注于战略管理方面的若干主流课题。其中一个课题便是研究市场份额与经营绩效之间的关系（Prescott，Kohli & Venkatraman，1986）。他们的研究结果表明，市场份额与企业绩效之间的关系是随环境变化而变化的，二者之间的直接关系和缪昧（Spurious）关系同时存在。另外一个课题则是对战略群组研究的总结和展望（Thomas & Venkatraman，1988）。基于战略定义和测量以及群组分类方法两个维度，他们构建了一个分类法并整理了相关的实证研究结果，提出了未来的研究建议。还有一个课题，是与其匹兹堡大学的同学 Ari Ginsberg 合作，对采用权变理论视角的战略管理研究进行的梳理与评鉴（Ginsberg & Venkatraman，1985）。

他还与匹兹堡大学的三位老师合作，发表了颇具影响的文章。他在读书期间与 John Camillus 共同发表的关于匹配或曰契合的研究（Venkatraman & Camillus，1984），是战略管理文献中对其进行的首次系统阐释，不仅考察了匹配的内容领地（Domain），比如企业定位与环境的匹配以及战略制定与战略实施的匹配，而且同时考察了实现匹配的互动模式与过程。在一篇极具影响的后续独著文章（Venkatraman，1989a）中，他进一步阐释了匹配的六种可能的模式：交互效应（Moderation）、中介效应（Mediation）、配对效应（Matching）、协变效应（Covariation）、整体模式（格式塔）效应（Gestalts）以及肖像偏离效应（Profile Deviation），对实证研究中如何处理匹配提供了良好的启示。

通过与 Prescott 合作的实证研究（Venkatraman & Prescott，1990），Venkatraman 验证了战略与环境匹配对于企业经营绩效的正面效应。他们的研究从 PIMS 数据库中选取不同时期的两组数据，涵盖了 8 种不同的经营环境。通过采用"肖像偏离"视角来考察和测度企业战略与经营环境之间的匹配，他们认为特定的经营环境会给企业的资源应用界定一个"理想的肖像"（Ideal Profile）。匹配与否取决于企业偏离此理想肖像的程度。他们的研究结果表明，战略与环境的匹配会对企业绩效产生正面影响。

在另一项研究中，他与导师 John Grant 一起强调了在重视理论概念构建（Conceptual Development）的同时，对于具体概念进行高质量测度（Construct Measurement）的重要性（Venkatraman & Grant，1986）。具体而言，他们总结并阐释了五种信度（Validity）的特点与要求：与某一领域相关的内容信度（Content Validity）；内在一致性（Internal Consistency），包括与理论概念的单一对应性（Uni-dimensionality）、可靠性（Reliability）；多种测度之间的趋同内敛信度（Convergent Validity）；不同测度之间的相互区别信度（Discriminant Validity）；对理论预测予以证实的预测信度（Nomological Validity）。

在另外一篇独著文章（Venkatraman，1989b）中，Venkatraman 提出了战略倾向性（Strategic Orientation）的概念，并通过田野调查对 200 个业务单元的高管认知进行了分析，提供了战略倾向概念的具体测度指标，初步证实了这些测度符合上述不同信度的要求。此项研究也为后来"创业者倾向"（Entrepreneurial Orientation）等概念的提出提供了范本与启发。

此外，Venkatraman 教授的研究还涉及国际管理与合作战略领域。早在 Dyer & Singh（1998）提出关系本位企业观之前，Vekatraman & Zaheer（1995）就已经开始重视关系与信任在跨国企业战略上的重要治理与监管作用。在一篇相关的实证研究（Bensaou & Venkatraman，1995）中，聚焦于信息处理的需求以及信息处理能力的关系，他和同事对比了美国企业和日本企业在跨组织关系上的不同构型（Configuration）。

进入 21 世纪，虽然 Venkatraman 教授已经主要"栖息"于信息管理领域，但他在《战略管理学期刊》和《管理学会期刊》上仍有多篇高质量的学术文章发表，主题包括软件行业的超级竞争、知识相关性与多元化企业的绩效、美国电子游戏行业的企业网络演进、不对称性跨组织关系中的投资保护问题，以及隐性海外知识与跨国新产品开发能力的关系，等等。

"老佛爷"普度一方

坐落在"西老佛爷"（West Lafayette，西拉斐特）小镇的普度大学，在战略管理学科形成之际，亦是赫赫有名的学术重镇。由大名鼎鼎的学科先驱 Schendel、Hofer 和 Cooper 教授等坐镇，普度大学曾经培养了数位优秀的战略管理学研究人才，为学科的发展做出了至关重要的贡献（见表5.4）。其中，Carolyn Woo、Cynthia Montgomery、Karel Cool 乃是普度大学战略管理专业早期毕业的博士生的主要代表。20 世纪 90 年代毕业的另外三位博士生 Timothy Folta、Javier Gimeno、Jeffrey Reuer 则是他们那一代学者中的佼佼者，我们将在下一章对其进行评介。此处简介 Carolyn Woo，评介 Cynthia Montgomery 和 Karel Cool。

表 5.4　20 世纪普度大学战略管理专业博士毕业生

姓名	博士学位获得时间	姓名	博士学位获得时间
Carolyn Woo	1979	Timothy Folta	1994
Cynthia Montgomery	1979	Javier Gimeno	1994
Jeffrey Colvin	1985	Michael Leiblein	1995
Karel Cool	1985	Jeffrey Reuer	1997

1979 年毕业的 Carolyn Woo 来自中国香港地区，其博士论文研究曾获得 1980 年美国管理学会战略管理分会的 AT Kearney 最佳论文奖。她在 20 世纪 80 年代的主要工作在于对业务战略、市场份额以及企业绩效与风险的研究。之后，其主要工作在于对新创企业与创业学的研究，主要合作者是其导师 Arnie Cooper 以及她自己在普度大学培养的博士生 Javier Gimeno。

她与 Gimeno 在多点竞争方面的研究是战略管理领域文献中对该话题的早期重要贡献之一（Gimeno & Woo，1996）。其研究生涯由于行政任职而较早结束。她曾出任诺特丹圣母大学商学院院长，现返回普度大学，任校长特聘参事。

Cynthia Montgomery

Cynthia Montgomery 教授也在 1979 年毕业于普度大学战略管理专业。其有关公司战略研究的博士论文获得 1980 年通用电气战略管理学杰出研究奖。她与十大"元帅"之一的 Wernerfelt 是战略管理领域罕见的明星"双职工"。两人曾经在 20 世纪 80 年代初期共同任职于密歇根大学，后结为连理。在西北大学凯洛格商学院共同任职数年（1985—1989）之后，夫妻二人双双转战波士顿，Wernerfelt 任教于麻省理工大学斯隆管理学院，Montgomery 加盟哈佛商学院。

值得一提的是，Montgomery 教授能够在哈佛商学院任教，并不仅仅因为她是战略管理领域的重要贡献者，更主要的原因是她强大的经济学背景。哈佛商学院的师资背景通常都是社会科学的某个母学科，比如社会学、心理学、经济学。Montgomery 的经济学背景和偏好也贯穿了其学术研究的始终。她的若干重要论文都是发表在顶尖的经济学期刊上的。

从其博士论文开始，Montgomery 教授的研究一直专注于公司层面战略的研究，前期（20 世纪 80 年代）聚焦于多元化战略的分类与测度（Montgomery，1982）以及多元化战略和公司绩效（Montgomery，1985）与风险（Montgomery & Singh，1984）之关系的研究，涉及并购（Montgomery and Wilson，1986；Singh & Montgomery，1987）与剥离（Montgomery，Thomas & Kamath，1984；Montgomery & Thomas，1988）等相关的话题，以及多元化战略与产业结构对公司绩效的不同影响（Christensen & Montgomery，1981；Montgomery，1985），后期（1990 年之后）主要探究资源本位企业观在公司战略层面的应用和拓展。

在其首篇独著的文章中，Montgomery（1982）将 Rumelt 的战略分类法与采用 SIC 对多元化战略进行测度的连续变量指标进行比较，发现二者比先前的研究中想象的更为相似和接近。

同年，Montgomery 与 Christensen 一起将产业结构与公司战略（Rumelt 分类法）对企业绩效的影响进行对比。他们发现，Rumelt 分类法中不同的多元化战略类别的绩效差别其实是由采取这些不同战略的企业所参与的产业的结构特点决定的，而不一定是由战略类别本身决定的。比如，采取有限相关多元化的企业通常扎堆于集中度高和利润率高的行业；而采取非相关多元化的企业，由于缺乏资质和强权，通常都被迫或自然地选择较为分散而且利润率较低的行业。这一结论印证了哈佛学派产业组织经济学的要义，即体现在"结构-行为-绩效"范式中的核心观点：无论是企业战略（行为）还是经营绩效，都是由其所在的产业结构决定的（Christensen & Montgomery，1981）。

1985 年，在其独著的论文（Montgomery，1985）中，Montgomery 进一步阐释了上述论点并对经济学家所信奉的多元化与企业强权的关系提出了挑战。一般的经济学假设是，多元化的企业由于其无所不在的势力会享有市场强权和不正当优势。而 Montgomery 的研究结果表明，高度多元化的企业恰恰缺乏市场强权。而且，与多元化程度较低的企业相比，高度多元化的企业往往通常在更加没有吸引力的产业里竞争。这一研究结果清晰地表明：采取多元化战略的企业之经营绩效主要取决于其不同业务在该业务所在产业内的地位以及该产业的平均利润率，而不仅仅是多元化战略类别本身。

当然，Montgomery 的研究也在精神上支持了 Rumelt 对于有限相关多元化的推崇，只不过 Rumelt 侧重于相关性（Relatedness），而 Montgomery 聚焦于专注性（Focus）。这一点在她与 Wernerfelt 合作发表在经济学顶级期刊上的论文（Wenrerfelt & Montgomery，1988；Montgomery & Wernerfelt，1988）中表现得尤为突出。以托宾 Q 作为绩效变量，他们的研究证明了过分多元化的企业绩效往往较差，强调了多元化企业在其业务选择中适度专注的必要性。

在对企业的并购研究中，Montgomery 与 Singh 发现被收购企业在相关性收购中的表现要好于在非相关性收购中的表现（Montgomery & Singh，1987）。这一发现则非常符合 Rumelt 的战略相关性假说。与此相关，在对企业的剥离的研究中，她与合作者发现，与公司战略主旨相关的剥离得到投资市场的积极反应，而那些并没有被归类为与公司战略相关的剥离则反应平平（Montgomery，Thomas & Kamath，1984）。

Montgomery 对于多元化战略的研究基本上收官于她在 1994 年的一篇综述性文章（Montgomery，1994）。此文详述了多元化战略的主要动机、目标去向以及绩效影响。此文也强调了资源本位企业观在多元化研究中的重要潜力。自此，Montgomery 的研究也日益偏向对资源本位企业观在公司战略层面的应用与拓展，逐渐远离纯学术研究，日益拥抱应用型研究与传播。她与其哈佛大学的同事 David Collis 在这方面的合作在商业畅销书市场上声名远扬（Collis & Montgomery，1998）。

Karel Cool

Karel Cool 教授乃是普度大学战略管理博士生在 20 世纪 80 年代的杰出代表。他与同事合作的有关企业资产集聚的论文乃是对资源本位企业观之形成与推进而言最为重要的贡献之一（Dierickx & Cool，1989），单篇谷歌学术引用次数现已过万。该文详细而具体地探讨了导致企业资源难以被对手模仿和替代的具体机制，比如时间压缩不经济性、因果模糊性、关键聚集度、路径依赖等多种因素，乃是深入探究独特资源与持久竞争优势关系之机理与模式的最具技术含量的研究。该文的一个重要启示是区分了资源存量与流量。资源流量（比如当期的研发投入）可以随时调整，而资源存量、企业现有的组织常态通常是难以在短期内改变的。

Cool 教授的研究拓展并补充了 Barney（1986c）有关战略要素的工作。Barney 为该文做了评论，Cool 对 Barney 的评论做了回复。简而言之，虽然两人论点的逻辑极为相似，但 Barney 强调的是战略要素市场本身的不完善性给不同企业带来异质性的机会，而 Cool 强调的是资源集聚过程中的各种因素对持久竞争优势的影响。Barney 与 Cool 均认为，无论是运气（Luck）还是先见（Foresight）决定着竞争优势的出现与持久，想要归纳出一些章法准则去系统性地创建竞争优势也许在逻辑上是不可能的。

Cool 教授的另外一个重要贡献，是基于其博士论文所做的研究——"对于战略群组形成与绩效的研究"。其指导教师是战略管理一代宗师 Schendel 教授。该项研究获得了 1987 年通用电气战略管理学杰出研究奖。以美国制药行业为实证样本（Cool & Schendel，1987，1988），他们发现，不同群组间只存在市场份额的差别，并没有明显的利润率差别。可能的解释是：群组内的绩效差异巨大，群组归属只是绩效的一个决定因素，企业自身特定的资源与能力、对外部环境的不同应对等，都可能使得群组内个体企业的影响大于群组归属本身的影响。

Cool 和同事在后续的研究（Cool & Dierickx，1993）中，比较了群组内竞争与群组间竞争对企业经营绩效的影响。他们发现，即使产业总体结构（比如产业集中度）不变，不同战略群组间的距离和关系基本保持不变，群组内不同的企业也可以不断重新定位，从而改变它们之间的竞争关系，改变群组内竞争与群组外竞争的强度。因此，战略群组对经营绩效的影响需要从群组内结构的变化对群组内企业竞争动态的影响来考量。

可以说，Cool 教授的主要工作采用的都是产业组织经济学的视角，而且主要聚焦于战略内容的研究。他在 20 世纪的研究成果还包括对于业务战略层面绩效与风险的研究（Cool，Dierickx & Jemison，1989）。偶尔，他也深入探究组织内部的战略过程问题。他领衔的对于企业内技术创新直至传播的研究（Cool，Dierickx & Szulanski，1997），以电动转换机在美国电报电话公司下属 22 个贝尔运营公司的采用过程为实证样本，挑战了传统的创新传播理论（Rogers，1995）。他们发现，对于技术创新的采用，在达到临界集聚（Critical Mass）之前，供给起决定作用；在达到临界集聚之后，才像 Everett Rogers 预测的那样由需求来决定。

Cool 教授执教于 INSEAD 三十余年。他与同事一起推动并见证了 INSEAD 从以哈佛商学院为模板的 MBA 教学基地到全球管理学研究重镇的转变过程。

哈佛系半壁江山

毫不夸张地说，战略管理学科的形成与发展离不开哈佛商学院。哈佛商学院的企业政策教研传统为早期（1980 年以前）的学科发展奠定了坚实的学术基础。在战略管理学科形成之后（1980 年之后），哈佛毕业的战略管理学者在整个学科领域亦是独占半壁江山，影响至今。

十大"元帅"中，四位是哈佛博士。战略管理学科中两个最为重要的理论范式——产业结构分析（Porter）与资源本位企业观（Rumelt、Wernerfelt）——都缘起于哈佛培养的学者。公司战略的研究（Chandler、Rumelt、Prahalad）以及国际战略的研究（Prahalad、Doz、Bartlett、Ghoshal）都离不开哈佛人的原创贡献。早期（与 PIMS 相关）的业务战略研究也与哈佛商学院息息相关。最早关注战略决策过程研究的学者（Bower）也来自哈佛。在与战略相关的其他领域，比如创业创新、技术管理与知识管理等领域，哈佛培养的学者亦是当仁不让。

令人惊叹的是，哈佛商学院能够将社会科学诸多母学科领域的严谨研究方法和传统、重要而鲜活的战略管理话题紧密相联，不断地培养出杰出的领军人物，做出了一系列奠定根基和引领潮流的里程碑式的贡献。表 5.5 是截至 2000 年毕业的与战略相关的哈佛博士生的一个不完全统计。从学科前辈先驱（Cooper、Bower）到"那时花开"的宿将（Bartlett、Harrigan），从基业长青的学科巨擘（Porter、Wernerfelt）到正值盛年的当代精英（Ghemawat、Gulati），这个尚不完全的统计即可为"哈佛系半壁江山"之称提供强有力的佐证。

表 5.5　20 世纪哈佛大学与战略管理相关专业博士毕业生一览

姓名	学位	博士学位获得时间	姓名	学位	博士学位获得时间
Richard Vancil	DBA	1960	Balaji Chakravarthy	DBA	1978
Arnold C. Cooper	DBA	1961	Christopher Bartlett	DBA	1979
Joseph Bower	DBA	1963	Kathryn Harrigan	DBA	1979
Francis J. Aguilar	DBA	1965	Anil Gupta	DBA	1980
William Abernathy	DBA	1967	Aneel Karnani	Ph. D.	1980
John Stopford	DBA	1968	Pankaj Chemawat	Ph. D.	1982
Charles Hofer	DBA	196X	Marvin Lieberman	Ph. D.	1982
Derek Abel	DBA	1970	Philippe Haspeslagh	DBA	1983
Derek Channon	DBA	1971	Arvind Bhambri	DBA	1984
Peter Lorange	DBA	1971	David Collis	Ph. D.	1986
John Camillus	DBA	1972	Sumantra Ghoshal	DBA	1986
Ricahrd Rumelt	DBA	1972	Rebecca Henderson	Ph. D.	1988
Michael Porter	Ph. D.	1973	Anita McGahan	Ph. D.	1990
CK Prahalad	DBA	1975	Clayton Christensen	DBA	1992
Ralph Biggadike	DBA	1976	Ranjay Gulati	DBA	1993
Yvez Doz	DBA	1976	Tarun Khanna	Ph. D.	1993
Birger Wernerfelt	DBA	1977	Jan Rivkin	Ph. D.	1997
Vijay Govindarajan	DBA	1978	Nicolaj Siggelkow	Ph. D.	1998

在此，我们简评四位"那时花开"的宿将：Balaji Chakravarthy、Christopher Bartlett、Kathryn Harrigan、David Collis。

Balaji Chakravarthy

Balaji Chakravarthy 于 1978 年在哈佛商学院获得 DBA 学位，曾任教于沃顿商学院、INSEAD 和明尼苏达大学，现任 IMD 讲席教授。他发表的首篇文章乃是关于"调整适应"作为一个隐喻对战略管理的启示（Chakravarthy，1982）。他勾勒了调整状态、调整过程和调整能力等要素，并构想了以调整适应为主线的战略管理任务框架。文中还详细地对比了机械型组织系统和有机型组织系统中环境监测、组织结构、奖赏系统，计划、控制和信息系统，以及领导方式的不同。

Chakravarthy 最具影响的文章与战略结果的测量有关（Chakravarthy，

1986）。他认为仅用单一的利润指标来测量战略的结果是不够的，并建议增加两个指标：一个是企业经营活动的转化过程，另一个是所有利益相关者而不仅仅是股东利益的满足。这比后来的平衡计分卡运动早了十年。

有鉴于战略规划系统面临的日益增强的挑战，Chakravarthy 主张采用战略自我更新的方法（Strategic Self-renewal）来代替常用的资产规划（Portfolio Planning）方法，建议用战略业务体系（Strategic Business Family）代替战略业务单元（Strategic Business Unit）作为基本分析单元，并相应地给部门决策者更多的自主权（Chakravarthy, 1984）。关于战略规划的有效性，Chakravarthy 也进行了实证研究。一般认为，战略规划系统的设计和使用要适应企业的特殊情境，但他发现企业在现实中并不这么做，而且大家对此也根本不以为然（Chakravarthy, 1987）。

Chakravarthy 曾和 Doz 教授一起客席主编《战略管理学期刊》有关战略过程研究和公司自我更新的特刊（Chakravarthy & Doz, 1992）。

Christopher Bartlett

来自澳大利亚的 Christopher Bartlett 教授于 1979 年在哈佛商学院获得 DBA 学位，留校任教数十年，现已荣休。他是美国管理学会、战略管理学会和国际商务学会三料院士。他的主要学术成果大多是与 Ghoshal 合作的结晶，聚焦于跨国公司的战略与管理，几乎涵盖了该领域的所有专题（详见第二章对 Ghoshal 学术成就的评介）。

除了他与 Ghoshal 关于泛国公司的专著（Ghoshal & Bartlett, 1989），Bartlett 教授最重要的工作是倡导采用组织间（Interorganizational）的视角来看跨国公司内部不同国家单元之间的关系。如此，对跨国公司的考察便可借用现有的理论框架和网络分析等方法来增进对跨国公司战略复杂性和独特性的解读与欣赏。

值得一提的是，Bartlett & Ghoshal（1992）对全球化背景下经理人角色的分类描述堪称经典，概念清晰，行文流畅。他把具体的管理者分为三大类：业务经理（三大职能包括经营战略家、架构设计师、运营协调者），国家（区域）经理（三大职能包括环境感应者、关系构建者、业务贡献者），职能经理（三大职能包括环境监控者、跨域杂交者、项目倡导者）。而公司总部层面的管理者的使命，则是合理恰当地调配和使用这些专业人才。他们的主要职能是领导者、人才"星探"、人才培育发展者。

这一框架性总结，与 Mintzberg 当年对管理者十大角色的描述（Mintzberg，1973）遥相呼应、各自芬芳。

Kathryn Harrigan

Kathryn Harrigan 教授于 1979 年在哈佛商学院获得 DBA 学位，师从 Michael Porter。其博士论文获得 1979 年的通用电气战略管理学杰出研究奖。自 1981 年以来，她一直任职于哥伦比亚大学商学院，1987 年获聘正教授，1993 年荣任讲席教授；1989 年当选美国管理学会院士，1992—1993 年任战略管理分会主席，2000 年获得战略管理分会终身成就奖。其主要研究贡献集中在 20 世纪 80 年代，聚焦于成熟与衰退产业中的企业战略（是终局战略还是退出战略）、纵向一体化战略，以及战略联盟与竞争战略的研究。尤其是在 1980—1985 年间，其文章发表数量极为密集，而且皆是独著，主题清晰，贡献突出。

Harrigan 对于退出战略的研究，接续了 Porter（1976）对于退出战略的开创性工作。在《战略管理学期刊》的首卷 2 期上，Harrigan 教授探讨了产业退出壁垒对于战略灵活性的影响（Harrigan，1980）。阻止其他企业进入某个产业的"进入壁垒"同时也构成行业内现有企业不能灵活随意地退出该产业的所谓"退出壁垒"，比如特定的资产投入。

在对衰退行业的研究中，应用访谈数据和档案数据，Harrigan（1980）发现作为退出壁垒的大宗特定资产投入通常会降低企业退出的倾向性。以此推断，当此类产业的需求下降时，由于退出壁垒的存在而不能或者不愿退出的企业大量涌现，该行业的利润率将会被进一步拉低。因此，企业在进入某个产业之前，就应该对其退出战略以及未来将面临的各类退出壁垒有所考虑和规划。

Harrigan（1982）进一步区分了产业结构要素所形成的退出壁垒（比如固定资产投入）以及企业自身特点与偏好引发的"战略退出壁垒"（Strategic Exit Barrier）。前者影响所有企业的退出决策，后者主要影响特定企业（比如同一个战略群组内的企业）自身的退出行为。在成熟但未衰退的产业中，Harrigan 发现退出壁垒的影响作用与在衰退行业中的表现大致相同，但生产能力过剩（鼓励退出）以及产业的吸引力（阻抑退出）的影响作用可能更为明显。

如何在衰退产业内制定战略？Harrigan（1980）给出了明确的建议。此时的战略制定必须考虑需求特点和产业结构特点（比如产品特质、消费者特质、供应商行为、竞争对手的特质与行为以及退出壁垒）。具体的战略选择可以从一个极端（立刻退出）到另外一个极端（激进地增加投资）。

根据自身的特点与意向，企业可以选择"及早性退出"（Early Exit）——在别人意识到产业衰退之前及早止损；"收获性淡出"（Milk the Investment）——逐渐缩减规模并转移资产到其他业务；"选择性收缩"（Shrink Selectively）——缩减业务范围并聚焦高利润业务；"待机性保持"（Holding Patterns）——观望但不缩减从而等待复苏；"承诺性增持"（Increased Investment）——收编对手从而增强自身的地位，或者看准了某些持久存在但别的对手无法有效染指的细分市场；等等。

Harrigan 的另外一个研究领域是纵向一体化战略。她首先在一篇文章中对比了纵向一体化（纵向整合）的收益与成本并勾勒了纵向整合的不同程度与范围（Harrigan，1984）。其后，她将退出壁垒的考量引入纵向一体化战略的研究（Harrigan，1985a，1985b，1986）。Harrigan 发现企业上下游业务上的内部交易会提高其退出壁垒。在公司总体战略层面，为了保持一定的战略灵活性，企业必须对纵向一体化的整合程度有一个清楚的认识和规划。

此外，Harrigan 教授对战略联盟与合资企业的研究也在该研究专题的早期做出了重要贡献（Harrigan，1988）。其 1986 年出版的专著《管理合资企业的成功》（*Managing for Joint Venture Success*）为研究者和管理实践者提供了有益的概念性和框架性的启发。她在研究方法论方面推崇权变的视角，鼓励研究者采用多种研究情境、多种数据来源和多种分析方法来考察战略管理问题，力求在理解深度与普适广度之间寻求必要的平衡。

作为哥伦比亚大学的明星教授，Harrigan 曾经大气活泼地出现在美国电话电报公司（AT&T）的商业广告中。

David Collis

来自英国的 David Collis 是一位非常有见地的学者。他本科在剑桥大学读经济学专业，后在哈佛大学读 MBA 并以最高荣誉毕业，在波士顿咨询公司工作四年后，又回哈佛攻读博士学位，毕业后在哥伦比亚大学任教一年，于 1986 年回到哈佛任教。虽是根正苗红，其学术发表却并非一帆风顺。其文章虽多是精品，但数量有限，因此，他未能如期在哈佛获得终身教职。Collis 教授中间访问耶鲁大学五年、哥伦比亚大学两年，现任哈佛商学院历史上仅有的第二位全职兼职教授（Full-Time Adjunct Professor）。他撰写的 60 多个案例以及在《哈佛商业评论》上的文章在被收入哈佛案例库后畅销超过百万次，对全球高校和高管培训中的战略管理教学贡献良多。

Collis 教授的主业是公司战略和国际战略。他早期的几篇纯学术论文都与当时正在兴起的资源本位企业观和动态能力学说有关。他认为任何一种独特的能力都可能会被模仿和替代，或者更可能的情况是，被一种更高阶的能力取代，比如"学习如何去学习"的能力。因此，企图找到持久竞争优势的"灵丹妙药"是不可能的。我们必须意识到能力的价值通常是取决于情境的（Collis, 1994）。

也许，这是对于哈佛商学院企业政策传统有关企业能力与外部环境相匹配之信条的精彩回归。没有对谁都永远有吸引力的行业，也没有在何时何地都管用的能力。此前，通过对全球轴承行业中三个企业的田野调查，Collis 揭示了资源本位企业观与传统的产业结构分析之互补共用对于更全面地理解和把握全球竞争战略的必要性（Collis, 1991）。

之后，在与其学生合作的论文中，通过对 7 家贝尔电话公司在移动通信业务上的考察，Collis 教授着力探究同一个产业内不同企业间异质性的演进，聚焦于市场、竞争和组织要素的交互作用对于异质性的创建、放大与持续，强调同时采用路径依赖（Path Dependence）和路径构建（Path Creation）的视角来看待异质性这一复杂现象，既关注各种制约，也欣赏管理决策者的能动性，尤其是从失败中学习的可能性和重要性（Noda & Collis，2001）。

此外，Collis 教授还详细地考察过公司总部的规模、结构与绩效（Collis，Young & Goold，2007）。通过在《哈佛商业评论》上发表文章以及出版学术专著、商业畅销书以及教材，Collis 教授在公司战略和通过资源进行竞争方面（Collis & Montgomery，1998，2005）以及国际战略和全球竞争方面（Collis，2014）产生了重要影响。他在 2008 年发表于《哈佛商业评论》上的一篇文章中曾精彩发问：你能用 35 个字说清楚你的战略吗？！

密歇根渐露峥嵘

密歇根大学自 20 世纪 80 年代开始也日益成为战略管理学研究重镇，曾由 Prahalad 与其哈佛学弟 Aneel Karnani 长期镇守，20 世纪 80 年代初期有 Wernerfelt 和 Montgomery 夫妇加盟，培养了若干具有重要贡献的战略管理学者（如表 5.6 所示）。在本小节里，我们简介其中两位学者——Jeffrey Williams 和 Sayan Chetterjee。

表 5.6　密歇根大学 20 世纪战略管理相关专业博士毕业生一览

姓名	博士学位获得时间	姓名	博士学位获得时间
Jeffrey Williams	1977	Praven Nayyar	1988
W. Chan Kim	1979	Anju Seth	1988
Richard Bettis	1982	Thomas Brush	1990
Stewart Hart	1983	Gary Hamel	1990
Habir Singh	1984	Xavier Martin	1996
Sayan Chetterjee	1985	Myles Shaver	1994
Margarethe Wiersema	1985	Gautam Ahuja	1996
Gary Hansen	1987	Rachelle Sampson	1999

Jeffrey Williams

从本科到 MBA 再到博士的学习，Jeffrey Williams 都是在密歇根大学度过的，然后在卡内基梅隆大学任教四十年。他是早期战略管理学科的参与者和见证者，主要采用经济学的研究方法，产量不高，曾与其卡内基的同事、行为经济学大家 Dick Cyert 合作发表了若干文章。

也许仅凭一篇文章他就可以在战略管理学说史上留下一笔。这篇文章便是发表在《加州管理评论》上关于可持续竞争优势的一个分析框架（Williams，1992）。该文获得该期刊当年的最佳论文奖，在学界和业界都有一定影响。该文的主旨，是以资源的可持续性（Sustainability of Resources）为焦点进行以时间为基础的战略分析（Time-Based Strategic Analysis），从而更好地理解和创造以时间为基础的竞争优势（Time-Based Competitive Advantage）。具体而言，按照所谓的"经济时间"（Economic Time），他把资源的可持续性分为三种不同速率的循环。

（1）慢循环：此类循环中产品与服务背后的资源通常是独一无二的，受到强烈的保护，不承受外界竞争的压力。也就是说，资源隔离机制强大而持久。此类产品类似于手艺人行会（Guild）把持的业务，其价格不断上涨，比如高档酒店、私人银行、医疗器械、娱乐服务和精英大学的学费。这种循环的业务可以被称为"当地垄断"（Local Monopoly）。

（2）标准循环：标准循环是工业革命的产物。在产业化制造品盛行的世界，量产量销，企业间拼的是规模和效率。由于市场需求量极大，企图进入的企业自然很多，竞争的力度通常很大，于是企业资源被模仿和复制的压力很大。产品的实际价格基本保持不变，比如家用汽车、电灯、生鸡等。这是传统寡头（Traditional Oligopoly）垄断的世界。

（3）快循环：产品更新换代迅猛。资源被模仿的压力最大，几乎没有隔离保护机制。先动优势都是短暂的。要变换花样地出新点子，快速进入市场，不断更新迭代。可比产品的价格通常不断下降，比如微波炉、集成电路、个人电脑等。第一代苹果公司计算机 Macintosh 生产线的设计使用寿命只有 30 个月。这是熊彼特式（Schumpeterian）创造性破坏的世界。

这种把产业按照时间和产品价格走向来分类的考察，颇有新意，可以帮助我们在时间轴上更好地解读战略与资源和环境的关系。考察不同循环类别的转换及其对企业战略的影响，更能帮助我们理解和欣赏企业成败背后的道理。1998 年，Willams 教授将这项研究拓展成书，以《可更新的优势》（*Renewable Advantage*）之名出版。

此外，他还在《战略管理学期刊》上数次发文。研究专题包括：技术演进（从产品技术到过程技术的转变）与企业自身和对手的竞争性反应（Williams，1983）；对企业联合体（Conglomerate）的再考察发现，这类非相关多元化企业正在日益降低其业务的复杂程度并增进其业务相关性（Williams，Paez & Sanders，1988）；用信息经济学的方法考察市场不完善性与战略的关系（Cyert，Kumar & Williams，1993）。Willams 还和 Cyert 一起客席主编了《战略管理学期刊》的"组织、决策与战略"专刊并撰写了专题概论（Williams & Cyert，1993）。

Sayan Chatterjee

Sayan Chatterjee 1985 年毕业于密歇根大学，获得博士学位，师从十大"元帅"之一的 Wernerfelt，长期任教于凯斯西储大学。

师徒二人合作的有关企业资源特点与多元化战略类别之关系的文章是他最为重要的学术贡献（Chatterjee & Wernerfelt，1991）。其研究结果展示了企业冗余资源（Slack Resources）的灵活性与多元化举措可以离开主业之距离远近的关系。冗余的物质资产、大多数知识资产和外部融资资源通常与相关多元化的情形相关。这些资源通常具有较大的黏性和业务特定性，因而不能较为容易地被利用到与之不相干的业务上去。内部财务资源则与非相关多元化的关系更强。这是因为企业内部类似现金的财务资源不受外部约束而且最具灵活性，更容易使企业为所欲为，去探索那些与主业不相干的业务。此项研究揭示了企业对自身资源的利用不仅是其多元化的起因，而且决定着其多元化走向与类别模式。

Chatterjee 教授独著的最具影响的文章则是研究并购中不同类型的协同作用（Synergy）对于价值创造的影响（Chatterjee，1986）。如果并购创造价值的话，这说明它或者降低成本，或者提高价格，或者同时并举。并购中的企业之所以能够创造价值，就是因为它们有机会使用某种独特的资源。具体而言，这些资源可以被分类为与资金成本相关的资源（导致财务协同作用）、与生产成本相关的资源（导致生产运营上的协同作用）、与价格相关的资源（导致勾结性协同作用）。实证结果表明，勾结性协同作用与最高价值创造相关，财务协同作用比运营协同作用创造了更高的价值。

两个业务相关性较强的企业之间的并购，其成功在很大程度上取决于双方文化的匹配与融合。依照这一思路，Chatterjee 与同事一起考察被兼并企业高管对双方文化差异的认知以及这种认知对于兼并者股价增值的影响（Chatterjee，Lubatkin，Schweiger & Weber，1992）。实证结果印证了对文化差异的认知与股价增值呈负相关的假设。

在一项相关的研究（Chatterjee，1992）中，Chatterjee 声称，企业兼并中的价值创造来自潜在的协同作用或者对被兼并业务的重组。在他的样本企业中，重组乃是兼并的重要动机，协同作用则不是。而且，被兼并企业即使不被兼并也可以独立完成重组。无论如何，被兼并企业是要采取行动去进行重组的一方。没有重组，便不会创造价值。因此，毫无疑问，兼并的成功不是自然的，而是有成本的。

一个面临恶意兼并的企业通常是管理不力或者战略失灵，需要进行改组和战略调整。在后续的一项研究中，Chatterjee 与同事考察失败的恶意兼并对于兼并对象的影响。他们的研究发现，被相对独立的董事会管理的被兼并企业会忽略外部恶意兼并企图，而不去改变其战略，而被非独立董事会控制的被兼并对象则更会以恶意兼并为警示去重新聚焦企业的战略（Chatterjee，Harrison & Bergh，2003）。

20 世纪 90 年代，Chatterjee 与其"黄金搭档"Michael Lubatkin 合作发表了一系列较有影响的文章，主要探讨多元化企业的风险与回报

（Chatterjee & Lubatkin，1990；Lubatkin & Chatterjee，1994）。截至 2003 年，在顶尖期刊发文十余篇之后，Chatterjee 的研究开始转型，主要集中在应用型专题上，比如，他所倡导的简单法则在商业模式设计上的应用（Chatterjee，2013）。

战略烽火已燎原

除了与上述早期战略管理学术重镇相关的学者，1980 年左右，美国其他高校中也有不少经历不同、风格各异的学者参与到战略管理这一新兴学科的发展壮大过程中来。此时，战略管理的发展初现烽火燎原之势。这里简要介绍一下另外几位当时入行并且主要学术贡献在 20 世纪完成的著名学者，包括 Lawrence Hrebiniak、William Joyce、Anne Huff、John Prescott、Carl Zaithmal。

Lawrence Hrebiniak

Lawrence Hrebiniak 教授是早期前辈。1971 年他在布法罗纽约州立大学博士毕业之后，在宾州州立大学任教五年，然后在沃顿商学院任职约四十年，现已荣休。其早期研究重点是人力资源管理。20 世纪 80 年代，他与 Chuck Snow 合作的三篇文章在战略管理领域做出了重要贡献。

基于塑料、半导体、汽车和航空这四个行业的实证研究，他们发现 Miles 与 Snow 基本战略分类法中的前瞻者和守成者各自展现了自己的独特显著竞争力（Distinctive Competence），而分析者则没有（Snow & Hrebiniak，1980）。他们还合作探讨了与不同产业类型相关的不确定性如何影响企业的分权化与组织过程（Hrebiniak & Snow，1980），以及企业高管团队对于自身强项和弱点的共识如何对企业的经营绩效产生正面影响（Hrebiniak & Snow，1982）。

Hrebiniak 教授最为精彩的战略管理研究成果乃是与 William Joyce 合作的对于战略选择论与环境决定论的整合（Hrebiniak & Joyce，1985）。自由选择和被动无奈之争乃是战略管理的一个核心话题。通常大家认为选择论和决定论是一个谱系的两个极端。而他们则认为二者是两个不同的独立维度，可以有不同的组合来界定战略行为：（1）环境约束大而战略选择小的情境下，主要是环境的"自然选择"，企业几乎没有选择；（2）选择与约束双高的情形下，主要是在约束下积极调整，要靠"差异化选择"和"聚焦"；（3）选择大而约束小的情境下，主要是选择至上，要注重通过"设计"去调整；（4）选择和约束双低的情形下，主要是"渐进选择"和"随机调整"。

可以说，此项研究把问题从非此即彼的困境中解脱出来，给了大家新的启发。它也为后来 Hambrick 和 Finkelstein 所谓的"管理自由度"之说进行了良好的铺垫。二者在战略执行方面的研究亦产生了重要影响（Hrebiniak & Joyce，1984；Hrebiniak，2006，2013）。

William Joyce

与 Hrebiniak 合作的 William Joyce 于 1977 年从宾州州立大学毕业，赴任沃顿商学院，1983 年转任职于塔克商学院，现已荣休。Joyce 教授乃是组织设计专家。除了上述与 Hrebiniak 合作的著名篇章（Hrebiniak & Joyce，1985），如上所述，二者还在 1984 年合著《实施战略》（*Implementing Strategy*）一书。他曾经撰文，系统地审析矩阵型组织结构对组织中的感受与协调的正反两方面的影响（Joyce，1986）。

Anne Huff

Anne Huff 于 1977 年在西北大学获得博士学位。她是美国管理学会和战略管理学会双料院士，1999 年当选美国管理学会主席。她的研究主要以认知心理学为学科基础，最著名的工作是其 1990 年出版的专著《测绘战略思维》（*Mapping Strategic Thought*）。在发表的相关学术文章中，她强调了管理者采用多种认知地图的必要性（Fiol & Huff，1992）。具体而言，她主要的贡献是将认知心理学的方法和视角引入组织变革与更新（Barr，

Stimpert & Huff, 1992) 以及战略群组的研究 (Reger & Huff, 1993)。前者在 2013 年获得《战略管理学期刊》的最佳论文奖。

Huff 其他较有影响的研究是关于"借鉴来的行业经验"对于战略制定的影响 (Huff, 1982) 以及对战略管理过程研究的总结与梳理 (Huff & Reger, 1987)。在方法论上，她曾经探讨过针对战略活动 (Strategizing) 研究的三种方法——小组互动讨论、自我报告和由实践者引领的研究 (Balogun, Huff & Johnson, 2003)，以及如何为学术发表而写作 (Huff, 1999)。

John Prescott

John Prescott 于 1983 年毕业于宾州州立大学，之后一直任教于匹兹堡大学至今。20 世纪 80 年代他与 John Grant 教授一起培养了多名优秀的博士生，而自己直接指导的博士生至今也有 20 位之多（其中包括 Tom Tao 和 Stone Shi 等数位中国学生），为学科发展做出了重要贡献。

Prescott 最著名的独立贡献是基于其博士论文的研究，探究环境对于战略与绩效关系的调节作用——一个战略管理的标准和经典话题 (Prescott, 1986)。其实证研究只展现了有限的环境调节作用，而且该调节作用只改变战略与绩效关系的强弱但不改变其形式或者方向。也就是说，总体而言，作为调节变量，环境的影响并不显著（交互项不显著）。而分组的具体分析 (Subgroup Analysis) 则表明，在不同环境下战略与绩效间的关系只是强弱各异（斜率一致但截距不同）。

Prescott 最具影响的学术贡献也与此题目相关。他与 Venkatraman 合作研究战略与环境的匹配 (Coalignment) 对企业绩效的影响 (Venkatraman & Prescott, 1990)。他们首先假设，一个特定的环境会有一个理想的战略资源部署定位，而与此定位的契合程度就是所谓的匹配。其实证研究展示了战略与环境之匹配对绩效的正面影响。

Prescott 与其学生合作的关于战略联盟作为社会资本的研究也较有影响 (Koka & Prescott, 2002)。作为参与企业运作的社会资本，战略联盟为企业提供了三种具体的信息优势：信息的容量（Volume）、信息的多样性（Diversity）和信息的丰富性（Richness）。不同的优势对企业绩效做出了不同的贡献。而这种优势的获取不仅有赖于企业在联盟中的位置，而且取决于决定联盟之形成和维系的相应动态。

在后续的相关研究（Koka & Prescott，2008）中，两位作者又考察了战略联盟定位与环境、战略和绩效的关系。他们认为，战略联盟的定位设计需要在两种考虑上进行取舍：知名度（Prominent）和创新性（Entrepreneurial）。前者注重与有名企业的多方关联与利用，后者注重与多种非重复性企业接触带来的交易和信息的多样性。其基于美国钢铁业的实证研究表明，环境变化之后，创新性高的联盟的绩效相对较好。而面对剧烈的环境变化，两种联盟的绩效都受到负面影响。有鉴于此，管理者需要根据环境变化对其战略联盟进行不断的设计和调整。

20 世纪末 21 世纪初，Prescott 曾经专注于有关竞争情报的研究，并有相关的专著《行之有效的竞争情报：来自前线战壕的教训》（*Proven Strategies in Competitive Intelligence：Lessons from the Trenches*）出版（Prescott & Miller，2001）。

Carl Zeithaml

于 1980 年在马里兰大学获得 DBA 博士学位的 Carl Zeithaml，也是早期的一位优秀的战略管理学者。他曾执教于德州农工大学和教堂山北卡罗来纳大学，现在弗吉尼亚大学 McIntire 商学院担任院长（已经是他的第五任）。他还担任过美国管理学会战略管理分会主席。

他的研究专注于战略管理的核心话题，横跨战略过程和战略内容领域。其最有影响的贡献是同时采用制度学派和战略选择的视角考察董事会对战略决策的参与程度以及对绩效的影响，肯定了两个视角的有效性和不同作用（Judge & Zeithaml，1992）。

Zeithaml 关于公司政治战略的研究是该专题早期的经典之作（Keim & Zeithaml，1986）。在该文中，他与同事 Keim 合作，首先将公司政治行为与政府立法情境分别进行分类，然后采用权变法来探讨企业针对不同的立法情境所采取的政治战略类型。

他还曾经考察市场份额与利润率同时提升的可能性（Zeithaml & Fry，1984）、不同生命周期阶段企业战略以及绩效的不同（Anderson & Zeithaml，1984）、战略决策的心理情境（Bateman & Zeithaml，1989）、资源与绩效关系中"因果模糊性"（Causal Ambiguity）的作用（King & Zeithaml，2001），以及有关组织知识测量的一个概念性以及方法论的框架（King & Zeithaml，2003）。

美利坚英伦风范

无论是扎根英国本土，还是移居美国，英国系的学者在战略管理领域都曾经占有重要的地位（从学科的前辈先驱 John Child、十大"上将"之一 Robert Grant、职业常青的 Charles Baden-Fuller，到那时花开的老将 Howard Thomas）。参看表 5.7 中对于具有代表性的英国学者的不完全统计。

表5.7　部分来自英国的战略管理学者

姓名	博士毕业学校	博士学位获得时间	现任或者最后任职学校
John Child	Cambridge	1966	Birmingham
Peter Grinyer	LSE	1968	St. Andrews
John Stopford（已故）	HBS	1968	LBS（该院战略系创始人）
Andrew Pettigrew	Manchester	1970	Oxford
Howard Thomas	Edinburgh	1970	Singapore MU
Derek Channon（已故）	HBS	1971	Imperial College London
Robert Grant	City U	1974	Bocconi
David Norburn		197x	Imperial College London
Charles Baden-Fuller	LSE	1980	Cass
JC Spender	Manchester	1980	Rutgers
Gerry Johnson	Aston	1981	Lancaster

（续表）

姓名	博士毕业学校	博士学位获得时间	现任或者最后任职学校
John McGee	Stanford	1982	Warwick
Charles Hill	Manchester	1983	Washington
Ricahrd Whittington	Manchester	1985	Oxford
David Collis	HBS	1986	HBS

注：David Norburn 的博士毕业学校和博士学位获得时间不详。

这里我们选择介绍"那时花开"的三位宿将：Howard Thomas，JC Spender，Charles Hill。他们的学术贡献主要是在 20 世纪完成的。正像好莱坞偶有英国影星瞬间绽放一样，战略管理学界偶尔也会有英国学者闪亮登场。

老一代的学者，如 John Stopford，在哈佛等学校获得博士学位后，基本上还是回到英国发展。另外一些在英国名校接受教育的学者，虽然有一定的国际影响，但主要也是立足英国和欧洲，比如 John Child、Andrew Pettigrew 和 Charles Baden-Fuller。这些明星学者类似于皇家莎士比亚剧团（RSC）和国家剧院（National Theatre）的老牌话剧明星。

真正类似于好莱坞明星的英国学者，大致上可以找出三位代表：类似于 Anthony Hopkins 的 Howard Thomas、类似于 Jeremy Irons 的 JC Spender，以及类似于 Hugh Grant 的 Charles Hill。也许在外形上没那么相像，但在年代、风格和气质上，还真有些类似。

Howard Thomas 自然是大气老道、威而持重、宽厚祥和而又不失凌厉苛严。JC Spender 则略显孤傲和内敛，充满了哲学家的意蕴神采，又时常流露出无所谓的欣然。Charles Hill 则恰当得体地融合了正色铿锵、幽默狡黠以及温文尔雅，讲究玩命地工作、尽情地玩（Work Hard and Play Hard！）。

Howard Thomas

上述三位学者中资格最老的，当属英国老将 Howard Thomas 教授。他于 1970 年在英国爱丁堡大学获得决策分析学博士学位。此前，他曾在芝加哥大学获得 MBA 学位。Thomas 于 1969—1977 年在伦敦商学院任职，曾与十大"上将"之一的 Grant 教授一起研究英国企业的多元化战略；1977 年赴澳洲担任澳大利亚管理学研究生院（AGSM）创始教授；1981 年转入美国伊利诺伊大学，任职期限长达近二十年，并在此期间做出其职业生涯中最重要的学术贡献。

Thomas 教授曾经作为访问学者任职于西北大学、麻省理工学院以及英国阿斯顿大学（Aston University）；2000 年，在担任伊利诺伊大学商学院院长 8 年之后，转任英国华威大学（Warwick University）商学院院长；2010—2014 年，任新加坡管理大学商学院院长，现任该院杰出讲席教授。Thomas 教授是美国管理学会院士、战略管理学会院士，并曾任战略管理学会会长以及院士团主席。

除了对于多元化战略类别与绩效的著名研究（Grant, Jammine & Thomas，1988），Thomas 另外一个最为显著的贡献在于对战略群组的研究。他在 20 世纪 80 年代后期的两篇文章是关于战略群组研究当时最具代表性的总结和梳理（McGee & Thomas，1986；Thomas & Venkatraman，1988）。他在这一领域的研究成果还包括他与其博士生（后来英年早逝的 Fiegenbaum）的合作研究（Fiegenbaum & Thomas，1990，1995），以及与他另外一位博士生 Bogner 的合作研究（Bogner & Thomas，1993；Bogner，Thomas & McGee，1996）。

Thomas 教授与 Fiegenbaum 的合作研究还包括企业回报与风险的关系（Fiegenbaum & Thomas，1988）——战略管理研究早期的一个经典话题。同一话题的研究还包括：与学生张逸民的合作（Chang & Thomas，1989），考察多元化战略对于风险与回报的关系；与学生 Baird 的合作（Baird & Thomas，1985），提出一个关于战略风险管理的权变视角。

Thomas 教授的另外一个重要的合作者是他当时在伊利诺伊大学商学院的同事——社会学家 Joe Porac。他们曾经将产业内的竞争群组比拟为"认知社区"，进而考察管理者认知模式如何影响管理者对竞争环境的感知和应对（Porac & Thomas, et al.，1995；Porac & Thomas，1989，1990，

1994）。也许，关于此课题的研究称得上是 Thomas 教授最有影响的贡献。

JC Spender

JC Spender 教授以"JC"二字著称。没多少人真正知道他究竟叫什么。笔者遍查资料，发现这位"JC"其实名为"John-Christopher"。他曾经服役于英国皇家海军，乃是在劳斯莱斯公司受训的核工程师，1960—1965 年曾在英国核潜艇的动力工厂工作，1965—1970 年任 IBM 公司大客户部经理，并于 1970—1971 年做过战略咨询以及投资银行业务。

Spender 在牛津大学获得学士及硕士学位，于 1980 年在曼彻斯特大学获得博士学位。但他是 1971 年进入曼彻斯特大学商学院开始其博士生涯的。其间的故事少有传闻，相当神秘。而被大张旗鼓宣传的，是他的博士论文获得了大西洋彼岸的美国管理学会 1980 年的科尔尼博士论文大奖（AT Kearney Prize）。

这篇题目为"产业配方"（Industry Recipe）的博士论文，研究了三个不同行业中管理者如何应对不确定性带来的挑战。此项研究后来以数篇论文的形式发表，并于 1989 年由 Blackwell 以学术专著形式出版。

1980 年所获的奖项，也使得 Spender 在入行之初，就很快地融入北美管理学界。他首先奔赴加拿大约克大学（1981—1982），后转任职于UCLA（1982—1985）。之后，他在英国和北美多所大学之间游走，还曾经回到业界任职数年（1985—1988）。在其整个职业生涯中，任职时间最长的是新泽西的罗格斯大学（1991—1997）。他曾任纽约理工学院（NYIT）商学院院长（1996—2000）和纽约州立大学（SUNY-FIT）商业与技术学院院长（2000—2003）。

2003 年退休后，Spender 在全球十多所大学做访问教授，并不断进行学术研究与管理咨询。其主要研究兴趣包括战略管理、企业理论、知识管理、商学院与管理教育发展史等。

可以说，不断漂泊是 Spender 职业生涯的主要特点。正像他对任职学校的声誉本身不太在乎一样，他对论文发表的期刊种类和级别以及自己研究的具体课题也不怎么挑剔，基本上都是率性而为，既有大百科全书式学者的广博，也有游吟诗人般的即兴和随意。虽然他的英国老乡 Grant 教授也是"满世界游荡"，但他对学校和学校所在地的选择，就品质和品位而言，肯定比 Spender 技高一筹。

虽然 Spender 涉猎广泛，但他在战略管理领域的主要贡献，则是在知识管理和对所谓的动态知识本位企业观的提倡上。究其根源，Spender 对知识和学习的兴趣与其在博士论文中对"产业配方"的研究其实是出于一辙的，那就是源于对 Knight（1921）有关不确定性之研究的浓厚兴趣。因此，Spender 一生的研究工作，无论以什么主题和形式出现（企业理论、产业配方、组织学习、知识管理、高管认知等），都是有其非常清晰的主线的。Spender 对由隐性知识而获得的竞争优势的研究（Spender，1993）以及有关组织知识、学习和记忆的理论分析（Spender，1996a）等几篇文章，颇具影响，乃是其在这一研究方向上的重要和前期的贡献。他最有影响的研究，则是其 1996 年发表在《战略管理学期刊》专刊上的获奖文章（Spender，1996b）。

他与 Grant 在 1996 年联合编辑并且分别为其独自撰文的《战略管理学期刊》之"知识管理冬季专刊"，可以说是该期刊罕见的极具广泛影响的一期。该专刊中的几乎每篇文章都被大量引用，而且总共有四篇文章分别获得《战略管理学期刊》的最佳论文奖。其中的两篇，正是 Grant 和 Spender 各自独著的论文。在该获奖论文中，Spender 首先从哲学层面阐释了关于知识的各种不同的解读，知识与我们的感官、经验和认知的关系，以及知识的可证伪性。进而，他表示认同并赞赏野中郁次郎的贡献（Nonaka & Takeuchi，1995），将知识与传统的生产要素（土地、资本、人力）并列，并认为知识是最重要的战略性生产要素。

基于 Polanyi（1962）关于显性知识和隐性知识的区分，野中郁次郎将组织知识定义为组织中个体间共享的知识，并阐述了两种知识之间以及个体与组织之间的各种组合方式。在其体系内，隐性的组织知识（社会化的知识）乃是个体隐性知识社会化的结果，是大家通过社会化共建的现实（Socially Construed Reality）。而 Nelson & Winter（1982）的演化经济学理论，则将组织看成一个可以独立学习和认知的个体，有其内在的程序和常态。

在比较了上述两个经典理论之后，Spender 则将组织看成一个活动体系（Activity System），将知识和获取知识的学习看成一个深嵌于组织结构与文化的动态调整过程，而不再仅仅是一种纯粹的资产或商品。

Spender 认为，最终而言，知识（或者真正地知道）意味着对知识创造并使之有意义之组织过程的实际参与。对参与此过程的信心，仅仅是此类知识的一种表象。而知识的存在与价值，需要靠与之相关的行动与绩效来显现和考证，尤其是在面临不确定性挑战之际。

Spender 进而勾勒了一个动态的知识本位企业观对企业知识管理体系的要求，具体地体现为他所总结的四种管理法则（Heuristics）：保持知识体系中的灵活性解读（Interpretive Flexibility），适当的边界管理（Boundary Management），对制度影响的识别（Identification of Institutional Influences），对系统与构件的区分（The Distinction of System and Component Features）。

此时的管理者不再是经营活动机械性的设计者，而是存在于构建我们"社会化现实"的知识系统中的关键节点。在此充满政治与情感复杂性的知识系统中，管理决策者要有足够的想象力和影响。此文旁征博引，涉及的管理学文献从 Barnard 到 Simon，从 Selznick 到 Penrose。但其主要"底料"则是哲学领域的文献，因此读来不免晦涩。

Charles Hill

如今的 Charles Hill 教授，主要靠其二十多年来一直畅销的几本战略管理学以及国际管理学教材而闻名于世。但要知道，他于 1980—2003 年间在多元化战略以及战略管理领域多个重要专题的研究上做出过重要的贡献。Hill 于 1983 年在英国曼彻斯特大学获得博士学位，后留校任教；1985—1986 年在德州农工大学访问；1986—1988 年任职于密歇根州立大学；1988 年转任职于西雅图华盛顿大学至今。

与其英国老乡 Grant 教授相似，Hill 教授刚出道时也是以产业组织经济学家的身份亮相的。他的博士论文研究企业多元化战略，考察内部组织、经济效率和竞争行为等维度。他的首篇正式发表的论文是在《产业经济学期刊》上（Hill，1983），分析联合型（Conglomerate）并购在经济周期中的表现。其后又有五篇经济学方面的论文发表。比如，一篇是对于 Williamson 有关事业部制理论的评价（Hill，1985a），还有一篇是对英国企业之内部组织形式与绩效的考察（Hill，1985b）。总之，这些都是当时经济学与战略管理领域交叉的话题，包括他在《产业经济学期刊》上再次发表的文章，研究多元化企业内部资金市场与其经营绩效之间的关系（Hill，1988a）。

从 1986 年开始，Hill 教授正式踏入管理学的领地，在英国的《管理学研究期刊》（*Journal of Management Studies*）上连续发表两篇文章，分别聚焦于事业部制与分权化对英国企业的影响（Hill & Pickering，1986）以及公司控制体系、战略与企业规模对绩效的影响（Hill，1988b）。在德州农工大学为期一年的访问，为 Hill 与 Hitt、Hoskisson 等学者的合作奠定了基础。当时也在该校任教的 Barney 将这三人与系里另外一位战略教授 Harrison 一起戏称为"4H"。其实，真正有合作的是铁三角"3H"（Hill、Hitt、Hoskisson）组合。他们在 20 世纪 80 年代末和 90 年代初合作发表了多篇广具影响的论文。

从其基于博士论文的多篇文章即可看出，Hill 教授是极为善于广泛深入地挖掘一个题目及其各种可能的分支的。与他所研究的成功地管理多元化战略的企业一样，Hill 教授乃是规模经济和范围经济来者不拒、优势通吃。这种综合性和整合型视角体现在 Hill 的多项研究课题的发表上。比如，他挑战 Porter "要么差异化，要么成本领先，否则容易堵在中间"的警戒，探讨同时实施差异化与成本领先这种"赢者通吃"策略的可能性（Hill，1988c）。

同样，在大举进军管理学领地的时候，他也丝毫没有忘记自己的经济学优势，继续用交易费用理论探究企业的公司战略、组织结构以及治理结构的选择（Jones & Hill，1988；Hill & Kim，1988；Hill，1990，1995），用代理人理论和投资人理论同时解释管理者合同设计的特点以及企业的战略行为（Hill & Jones，1992）。1992 年的这篇文章是 Hill 教授单篇谷歌学术引用次数最高的论文。

他曾与 Hoskisson 合作，系统地比较纵向一体化、相关多元化以及非相关多元化战略对于多产品企业的潜在益处以及实现这些益处所必须具备的组织控制机制（Hill & Hoskisson，1987）。至此，Hill 教授正式成为地道的管理学者。之后，"3H 组合" 进一步解释说，竞争性的组织结构要与非相关多元化战略相匹配从而提高运营效率，而合作性组织结构要与相关性多元化战略相匹配从而增进协调整合以及协同作用（Hill，Hitt & Hoskisson，1992）。"3H 组合" 的研究发表还包括管理者激励与大型多元化企业中研发投资的关系（Hoskisson，Hitt & Hill，1993）以及用演化的视角来解释多元化企业中管理者如何对待风险（Hoskisson，Hitt & Hill，1991）。

在国际管理领域，Hill 的研究课题还涉及国际市场进入模式的选择（Hill，Hwang & Kim，1990）以及全球战略联盟（Burgers，Hill & Kim，1993）。Hill 以 NBA（美国职业篮球联赛）为例，对隐性知识作为竞争优势的探讨也具有较大的影响（Berman，Down & Hill，2002）。

另外，Hill 关于产业标准的建立以及 "赢者通吃" 的多项战略选择的总结（Hill，1997），乃是战略管理学应用型研究的典范。值得一提的是，在商业畅销文献上，Hill 教授提倡推广以学术研究为基础的成果传播，反对《哈佛商业评论》的狭隘视角（只专注于发表与哈佛有关的学者的文章）以及缺乏学术公开性和透明度的写作与评审方法（该刊编辑可以肆意改编作者的文章并最终定稿）。

Hill 教授与同事在华盛顿大学培养了数位优秀的学生，包括 Phillip Phan、David Deeds、Mike Peng、Melissa Schilling、Sharon Matusik、Frank Rothaermel 等。Hill 与这些学生分别合作，发表了多篇优质论文，研究方

向包括战略管理、创业创新和国际管理，比如，CEO 任期对其薪资的影响（Hill & Phan, 1991），新创企业的战略联盟与新产品开发速率的关系（Deeds & Hill, 1996），奥地利学派以及交易费用经济学视角对于出口中间商绩效的影响研究（Peng, Hill & Wang, 2000），临时工使用与知识创造以及竞争优势的关系（Matusik & Hill, 1998），新产品开发过程的管理（Schilling & Hill, 1998），以及现有企业在面临技术突变挑战下的绩效表现（Hill & Rothaermel, 2003），等等。

可以说，Hill 教授与其同事及时承接和延续了始自 Charlie Summer 教授的优良传统，继续保持了华盛顿大学作为战略重镇的地位。

第六章　基业长青：历久弥新仍点兵

在战略管理领域内有一批基业长青的中坚力量，他们的学术研究与论文发表持续长达三四十年，高质高产，高影响力，至今仍然战斗在一线前沿（虽然有些已经开始进入荣休状态）。他们不仅自己硕果累累，而且通常也是桃李满天下，为学科的发展壮大做出了不可磨灭的贡献。与十大"元帅"和十大"上将"相比，他们的研究成就也许在某种程度上缺乏独特而持久的影响，但足够扎实与可靠，对于整个战略管理领域的演进与充实至关重要。他们不仅"那时花开"，而且老当益壮、历久弥新、青春常在，堪称本学科的职业典范（见表6.1）。

表 6.1　基业长青的职业典范

姓名	战略管理学会院士	美国管理学会院士	战略管理分会主席	谷歌学术引用次数	最高单篇引用次数	博士毕业学校	博士学位获得时间	现任或者最后所在学校
得克萨斯"三剑客"								
Michael Hitt	X	X		68 500	3 500	Colorado	1974	Texas A&M
Robert Hoskisson	X	X		28 000	3 500	UC Irvine	1984	Rice
Duane Ireland	X	X		35 290	3 438	Texas Tech	1977	Texas A&M
辛勤跋涉之"旅者"								
Gregory Dess				32 000	7 326	Washington	1980	Texas Dallas
Shaker Zahra				55 500	7 500	Mississippi	1983	Minnesota
Michael Lubatkin			X	22 500	5 000	Tennessee	1982	Connecticut

（续表）

姓名	战略管理学会院士	美国管理学会院士	战略管理分会主席	谷歌学术引用次数	最高单篇引用次数	博士毕业学校	博士学位获得时间	现任或者最后所在学校
久占一隅之"诸侯"								
Richard Bettis	X		X	13 000	3 150	Michigan	1982	UNC
Kenneth Smith	X	X		27 800	2 150	Washington	1979	Maryland
Edward Zajac	X	X	X	20 000	1 500	Wharton	1986	Northwestern
哈佛系的"老战士"								
Yves Doz	X	X		20 000	3 500	HBS	1976	INSEAD
V. Govindarajan	X			25 000	4 000	HBS	1978	Dartmouth
Anil Gupta	X	X		16 000	4 000	HBS	1980	Maryland
女王陛下之"重臣"								
Andrew Pettigrew				36 000	4 300	Manchester	1970	Oxford
Gerry Johnson				18 000	9 029	Aston	1981	Lancaster
C. Baden-Fuller	X			10 500	1 600	LSE	1980	Cass
Danny Miller	X			53 500	4 500	McGill	1976	HEC Montreal

得克萨斯"三剑客"

在基业长青这一阵营中最为星光闪耀的，也许是长期游走于得克萨斯及其周边区域的三剑客：Michael Hitt、Duane Ireland、Robert Hoskisson。三人合作研究数十年，你来我往，有聚有散。在学校任职方面通常是二缺一，在合作研究中偶尔三合一。三人前后都供职于德州农工大学，Hoskisson 在前，Ireland 在后，Hitt 一如既往，长期坐镇。

Michael Hitt

如果基业长青类别下只选一位学者，这位学者则无疑将是 Michael Hitt 教授。Hitt 教授曾经是老资格的"游击队员"。他于 1974 年在科罗拉多大学获得博士学位，读博期间主攻组织理论和组织行为学，副攻企业政策

（战略管理的前身），辅修数量方法论和经济学。这一基础训练组合为 Hitt
教授日后成为管理学研究的全才和一代宗师打下了良好的学术基础。
1974—1983 年间，Hitt 在俄克拉荷马州立大学任教。1985 年之后，他一
直执教于德州农工大学（曾短暂任教于亚利桑那州立大学和 TCU），曾经
同时担任校级杰出教授和商学院讲席教授，现已荣休。

　　Hitt 教授于 1991—1993 年担任《管理学会期刊》主编，1992 年当选
美国管理学会院士，1996—1997 年担任美国管理学会主席，2001 年荣获
战略管理分会杰出教育家奖，2006—2008 年担任战略管理学会主席
（2005—2008 年担任该学会院士团执行副主席），2006—2010 年出任新创
立的《战略创业学期刊》共同主编。40 年的学术生涯中，Hitt 教授献身
学术研究以及各类学术与职业服务，任职广泛，获奖无数，举止温和，待
人宽厚，提携了几代管理学人。他自己的学术成就亦是精彩傲人，在期刊
上发表了将近 200 篇论文（其中在顶级期刊上发表论文数十篇）。

　　Hitt 教授的研究题材广泛，几乎涵盖战略管理学研究的所有重要领
域，工作非常扎实而符合规范，极具专业水准。他的主要合作者是 Duane
Ireland 和 Robert Hoskisson，以及他各个时期的博士生，比如 Amy Hillman
等。Hitt 与 Ireland 和 Hoskisson 合著的战略管理学教材畅销全球，为战略
管理学的基础知识传播做出了重要贡献。他们合作进行的研究，不仅为战
略管理诸多研究专题有所贡献，而且引领了战略管理和创业学的融合，催
生了新的研究方向和重要课题，同时也通过帮助相关期刊的创立为战略创
业学的基础建设带来了必要的制度保证以及合法性（Hitt, Ireland, Camp
& Sexton, 2001）。

　　就纯粹的学术研究而言，Hitt 教授最具影响的工作是 20 世纪关于多
元化战略的一系列研究。他与 Robert Hoskisson、Charles Hill、Duane
Ireland 等人的合作研究涉及企业多元化战略的诱因动机、实现路径、组织
结构、经营绩效和企业监管市场等多种话题，做出了重要贡献（Hitt,
Hoskisson & Ireland, 1994；Hill, Hitt & Hoskisson, 1992）。他与 Amy
Hillman 有关企业政治战略的研究（Hillman & Hitt, 1999）也是该专题文

献中里程碑式的贡献。

Hitt 教授最具影响的研究成果，也许是其对国际多元化（International Diversification）与产品多元化（Product Diversification）关系的研究（Hitt，Hoskisson & Kim，1997），该研究系统地比较了国际多元化与产品多元化对企业绩效与 R&D 强度（Intensity）之影响。他们发现国际多元化对绩效的影响并不是单一线性的，而是受到产品多元化的交互作用。具体而言，对于产品非多元化的企业，国际多元化与绩效呈负相关；对于产品高度多元化的企业，国际多元化与绩效呈正相关；对于产品适度多元化的企业，国际多元化与绩效呈非线性相关的倒 U 形关系。而且，他们发现，国际多元化与 R&D 强度呈正相关。产品多元化程度的提高会弱化国际多元化与 R&D 的正相关关系。也就是说，国际多元化对 R&D 强度的增强效应在产品非多元化企业里最大，在产品适度多元化企业里有限，在产品高度多元化企业里几乎没有。该研究强调了企业实施和执行国际多元化与产品多元化战略的能力之重要性。

进入 21 世纪，Hitt 教授仍然保持强劲的研究动力和卓越的学术成就。他与曾经任教于德州农工大学的同事 David Sirmon 的合作研究尤其富有成效。他们的研究聚焦于企业对其资源的管理及其竞争优势的关系：如何通过资源管理在动态环境下创造价值（Sirmon，Hitt & Ireland，2007；Sirmon，Gove & Hitt，2008）；家族企业中的资源管理与财富创造（Sirmon & Hitt，2003）；资源调配（Resource Orchestration）与竞争优势及经营绩效的关系（Sirmon & Hitt，2009；Sirmon，Hitt，Ireland & Gilbert，2011）。

Robert Hoskisson

Robert Hoskisson 教授于 1984 年在加州大学尔湾分校获得博士学位；1983—1997 年在德州农工大学任教，从助理教授一直做到正教授和讲席教授；1997—2004 年任俄克拉荷马大学讲席教授；2004—2009 年任亚利桑那州立大学讲席教授；2009 年重返得克萨斯，在休斯敦任莱斯大学讲席教授至今；2007 年当选战略管理学会院士，后来出任该学会的主席。

他迄今发表期刊论文近百篇（其中在顶尖期刊上发表论文多达数十篇），总篇数不及 Hitt 教授，优质篇数不相上下。

在 20 世纪末的某次会议上，笔者曾经碰到 Hoskisson 教授，祝贺他拿到俄克拉荷马大学一个待遇非常优厚的讲席教授席位（Rath Chair）。他不无幽默地说，这只是一把椅子（Just a Chair），还不是沙发（Not a Couch），只能坐，不能躺。他至今也没躺下歇息片刻，仍然马不停蹄地在路上。他最新的两篇论文发表在《管理学会评论》（2017）和《战略管理学期刊》（2017）上。而他已经博士毕业 33 年了！还跟初出茅庐的孙辈的学者们一起奔跑。

Hoskisson 教授待人非常友好，而且提携了很多亚裔学者，直接和间接地培养了多位华裔和韩裔博士生，比如 Heechun Kim、Wei Shi、Bill Wan 和 Daphne Yiu，并与他们合作了多篇论文。他早年的一位较为出色的博士生以及后来的合作者是 Richard Johnson。他在 20 世纪的主要合作者是 Michael Hitt、Duane Ireland、Charles Hill、Jeffrey Harrison 等，偶尔也与德州农工大学的同事 Jay Barney、Javier Gimeno 以及 Lorraine Eden 等合作，也与莱斯大学的同事张燕合作。

除了与 Hitt、Ireland 合作的教材，Hoskisson 最具影响的单篇文章，是作为客席专刊主编之一撰写的有关新兴经济中企业战略研究的展望（Hoskisson, Eden, Lau & Wright, 2000）。他在 20 世纪末发表的一篇关于战略管理学科研究思潮与趋势回顾的文章（Hoskisson, Wan, Yiu & Hitt, 1999），乃是当时的一个重要文献梳理与研究展望，颇具影响。作为战略管理学科早期对于多元化战略研究的直接参与者和重要贡献者，他与 Hitt 关于多元化战略的动机与绩效研究的回顾也对当时的研究起到了重要的启发作用（Hoskisson & Hitt, 1990）。

在与 Hitt 和两位博士生的合作研究（Hitt, Hoskisson, Johnson & Moesel, 1996）中，他们力图探究公司监管市场（并购与剥离）对企业创新的影响。研究结果表明，热衷于参与并购和剥离的企业倾向于采用财务控制而非战略控制，而且它们主要从企业外部获取创新而不是从企业内部产生创新。总体而言，他们推断，不断买卖业务的企业难以重视自身的内部创新，他们的生存与繁盛只能寄托于那些创新不甚重要的行业，比如运营效率更为重要的成熟行业。

这项研究印证并拓展了此前相关研究中得出的"并购会对企业 R&D 强度产生负面影响"的结论（Hitt，Hoskisson & Ireland，1990；Hitt，Hoskisson，Ireland & Harrison，1991）以及"采用财务控制会降低 R&D 强度"的结论（Hoskisson & Hitt，1988）。事实上，自 20 世纪 80 年代开始，Hoskisson 教授就一直致力于对多元化战略与 R&D 强度之关系的研究。他曾与合作者发现，主导业务企业（Dominant Business）比多元化企业更为重视 R&D，相关多元化企业比非相关多元化企业更为重视 R&D（Baysinger & Hoskisson，1989）。这些结果对多元化企业如何管理公司总部与业务单元之间的关系提出了重要挑战。

可以说，Hoskisson 对于多元化战略研究中的若干类似话题（比如战略与结构的关系、公司重组以及管理者之决策风险等）都有极为重要的贡献。他的成就是研究多元化战略绝对绕不开的。

Duane Ireland

Duane Ireland 教授是一位当之无愧的职业老将，其教学研究生涯已达40 年。他于 1977—1983 年任职于俄克拉荷马州立大学，1983—2000 年任职于 Baylor 大学，其后，在 Richmond 大学任职 4 年，2004 年至今执教于德州农工大学，荣任校级杰出教授和商学院讲席教授。2008—2010 年他曾任《管理学会期刊》主编。Ireland 教授为美国管理学会院士（2005）、战略管理学会院士（2010），2013—2014 年出任美国管理学会主席。

他身材高挑、脸颊瘦窄，永远面带微笑，待人谦和有礼、温厚有加，浑身上下洋溢着美国南部绅士特有的儒雅与热情。他的研究主要是在创业学领域，但他在战略管理学领域的贡献亦足够重要，无论是从发表文章的质量还是数量上，都可圈可点。他与 Hitt 等同事的合作研究与职业服务，更是推进了战略管理和创业学两个领域的交叉与融合，为助力和推进新一代的"价值创造"研究提供了良好的平台与契机。

Ireland 教授的学术发表以对新创企业的国际扩张研究最为著名（Zahra，Ireland & Hitt，2000）。其研究结果表明，对于新创企业而言，国际化的程度越高，企业技术学习的宽度、深度越大，速度越快。对"强控制进入模式"（High-Control Entry Mode）的采用，比如采用对外直接投资（FDI）而不是进出口或者特许经营，也会增加企业的技术学习。企业通过技术学习可以促进其增长，提高其盈利。这项研究乃是将战略管理、国际管理和创业管理三个研究领域进行成功整合的有益尝试。

Ireland 教授与 Hitt 等人关于战略性创业（Strategic Entrepreneurship）的研究亦颇具影响（Hitt，Ireland，Camp & Sexton，2001）。在一篇界定和推广战略性创业概念的文章（Ireland，Hitt & Sirmon，2003）中，他与同事将战略管理的强项归结为帮助大企业构建和使用竞争优势，但认为大企业的劣势可能是对诸多新机会不够敏感；他们将小企业或新创企业的优势归结为善于发现和利用机会，但认为小企业或新创企业往往缺乏足够的竞争优势。于是，他们主张将战略和创业相融合，提出战略性创业，希望同时利用与整合两个研究领域的强项。他们推出的框架是：创业者的心态以及创业型的企业文化以及领导方式可以帮助企业战略性地调配与组合资源，从而利用创造力以及创新举措来构建竞争优势并创造财富。此项研究与 Teece 的动态能力思路有异曲同工之妙，但其可操作性与具体细节尚待进一步考察。

此前，Ireland 教授对于战略管理与创业学之融合的贡献体现在所谓的公司内创业（Corporate Entrepreneurship，亦称 Intrapreneurship）上，他与合作者系统地考察了公司内创业的起因、要素与结果（Ireland，Covin & Kurato，2009）。

如前所述，Ireland 与 Hitt 和 Hoskisson 共同合作或者分别合作在多种战略管理话题（比如多元化战略、研发战略、战略联盟与合作战略等）上的研究形成了诸多重要贡献。毫无疑问，得克萨斯"三剑客"的合作，无论在深度、广度还是持久度上，都是战略管理学者中的优秀榜样。

辛勤跋涉的"旅者"

与得克萨斯"三剑客"类似的全能选手，还包括 Gregory Dess 和 Shaker Zahra 两位职业"老战士"。他们的职业生涯均达三十多年，游走于多家高校，涉及多个研究专题与潮流，至今保持着良好的发表势头。

另外一位"老战士"现已荣休，他在 21 世纪的前十年仍然在坚持不懈地进行学术研究和论文发表。他长期任教于康涅狄格大学，他的职业起点则是一个名不见经传的大学。尽管如此，长期辛勤耕耘的学术旅程仍造就了一位持续高产的重要学者，他就是 Michael Lubatkin。

Gregory Dess

Gregory Dess 教授于 1980 年在西雅图华盛顿大学获得博士学位，先后任教于南卡罗来纳大学、佛罗里达州立大学、阿灵顿得克萨斯大学、肯塔基大学，自 2002 年至今任达拉斯得克萨斯大学讲席教授。根据其在美国管理学会所拥有的期刊上发表文章的数量，Dess 教授于 2000 年入选美国管理学会名人堂（Hall of Fame），成为获此殊荣的 33 位学者之一。他的学术发表横跨战略管理和创业学等多个管理学研究领域，主要从战略管理的视角来研究创新创业与价值创造。

Dess 教授最为著名的工作是其关于"企业家倾向"（Entrepreneurial Orientation，简称 EO）概念的提出与界定以及对 EO 与绩效关系的勾勒（Lumpkin & Dess，1996）。他们将 EO 定义为导致进入新业务（New Entry）的战略过程、实践以及决策活动，主要体现在五个维度：自主性（Autonomy）、创新性（Innovativeness）、冒险性（Risk-Taking）、主动性（Proactiveness）和激进性（Competitive Aggressiveness）。这些维度可以随着创业或者创新环境而独自变化，也可以协同共变。它们与企业经营绩效之间的关系受到组织内要素（比如战略与结构）和环境要素（比如环境动态性与产业生命周期）的调节与限制。

在后续的实证研究中，他们选取了主动性和激进性两个指标进行检验（Lumpkin & Dess，2001），展现了两个指标的相对独立性与异质性以及对企业绩效的不同影响。同时，他们发现在行业发展的早期，主动性更容易增进企业绩效，而在行业发展的成熟期，激进性则更能增进企业绩效。在动态性强的环境下以及在恶劣的环境下，主动性会增强企业的绩效。

另外一项重要贡献，乃是 Dess 教授对于组织之任务环境的具体描绘与把握（Dess & Beard，1984）。此文萃取三个主要维度来描述组织运营所面临的任务环境：资源充裕度（Munificence）、复杂性（Complexity）和动态性（Dynamism）。此项研究在战略与组织理论的文献中被广泛引用。

1984 年是 Dess 教授的丰收年。他以 Porter 的基本竞争战略分类法为定义战略群组的标准，初步证实了战略群组的存在，并发现归属于至少一个战略群组的企业之绩效要优于不属于任何群组而被"堵在中间"的企业。此乃文献中对 Porter 分类法较为罕见的实证检验。

同样在 1984 年，Dess 教授有关研究方法论的文章也比较有影响（Dess & Robinson，1984）。该文采用非上市的非相关多元化公司（Privately-Held Conglomerates）的数据，初步展示了，在客观数据难以获得的情况下，从高管访谈获得的主观数据在某种程度上可以作为一个可行的替代，虽然不够理想和准确。他在该研究中所聚焦的是企业绩效的测度。可以想见，该文得到了那些采用主观数据进行研究与发表者的大力推崇。若干年后，Dess 与同事重拾此话题，详细探讨造成档案数据（Archival Measures）与感受数据（Perceptual Measures）之间偏差的前因与后果（Boyd，Dess & Rahseed，1993）。

此外，作为一个全能选手，Dess 教授在很多战略管理和创业学的专题上有扎实的贡献，他主编的教材也被相对广泛地采用。

Shaker Zahra

Shaker Zahra 教授来自埃及，在密西西比大学获得博士学位，先后执教于乔治梅森大学、佐治亚州立大学、百森商学院和明尼苏达大学，现为明尼苏达大学讲席教授和战略管理与创业学系主任。与 Dess 教授相似，Zahra 的主要研究领域也是横跨战略管理和创业学，兼及管理学的诸多领域和专题。其发表数量更是不让 Dess，足以与"得克萨斯三剑客"比肩。

Zahra 最早引起关注的是其在《管理学期刊》上的两篇文献综述。一篇是关于董事会成员特点与公司财务绩效的关系（Zahra & Pearce，1989），另外一篇是关于早期文献中对于 Miles 与 Snow 基本战略分类法的检验与拓展（Zahra & Pearce，1990）。在这两篇文章中，Zahra 善于捕捉研究热点的能力初见端倪。

他在顶尖期刊上的首次发表接续了第一篇综述中的话题，比较 CEO 与董事会成员的相对权力对于企业经营绩效的影响（Pearce & Zahra，1991）。他们将董事会区分为守望型（Caretaker）、名分型（Statutory）、主动型（Proactive）、参与型（Participatory），并发现董事会的强势与公司财务绩效呈正相关。

早在 1991 年，Zahra 就开始关注公司内创业的现象。在其独著的一篇论文中（Zahra，1991），他系统地梳理了公司内创业的预测指标（环境的、战略的、组织的）及其财务结果，并通过实证研究予以展示。两年之后，Zahra 再次出手，用环境分类法来研究公司内创业及其绩效（Zahra，1993）。他认为，感受到的（而不是客观的）环境特点影响公司内创业。我们必须用多种维度来测量和捕捉企业的环境，只有这样才能有效地探究企业环境、公司内创业与财务绩效的关系。

对于公司内创业的研究，一直是 Zahra 的主要兴趣之一。他与 Jeffrey Covin 对此专题的后续多时点实证研究亦有较大影响（Zahra & Covin，1995）。在其独著的另外一篇论文中（Zahra，1996），Zahra 发现，高管持有公司股权以及长期机构投资者的出现会增进公司内创业，而短期机构投资者的出现以及过多的外部成员进入董事会则会负面地影响公司内创业。当然，这些结果也会受到企业高管所感受到的其行业中技术创新机会多寡的影响。

再后来，Zahra 将国际化引入公司内创业的研究，考察国际竞争环境的敌意性（Hostility）对跨国公司内部创业绩效的影响（Zahra & Garvis，2000）。同时，他的研究也关注企业内部的要素，聚焦于中层管理者的感受对于公司内创业的影响（Hornsby，Kuratko & Zahra，2002）。

正如前文在介绍 Ireland 教授时所评价的，Zahra 与 Ireland 和 Hitt 合作的有关新创企业国际化的研究（Zahra，Ireland & Hitt，2000）乃是融合战略管理、国际管理和创业管理三个领域研究传统的有益尝试。他对国际化创业（International New Ventures）研究的总结也是对该专题的一个很好的回顾与展望（Zahra，2005）。

进入 21 世纪，Zahra 对知识管理与企业能力的兴趣更加浓厚，也更加充分地利用了他的文献总结与梳理能力。Zahra 有关动态能力学说在创业学研究中应用前景的总结也是该专题的一个重要贡献（Zahra，Sapineza & Davidsson，2006）。而迄今为止，他被引用最多的文献，是对所谓"吸收能力"学说的回顾、再造与拓展（Zahra & George，2002）。他将吸收能力归结为两大类具体四种主要功能：（1）潜在的吸收能力，包括获取（Acquisition）和同化（Assimilation）功能；（2）实现了的吸收能力，包括转换（Transformation）和利用（Exploitation）功能。两类吸收能力由社会性的整合机制（Social Integration Mechanism）来打通。

Michael Lubatkin

毕业于田纳西大学的 Michael Lubatkin 教授并非师出名门。他的第一个教职是在威奇塔州立大学，远非一个研究型大学。然而，他多年的勤奋耕耘与高产发表为其赢得了同行的尊重，也将他长期任职的康涅狄格大学纳入战略管理学研究的全美版图之中。他曾出任美国管理学会战略管理分会的主席。Lubatkin 早期研究公司多元化战略，后来进入战略管理和创业学多个专题的研究阵地。

Lubatkin 教授最早在顶尖期刊上亮相是 1983 年，其文章梳理了有关并购中收购企业之绩效的研究文献（Lubatkin，1983）。虽然他提供的答案相对简单，但他当时提出的三个问题在今天仍然很有启发意义。第一，并购为收购者提供益处了吗？答案：可能没有真正实现了的益处。管理者会判断失误。管理者也可能把自己的利益凌驾于股东利益之上。第二，如果没有益处，为什么大家还热衷于收购？答案：益处可能还是有的。第三，如果真有益处，为什么我们的实证研究没有发现任何证据？答案：首先，管理协调问题可能抵消潜在的益处。其次，研究方法论可能存在问题。最后，只有特定种类的并购能为收购者带来益处。现有手段难以检验。他建议采用当代金融学的研究方法来研究战略管理问题。

Lubatkin 后来曾经重拾此专题，研究并购与股东回报之间的关系（Lubatkin，1987）。他的实证研究结果表明，投资市场对相关性强的并购的反应并不会比对非相关并购的反应更加友好，倒是对纵向整合的并购反应最好。在另外一项相关的研究中，他与同事发现并购双方高管团队间的文化差异与股东回报呈负相关（Chatterjee，Lubatkin，Schweiger & Weber，1992）。

值得一提的是，Lubatkin 教授的一个重要合作者乃是毕业于密歇根大学的 Sayan Chatterjee——Wernerfelt 的学生。他们二人合作早期最为精彩的贡献，乃是将现代金融学关于资产风险的理论放到战略管理领域来检验（Lubatkin & Chatterjee，1994）。一个近乎常规的假设是：多元化经营会降低企业的非系统性风险而不影响其系统性风险。他们的实证研究发现，无论是系统性风险还是非系统性风险，多元化战略与风险之间的关系其实是 U 形的。最低的风险对应的是有限相关多元化的企业。过度专业化或者过分地分散到极其不同业务中的非相关多元化都不会帮助企业降低风险。

Lubatkin 不仅专注于多元化战略等战略内容研究，同时也致力于战略过程和高管团队的研究。他与同事探讨过作为社会政治过程的 CEO 继任选择（Cannella & Lubatkin，1993）、对创业过程进行跨国比较的问题（Baker，Gedajlovic & Lubatkin，2005）、高管团队中行为整合的多层次决定因素（Simsek，Veiga，Lubatkin & Dino，2005）、变革型领导在公司内创业中的作用（Ling，Simsek，Lubatkin & Veiga，2008）。

Lubatkin 教授在 21 世纪的主要贡献在于对家族企业的一系列研究

（Schulze, Lubatkin, Dino & Buchholtz, 2001；Schulze, Lubatkin & Dino, 2003），涉及所有权分散与代理人问题、代理人问题与利他主义，以及利他主义对于家族企业治理之影响等专题。

与 Zahra 相似，Lubatkin 教授引用率最高的文章恰巧也是关于"吸收能力"的（Lane & Lubatkin, 1998）。他与同事认为，作为企业层面的吸收能力的概念可能定义过于宽泛，而且需要假设一个企业向所有其他企业学习的能力是相同的。他们提出的改进概念是一对一层面（Dyadic Level）的定义，是一个企业向一个特定企业学习的吸收能力，即所谓的"相对吸收能力"（Relative Absorptive Capacity）。如果学习和被学习的双方有很多共性，比如知识资产、组织结构与薪酬政策、主导逻辑等，那么双方的相对吸收能力则会较强。基于制药与生化企业研发联盟的样本，他们进行了实证研究。研究结果基本上支持了上述推测，初步证明了相对吸收能力的有用性以及它比文献中常见的现有吸收能力的测度方法更为精准和强大的解释力。

久占一隅之"诸侯"

有些学者，可能一辈子只在一个学校任教，或者长期任职于某个特定的学校，尤其是有些名头的学校，形成当地的一道风景线，也在业界被传为一段佳话，悦人悦己，善始善终。下面评介的三位杰出学者，便是如此久占一方的"诸侯"：Kenneth Smith、Edward Zajac、Richard Bettis。

Kenneth Smith

Kenneth Smith 教授于 1979 年毕业于西雅图华盛顿大学，在马里兰大学任教将近四十年，现已荣休。他于 1996—1999 年担任《管理学会评论》主编，1998 年当选美国管理学会院士，2006—2007 年担任美国管理学会主席，2006 年当选战略管理学会院士。Smith 教授的研究主要集中于竞争动态分析与竞争优势以及战略决策过程。他最著名的学生是后来也担任过美国管理学会主席并当选美国管理学会院士的陈明哲（Ming-Jer Chen）教授。他们在竞争动态研究领域分别做出了持续的重要贡献。

Smith 教授最早的重要学术发表，是与其导师 Summer 和 Mitchell 的合作，研究组织发展生命周期不同阶段上高层管理之"优先项"（Priorities）的异同（Smith, Mitchell & Summer, 1985）。他们将生命周期简略地分为三个阶段——初始期、中间（高速增长）期和成熟期，将优先项聚焦在技术效率（Technical Efficiency）、组织协调（Organizational Coordination）和政治支持（Political Support）三个方面。通过田野调查（问卷）和模拟实验（游戏）两项研究，他们发现：技术效率在初始期和成熟期比在中间（高速增长）期更为重要；组织协调在中间（高速增长）期比在初始期和成熟期更为重要；政治支持在成熟期比在两个早期阶段更为重要。

这是对于管理优先项较早的研究贡献，将权变的方法引入战略管理的实证研究之中。鉴于现有的理论通常取材于或者面向多处在成熟期的大型企业，并不一定适用于所有类型和规模的企业，提醒大家管理优先项在不同的生命周期阶段应该有不同的侧重，是具有重要的管理含义和研究意义的。而且，管理者一旦形成对某些优先项的偏好和倚重，往往乐此不疲并无暇他顾，因此，强调这一权变视角更是具有启发和警示意义的。

这一权变的研究视角与方法，也被 Smith 教授引入对著名的 Miles 与 Snow 基本战略分类法的检验中（Smith, Guthrie & Chen, 1986）。他们发现，组织的规模大小在很大程度上可以解释企业的绩效，并且在某些情况下（比如对于"守成者"绩效的解释）可能比该分类法本身更有解释力。而且，也许由该分类法解释的绩效差异体现的正是企业规模的效应而不是战略类别的不同。这一替代性解释，为更加精准细致地理解和应用 Miles 与 Snow 基本战略分类法提供了进一步探究的动力与帮助。

20 世纪 80 年代，Smith 教授也开启了与其马里兰同事 Curtis Grimm 和 Martin Gannon 的长期合作。研究题目涉及中小企业管理、创业管理、服务型企业的管理、运输管理以及后来的竞争动态分析。马里兰团队对于竞争动态研究的"首秀"，是发表在《管理学会期刊》上的对组织信息处理、竞争性互动反应以及企业绩效关系的研究（Smith，Grimm，Gannon & Chen，1991）。根植于熊彼特（1934）和Porter（1980）的研究工作，他们将分析的重点聚焦于企业间交锋对垒时的"行动与反应"（Action and Response）组合，比如攻击与报复。他们采用了四种反应要素来勾勒竞争行为：对手的模仿倾向（Propensity to Imitate）、对手反应的可能性概率（Likelihood）、反应的时滞（Lag）、反应的顺序（Order）——在所有对手中反应的早晚排序。

以美国国内民用航空业的数据为素材，他们得出的基本结论是：企业对反应模式的选用取决于其信息处理的能力与过程特点，而不同的反应模式会影响企业的竞争优势及其经营绩效。比如，有关价格行动的信息相对容易被处理和解读，所以通常会导致快速反应。而新产品的推出则不易被轻易解读，对于信息处理的能力要求较高，耗费的时间和精力也多，因此反应速度通常较慢。他们推断，反应的概率（可能性大）与企业绩效呈正相关，而模仿倾向（与对手亦步亦趋）、反应时滞（观望时间长）、反应顺序（比对手反应慢）与绩效呈负相关。这些推断大部分得到了其数据分析的支持。

次年，该团队出版了学术专著《竞争战略动态》（*Dynamics of Competitive Strategy*）（Smith，Grimm & Gannon，1992）。后来，Smith教授与同事又出版了有关以行动为导向制定战略的学术专著《战略乃行动》（*Strategy as Action*）（Grimm & Smith，1997），并于2006年再版（Grimm，Lee & Smith，2006）。Smith教授在这一专题的研究收官于他与其另外一位博士生的合作研究（Ferrier，Smith & Grimm，1999）。他们发现，相对于挑战者而言，如果行业领袖们不够具有攻击性，行动模式过于简单，或者采取行动更慢，就会更容易被从"宝座"上拉下来，或者损失市场份额。显而易见，贯穿此项研究的理论基础与精神支柱，是以熊彼特为代表的奥地利学派（Young，Smith & Grimm，1996）对"创造性破坏"（Creative Destruction）的强调。

曾经担任过《管理学会评论》主编的Smith教授自然是研究兴趣广

泛，也与其他同事合作过诸多具有重要和广泛影响的研究：战略固恒性（Strategic Consistency）、战略共识（Strategic Consensus）、价值创造与价值获取（Value Creation and Value Capture）；组织内与组织之间的合作（Intra-and Interorganizational Cooperation）；新创企业的增长（Venture Growth）；高管团队构成与过程（TMT Demography and Process）；等等。

进入 21 世纪，Smith 教授亦越发重视知识管理和应用。在其领衔的一项对高科技企业的研究（Smith，Collins & Clark，2005）中，Smith 教授与合作者发现新产品和服务的引入与组织成员对于知识的组合和交换能力呈正相关。这一能力体现在组织成员的知识储备、他们获取知识的社交网络，以及组织对待风险与团队合作的氛围（Organizational Climate）上。在与之相关的研究中，Smith 教授进一步探究了企业人力资源实践对知识组合与交换的影响（Collins & Smith，2006）。结果表明，鼓励员工承诺的人力资源实践会增强更为信任与合作的组织氛围，从而促进知识的组合与交换，进而提高企业的绩效与创新。

事实上，Smith 教授最有影响的单篇文章也是与知识管理相关的。在他与其马里兰同事 Anil Gupta 以及另外一位客座主编主持的《管理学会期刊》专刊的开篇文章（Gupta，Smith & Shalley，2006）中，他们系统地梳理了组织理论大家 Jim March 教授有关探索与挖掘（Exploration vs. Exploitation）的著名论断所引发的有关知识管理和组织变革的研究。如何界定探索和挖掘？他们之间的关系到底是相对独立还是同一个谱系的两个极端？如何从时序上平衡二者，是同时并举（Ambidexterity）还是间断均衡（Punctuated Equilibrium）？是否所有的组织都要寻求二者的平衡？可否只专注于一项而获得长久成功？这些问题的提出，将会帮助研究者进一步厘清二者在组织变革与创新中的独自作用和交互影响。

Edward Zajac

自 1986 年从沃顿商学院获得博士学位后，Edward Zajac 一直在西北大学凯洛格商学院任教，至今已逾三十年。在毕业后十年内就获聘讲席教授的 Zajac，属于战略管理学科正式形成之后成长起来的根正苗红的学术精英之典型代表，在名校学习，到名校工作，一帆风顺，与时俱进。他曾任《战略管理学期刊》共同主编（2007—2013），曾担任美国管理学会战略管理分会主席，并曾当选美国管理学会院士和战略管理学会院士。

这位声称"每一篇文章都有一个家"的明星学者，据说将其在攻读博士期间每门课的作业论文都成功地发表在各类期刊上。迄今，他在主流期刊上的发文数量在六十篇左右，主要以组织理论为核心背景，涉及战略管理领域几乎所有重要课题，在学术文献中的被引用率也都极高，在出道后的每一个十年都有重要贡献。

Zajac 学术研究的一个主线，是对战略变革的不断考察与探究，比如，对 Miles 与 Snow 战略之变化的考察及其对企业经营绩效影响的研究（Zajac & Shortell，1989），对高等教育行业战略变革之诱因与结果的分析（Zajac & Kraatz，1993），从新制度主义看非合法战略变革的前因后果（Kraatz & Zajac，1996），组织资源如何在动荡环境下影响组织变革与绩效（Kraatz & Zajac，2001），从组织与环境的战略匹配看战略变革（Zajac，Kraatz & Bresser，2000），用象征性管理的视角看战略变革（Fiss & Zajac，2006）等一系列较有影响的研究成果。

Zajac 最具影响的单篇文章，是从交易费用与交易价值两方面的分析来考察组织之间战略的形成与改变（Zajac & Olsen，1993）。他对组织之间战略的研究还包括后来的通过跨企业资源整合的考量在战略联盟与并购之间进行选择（Wang & Zajac，2007）。

他早年与西北大学的同事、行为决策专家 Max Bazerman 关于竞争分析盲区（Blind Spots）的文章（Zajac & Bazerman，1991）以及与 Barney 合作的有关竞争性组织行为学（Competitive Organizational Behavior）及以组织为基础的竞争优势（Organizationally-Based Competitive Advantage）的说法与设想都比较具有启发意义（Barney & Zajac，1994）。最近，Zajac 关于组织地位变迁与竞争之间关系（Status Evolution and Competition）的研究（Washington & Zajac，2005）以及公司精英对公司战略影响的研究也都颇

有新意（Jensen & Zajac，2004）。

Zajac 另外一系列重要的贡献，是与其学生 James Westphal 一起合作完成的，主要涉及高管团队的构成与动态对企业行为、过程与绩效的研究，比如，对董事会与 CEO 权力之争与新董事或成员选聘的研究（Westphal & Zajac，1995）以及上述权力之争对新任 CEO 的选择（Zajac & Westphal，1996），等等。

总结而言，Zajac 的职业经历和学术成就与同时代从密歇根大学毕业到沃顿商学院任教的 Habir Singh 教授极为相似。但与 Singh 教授相比，Zajac 缺乏在某一个具体研究专题上独特而持久的划时代的原创性影响。其影响足够大，甚至伟大，但不够卓越。James Westphal 也是如此。二人单篇文章的谷歌学术引用次数都没有超过两千的。

Richard Bettis

Richard Bettis 于 1982 年毕业于密歇根大学。在执教南方卫理公会大学十余年后，Bettis 赴任北卡罗来纳大学，一待就是二十余年，至今仍是该校著名的讲席教授。他出任过美国管理学会战略管理分会主席，曾当选战略管理学会院士及学会主席，并在 2007—2015 年间担任《战略管理学期刊》的共同主编。

在他密歇根大学的老师当中，有十大"元帅"之一的 Prahalad 教授。两人合作发表的有关公司战略"主导逻辑"的论文乃是 Bettis 教授最具影响的学术贡献（Prahalad & Bettis，1986）。该文在 1993 年获得《战略管理学期刊》的最佳论文奖。与 Prahalad 相似，Bettis 的主要研究领域也是在公司战略层面。

Bettis 在 20 世纪 80 年代早期的工作为多元化战略的研究做出了重要贡献。他最早地展现了相关多元化企业与非相关多元化企业之间的绩效差异，并发现 R&D 支出是导致相关多元化绩效优异的重要因素（Bettis，1981）。他的研究结果还表明非相关多元化并不能降低企业风险，而且 Rumelt（1974）报告的相关多元化企业的优异业绩很可能是由产业效应导致的（Bettis & Hall，1982）。

他的另外一个研究工作是考察多元化企业的回报与风险（Bettis & Mahajan，1985）。他们发现，虽然总体上相关多元化企业的绩效优于非相关多元化企业，但采取相关多元化的风险还是不可忽略的。许多绩效较低的企业正是采用相关多元化战略的。关于回报与风险的负相关性的研究可以追溯到所谓的"Bowman 悖论"（Bowman，1980）。Bettis 教授在这一专题的研究一直持续至今（Anderson，Denrell & Bettis，2007；Anderson & Bettis，2015）。

与 Lubatkin 教授的情形相似，Bettis 教授也是在战略管理领域最早呼吁采用当代金融理论去探讨战略管理学问题的学者（除早年的 Bowman 教授之外）（Bettis，1983；Lubatkin，1983）。另外，作为多种主流期刊的主编和客席专刊主编，Bettis 教授在多种场合和节点上推动了战略管理领域的研究，提携了许多后起之秀。

哈佛系的"老战士"

1976—1980 年间从哈佛大学毕业的三个企业政策与战略专业的博士生——法国人 Yves Doz（DBA，1976）、印度人 Vijay Govindarajan（DBA，1978）和 Anil Cupta（DBA，1980）至今仍然活跃在战略管理学教研的舞台上。三人的主业都是战略管理，而其主要工作又都与全球战略和国际竞争密不可分。Doz 和 Gupta 是全球罕见的同时当选美国管理学会、战略管理学会和国际商务学会三方院士的杰出学者。最近 Govindarajan 在创新领域的研究工作更是风生水起、精彩纷呈，在业界和学界被广为传播。

Yves Doz

Yves Doz 博士毕业后在哈佛大学留校任教四年；1981 年返回法国，在位于枫丹白露的 INSEAD 任教至今。其主要学术研究兴趣是战略决策与复杂组织中资源承诺的过程，应用研究兴趣则包括跨国公司的管理、战略伙伴与合资企业、技术与创新管理，以及公司变革及其动员过程。

Doz 早期的重要研究工作主要是与早他一年毕业的哈佛学长 Prahalad 教授的合作。两人 1987 年合作出版的专著《跨国公司的使命》（*The Multinational Mission*）较早地提出了跨国公司如何平衡全球视野与本地适应的挑战。在纯学术文献中，他们曾集中探讨组织理论中的研究视角在多元化跨国公司研究中的潜在应用，比较了交易费用、代理人理论、群组生态学、制度理论、权变理论、权力关系学说以及组织学习理论等多种视角与方法，提倡组织理论研究与跨国公司战略研究的相互借鉴与融合（Doz & Prahalad，1991）。

他们对跨国公司研究的主要成果大多发表在较为偏重管理实务的期刊上，但题目鲜活、观察力敏锐，着力于解决实实在在的管理问题。比如，对东道国政府干预的应对（Doz & Prahalad，1980），对跨国公司之战略控制的研究（Prahalad & Doz，1981），公司总部对战略控制的影响（Doz & Prahalad，1981）。Doz 教授最重要的贡献也是同 Prahalad 合作的研究，他们二人与 Hamel 一起考察了如何与竞争对手合作或曰与合作伙伴竞争（Hamel，Doz & Prahalad，1989）。该文清晰地指出，合作不过是另外一种形式的竞争，是组织之间互相学习的竞赛。参与合作的企业一定要在合作中快速学习，从而增强自己的实力。

其实，Doz 教授的研究一直专注于合作战略与过程。在他独著的一篇影响广泛的论文（Doz，1996）中，通过跨时段和多项目的案例研究，Doz 教授试图理解战略联盟中合作伙伴如何通过学习和调整来推动联盟的成功。他发现成功的联盟通常是不断演化的，经过不同的调整和互动周期，从中不断学习、再评估和调整适应。失败的联盟则高度僵化，通常缺乏学习与行为改变。他进一步发现，联盟形成阶段的初始条件和状况会给联盟打上先入为主的烙印（Imprinting Effect），决定了其后续的常规过程到底是鼓励学习与调整，还是导致高度僵硬与惯性。

其后，Doz 教授将合作战略的研究进一步聚焦在战略联盟的形成过程及其对联盟绩效的影响上（Doz，Olk & Ring，2000）。Doz 与 Hamel 合作的关于战略联盟优势的专著（Doz & Hamel，1998）亦影响广泛。他 1986 年独著的《跨国公司战略管理》（*Strategic Management in Multinational Companies*）一书也是该领域最早的经典贡献。

Doz 教授近些年研究的重点，是所谓的"快战略"（Doz & Kosonen，2008）与"战略敏捷性"（Strategic Agility）及其在商业模式创新上的应用（Doz & Kosonen，2010）。战略敏捷性，乃是随着战略雄心和环境变化持续不断地调整核心业务之战略趋向的能力。这种能力影响企业商业模式的创新以及企业的价值创造。具体而言，战略敏捷性体现为三种核心的能力：战略敏感性（Strategic Sensitivity），即认知敏锐以及意识强烈；领导统一性（Leadership Unity）或曰集体承诺性（Collective Commitment），即高管团队不为政治争斗所累从而快速果敢决策的能力；资源流动性（Resource Fluidity），即组织内部快速调配资源去重组业务系统的能力。

Anil Gupta

Anil Gupta 教授同时是美国管理学会、战略管理学会和国际商务学会的院士，乃是全球获此殊荣的三位学者之一。Gupta 思维敏捷，目光炯炯，自信而不失谦和。他与 Kenneth Smith 教授一起支撑起马里兰大学在战略管理领域的重要地位，可谓战略"双塔"，交相辉映。

在学术研究上，与 Doz 和 Prahalad 的合作相似，Gupta 主要与早其两年毕业的哈佛学长 Vijay Govindarajan 合作，形成战略管理研究领域的一对"黄金搭档"。两人出道早期分别在波士顿大学和俄亥俄州立大学任教。1986 年，Gupta 赴任马里兰大学，Govindarajan 赴任达特茅斯学院塔克商学院，至今都已三十多年，却仍然精力旺盛，优质高产。他们一直专注于组织内的管理（尤其是知识管理）与协调问题。曾经是注册会计师的 Govindarajan 更是注重组织控制职能在战略管理中的重要作用。

两人最早的合作发表是对于业务战略的考察，探讨管理者的特点对战略业务单元战略实施之有效性的影响（Gupta & Govindarajan，1984）。他们推测并证实了管理者的营销经验、风险激进性以及对模糊性的容忍更加有利于"业务构建"阶段的战略实施，而相对不利于"收获"阶段的战略实施。此项研究的权变特色（Gupta，1984），与 Gupta 马里兰同事 Smith 教授关于管理优先项与企业生命周期的匹配研究（Smith，Mitchell & Summer，1985）有异曲同工之妙，也是文献中在战略实施这一相对薄弱的研究领域中做出的较早贡献，难能可贵。

接下来，他们考察了公司内战略业务单元间的资源共享，探究其决定要素以及管理含义（Gupta & Govindarajan，1986）。研究结果表明，资源共享对低成本战略实施的有效性高于对差异化战略实施的有效性。当资源共享要求较高的时候，在决定高管奖金激励时采取主观判定法比机械公式法更有效。尽管如此，资源共享对于高管的工作满意度是具有负面影响的。此项研究一针见血地指出，资源共享并不是想当然地存在的，通常并非自愿自发，而是具有较高的组织代价和协调与补偿成本的。在另外一项相关的研究中，Gupta 发现更加开放和松散化的公司总部与战略业务单元之间的关系可能增强战略实施的有效性（Gupta，1987）。

采用公司内知识流动的视角，Gupta 与 Govindarajan 按照知识输出和知识获取两个维度将公司内的不同业务单元分成如下四类：整合型选手（Integrated Player），知识进出都很频繁广泛；全球创新者（Global Innovator），主要是对知识向其他单元的单项输出；战略执行者（Implementor），大量吸收总部或者其他单元的知识但本身并不直接创造和输出知识；本地创新者（Local Innovator），专注于本地特殊知识的产生与消费，不依赖该单元外的组织知识，其本身产生的本地化的知识对公司内其他单元或者总部也无大用。不同的角色类型对于控制机制以及横向沟通与协调的要求也有所不同（Gupta & Govindarajan，1991）。

这一黄金搭档合作的顶峰乃是对上述研究的进一步深入和拓展，企图构建一个有关跨国公司内部知识转移的总体框架（Gupta & Govindarajan，2000）。具体而言，在一个跨国公司内，某个业务单元的知识输出将受到如下因素的促进：该单元知识储备的价值，它对知识输出的意愿与激励，知识传输渠道的多样化和丰富性。某个单元的知识获取将受到如下因素的促进：知识获取渠道的多样化和丰富性，获取知识的意愿与激励，对外来知识的吸收能力。实证研究为上述几乎所有推断都提供了支持。

此后，他们提倡打造全球意识（Global Mindset）和构建有效的全球战略管理团队（Gupta & Govindarajan, 2002; Govindarajan & Gupta, 2001），并出版专著，帮助跨国公司获取全球竞争优势和主导地位（Gupta, Govindarajan & Wang, 2008）。Gupta 也是有关印度和中国企业战略的全球著名专家。

Gupta 偶尔也涉足创业企业的研究，比如他与同事合作的关于风险投资者的行业与地理范围偏好的研究（Gupta & Sapienza, 1992），以及代理人风险和任务不确定性对于风险投资者和被投企业 CEO 关系的考察（Sapienza & Gupta, 1994）。Gupta 的另外一个研究兴趣是信任（Trust）。这一系列的研究包括对信任文献与交易费用经济学和代理人理论的整合（Becerra & Gupta, 1999），以及沟通交流的频次对于组织内所感知到的信任的影响（Becerra & Gupta, 2003）。

由于 Gupta 对知识管理的一贯兴趣，他与 Smith 教授一起客席主编了一期《管理学会期刊》专刊，致力于探讨知识探索与知识挖掘之间的互动（Gupta, Smith & Shalley, 2006），影响广泛。在知识管理的实证研究方面，他还考察过在东道国的潜在知识溢出如何影响跨国公司对其 R&D 投资在不同国家和部门之间布局的影响（Feinberg & Gupta, 2004）。

Gupta 教授极为讲究品味和自律，几乎都是在顶尖期刊上发表文章，曾入选"美国管理学会名人堂"。事实上，他的第一篇重要文章便是发表在《管理学会评论》上，从经济、组织和政治三方视角来总结和梳理产业自治（Industry Self-Regulation）行为的方方面面（Gupta & Lad, 1983）。

Vijay Govindarajan

Vijay Govindarajan 教授早年同时涉足会计学和战略管理学两个学科，其研究课题的核心是组织内的控制问题。告别了俄亥俄州立大学会计学的教职后，Govindarajan 就一直坐镇塔克商学院三十余年，前二十年专注于战略管理核心问题的研究，最新的学术贡献是对创业与创新的独特思考。

除了与 Gupta 的合作，Govindarajan 亦有自己独立的贡献。在其早期的一篇重要独著文章中，Govindarajan 解释说：多元化公司必须意识到，即使在同一个公司内，不同的业务单元也可能会采用不同的战略，因此，公司总部需要采取不同的管理控制机制来分别对待它们（Govindarajan，1988）。他的实证研究选取了预算评审方式、分权化程度和管理者自身的控制位点（Locus of Control）三种要素来考察它们对战略实施的影响，并初步证实了控制方式与战略匹配对于有效的战略实施的重要作用。

此外，Govindarajan 还分别独立探讨过会计指标作为绩效指标的妥当性（Govindarajan，1984），对预算过程的参与如何影响管理者的态度及其绩效（Govindarajan，1986a），分权化战略实施的关系（Govindarajan，1986b），管理者特点（职能背景、控制位点、解决问题的方式）与战略之匹配对于企业绩效的影响（Govindarajan，1989），控制体系与资源共享对不同战略的影响（Govindarajan & Fisher，1990）等研究专题。这些严谨扎实而又富有创意的工作与他和 Gupta 合作的相关研究遥相呼应、相得益彰。

Govindarajan 在组织控制方面研究的主要合作者还有他在塔克商学院的同事 Joe Fisher。比如，在对组织控制与战略实施之有效性的研究中，他们发现产量控制与高度的资源共享有利于低成本战略的实施，而行为控制与高度资源共享的组合则有助于差异化战略的实施（Govindarajan & Fisher，1990）。

进入 21 世纪，Govindarajan 的研究重心开始向创新管理转移。比如，他与同事曾经着力于从方法论的角度对创新文献中所谓的"颠覆性"（Disruptiveness）概念予以澄清。而他最为著名的贡献是对所谓"逆向创新"（Reverse Innovation）的推崇和倡导（Govindarajan & Ramamurti，2011；Govindarajan & Trimble，2012）。传统的创新，往往都源于发达国家，渐次向不发达国家扩散。新时代的逆向创新，通常产生于快速增长的新兴经济体，而后向发达国家渗透。比如，通用电气在印度发明的可以灵便移动的手持 CAT 医用扫描机逐渐被美国医疗体系接受，从而不断替代笨重且昂贵的大型 CAT 机器。此项贡献为研究新兴经济中的创新与全球传播提供了重要的典范和非常必要的动力。上述他与 Ramamurti 合作的文章（Govindarajan & Ramamurti，2011）在 2017 年获得《全球战略期刊》（*Global Strategy Journal*）首届最佳论文奖。

女王陛下之 "重臣"

来自英国的学者，除了上一章介绍的 Howard Thomas、Charles Hill 和 JC Spender，还有几位早年入行、最近仍然处于职业生涯活跃期的英国系的精英学者代表。他们是 Andrew Pettigrew、Charles Baden-Fuller 和 Gerry Johnson。来自英联邦成员加拿大的学者 Danny Miller 也在此一并评介，虽然他长期游走于法语区的魁北克。

Andrew Pettigrew

Andrew Pettigrew 博士乃是老牌的英国管理学者。他 1970 年于曼彻斯特大学管理学院获得博士学位，专业是工业社会学；曾任教于哈佛大学、耶鲁大学、华威大学、伦敦商学院，并担任过巴斯大学商学院院长，现任牛津大学萨义德商学院教授。Pettigrew 曾在 2009 年获得大英帝国勋章（OBE）。

Pettigrew 的博士论文题目是 "一项创新决策的行为分析"。其最早发表的学术文章是有关信息控制与权力资源的关系（Pettigrew，1972），成名作是 1973 年出版的《组织决策中的政治》（*The Politics of Organizational Decision Making*）。该书是英文管理学文献中较早地用行为政治视角来考察组织中管理决策的经典论著之一，对该专题的后续研究具有极强的启发意义。1977 年，他又旗帜鲜明地指出 "战略制定乃政治过程"，为 Quinn 和 Mintzberg 后来的相关研究吹响了前奏。

可以说，Pettigrew 对权力与政治的研究持续不断。若干年后，通过对兼职董事会成员的研究，他初步揭示了如下结论：兼职董事的权力与影响取决于一系列结构性与情境化因素、他们自身的位置与运用权力资源的能力以及将潜在权力转化成实际影响的技巧与意愿（Pettigrew & McNulty，1995；McNulty & Pettigrew，1999）。

与权力和政治紧密相关的是对管理精英（Managerial Elites）的研究（Pettigrew，1992）。Pettigrew 曾系统地比较了三个研究潮流对管理精英的考察：交互聘任的董事会职位（Interlocking Directorates）与制度化和社会化的权力；对于董事会及其成员的研究；对高管团队构成的研究。他呼吁采用一个互补性的研究传统，同时兼顾对管理精英的情境性研究（Contextual Analysis）以及过程性分析（Processual Analysis）。不难看出，Pettigrew 对情景和过程的青睐贯穿其研究生涯的始终。同时，他也注重对不同情境下之行为与行动的考察（Pettigrew，1987）。

进入 21 世纪，Pettigrew 的研究和发表仍然势头不减。他与组织理论大家 Richard Woodman 和 Kim Cameron 在其客席主编的《管理学会期刊》专刊上合作撰文，展望组织变革与发展研究之未来（Pettigrew，Woodman & Cameron，2001）。他们提倡：（1）采用多种情境和分析单元来考察组织变革；（2）认真对待时间、历史、过程和行动等要素；（3）注重变革与绩效的关系；（4）比较国际影响与跨文化影响；（5）比较松散片段性与连续性变革的异同；（6）增进学术界与管理实践者的合作。

在研究方法论上，曾经学习过文化人类学和社会学的 Pettigrew 十分注重对过程模式的纵深性考察（Longitudinal Study）。Pettigrew 曾经如此放言：大多数社会科学家都不在"时间"上花时间，于是他们的工作不过是静态比较的练习而已。他的建议是，像历史学家那样去重构当时的情境、过程和决策，将归纳性搜寻与演绎性推理相结合，从而发现模式，找到其背后的机制与起因。

他在 1990 年发表的关于组织变革的纵深性考察的研究方法及其挑战的文章（Pettigrew，1990），乃是其最具影响的学术贡献。他自己有关企业文化的纵深性研究（Pettigrew，1979）以及他对英国皇家化工公司二十年间的组织变革的深入研究（Pettigrew，1985），乃是文献中对此方法之应用的楷模。而所有这一切，都起源于其于1973年出版的名著《组织决策中的政治》。

Charles Baden-Fuller

Charles Baden-Fuller 教授于 1980 年在伦敦经济学院获得博士学位，此前曾在牛津大学学习数学，并在康奈尔大学获得经济学硕士学位。进入学术界之前，他供职于纽约大通银行；曾任职于伦敦商学院和巴斯大学，现任伦敦城市大学卡斯商学院讲席教授；2010 年当选战略管理学会院士。曾任欧洲著名管理学期刊《长期规划》主编（1999—2010）。

Baden-Fuller 教授最早的学术发表是在英国著名的《经济学期刊》上（Baden-Fuller，1989），其研究的课题是企业从一个衰退行业（英国钢铁业）的退出。研究结果表明，多元化企业比单一业务企业更容易做出退出决定。而且，对整个经济体系而言，企业的退出并不一定是无效率和浪费的。此前，在偏向管理学研究对管理实践之影响的期刊《长期规划》上，Baden-Fuller 也发表了有关企业退出的研究（Baden-Fuller & Longley，1988），涉及标准的战略管理专题。通过对欧洲大宗化工行业的考察，他们发现，企业的成本结构与市场地位以及退出壁垒（比如上述的缺乏多元化）乃是预测退出顺序的关键指标。此项工作与 Harrigan 教授对成熟与衰退行业的相关研究遥相呼应、相得益彰，也是关于退出战略研究较早的贡献之一。

Baden-Fuller 在管理学研究学术型期刊上发表的首篇重要研究是与伊利诺伊大学的 Jor Porac 和英国老将 Howard Thomas 合作的（Porac，Thomas & Baden-Fuller，1989）。以苏格兰针织业为样本，他们发现，产业结构不仅影响管理者的感知，同时也受到其感知的影响。对于一个行业中的对手而言，大家其实是一个认知上的社区（Cognitive Community）。因此，企业管理决策者的认知模式（Mental Model）对于企业的行为与互动具有至关重要的影响。

次年，Baden-Fuller 与 John Stopford 合作发表了所谓"恢复活力"（Rejuvenation）的研究成果。对于在成熟行业中面临挫折的企业而言，"恢复活力"意味着对影响整个企业的战略、结构、体系和过程的全面的、总体上的变革（Holistic Change），而不只是像"转机"（Turnaround）那样通常只关注财务指标和运营效率的转变。他们跟踪了四个欧洲成熟行业中的六家英国公司从濒临死亡到持续有利润的增长的"恢复活力"过程。在与之对比的失败企业中，他们发现这些转换失败的企业通常没能诉诸总体变革，而只是采取零星局部的变革，并过分关注短期财务指标（Stopford & Baden-Fuller，1990）。

1992 年，两人将该专题的研究成果结集出版，形成颇具影响的专著《重振成熟业务雄风》（*Rejuvenating the Mature Business*）。其主旨非常鲜明：没有成熟的行业，只有成熟的企业。关键在于企业的认知模式与高管心态。这一专题的研究，使 Baden-Fuller 跻身于研究成熟与衰退行业战略管理的全球知名专家之列，也是他在 20 世纪最具标志性的贡献。在相关的另外一项工作中，他们进一步将公司内创业（Corporate Entrepreneurship）的研究引入"恢复活力"专题，并产生了重要影响（Stopford & Baden-Fuller，1994）。

进入 21 世纪，Baden-Fuller 曾与英国名将 Robert Grant 合作，采取"知识采用"（Knowledge Accessing）的理论视角研究战略联盟的成因（Grant & Baden-Fuller，2004）。他们的主要论点是：战略联盟可以提高企业利用知识的效率（首先是在提供复杂产品与服务过程中增进各方知识整合的效率，其次是增进知识被使用时的利用效率）。在战略联盟中，企业不需获取（Acquire）别人的知识，而只需采用（Access）别人的知识。因此，知识使用视角不仅能解释联盟的形成，而且能解释联盟的长期稳定性。因为双方不需要费力地去获取对方拥有的知识，这样就可以鼓励各自分工去创造自己擅长的知识。各自的知识都是相对独特的。这样可以促进联盟各方的长期相互需求，也不影响一个企业去参与多个联盟。

不难看出，这是对 Grant（1996）有关知识本位企业观之主要观点在战略联盟层面的应用与拓展。事实上，两人早在 1995 年就有类似的合作，用知识本位企业观的逻辑去解释企业间的合作（Grant & Baden-Fuller，1995）。虽然这篇文章被收录在美国管理学会年会的论文集中，但仍被多次引用，乃是对知识本位企业观之形成做出基础性贡献的研究之一。

最近十年间，Baden-Fuller 最为著名的工作是其担任《长期规划》主编期间对于商业模式研究的大力参与和推动。该期刊有关商业模式的专刊（2010）上发表了包括 Teece 和 Amit 在内的顶尖学者的论述。在发刊词（Baden-Fuller & Morgan，2010）中，Baden-Fuller 首先从三个方面讨论了商业模式研究的意义：商业模式作为对某个业务进行描述与分类的标准；商业模式作为一个科学研究的概念平台；商业模式作为具有创意的管理者的秘方。在后续的相关研究中，他曾经将商业模式与技术创新捉对探讨（Baden-Fuller & Haefliger，2013）。

Gerry Johnson

Gerry Johnson 教授编写的战略管理教材无疑是欧洲乃至全球最为畅销的经典教材之一。其实，Johnson 不仅是教材与商业畅销书的作者，而且是一个成就斐然的战略管理研究大家，主要涉足战略过程的研究以及"战略乃实践"运动。他本科在伦敦大学学院学习文化人类学；在 1981 年于英国阿斯腾大学获得博士学位，主攻战略变革与发展；曾长期任职 Cranfield 大学，现任 Lancaster 大学荣休教授。

Johnson 的博士论文是采用扎根理论研究公司增长。该项研究奠定了其关注战略过程的基本研究取向与风格以及对"战略乃行动"的重视。Johnson 关于"渐进主义再思考"（Rethinking Incrementalism）的研究（Johnson，1988）可以说是其研究特色的集中体现。基于 Quinn 等人的渐进主义以及 Pettigrew 对组织者政治过程的研究，结合对英国某零售业企业战略变革的考察，他提出以一种组织行动（Organizational Action）的方法和视角去研究战略制定与实施，关注渐进变革中的情境、时间、过程与行动要素的作用与影响。

他精辟地指出，在组织变革中要保持一定程度的"建设性的张力"（Constructive Tension），以便平衡突破性变革行为与组织核心活动的连续性。同时，他也强调了组织行动之象征性意义的重要性。后来，Johnson 对私有化过程中制度变化之微观过程的考察也是专注于组织过程研究的良好样本（Johnson, Smith & Codling, 2000）。而他对"有预谋战略之意想不到的结果"的研究揭示了被变革者的认知与行为对变革结果的影响，为渐进主义思维和过程考察的重要性提供了又一个有力的注脚（Balogun & Johnson, 2005）。

其实，与 Baden-Fuller 相似，Johnson 对管理者的认知模式甚感兴趣。他曾经参与研究 CEO 的认知图系（Cognitive Maps）与组织范围边界的关系（Calori, Johnson & Sarnin, 1994）。而与 Pettigrew 相似，Johnson 极度推崇过程研究法（Processual Approach）并用该方法探究战略家在做竞争决策时的认知模式（Mental Models）。他发现，无论是在企业内还是企业间，战略决策者的认知模式都可能存在较大差距，虽然在同一个企业内通常会存在一些共识，尤其是有关自身以及对手的身份的认知（Hodgkinson & Johnson, 1994）。

他在管理者认知方面的研究以对组织变革中中层管理者的"意义构建"（Sensemaking）最为著称（Balogun & Johnson, 2004）。在此项研究中，他们发现不同的情境可以引发认知模式变化的不同路径与结局，不仅正规的组织过程影响认知模式的变化，多种非正式的过程与互动（比如故事和流言蜚语）也会起到重要作用。

虽然以研究战略过程著称，但 Johnson 也曾成功"染指"战略内容的研究。他对英国啤酒业企业的多元化战略、组织结构与经营绩效的研究补充与拓展了该研究专题结果的多样性以及普适性（Johnson & Thomas, 1987）。他们认为，多元化战略应该被放在具体的行业背景下去考察。在一个行业内，通常存在一个最优的多元化程度，可以兼顾范围经济所带来的益处并避免规模不经济所带来的困扰。其研究结果表明，在英国啤酒行业，更加专注的有限多元化的企业似乎能够更好地适应其产业结构与环境。

同样在 1987 年，Johnson 出版了关于战略变革与管理过程的专著，广受好评。之后，他又更加详细系统地讨论了战略变革中组织文化与行为的作用（Johnson，1992）。进入 21 世纪，Johnson 的重要贡献是参与发起"战略乃实践"运动，强调战略行为的行动实质与实践导向，专注于那些影响最终战略结果的微观层面的日常组织活动，力求为宏观的战略叙事提供扎实的微观基础（Johnson，Melin & Whittington，2003）。

Danny Miller

Danny Miller 于 1976 年在麦吉尔大学获得博士学位，师从 Mintzberg 教授。他的研究兴趣也与 Mintzberg 极为相像，主要关注战略过程的考察，涉及几乎所有领域和专题。他很可能是战略管理学界乃至整个管理学界最为高产的学者，仅在一流期刊上发表的文章就在百篇左右。伴随高质高产的，是极高的引用率。截至本书出版之际，其文章的谷歌引用次数已然超过 6 万，在全球所有管理学家中排名前五位。学术就是他的生命，研究和发表就是他的人生使命。可以说，他一个人干了别人几辈子的活儿。就像梅兰芳当年在《穆桂英挂帅》里唱的："我一剑能挡百万兵！"

同 Mintzberg 一样，Miller 对各种分类法情有独钟。他最早的成就是依据环境特点的不同对相应的战略制定方法（Archetypes of Strategy Formulation）进行分类，强调对与战略相关的要素进行所谓"组态构型"（Configuration）的重要性（Miller & Friesen，1978；Miller & Friesen，1980a）。之后，他又着力梳理战略与结构的组态构型研究（Miller，1986），探讨组织学习的分类法，并两次总结和更新组态构型法的要点与挑战（Miller，1987，1996）。他的另一项早期的重要贡献是比较两种不同的创新模式（保守相对于激进）情境下"战略动量"（Strategic Momentum）的不同（Miller & Friesen，1982）。

Miller 最具影响的研究工作也与分类法相关，在该研究中，他总结了三种不同类型的企业中，企业家精神（创新倾向）的决定要素（Miller，1983）。他认为，企业家精神在较小的"简单型"企业（Simple Firm）中由领袖决定，在较大的正规化的"计划型"企业（Planning Firm）中由现有的产品-市场战略决定；在灵活应变的"有机型"企业（Organic Firm）中由环境和组织结构决定。

Miller 不仅自创分类法，也曾验证和拓展 Porter 的基本战略分类法。他将企业外部环境因素与内部组织结构因素的考量引入 Porter 基本战略分类法的检验中，考察二者对于 Porter 基本战略成功应用的影响（Miller，1988）。差异化战略的选择通常发生在不确定的环境下并与技术官僚的存在和组织内的联络机制相关，而成本领先战略则主要发生在稳定和可预测的环境下而且与组织内部的控制体系尤为相关。上述关系在强业绩样本企业中要比在低业绩样本企业中明显。

Miller 不仅着力于分类法的研究，同时也强调战略研究的时间纵深性（Miller & Friesen，1982）。他曾经详细地总结组织转型（Organizational Transition）的分类（Miller & Friesen，1980a），比较组织结构改变中剧变模式与渐进模式对绩效的影响（Miller & Friesen，1980b，1982），并探究组织战略、结构与决策过程在企业生命周期不同阶段的表现特征（Miller & Friesen，1984）。

20 世纪 90 年代也是 Miller 高产的时代。一个重要的贡献是对"简单化"的机理（The Architecture of Simplicity）之精彩论述。他认为，随着时间的推移，一个企业的世界观、目标、战略、文化和过程会越来越纯净而简单。这种简单化的表现是只狭隘地聚焦于单一的主题与活动，以偏概全，忽略其他。Miller 将简单化归结为与惯性、动量和收敛等相关但不同的概念。通常大家都把一个企业的失败归结为缺乏棱角和失去锐气（Lost the Edge）。Miller 认为恰恰相反。大多数企业之所以失败，是因为它们的棱角过于鲜明（Edge Too Sharp），整个企业的"武功"过于简化和单一，过分依赖导致先期成功的经验和法则，逐渐丧失了同时保有和尝试多种"武功"的能力。这里，他引用的是"伊卡拉斯悖论"（Icarus Paradox）。

Miller 对外部环境匹配以及组织内部匹配的对比分析亦颇有新意（Miller，1992）。企业的战略既要与外部环境匹配，又同时要求企业内部的组织结构与过程要一致和自洽。但与外部环境匹配的要求（比如必要的战略变革）通常会使得公司内部的组织与过程间出现矛盾和不一致。在这种情况下，企业必须在两种匹配中进行选择。他的实证研究表明，能够适应外部多变环境之匹配要求的企业通常在内部结构和过程中表现出最弱的关联性。当然，内外两种匹配的要求并不一定总是互斥的。比如，对外部环境多样性的匹配就对组织的内部匹配没有实质性的影响。此项研究的启示是，也许管理者需要有序地（Sequentially）而不是同时地（Simultaneously）应对两种匹配的要求：平时尽量关照内部协调以保证组织顺利运行，偶尔并不定期地打破内部和谐去迎合外部匹配所要求的必要调整和变革。

Miller 还曾与陈明哲教授一起采用预期与心理效价视角研究美国航空业企业的竞争动态（Chen & Miller, 1994）。其有关好莱坞电影厂的考察乃是资源本位企业观较早的实证研究（Miller & Shamsie, 1996）。Miller 也企图对资源本位企业观做进一步的推进，强调不对称性本身对于持久竞争优势的重要作用（Miller, 2003）。同样采用好莱坞的数据，他研究了高管职业生涯（任期）对产品线实验力度以及企业绩效的影响（Miller & Shamsie, 2001）。

进入 21 世纪，Miller 开始聚焦于创业学的研究，尤其是对家族企业的研究（Miller, Breton-Miller & Lester, 2013）。他还将企业家倾向（EO）的概念与自己最著名的论文（Miller, 1983）联系起来进行评判与建议（Miller, 2011），并将 EO 引入国际创业学领域（Covin & Miller, 2014）。

Miller 博士毕业已经 40 年了，却还在坚持写作和发表文章。他的最新一篇论文是与另外一位"老战士"Ireland 教授等合作的关于战略性创业对于竞争格局与动态的影响（Withers, Ireland, Miller & Harrison, 2018）。

战略管理学的"友军将帅"

在过去的几十年间，在诸多学科和领域，有一些成就斐然的明星学者曾在不同的时期和程度上涉足战略管理领域，并做出了极为重要的贡献，而且有些成就比战略管理科班出身的学者的成就还要精妙高超。但是，他们的主业或者主要成就与学科认知并不是在战略管理方面，而是在其他领域。因此，我们并不专章评介这些学者的贡献。表6.2列出的是对战略管理学研究做出过重要贡献或者有过重大启发的"友军将帅"。

表6.2　战略管理学研究的"友军将帅"

姓名	博士毕业学校	现任职学校	主要专长与贡献
Howard Aldrich	Michigan	UNC	组织环境/创业学
Graham Allison	Harvard	Harvard	国家战略与政府管理决策
William Barnett	Berkeley	Stanford	组织生态与竞争动态
Warren Boeker	Berkeley	Washington	组织生态与战略变革
Glenn Carroll	Stanford	Stanford	组织生态与战略变革
Jane Dutton	Northwestern	Michigan	组织认知与战略问题界定
Henrich Greve	Stanford	INSEAD	组织变革/学习/网络
Heather Haveman	Berkeley	Berkeley	组织生态与竞争动态
George Huber	Purdue	UT Austin	组织设计与组织学习
James March	Yale	Stanford	组织理论/决策/通才
Ian MacMillan	South Africa	Wharton	创业学/创新/竞争动态
Alan Meyer	Berkeley	Oregon	组织变革/战略变革
Richard Nelson	Yale	Columbia	演化经济学与技术创新
Christine Oliver	Toronto	York	从制度理论看战略
Sharon Oster	Harvard	Yale	产业组织经济学与战略
Jeffrey Pfeffer	Stanford	Stanford	组织理论/权力/人力资源
Garth Saloner	Stanford	Stanford	博弈论与战略管理
William Starbuck	Carnegie	NYU/Oregon	组织理论/组织变革/决策
Toby Stuart	Stanford	Berkeley	网络理论/创业创新/风投
Andrew Van de Ven	Madison	Minnesota	组织理论与决策理论
James Walsh	Northwestern	Michigan	组织认知与行为决策
Karl Weick	Ohio State	Michigan	社会心理学/文化/决策
Oliver Williamson	Carnegie	Berkeley	交易费用经济学与战略
Sydney Winter	Yale	Wharton	演化经济学/组织能力
Paul Beamish	Western	Western	国际管理与全球战略

第七章　旗帜鲜明：一方称雄夸专精

我们在第五章和第六章呈现了"那时花开"的早年英雄以及基业长青的职业典范。本章我们评介一系列独树一帜的专业英雄。我们不妨采用战略管理学科中一个经典和标准的话题"专业化相对于多元化"作比喻，来比较那些基业长青的典范和这里介绍的专业英雄。前者通常是多面手（Prolific Diversifier）或者全能选手（Versatile Generalist），有些甚至可能已经进入规模不经济的非相关多元化区间，其兴趣和成就过于分散，耽误了潜在的"元帅"或者"上将"前程。也许是个人喜好与选择，也许是时势情境造英雄。无论如何都是命。

声名独特的专业英雄

而这里评介的专业英雄，则是不折不扣的领域专家（Area Specialist）。虽然他们在研究专题和发表类别上偶尔也有多元化的举措，但主要都是有限相关多元化，有清晰的主导逻辑贯穿与支撑。有些甚至根本没什么多元化，就是单一领域型（Single Program）或者主导领域型的（Dominant Program）。无论如何，他们使命明确、主业清晰，通常聚焦于某个研究领域或专题，采用某个理论视角或者方法论，或者创造一个自成体系的分领域。他们知道自己是"吃哪一路"的。而且，别人也知道他们是"吃哪一路"的。

需要说明的是，除非个别情况，这里评介的专业英雄跟第六章所介绍的基业长青的职业典范几乎不是一代人，专业英雄入行要稍晚一些，通常是十大"元帅""早年英雄"和"职业典范"那一代学者的学生辈的学者。这个名单上的学者获得博士学位的时间从 1978 年直到 1999 年,横贯 20 世纪的最后 20 年(见表 7.1)。他们当中入行较早的是有机会进入"上将"行列的。也许其研究领域过于狭窄而引起的关注不够,也许某个细分领域缺乏在整个学科的地位和分量,也许专精程度尚未达到出神入化的地步……总之,这些专业英雄由于各种原因与"上将"行列失之交臂。学术界的事儿确实有规律,但也难说,靠的不光是天分和勤奋,还有运气。博士生们可以把上述论点用本书中的人物作为样本做篇很有新意的博士论文,看看到底是什么因素影响战略管理学者的发表业绩。要用多种数据来源和分析手段:秘闻轶事、公开数据、田野调查、案例分析、扎根理论、实验设计、大数据建模、计算机模拟。

表 7.1　声名独特的专业英雄

姓名	战略管理学会院士	美国管理学会院士	战略管理分会主席	谷歌学术引用次数	最高单篇引用次数	博士毕业学校	博士毕业时间	现任或最后任职学校
竞争优势专业户								
Pankaj Ghemawat	X			21 500	1 750	HBS	1982	NYU
Marvin Lieberman	X			10 150	3 850	Stanford	1982	UCLA
Thomas Powell				9 700	3 100	NYU	1989	Oxford
竞争战略创新者								
W. Chan Kim				15 000	3 000	Michigan	1979	INSEAD
Richard D'Aveni				11 669	4 418	Columbia	1987	Dartmouth
Ming-Jer Chen	X	X	X	11 500	1 826	Maryland	1988	Virginia
合作战略倡导者								
Marjorie Lyles	X			33 421	5 913	Pittsburgh	1977	Indiana
Akbar Zaheer	X			21 970	5 091	MIT	1992	Minnesota
Ranjay Gulati	X	X	X	42 000	5 800	Harvard	1993	Harvard
非市场战略专家								
R. Edward Freeman		X		62 000	26 500	Washington U.	1978	Virginia
Srilata Zaheer				10 185	2 907	MIT	1992	Minnesota

（续表）

姓名	战略管理学会院士	美国管理学会院士	战略管理分会主席	谷歌学术引用次数	最高单篇引用次数	博士毕业学校	博士毕业时间	现任或最后任职学校
Stuart Hart				28 756	4 661	Michigan	1983	UNC
Mike Peng				28 128	2 097	Washington	1996	UT Dallas
企业能力解读者								
Dorothy Leonard				28 000	8 050	Stanford	1979	HBS
Constance Helfat	X			18 263	3 195	Yale	1985	Dartmouth
Maurizio Zollo	X			11 641	5 702	Wharton	1997	Bocconi
知识管理守望者								
Rebecca Henderson				33 113	8 990	HBS	1988	HBS
Gabriel Szulamski				17 500	8 950	INSEAD	1995	INSEAD
Wenpin Tsai				20 000	5 772	LBS	1998	Penn State
行为过程观察家								
Robert Burgelman	X		X	18 000	2 450	Columbia	1980	Stanford
Philip Bromiley	X			8 500	1 500	Carnegie M.	1981	UC Irvine
Sydney Finkelstein		X		24 303	2 616	Columbia	1988	Dartmouth
概念创新出奇兵								
Richard Whittington				25 729	9 029	Manchester	1986	Oxford
William Ocasio				11 000	2 250	Stanford	1992	Kellogg
Christoph Zott			X	15 433	4 960	UBC	1999	IESE

毫无疑问，这批专业英雄个个都是有名号的大家，有自己的绝活和看家本领，不仅饮誉一方，而且声名远扬。只用简单的一句话，大概就能说清楚他们每个人到底是干什么的（按照博士毕业年份从早到晚排序）：

Majorie Lyles　主攻合资企业中的组织学习与知识管理。

R. Edward Freeman　倡导战略管理的"利益相关者"方法。

W. Chan Kim　由于鼓吹蓝海战略而名噪一时。

Dorothy Leonard　研究"核心僵硬性"以及企业的知识与能力

管理。

Robert Burgelman　主要以硅谷公司为样本解密公司内部创新过程。

Philip Bromiley　用行为决策理论进行风险决策分析。

Pankaj Ghemawat　先以"承诺"成名，后以"准全球化"著称。

Marvin Lieberman　以先动优势学说先发制人。

Stewart Hart　聚焦自然环境战略看可持续发展。

Constance Helfat　靠推动和拓展动态能力学说而最终走红。

Richard Whittington　引领来自欧洲的"战略乃实践"运动。

Richard D'Aveni　自创了超级竞争研究领域和范式。

Ming-Jer Chen（陈明哲）　专注于考察竞争动态与动态竞争。

Sydney Finkelstein　与 Hambrick 并肩作战考察高管团队。

Rebecca Henderson　研究架构性创新、知识溢出与组织能力演进。

Thomas Powell　专业从事竞争优势研究。

William Ocasio　主张"以注意力为基础的企业观"。

Akbar Zaheer　信任与跨组织战略研究专家。

Srilata Zaheer　以"外国性资产负债"著称的全球战略研究专家。

Ranjay Gulati　战略联盟与组织网络研究专家。

Gabriel Szulanski　专注于"黏性知识"及其在组织中的传播。

Mike Peng（彭维刚）　将制度理论引入战略变革与全球战略研究。

Maurizio Zollo　当代组织学习研究权威。

Wenpin Tsai（蔡文彬）　用社会网络视角探究企业内和网络中的知识共享。

Christoph Zott　与 Amit 一起成为学术文献中商业模式研究的领军人物。

竞争优势专业户

获取和保持竞争优势，乃是战略管理最为核心的问题，是学术研究中最常用也是最为重要的因变量之一。在过去的一个世纪，对这个问题的探究一直引领着战略管理学科（包括其早先的一般管理与企业政策传统）不断向前推进。三位学者对于竞争优势的实质和起因的研究丰富了我们对此话题的理解。Marvin Lieberman 详细勾勒了先动优势的特质与诱发机制。Pankaj Ghemawat 的"承诺"学说对持久竞争优势有独特的解释力。Thomas Powell 则采用各种视角和方法来解读竞争优势的种类和决定因素。

Marvin Lieberman

Marvin Lieberman 于 1982 年毕业于哈佛商学院与经济系合办的管理经济学博士项目。其导师团阵容豪华，包括产业组织经济学一代宗师 Richard Caves、此项目早年的毕业生战略管理十大"元帅"之一的 Michael Porter，以及后来的诺贝尔奖得主 Michael Spence。在斯坦福大学任教六年后，Lieberman 于 1990 年转到其至今仍在任职的洛杉矶加州大学。Lieberman 研究的专题基本上都与产业结构和竞争战略有关，比如以其博士论文为基础发表的多篇论文，包括学习曲线、进入壁垒、技术传播和竞争战略（Lieberman，1984，1987，1989）以及衰退行业中的退出抑或坚守战略（Lieberman，1990）等。其最近较有影响的工作是探究为什么企业间会互相模仿（Lieberman & Asaba，2006）以及能力的产生与市场进入的关系（Helfat & Lieberman，2002）。

使得 Lieberman 名声大振的是其有关"先动优势"（First Mover Advantage）之实质与起因的精彩论述（Lieberman & Montgomery，1988）。Lieberman 与合作者认为，由于外部环境的变化，企业的特殊资质与实力以及相关的运气会造就某些先动优势的获取机会。而影响先动优势之获取和增强的主要因素（和具体机制）大致有三种。第一，技术领先（Technological

Leadership）：包括利用学习（经验）曲线效应和在专利与 R&D 竞赛中获胜。第二，抢占资源（Preemption of Resources）：包括先机抢占原材料投入，抢占潜在的产品线空间和地理空间，抢占厂房与生产设备投资。第三，在购买者必须面对不确定性的情况下增加他们的转换成本（Buyer Switching Cost）：包括利用购买者对先动者的心理好感，并通过互相适应与学习以及提前签订各种合同等方式去增加购买者与先动者打交道的实际和心理费用，从而将他们锁定。

同时，他们也在该文中对先动劣势进行了对比分析。先动劣势包括后来者的"搭便车"效应（Free Rider Effects）、技术或者市场不确定性的消除（Resolution of Technological or Market Uncertainty）、技术标准或者消费者需求与偏好的转移（Shifts in Technology or Costomer Needs），以及先动者自身的惯性（Incumbent Inertia）。

此外，他们还在该文中探讨了先动优势者的界定和测度（比如进入的顺序、先动者与跟进者进入的时间差距、快速跟进者的特点等），先动优势的大小以及持久度，以及先动优势与企业成活概率、市场份额和企业利润率之间的关系。该文在 1996 年获得《战略管理学期刊》最佳论文奖。

Pankaj Ghemawat

Pankaj Ghemawat 算是一个年少得志的天才。1976 年，他进入哈佛大学学习应用数学和经济学，3 年之后（19 岁时）获得学士学位。又是 3 年之后，他在哈佛商学院获得管理经济学博士学位。博士毕业后到麦肯锡任职不到一年，23 岁的 Ghemawat 就被 Michael Porter 召回哈佛商学院任教。1991 年，年仅 32 岁的 Ghemawat 成为哈佛商学院历史上最年轻的终身正教授。而促进这一历史性成就的一个重要因素就是他的一本专著《承诺》和几篇论文。Ghemawat 是战略管理学会和国际商务学会的双料院士，2008 年荣获美国管理学会战略管理分会杰出教育家奖。在哈佛商学院任教 25 年之后，他转任教于西班牙 IESE 商学院，2014 年开始同时任教于纽约大学。

基于其导师产业组织经济学大家 Caves（1984）的工作，Ghemawat（1991）认为，企业的许多战略行动之所以可以被称为战略行动，就在于它们牵涉到大规模的、不可取消的资源投入。这种一旦投入就不可轻易撤出的资源（沉没成本极高），决定了企业行为的不可逆转性和企业战略的相对稳定性。因此，承诺或献身投入对于持久竞争优势而言，很可能既是充分的又是必要的。战略承诺可以导致强势产业定位，造就进入壁垒和移动壁垒（Caves & Ghemawat，1992），阻止潜在竞争者的进入，实现持久竞争优势（Ghemawat，1986）。

如果没有这种承诺，大家都企图永远"灵活多变"，就不会产生企业间战略的持久差异性，从而就不会产生企业间经营绩效的差异性。换言之，如果企业的定位选择对企业没有相对长期持久的影响和约束的话，那么，预测未来，并对某种想象的未来做相应的承诺，也就没有什么意义可言。对于承诺与灵活性的关系，Ghemawat 后来有专文探讨（Ghemawat & Del Sol，1998）。

进入 21 世纪，Ghemawat 的研究聚焦在国际竞争领域。他的主要观点是全球化远非常态，我们顶多处于半全球化或者准全球化（Semi-globalization）阶段（Ghemawat，2003）。世界不是平的，我们仍然必须关注国家之间以及地区之间的差异（Ghemawat，2001）。这些差异体现在他总结的简称为 CAGE 的四个方面：文化上的（Cultural）、管理上的（Admnistrative）、地理上的（Geographic）和经济上的（Economic）。

在 2007 年出版的专著《重新定义全球战略》（*Redefining Global Strategy*）中，他所建议的应对战略是所谓的"3A 三角"（AAA Triangle）：调整以适应差异（Adaptation：Adjusting to Differences）、整合以跨越差异（Aggregation：Overcoming Differences）、套利以利用差异（Arbitrage：Exploiting the Differences）。

Thomas Powell

Thomas Powell 于 1989 年在纽约大学斯特恩商学院获得博士学位，现

任牛津大学赛义德商学院战略学教授。他曾经任教于加拿大麦吉尔大学和
澳洲国立管理学院。其实 Powell 是地道的美国人，曾在达拉斯神学院获得
神学硕士学位。他非常沉稳内向而又举止得体，目光炯炯有神，思维敏捷
专注。他在纽约大学的导师是谁，我好像从来也没问过他。纽约大学的老
师里，他似乎只跟 Bill Starbuck 合作发表过文章。

在加拿大和澳洲的两段经历之间，他曾在美国短暂任职。他在美国待
过的唯一学校就是笔者曾经任职 10 年的布莱恩特商学院（Bryant
College）。1994 年，正是 Powell 给了笔者在美国的第一个教职，是他把笔
者招到了该校。我们当时都对新兴的资源本位企业观感兴趣。曾经共事 5
年左右，使笔者得以近距离观察其学术才情和勤奋自律。同样在一个教学
型学校厮混，他能一直保持一流的学术发表，笔者则貌似心安理得地望尘
莫及。

说 Powell 是竞争优势"专业户"，一点儿都不夸张。在他发表在《战
略管理学期刊》上的总共 15 篇论文中，标题中直接明确地包含"竞争优
势"（Competitive Advantage）的论文就有 5 篇（而且其中 4 篇是独著），
内容包括：企业组织与产业结构的匹配（Organizational Alignment）作为竞
争优势（Powell, 1992a）；战略规划作为竞争优势（Powell, 1992b）；全
面质量管理作为竞争优势（Powell, 1995）；信息技术作为竞争优势
（Powell & Dent-Micallef, 1997）。每一篇都能从常规的话题中提炼出一些
理论层面的闪光点和研究设计的考究之处。

比如，他将战略规划作为组织能力的一部分，并按照资源本位企业观
对资源与能力的异质性的强调（独特和稀缺）来考察它对竞争优势的影
响。他假设在稳定不变的行业中，大家多多少少都有一些规划（于是企
业间的异质性较差），因而战略规划不会带来多少竞争优势；而在相对动
态多变的行业，大家都是凭着感觉走，哪个企业如果比对手多一些战略规
划活动或者具有稍微强一些的战略规划能力（于是企业间异质性大，其
独特性凸显），就可能会获得相应的竞争优势。在研究设计上，他把对上
述假说的检验巧妙地融入样本行业的选择中：稳定的家具行业以及动态的

时装行业。其实证研究结果显示，战略规划在前一行业与竞争优势基本无关，在后一行业则与竞争优势呈正相关。

此外，他还参与了最早由 Schmalansee（1985）发起的另外一个重要专题的研究（Powell，1996），用问卷调查数据（而不是通常使用的大样本档案数据）去检验产业效应、公司效应、业务单元效应中哪个对企业绩效的影响最大（Rumelt，1991；McGahan & Porter，1997）。值得一提的是，在这个由于世界观、方法论、样本选择等各种原因而结论永远矛盾的专题上，来自中国的学者郭广瑞（Guo，2017）最近做出了最新的贡献，他企图通过加入时间维度来重新考察和解释以往的不同结论。

Powell 有一项非常奇特的关于"竞争对等持平"（Competitive Parity）的研究（Powell，2003），但遗憾的是并没有引起太多人的注意，也许是因为过于晦涩难懂。他采用完全对等（Perfect Parity）、随机对等（Stochastic Parity）、帕累托对等（Pareto Parity）和自然对等（Natural Parity）四种"零假设"（Null Hypothesis）来分别解释企业间绩效的不同。他发现企业界之所以存在持久绩效差异，主要是因为研究者偏好采用随机对等作为零假设。而他认为这一零假设最不容易区分离散点（Outlier）和正常分布点。而战略管理研究起作用的地方恰恰是对离散点的研究。他还发现企业界的业绩分布其实是符合自然规律的，其分布模式与体育、政治和选美比赛等人类竞争性活动的结果分布模式并没有什么显著的不同之处。

Powell 的研究和发表的文章还包括对于行为战略（Behavioral Strategy）研究的倡导（Powell，Lovallo & Fox，2011）、脑科学在战略管理研究中（Neurostrategy）的潜在应用（Powell，2011），以及对于战略管理和竞争优势在实用哲学层面（Pragmatic Philosophy）的思考（Powell，2002）。

竞争战略创新者

本小节评介从事竞争战略研究并有重要创新之举的三位战略管理专

家。其中两位在畅销书市场上走红，一位在学术文献中影响深远。也许，
在大家的印象中，与战略管理相关的商业畅销书通常是由咨询公司或者业
界的作者所著的。其实不然，由学者所撰写的商业畅销书不仅在证据支持
以及研究方法的严谨性方面更加可靠，而且在实际数量上也相当可观。与
战略管理相关的商业畅销书，请参见表7.2中的一个简要总结。

表7.2　与战略管理相关的商业畅销书概览

时间	作者	书名	主要概念和贡献
1916	Henri Fayol	*General and Industrial Management*	一般管理的职能与准则
1938	Chester Barnard	*Functions of the Executive*	经理人的职能
1954	Peter Drucker	*The Practice of Management*	管理的实践/管理者角色
1962	Alfred Chandler, Jr.	*Strategy and Structure*	组织结构跟随企业战略
1963	Alfred Sloan	*My Years with GM*	主政通用汽车公司的岁月
1965	Igor Ansoff	*Corporate Strategy*	公司战略发展矢量
1971	Kenneth Andrews	*Concept of Corporate Strategy*	公司战略的概念
1972	BCG	*On Experience Curve*	经验曲线
1973	Henry Mintzberg	*Nature of Managerial Work*	管理工作的性质
1979	Bruce Henderson	*On Corprate Strategy*	公司战略
1980	Michael Porter	*Competitive Strategy*	基本竞争战略与产业分析
1980	James Brian Quinn	*Logical Incrementalism*	战略变革的逻辑渐进主义
1981	Pascale/Athos	*Art of Japanese Management*	日本管理艺术
1982	Peters/Waterman	*In Search of Excellence*	追求卓越
1982	Kenichi Ohmae	*The Mind of Strategists*	战略家的头脑
1982	Bill Ouchi	*Theory Z*	日本企业文化的Z理论
1984	R. Edward Freeman	*Stakeholder Approach*	利益相关者的视角方法
1985	Peter Drucker	*Innovation & Entrepreneurship*	创新与企业家精神
1990	Stalk/Hout	*Competing Against Time*	以时间为基础竞争
1991	Pankaj Ghemawat	*Commitment*	承诺是竞争优势的基础
1993	Dixit/Nalebuff	*Thinking Strategically*	博弈论/战略
1993	Richard Whittington	*What is Strategy*	什么是战略/战略有用吗
1994	Richard D'Aveni	*Hypercompetition*	超级竞争与短期优势
1994	Goold et al.	*Corporate Level Strategy*	总部/分部的母合效应
1994	Hamel/Prahalad	*Competing for the Future*	为未来竞争
1995	Dorothy Leonard	*Wellprings of Knowledge*	知识与能力创新的源流

（续表）

时间	作者	书名	主要概念和贡献
1996	Brandenburger/ Nalebuff	*Co-opetition*	竞合学说
1996	Gomes-Casseres	*The Alliance Revolution*	群组间的竞争
1996	Collins/Porras	*Built to Last*	基业长青之道
1996	Andrew Grove	*Only the Paranoid Survive*	只有偏执狂才能生存
1996	James Moore	*Death of Competition*	生态圈对竞争战略的影响
1996	Kaplan/Norton	*Balanced Scorecard*	平衡计分卡的推广
1997	Clayton Christensen	*The Innovator's Dilemma*	颠覆性创新
1997	Slywotzky/Morrison	*Profit Zone*	发现利润区
1998	Ghoshal/Bartlett	*Managing Across Borders*	跨国管理/泛国管理
1998	Jeffrey Williams	*Renewable Advantage*	经济时间/竞争优势
1998	Mintzberg et al.	*The Strategy Safari*	论战略理论的重要流派
2000	McGrath/MacMillan	*The Entrepreneurial Mindset*	创业型头脑
2001	Jim Collins	*From Good to Great*	从优秀到卓越
2001	Evans/Wurster	*Blown to Bits*	信息经济学/战略
2001	Eisenhardt & Sull	*Strategy as Simple Rules*	战略的简单法则
2001	Foster/Kaplan	*Creative Destruction*	创造性破坏
2001	Burgelman/Grove	*Strategy is Destiny*	战略过程本身很重要
2005	Kim/Maubourgne	*Blue Ocean Strategy*	蓝海战略指南
2005	Jack Welch	*Winning*	为赢而战
2011	Jeffrey Dyer et al.	*Innovator's DNA*	创新者的基因
2011	Richard Rumelt	*Good Strategy/Bad Strategy*	好战略/坏战略
2012	Ron Adner	*Wide Lens*	用广角镜看生态系统
2013	Lafley/Martin	*Playing to Win*	取胜之道
2014	Peter Thiel	*Zero to One*	从 0 到 1 的创新
2015	Lawrence Freedman	*Strategy：A History*	对战略的历史性回顾
2015	Reeves/Haanes/ Sinha	*Your Strategy Needs a Strategy*	你的战略本身需要战略
2015	Yoffie/Cusumano	*Strategy Rules*	硅谷大佬的战略
2016	Sydney Finkelstein	*Superbosses*	善用人才的超级老板
2016	Puranam/Vannese	*Corporate Strategy*	新锐学者对公司战略的最新贡献
2016	Todd Zenger	*Beyond Competitive Advantage*	大家更在乎未来竞争优势

这里评介 Richard D'Aveni 在 20 世纪 90 年代出版的《超级竞争》

（D'Aveni, 1994）以及 W. Chan Kim 和 Renée Mauborgne 推出的《蓝海战略》（Kim & Mauborgne, 2005），它们都是由学术界的作者基于多年的潜心研究完成的，也都是有关竞争战略方面的典范之作。说到竞争战略，一个绕不开的话题便是对竞争动态的考察。而在竞争动态的学术研究方面，陈明哲教授乃是当下首屈一指的权威。

Richard D'Aveni

由 Richard D'Aveni 教授所提出的超级竞争学说（D'Aveni, 1994）描述了一种狂争恶斗的竞争场景。在这个场景中，企业竞争不断升级，从价格和质量（Price and Quality）到时间和诀窍（Time and Know-How），从争夺势力范围（Spheres of Influence）到打造丰厚资源储备（Deep Pockets）。步步为营，层层推进。超级竞争的一大特点就是竞争优势难以持久。参与游戏的企业必须用每天清零的心态来应对竞争，而不能"躺"在所谓的可持续竞争优势上高枕无忧。

超级竞争，就其实质而言，可以说是熊彼特式竞争的极端表现形式。也就是说，破坏性创新不仅时间跨度缩小，而且发生频率增加。D'Aveni还认为合作战略并不能导致企业走出超级竞争的困境。在超级竞争中取胜的唯一手段就是毫不犹豫、无所畏惧、全面拥抱、拔剑而战。只有适应不断打硬仗的挑战，企业才有可能在超级竞争中获得竞争优势，虽然这种优势往往是非常短暂的。不断获取短期竞争优势从而保证长期的生存和发展，这大概是超级竞争中企业战略管理的最高境界了。

如何应对超级竞争？D'Aveni 提出了所谓的"新7S"战略框架（相对于《追求卓越》一书中的"老7S"框架），旨在用来帮助企业打破现状，从而取得胜利。具体而言，"新7S"框架包括：利益相关者的高满意度（Superior Stakeholder Satisfaction）；战略预言（Strategic Soothsaying）；速度制胜（Speed）；出其不意（Surprise）；改变游戏规则（Shifting Rules of Games）；昭示战略意图（Signal Strategic Intent）；同时性的以及顺序性的战略出击（Simultaneous and Sequential Thrusts）。

D'Aveni 的超级竞争学说不仅使他在商业畅销书市场上声名鹊起，而且在学术领域产生了重要影响（Volberda，1996；Wiggins & Ruefli，2005），而且他对短期竞争优势的强调（Temporary Advantage）乃是对沉溺于持久竞争优势（Sustainable Competitive Advantage）范式下的学者与实践者的有力警醒（D'Aveni，Dagnino & Smith，2010）。虽然 D'Aveni 教授的超级竞争学说最为著称于世，但其学术研究和发表其实也非常优质扎实，而且其研究工作涉及若干个重要专题。

他在哥伦比亚大学的博士论文研究的是企业衰落与失败，且关于此主题有数篇重要文章发表。比如，大公司的失败通常是一个螺旋形下降的过程（Hambrick & D'Aveni，1988），而且由于自愿离职、"替罪羊"被解职以及缺乏资源去吸引优秀人才等原因，伴随该下降过程的是高管团队的不断衰败（D'Aveni，1989；Hambrick & D'Aveni，1992）。他还分别在三篇文章中考察了高管的名声（Top Managerial Prestige）、可靠性（Dependability）和他们处理信息的内容与方式（Managerial Communications）对企业失败的影响（D'Aveni，1990；D'Aveni，1989；D'Aveni & MacMillan，1990）。

此外，D'Aveni 教授还研究过纵向一体化战略（D'Aveni & Ilinitch，1992；D'Aveni & Ravenscraft，1994）以及多点竞争中的势力范围与战略优越性（Strategic Supremacy）的构建与应用（D'Aveni，2001）。

W. Chan Kim

有人调侃说，经济学不靠谱，根本不是科学，两个观点完全相反的人可以在同一年获得诺贝尔经济学奖。管理学则离科学更远，简直就像选美比赛，重口难调，完全相反的观点可以同时流行。有时同一个人一年之内就能推翻自己上半年的说辞，用全新的概念和方法告诉你："你所知道的××都是错的！"当然了，连他自己的说辞都是错的，何况他人的呢！下面所评介的蓝海战略学说与 D'Aveni 的超级竞争学说完全是两个极端，价值取向与实操方法截然不同。根据自 1997 年以来发表于《哈佛商业评论》的一系列有关战略创新的精彩文章，Kim 教授与其多年的研究搭档

Mauborgne 博士于 2005 年将其整理成书，以《蓝海战略》为题出版，当年即畅销，后被翻译成二十多种语言，风靡全球。

蓝海战略学说主张开辟尚未有人占领的全新市场空间，远离现有的"红海"市场，创造新的价值和客户群体。该学说不主张像 D'Aveni 的超级竞争学说中描述的在"红海"中与竞争对手争斗，而是强调独辟蹊径的价值创新。该学说不仅为我们展示了有益的理论视角和哲学理念，而且为我们提供了一套简单易行、非常有效的分析手段和工具，来发现"蓝海"，在"蓝海"中航行。具体而言，消费者效用图（Utility Map）、价值调色板（Strategy Canvas）以及四种价值杠杆（Value Levers）可以帮助企业更加准确地针对顾客的具体需要进行价值提供。

蓝海战略主要是基于这样一种理念：通过更加准确的价值定位，来满足尚未被满足的客户，吸引新的客户。顾客需要和注重的价值要素，一定要给足；顾客偶尔需要的价值要素，尽量减少；顾客不需要的价值要素，干脆不提供。这种思路实际上是市场细分和产品差异化的一种极致，同时类似于所谓"利基战略"的基本精神。价值杠杆体系可以帮助企业系统地分析如何去创造一个全新的价值曲线。其实方法很简单，价值杠杆无非是减少（Reduce）、提高（Enhance）、剔除（Delete）和创造（Create）。通过上述杠杆的微调，企业可以尝试更为精准地确定并服务于其目标客户。拥抱顾客，而不是紧盯对手。

于 20 世纪 70 年代后期在密歇根大学获得博士学位的 Kim 主攻国际战略，先任教于密歇根大学，后转任教于 INSEAD，如今荣任该院由波士顿咨询公司捐赠的讲席教授。除了著名的蓝海战略项目，Kim 教授还在其他战略管理专题上有着极为优秀的学术成果。比如，他曾专注于跨国公司在国际市场上的进入模式（Kim & Hwang, 1992；Hill, Hwang & Kim, 1990）以及在新兴的知识经济中企业管理决策之过程公正的重要性（Kim & Mauborgne, 1991, 1993, 1996, 1998）。简而言之，过程公正的精髓主要体现在主动解释与沟通（Explanation）、预期明确（Expectation）以及鼓励大家参与到决策过程中（Engagement）这三个方面（Kim & Mauborgne,

2003）。

Ming-Jer Chen（陈明哲）

来自中国台湾地区的陈明哲教授于 1988 年在马里兰大学获得战略管理学博士学位，堪称华人学者在整个战略管理学界最为杰出的代表，自然也是全球管理学主流社区当之无愧的杰出人才。他是美国管理学会和战略管理学会双料院士，曾于 2013 年出任美国管理学会主席，2000 年担任美国管理学会战略管理分会主席。陈明哲教授先后任教于哥伦比亚大学、沃顿商学院和弗吉尼亚大学达顿商学院，现为达顿商学院讲席教授。

陈明哲在马里兰大学师从 Kenneth Smith 教授，他在博士论文研究期间就已经开始专注于竞争动态的研究。他与 Smith 教授领导的马里兰团队一起从美国《每日航空报》手动收集了关于航空公司竞争行为的数据。其数据收集工作覆盖了 1979—1986 年 8 年间的每一期报纸。此等艰苦卓绝的努力为其后来的持续优质发表打下了坚实的数据基础，回报颇丰。

除了与 Smith 和马里兰研究团队的合作（Smith，Grimm，Gannon & Chen，1991；Chen，Smith & Grimm，1992），陈明哲教授的重要合作者还包括 Ian MacMillan、Danny Miller、Donald Hambrick 和蔡文彬，题目基本上都涉及竞争动态的不同侧面。他最早考察了哪些因素会影响竞争对手在面临一项攻击时是否反应以及反应的迟缓程度，比如对手对受攻击市场的依赖度、攻击行为的不可逆性等（Chen & MacMillan，1992）。其后，陈教授和 Miller 合作考察了竞争性攻击的引人注目程度（Visibility）、对手报复的难易程度以及受攻击市场对于被攻击对手的中心性（Centrality）等要素如何影响对手的报复反击（Chen & Miller，1994）。同年，他们发现好的绩效会增加企业在竞争中的惯性，而所参与市场的复杂性则会降低其惯性（Miller & Chen，1994）。

陈明哲教授与 Hambrick 的合作则结合了二者的强项，研究高管团队的异质性对于企业竞争行为的影响，专注于对行动和回应的不同影响（Hambrick，Cho & Chen，1996）。他们发现，一个在职业背景、教育程度和企业任职年限方面多样化程度高的团队通常具有较高的行动倾向，而且无论是行动还是回应的动作幅度都比较大，但他们在执行行动时的速度则低于同质化的团队。在与 Hambrick 的另一项合作中，他们考察了企业规模大小对于竞争行为的不同影响。结果表明，小企业虽然倾向于采取竞争行动，但其行动通常迅速而低调，甚至秘密隐蔽。当被打击时，它们的反应概率往往较低或者速度较慢，而一旦反应，便会比大企业的类似反应更加引人注目（Chen & Hambrick，1995）。

陈明哲教授最为标志性的贡献，当属其对竞争者的分析（Competitor Analysis）与企业间的争斗（Interfirm Rivalry）的理论整合（Chen，1996）。在竞争者分析一方，基于多点竞争文献，他引入了市场重叠度（Market Commonality）的概念。在企业间争斗一方，基于资源本位企业观，他引入了资源相似性（Resource Similarity）的概念。这两个描述一对竞争对手关系的重要变量会有不同的组合，因此会促成竞争对手间的不对称性（Competitive Asymetry），从而影响它们的攻击与报复的概率及特点。

而连接竞争者分析与企业间争斗的一个重要环节则是一组中介性的行为驱动因素：决策者的意识（Awareness）、激励（Motivation）和企业的行动能力（Capability）。这一著名的"意识-激励-能力"框架后来被应用在陈明哲教授自己以及他人的诸多相关研究之中（Chen，Su & Tsai，2007；Yu & Cannella，2007），在相关领域内产生了重要的影响。

最近，陈明哲教授与 Danny Miller 一起对竞争动态研究的主题、趋势及其作为一个研究平台而存在的潜在意义进行了迄今为止最为全面细致的梳理和总结（Chen & Miller，2012），极具参考价值和启发意义。他们最新推出的有关竞争动态研究的框架包括竞争的动机（Aim）、竞争的方式（Mode）、竞争的参与者（Roster of Actors）、行动工具箱（Action Toolkit）以及互动的时间维度（Time Horizon of Interaction）。他们对此框架与组态构型、交易费用和利益相关者等三个理论视角进行了精辟的相关性探讨（Chen & Miller，2015）。

游走于中美之间，陈明哲教授还致力于推动管理学在中国的发展以及东西方文化双融（Ambiculturalism）的实践（Chen，2014）。自 2006 年至今，在每年的美国管理学会年会上，陈明哲教授都亲自主持"中国管理学者"社区的重聚活动和主题研讨工作坊，对于推动中国管理学的发展功不可没，值得钦敬。

合作战略倡导者

与竞争战略一样，合作战略（Cooperative Strategy）一直是战略管理的一个重要研究领域。从合资企业到战略联盟，从学习竞赛到竞合学说，从一对一的合作到生态圈的构建，学者们对合作战略的诱因与动机、过程与机制以及结果和影响进行了多方的探讨与解读。这里，我们简介三位在合作战略领域具有重要贡献的专家。

Marjorie Lyles

Marjorie Lyles 于 20 世纪 70 年代末期在战略管理重镇匹兹堡大学获得博士学位。她在伊利诺伊大学任职数年之后长期任教于印第安纳大学，现已荣休。她是战略管理学会和国际商务学会的院士。其研究专题是合资企业战略，尤其是以组织学习的视角来看组织之间的合作。她在战略管理领域最早的工作是通过多案例分析来考察战略制定的过程特点（Lyles，1981），尤其是对所要解决的问题之界定过程（Lyles & Mitrof，1980）。

Lyles 最重要的学术贡献，乃是对组织学习的研究（Fiol & Lyles，1985）。在该文中，她与 Fiol 系统而详细地区分了学习（Learning）和调整适应（Adaptation）。前者主要是认知方面发展和提高的问题，后者则是行为表现与改变方面的问题。后者的出现并不一定意味着前者的发生。学习意味着对于行为与结果关系的洞察并对相关的因果关系形成知识。她对组织内与组织间知识转移研究的回顾与总结亦颇有影响（Van Wijk，Jansen & Lyles，2008）。

在实证研究方面，Lyles 将组织学习的视角应用到合资企业战略与绩效的研究中（Lyles & Salk，1996）。以在匈牙利的匈外合资企业为例，她的研究发现，合资企业从国外母公司获得知识的程度直接影响合资企业的绩效。影响母公司与合资企业之间知识传输的主要因素包括母公司是否拥有清晰的知识传输日程（Agenda），如何对合资企业进行培训，以及如何界定双方的劳动分工。在后续的研究中，她与同事发现，母公司对合资企业吸收能力的信任同样会对合资企业的绩效产生正面影响（Lane，Salk & Lyles，2001）。

Ranjay Gulati

Ranjay Gulati 乃是 20 世纪 90 年代哈佛商学院博士毕业生中的杰出代表，也是当前整个管理学界如日中天的领军人物之一。在凯洛格商学院任职数年后，Gulati 回到母校任教至今。他担任过美国管理学会战略管理分会的主席，乃是美国管理学会和战略管理学会的院士。他的研究横跨组织行为学、组织理论和战略管理，主要学术成就在于对战略联盟和组织网络的研究发表。

与纯粹一对一（Dyadic）的合作不同，战略联盟可能使得参与的企业从其所镶嵌的多方社会网络（Social Network）中获益。以社会网络理论为主要视角，Gulati 列出并探讨了研究战略联盟的五个关键问题：战略联盟的形成、治理机制的选择、联盟的演进动态、联盟的绩效表现以及联盟对于其参与企业的绩效影响（Gulati，1998）。在另外一项广具影响的工作中，Gulati 与合作者畅想了战略网络（Strategic Networks）方法在多个研究领域中的潜在应用：产业结构、产业内的定位、不可模仿的资源与能力、合作与协调的成本，以及动态网络的益处与约束性（Gulati，Nohria & Zaheer，2000）。

在具体的研究中，Gulati 认为参与战略联盟的企业之间的社会网络会为它们带来关于合作伙伴能力与可靠性的有用信息。他发现，企业与合作伙伴的直接关系以及整个联盟的社会网络体系都会影响联盟的形成（Gulati，1995a）。企业间形成联盟的可能性不仅会随着双方相互依存度的增强而增大，而且会因为双方以前的合作经历以及拥有共同的第三方合作者等社会网络因素而增大（Gulati & Gargiulo，1999）。也就是说，企业参与以往战略联盟所积累下的社会网络资源（信息、知识与关系等）会对未来的联盟选择决策产生影响（Gulati，1999）。

Gulati 还发现，联盟治理机制的选择，比如不同程度的层级制控制体系（Magnitude of Hierarchical Control），取决于对预期协调成本以及自身可获益性（Appropriability）的考量（Gulati & Singh，1998）。将信任引入战略联盟的研究，Gulati 补充了对于战略联盟治理机制选择原因的解释，修正了原先只靠交易成本视角来解释的局限性。他发现以往重复参与联盟的共同经验可能会增加联盟伙伴间的熟悉与信任关系，使得它们不一定非要采用股权参与等较为正式的方法来治理其联盟关系（Gulati，1995b）。

到底什么样的社会网络关系在什么时候最为重要呢？通过对一组新创生化企业的研究，Gulati 得出了如下的权变性结论：对于新创企业的成功 IPO（首次公开募股）而言，在市场相对较冷的时候，企业与著名风险投资者间的关系极为有用；在市场较热的情况下，企业与著名投行间的关系则非常重要（Gulati & Higgins，2003）。

另外值得一提的是 Gulati 对于组织裕度研究的贡献（Nohria & Gulati，1996）。组织裕度可以容许甚至鼓励各种尝试性的实验项目，但也可能会使得尝试者缺乏自律、任性而为。基于上述两种机制同时作用的解释，他预测并通过实证研究验证了组织裕度与企业创新呈倒 U 形关系。过少和过多的组织裕度都不利于企业创新，而适度的组织裕度会对企业创新有推动作用。

Akbar Zaheer

Akbar Zaheer 与其妻 Srilata Zaheer 1992 年同时毕业于麻省理工学院斯隆管理学院博士项目。这对"明星双职工"自毕业后一直共同任职于明尼苏达大学。Akbar 主攻战略管理，现为明尼苏达大学卡森商学院讲席教授，乃是美国管理学会院士。Srilata 主攻国际管理，当选国际商务学会院士，现任明尼苏达大学卡森商学院院长。

　　Akbar 乃是上述 Gulati 那篇关于战略网络方法在战略管理研究中应用前景的合作者之一（Gulati，Nohria & Zaheer，2000）。三位作者都是印度裔的杰出学者，其中 Nitin Nohria 乃是哈佛商学院现任院长。与 Gulati 相似，在研究合作战略的时候，Akbar 也十分关注信任的作用，并且比 Gulati 更为深入和详尽，一直不懈地专注于信任这一重要概念。

　　依据社会交换理论，Akbar 将关系与信任变量加入传统的以交易成本为考量的组织间关系之治理机制的研究。以保险公司为样本，他的实证研究发现，信任变量的引入有助于解释介于公开市场与组织官僚体系（Market vs Hierarchies）之间的所谓"关系型治理机制"（Relational Governance）在管理组织间合作中的战略作用（Zaheer & Venkatraman，1995）。

　　在另外一项相关的研究中，Akbar 展示了个人之间的信任与组织之间的信任乃是相关但迥然不同的概念，而且它们对谈判过程和组织之间的交易绩效产生了不同的、多多少少是正面的影响（Zaheer，McEvily & Perrone，1988）。Akbar 还与同事合作，将信任总结上升为一种组织原则（Organizing Principle），并探讨了其两个重要作用：一个是进行组织框定（Structuring）的力量，一个是作为动员激发（Mobilizing）的手段。二者同时影响组织部门与成员间的交往模式和组织过程（McEvily，Perrone & Zaheer，2003）。

　　关于合作网络的研究，Akbar 还发现对于一个镶嵌于合作关系网络的企业而言，该网络中赋予的信息、想法与机会将帮助该企业获取某些能力（McEvily & Zaheer，1999）。因此，企业在合作网络中的镶嵌性与地位分布不同可以用来解释其能力的异质性。不仅如此，网络关系还使得企业可以更好地应用组织的内部能力，从而增进其对企业经营绩效的正面影响。那些能够连接"结构空洞"（Structural Holes）的创新性企业尤其可以应用它在网络中的地位所带来的相应能力来更好地获利（Zaheer & Bell，2005）。

非市场战略专家

在现实生活中，企业不仅是经济实体，而且是社会单元。因此，在对企业战略的研究上，我们必须在专注于市场竞争的同时，去欣赏和包络各种非市场战略要素（Nonmarket Strategy），比如政治、社会、文化等方面的要素的独特作用与影响。这里，我们简要评介四位在非市场战略方面表现突出的学者以及他们独特的理论贡献：R. Edward Freeman 的"利益相关者"学说、Srilata Zaheer 的"外国性负债"概念、Stewart Hart 的"自然资源本位企业观"与可持续发展战略，以及 Mike Peng 从制度学派的视角看待战略管理与国际竞争问题的尝试。

R. Edward Freeman

重要的事情要说若干遍，尤其当你想让别人记住你的时候。Freeman 几乎每篇文章的标题都会含有"利益相关者"（Stakeholder）一词。单说这个词，倒也没什么特殊与令人惊奇之处。但当 Freeman 把企业所有的其他"利益相关者"与文献中（至少是受经济学影响较大的文献中）曾经占单一主导地位的"股东"（Shareholders）利益相对立的时候，"利益相关者"一词便立刻成了正义的化身、社会责任的代表、政治正确的态度以及令人耳目一新的新潮学术概念（Freeman, 1984）。

而批评"利益相关者"说法的学者，比如代理人理论的代表 Michael Jensen 教授，则认为这种"利益相关者"说辞不过是为企业管理者的机会主义提供借口，使他们在不能为股东创造价值时可以心安理得。然而，无论如何，这一说法和相关的研究视角与方法在学界和业界都产生了难以想象的巨大反响，也成了大家日常用语的一个自然组成部分。

大家都知道，作为一个学术学位的"Ph. D."是所谓的"哲学博士"（Doctoral of Philosophy）。那是对学位获得者在某项学问上进行了深入探究之努力与成就的认可。不管你具体学的是哪个专业，比如战略管理抑或高能物理, 哲学博士乃是最高的学术学位 (Terminal Degree)。而 Freeman 教授在其博士期间所学习的专业则真的是哲学。因此, 他的学位是不折不扣的哲学专业的哲学博士 (Ph. D. in Philosophy)。Freeman 有篇文章专门将利益相关者理论与康德哲学联系在一起 (Evan & Freeman, 1983), 大肆宣扬 "康德式资本主义" (Kantian Capitalism)。他提出的 "利益相关者" 学说和方法具有所谓的 "公开的和毫不掩饰的道德感"。

Srilata Zaheer

与 Freeman 一样, Srilata Zaheer 也是 "一招鲜, 吃遍天", 仅凭一个概念就能在文献中留下一笔。这就是所谓的 "外国性负债" (Liability of Foreignness) 的概念 (Zaheer, 1995)。在某个东道国 (Host Country) 进行经营的跨国公司 (Multinational Corporation), 因为是从外国来的, 可能不熟悉当地的情况。而且当地与之打交道的机构和个人也会对它不熟悉和不了解, 甚至产生误解、歧视或者不友好。因此, 该跨国公司在这些东道主国家经营需要花费额外的费用, 用以克服与其外国性身份俱来的各种陌生、歧视与限制, 以及某些天然的额外成本, 比如由距离产生的运输和协调成本。这些当地企业无须面对而国外企业必须面对的所有不便及费用都可以被理解为 "外国性负债"。

Srilata 通过不同的实证研究证明了 "外国性负债" 的存在及其对企业绩效的负面影响 (Zaheer, 1995; Zaheer & Mosakowski, 1997)。她的原创性贡献引发了一个庞大的研究专题 (Zaheer, 2002; Eden & Miller, 2004)。众多学者争相引用和验证其学说, 甚至完全不加验证地信服和不分青红皂白地引用。

试想, 从一个经济发展程度比较高的国家到一个经济发展相对落后的国家去经营, 除了必须面临某些特定的 "外国性负债", 很可能受益于其他方面甚至更多的 "外国性溢价" (Premium of Foreignness)。此时的 "外国性" 很可能不再是负债而是资产 (Asset of Foreignness)。好在文献中已经有这种对 "负债之说" 的补充与平衡 (Brannen, 2004; Nachum,

2010）。

除了这个被过分广泛传播甚至滥用的概念，Srilata 还在战略管理和国际管理等诸多话题上做出了重要贡献。比如，她曾探讨了环境中与组织内的复杂性对跨国公司的合法性（Legitimacy）的影响（Kostova & Zaheer，1999）。她曾坚持重申"距离"（比如国家间的文化距离）概念在国际管理研究中的意义（Zaheer，Schomaker & Nachum，2012）。与其夫 Akbar 合作，Srilata 还对信任在跨国合作中的重要作用进行了有益的解读（S. Zaheer & A. Zaheer，2006）。

在研究方法论方面，Srilata 与其夫 Akbar 也曾合作（S. Zaheer, Albert & A. Zaheer，1999）。两位作者真诚地提醒研究者在明确其分析单元（Unit of Analysis）的同时要注意其研究的时间规模（Time Scales）。所谓的时间规模体现在五个方面：被研究现象的存在时段（Existence Interval），研究者在对现象进行研究时的观察时段（Observation Interval）、记录时段（Recording Interval）和整合时段（Aggregation Interval），以及其理论构建的效度时段（Validity Interval）。

Stuart Hart

在战略管理领域，Stuart Hart 教授也是一位独树一帜的学者，自创一个细分专题，在当今讲究可持续发展的年代尤其显得适时应景，虽然他本人在走上这个道路之前完全没有想象过如何去"应景"，而只是专注于自己的兴趣，将自己以前的专业与新入行的战略管理相结合。Hart 所研究的专题是从自然资源的角度来看企业战略管理的实质与挑战。其最早的也是最为著名的文章（Hart，1995）之标题可谓开宗明义、言简意赅："自然资源本位企业观"（A natural-resource-based view of the firm）。

以资源本位企业观为基础，Hart 的自然资源本位企业观的主旨在于通过企业与自然环境的关系构筑竞争优势，具体体现在三个相互关联的战略上。首先，是通过污染防治（Pollution Prevention）来降低对自然环境的伤害。其次，是产品保证（Product Stewardship），要在产品从设计到报废的整个生命周期的各个阶段减少对不可再生资源的耗费。最后，可持续发展（Sustainable Development）乃是全球共同的任务，在发展中国家尤其值得关注。企业在这三方面的努力会使其有机会构建相应的持久竞争优势：积累和提升企业内部独特而难以被模仿的能力，比如符合环保要求和降低能耗的设计能力；提振企业在外部社区的合法性，比如有很多可以建立良好名声的空间（Reputation Space）尚需占领。

需要指出的是，Hart 的自然资源本位企业观的构建所使用的完全是 Barney（1991）等核心文献中提出的资源本位企业观的框架和维度，依托的是赤裸裸的经济逻辑，而不是诉诸社会责任和利益相关者的道德哲学层面的呼吁。无论在商业畅销媒体上（Hart，1997）还是学术文献中（Hart & Dowell，2011），自然资源本位企业观均产生了一定的影响。然而，作者本人的实证研究也并未直接证明他在自然资源本位企业观的构建中提出的假说。其结果表明，减少排放只对高排放企业的绩效有正面影响，对于已经低排放的企业之绩效则没有什么显著影响（Hart & Ahuja，1996）。从某种程度上可以说，遵循自然资源本位企业观的指引，企业可以降低其竞争劣势，但不一定会获得竞争优势。当然，也可以这样理解：相对于那些没有降低排放的高排放企业，降低排放的高排放企业还是有些竞争优势的。

在找到真正属于自己的领地之前，Hart 的研究同样也是切中主流的。他曾经专注于战略制定过程的探究，将其分类为命令型（Command）、象征型（Symbolic）、理性型（Rational）、交易型（Transactional）和创造型（Generative）等五种类型并比较了它们各自的特点以及相应的适用场景（Hart，1992）。在后续研究中，Hart 将能够同时采用和驾驭多种类别的战略制定过程的能力界定为"过程能力"。其实证研究结果表明，过程能力较强的企业的经营绩效要优于过程能力较弱的企业以及采用单一类别战略制定过程的企业（Hart & Banbury，1994）。

Hart 还参与了另外一项值得欣赏的研究（Figenbaum，Hart & Schendel，1996），与其合作者一同提出了所谓的"战略参照点理论"（Strategic

Reference Point Theory）。基于前瞻性预期理论（Prospect Theory）等多种相关理论视角和方法，他们开发了一个作为企业战略决策者"战略参照点"的立体矩阵，包括三个维度：内部能力（投入与产出）、外部条件（对手、顾客与利益相关者）以及时间（过去、现在和未来）。他们进而预测：首先，当决策者对现状的判断高于其战略参照点的时候，他们会更加谨慎和僵化；当决策者对现状的判断低于参照点的时候，他们会更加激进和开放。其次，战略参照点的内容和组态构型会影响企业的经营绩效。再次，定期检讨和改变战略参照点的企业会在长期有较好的绩效表现。最后，高管和企业成员对于战略参照点的共识可以提高企业的经营绩效。

Mike Peng（彭维刚）

彭维刚教授应该是在战略管理领域里的华人学者中文章引用率最高的学者。除了在学术研究期刊和商务畅销期刊上发表文章，他还出版了学术专著以及全球畅销的教材。彭维刚从上海外国语大学附属中学升入大学部没读完就到美国读大学去了。本科毕业时，一直对外贸感兴趣的彭维刚想到国际商务较强的西雅图华盛顿大学读博士。但阴差阳错、鬼使神差，他成了 Charles Hill 的入室弟子，出落为正宗的战略管理学专业博士，虽然现今他在国际商务学界可能更有名。

他发表的首篇重要论文是在他博士毕业那年，用东西方比较的方法研究转型中的计划经济体制下企业的增长路径选择（Peng & Heath, 1996），开启了他用制度学派理论研究战略管理的航程。该文首先回顾了组织演化（Evolutional Perspective）、交易费用（Transaction Cost Perspective）和组织间关系（Interorganizational Perspective）等重要的理论视角，然后将西方企业的增长路径归结为三种战略选择：内生扩展（Internal Generic Expansion）、兼并与并购（Mergers and Acquisitions）以及利用组织间网络增长（Interorganizational Networks）。与这三种选择对应的组织和治理方式分别是需要由能力较强的管理者掌控的内部阶层（Hierarchy）、有效的外部市场（比如资金市场和企业监管市场），以及既非阶层又非市场而是主要依靠信任和互相理解的所谓混合型（Hybrid）制度安排。

然后，他们以东欧及中国等原先采用计划经济体制但正在向市场经济转型的国家为情境，分析这些国家的制度现状对于上述三种战略选择的影响和制约。计划经济时代的制度特色是中央集中计划与官僚体系控制。转型中的制度现状是缺乏正式的产权制度、缺乏战略资源与企业监管市场以及不稳定的政治结构与氛围。但在转型中还存在着第三种制度力量，那就是非正式的势力，比如集体主义观念、社会网络、个人关系与交易等。他们得出的结论是：无论是自我扩张还是兼并与并购都不可能。前者缺乏内部管理资源，后者缺乏相关的市场和基础设施。唯一可能的选择是通过网络关系去拓展边界（Boundary Spanning），利用日益增长的非正式制度力量去寻求企业增长。

也许，这是国际主流的管理学界对于解释原计划经济国家在转型过程中企业行为的最早尝试，这一尝试比钱颖一、许成钢和林毅夫等人在经济学界顶尖期刊上对类似题目的发表晚了将近十年。这大概也是管理学人与经济学家在中国影响力的差距。

使彭维刚真正成名的是他在同一个题目上的后续发表（Peng，2003），这使他成为用制度理论研究企业战略的标志性人物。而此前的 Christine Oliver 等学者主要是关注组织理论的社会学家（Oliver，1991，1997）。彭维刚在该文中再次演绎了在向市场经济转型的整个进程中制度安排对企业行为的影响力量。他的主要结论是：随着转型的深化以及相应的制度变化，原来依靠个人关系的网络型发展模式的成本越来越高，收益越来越小；与之相反，更加市场化的以规则为基础的行为模式将会越来越流行，因为其成本逐渐降低，收益逐渐提高。他还详细地探讨了这种企业行为与增长模式的转换对于国企、新创民企以及在华外企的影响。

之后，彭维刚还通过制度理论视角将"制度相关性"的概念与产品和资源相关性的考量相结合去解释企业的范围边界（Peng，Lee & Wang，2005）。另外，他还进一步将制度理论的视角引入国际竞争战略的研究中（Peng，Wang & Jiang，2008），并将其与产业结构分析和资源本位企业观一同列为所谓的"战略三脚架"（Strategy Tripod）的第三只"脚"（Peng et al., 2009）。彭维刚的其他重要学术贡献还包括总结和梳理了资源本位企业观对国际商务与战略研究的应用及影响（Peng, 2001）。

此外值得一提的是彭维刚对待学术研究的态度和职业自豪感。为什么要做研究？为什么有时候甚至是为了做研究而研究？答案很简单，就是要挑战和拓展人类知识的边界。奥运会中的运动员跑得再快也跑不过汽车和飞机，为什么还要拼命跑？为了追求更快、更远、更高，为了挑战人类极限。纯粹的学术研究亦是如此。学术研究就是学者们的奥运会，是智力、好奇心、想象力和勤奋自律的比拼，本身就有意义。

企业能力解读者

企业的资源与能力一直是企业内部分析的主要线索、资源本位企业观的关注焦点。从显著竞争力（Distinctive Competence）到核心竞争力（Core Competence）再到动态能力（Dynamic Capability），对于企业能力的研究更是激发了众多学者的兴趣和不断参与。这里，我们评介三位在企业能力研究方面有突出贡献的学者：Dorothy Leonard、Constance Helfat、Maurizio Zollo。

Dorothy Leonard

Dorothy Leonard 教授以其对"核心僵硬性"（Core Rigidity）的研究而闻名于战略管理学界（Leonard-Barton, 1992）。当核心能力或曰核心竞争力的说法（Prahalad & Hamel, 1990）流行于世之际，大家积极响应、热情拥抱，仿佛找到了包治公司战略百病的灵丹妙药。而正是在此时，Leonard 关于核心僵硬性的警示顺势登场。核心能力不仅可以使企业在竞争中胜出，也可以由于对它的过度信奉和推崇而增进其僵硬性，不仅阻碍创新，而且会变成阻碍企业应对环境变化的包袱与负担。这是对"伊卡拉斯悖论"最为详尽的解读。

采取明确的知识本位企业观，Leonard 将企业的核心能力界定为能够为企业带来某种竞争优势的知识体系。其内容乃是镶嵌于技术系统内的员工知识和技能。知识的产生与控制则由管理系统来指导。而她认为最为重要的是与上述三个要素相关的甚至是将它们维系在一起的价值观念与行为规范（Values and Norms）。如此，企业能力便不是简单的技术实力，而是与人的价值和行为难以分开的社会性存在。

通过对福特和惠普等 5 家公司中 20 个创新项目的案例研究，Leonard 发现企业的核心能力不仅可以促进新产品开发，也会阻碍其开发。尤其是在价值观与行为规范方面，原来那些鼓励大家创新的激励机制（Empowerment）可能会被当成理所当然的权利（Entitlement）。公司的创新既需要人的动力又需要他们有足够的自律。管理者的挑战是把那些受重视和激发的创意者之能量向公司发展目标的方向来引导，但又不至于损伤大家的创造力或者导致优秀人员的流失。另外一个因素是不同参与者的地位差别和职业荣誉感。地位高的人员习惯于参与有影响的项目，而且对于地位低的人员显现傲慢。这种现象会作为"自我实现的预言"（Self-Fulfilling Prophecy）而持续存在下去，会阻碍那些被认为地位低下的以及非核心功能人员对创新的参与和贡献。

除此之外，Leonard 在知识创造与传输以及企业创新方面有诸多的重要贡献，尤其是在技术与人和组织交汇的界面，比如隐性知识对群组中创新的影响（Leonard & Sensiper, 1998）。1995 年出版的畅销书《知识的源泉》（*Wellsprings of Knowledge*）乃是她在知识与能力研究专题上的理论观点以及研究成果的集中体现。而她在 2004 年出版的《深度专长》（*Deep Smarts*）则将需要长期经验才能获得的知识与专长及其产生、传输与应用描述得淋漓尽致。

Leonard 于 1979 年博士毕业于斯坦福大学，在麻省理工学院任职两年后转赴哈佛商学院任职至 2004 年，现已荣休。她是以颠覆性创新著称的 Christensen 在哈佛大学读博士时的导师。

Constance Helfat

Constance Helfat 曾经长途跋涉，途中"观看了很多风景"，但没有"讲过太多的故事"。她也曾经兴奋地参与过资源本位企业观的"跟团游"。但她真正开始自己"带团旅行"则是在加入了"动态能力"的运动之后，尤其是在她鼓吹"动态管理能力"之后。Helfat 于 1985 年在耶鲁大学获得经济学博士学位，曾在戴维斯加州大学、西北大学凯洛格商学院和沃顿商学院担任助理教授，前后达 13 年之久；后转任达特茅斯学院塔克商学院任副教授，4 年后升任正教授，现为以该院前辈 Quinn 教授命名的讲席教授；当选战略管理学会院士。

在 20 世纪 80 年代，Helfat 有零星的几篇文章发表在产业经济学和法律经济学的期刊上，其中第一篇是与 Teece 合作的有关纵向一体化与降低风险的文章。她发表的第一篇管理学论文，是在 Barney 主编的《管理学期刊》有关资源本位企业观的特刊上，探讨管理资源特质与经济租金的关系（Castanias & Helfat, 1991）。接下来，她有三篇关于 R&D 战略的文章集中问世（Helfat, 1994a, 1994b, 1997），其中最后一篇开始涉及动态能力学说。两篇关于 CEO 资质与薪酬的文章给她漫长艰辛的 20 世纪学术历程画上了相对完满的句号（Harris & Helfat, 1997, 1998）。

进入 21 世纪，她以崭新的姿态开始深耕关于动态能力学说的研究。她在《战略管理学期刊》客席主编了"企业能力演化"的专刊（Helfat, 2000）。而与 Peteraf 合作的关于能力周期（Capability Cycles）与动态资源本位企业观（Dynamic Resource-Based View）的文章（Helfat & Peteraf, 2003）以及与 Ron Adner 合作的关于动态管理能力（Dynamic Managerial Capability）的文章（Adner & Helfat, 2003）则奠定了她在学科发展史上的地位，使之与 Peteraf 一起成为动态能力学说运动的"传教士"和"代言人"。

Helfat 与 Adner 将动态管理能力归结为管理者人力资本、社会资本和认知资本三个要素，并在实证研究中展现了它们在企业应对公司层面环境变化时的影响和作用。据称，该文引发了上百篇有关的后续文章去拓展与检验其基本观点（Helfat & Martin，2015），其中包括她与 Peteraf 阐释管理认知能力与动态能力的微观基础之关系的工作（Helfat & Peteraf，2015）。在推进动态能力学说的进程中，Helfat 还比较过动态能力与运营能力的异同（Helfat & Winter，2011）。

Helfat 曾与众多的名家合作，比如与 Bowman 一起考察公司战略对企业绩效的影响（Bomwan & Helfat，2001），与 Lieberman 合作研讨市场进入与企业能力构建之间的关系（Helfat & Lieberman，2002），与 Agarwal 合作研究组织的战略更新（Agarwal & Helfat，2009）以及与 Eisenhardt 合作探究跨时段规模经济（Inter-Temporal Economies of Scope）、组织模块化与企业多元化的关系（Helfat & Eisenhardt，2004）。可以说，她在过去十几年间发表的学术文章如井喷一样爆发，一时名满天下。Helfat 现任《战略管理学期刊》的三位共同主编之一。

Maurizio Zollo

Maurizio Zollo 于 1997 年从沃顿商学院获得博士学位，乃是当今实力派学者的代表人物之一，现任教于战略管理优秀学者云集的意大利 Bocconi 商学院，已然当选战略管理学会院士。Zollo 在沃顿商学院的导师是著名的演化理论开创者之一的 Winter 和十大"上将"之一的 Singh，而上述的 Helfat 则是他的非正式导师。Zollo 学术研究和文章发表的三个关键词可以说是学习（Learning）、组织常态（Routine）和组织能力（Capability）。其最著名的文章是关于有意的学习（Deliberate Learning）与动态能力的演化（Zollo & Winter，2002），勾勒了企业用以构建动态能力的三种交互作用的机制，包括经验积累（Experience Accumulation）、知识总结（Knowledge Articulation）和知识编码（Knowledge Codification）。动态能力被定义成通过学习而形成的相对稳定的、常规化的组织活动（Routinized Activities），用以开发和调整企业的运营常态（Operating Routines）。这篇文章在工作论文阶段的名称是"从组织常态到动态能力"。可以说，在这篇文章中，Zollo 学术研究和文章发表的三个关键词都聚齐了。

同时，Zollo 还将组织学习与组织常态的逻辑引入战略联盟的研究中（Zollo，Reuer & Singh，2002）。他将组织间常态（Interorganizational Routines）定义为两个企业在重复性合作过程中形成和完善的稳定的交往模式，并且探讨那些构建和改善此常规的要素——比如以往参与和管理战略联盟的一般性经验（General Collaborative Experience）、与特定伙伴的合作经验（Partner-Specific Experience）以及与特定技术相关的经验（Technology-Specific Experience）——对于联盟绩效的潜在影响。这些要素以及它们所催生的组织间常态可以促进信息的交流和伙伴间的交流沟通以及对决策冲突的解决和总体合作进程的治理。基于生化企业间战略联盟的实证研究结果表明，只有与特定伙伴的合作经验对于联盟绩效有显著的正面影响。

接下来，依托知识本位企业观，Zollo 研究了有意的学习在并购后对企业能力整合的作用以及能力整合机制对企业经营绩效的影响（Zollo & Singh，2004）。以美国银行业的 228 个并购案为样本，他们发现：知识的编码化对绩效有正面影响，而并购后的整合力度则会强化这一影响；并购双方的整合力度对绩效有正面影响，而替换被并购企业的高管会对绩效有负面影响。

同样以上述银行业的并购为背景，Zollo 还考察了所谓的"迷信性学习"（Superstitious Learning）现象及其对并购后企业绩效的影响（Zollo，2009）。迷信性学习，即对于过往经历与知识的盲目信奉，通常发生在那些因果关系难以辨析的独特而复杂的决策情形下。其研究结果表明，管理者对过往并购成功的感知与当下并购的成功呈负相关，而且这种作用会随着经验的积累逐渐增强而不是减弱。但随着由经验而得来的知识不断被总结澄清和编码化，上述负面效应则会减弱。

知识管理守望者

从上述三位组织能力研究专家的成果来看，知识和能力其实是紧密相连而难以分割的两个概念。Leonard 甚至把知识体系本身定义为组织能力。然而，仔细考量，无论是从定义上还是实质上，二者还是有所区别的。大家常说知行合一，无知识难以行动，不行动难以显示知识。然而，必定有时候还有行动但无真知，有知识但未诉诸行动。也许，只有可以导致行动和结果的知识（Actionable Knowledge）才是能力。至少知识是能力的基础抑或潜在基础。因此，对于知识和知识创造的研究是具有重要意义的。在此，我们介绍三位以知识创造与管理研究见长的著名学者：Rebecca Henderson、Gabriel Szulanski、Wenpin Tsai。

Rebecca Henderson

于 1988 年毕业于哈佛大学管理经济学博士项目的 Rebecca Henderson 其实主要是一位经济学家。至少从发表文章的数量来看，其主要阵地是经济学领域。在经济学的话题里，她的主要兴趣在于研究企业的 R&D 和专利以及技术创新，比如对知识溢出（Spillover）的研究。幸运的是，她在战略管理领域的贡献足以使她在学说史上留名。其贡献主要体现在三篇相关的文章上，分别探讨架构性创新（Architectual Innovation）、企业竞争力的测度（Measuring Competence）以及竞争优势的来源（Origins of Competitive Advantage）。

在"架构性创新"一文中，Henderson 发现有些产品创新对现有的技术产品只是进行了微小的改进但却能够打败提供现有产品的主导企业。其实这些产品在构成部分方面并没有创新，而创新之处恰恰在于如何组合或曰再组合现有的构成部分，也就是所谓的"架构性创新"——如何对产品部件进行组合的总体设计架构上的创新。这种创新会摧毁现有主导企业在架构性层面知识积累的有用性。由于主导企业的架构性知识深深地镶嵌于其组织结构与信息处理程序之中，这种摧毁过程难以被其即时察觉和有效地应对。通过对半导体图像对准仪行业的一个案例研究，该文揭示了该行业多重架构性创新的经历和启发（Henderson & Clark，1990）。

Henderson 关于现有主导企业的技术范式与其组织结构和认知特征密

不可分的描述与 Leonard 关于核心僵硬性的勾勒有异曲同工之妙。这也难怪，两人分别的共同合作者乃是哈佛商学院前任院长 Kim Clark——制造业企业产品研发方面的知名专家，专门研究企业在产品开发中的整合能力。

之后，以制药企业为样本，Henderson 再次考察"架构性创新"与"构件性创新"对于企业创新绩效的不同影响（Henderson & Cockburn, 1994）。同样以制药行业企业为样本，Henderson 将竞争优势的源泉聚焦于企业决策者在确信有盈利潜力之前就能够识别和应对环境中的提示信号（Environmental Cues）的能力（Cockburn, Henderson & Stern, 2000）。

Gabriel Szulanski

如果给 Gabriel Szulanski 教授的学术贡献只贴一个标签的话，那肯定是"黏性知识"（Sticky Knowledge）。关于黏性知识的研究是他 1995 年在 INSEAD 完成的博士论文的主题，其成果于毕业次年首次发表在《战略管理学期刊》上（Szulanski, 1996）。其后又有多篇后续相关论文发表。他在沃顿商学院任教数年之后重返 INSEAD，现为该院讲席教授和战略系主任。

大而言之，Szulanski 关于黏性知识的研究给资源本位企业观所强调的企业某些特定资源与能力的不可模仿性提供了一个强有力的注脚和佐证。他在 INSEAD 的导师之一正是 Karel Cool——资源本位企业观的重要贡献者之一。某些知识与能力，别说竞争对手无法模仿和复制，就连自己都无法模仿和复制。

企业难以在自己内部的不同单元之间传输与复制其最佳实践和最为独特的竞争力。这就是所谓的知识的黏性（Stickiness of Knowledge）。某些知识是不能挪动的，只能被牢牢地固定在某个特定地点。具体而言，Szulanski 从四个方面系统而又详细地论证了知识之黏性的决定因素。第一，知识本身的特点，包括因果模糊性以及未被证实性。第二，知识传输者的特点，比如缺乏激励以及不被大家认为可靠可信。第三，知识接受者的特点，包括缺乏激励、缺乏吸收能力和缺乏保持能力。第四，知识传输的境况，比如贫瘠的组织土壤以及疏远的部门间关系。他的实证研究结果表明知识的因果模糊性、接收者的吸收能力以及传输者与接收者之间关系的疏远直接阻碍了企业内部的知识传输。

Szulanski 进一步推测并证实了如下论断：影响知识内部传输机会的要素（比如激励）更容易解释知识传输在早期可能遇到的障碍，而影响知识传输之实现的要素（比如因果模糊性）则更容易解释后期执行中遇到的问题（Szulanski，2000）。将黏性知识的分析引入跨国公司的情境，他发现，跨国公司为促进公司内知识的跨国传输所做的调整适应反倒会增加知识的黏性，而不是促进知识的传输与转移（Jensen & Szulanski，2004）。

有关模仿和复制，Szulanski 曾经与在沃顿时的同事 Winter 一起撰文冷静客观地评价了"复制战略"（Replication as Strategy）。他们认为，复制战略并不一定就是采用更加实用或者廉价的"山寨"方法去模仿原创者，也不是简单机械地用现有的商业模式去挖掘和利用现有的市场容量。大家通常忽略的是，复制战略很可能是一种探索性的活动，有可能发现新的商业模式或者改善现有的商业模式（Winter & Szulanski，2001）。这与前述 Henderson 的架构性创新之说亦有相通之处。

Szulanski 最早发表的学术文章是博士学习期间与其 INSEAD 的老师 Ghoshal 合作的关于跨国公司业务单元之间交流沟通的研究。他们发现，业务单元的自主性本身并未对单元间的沟通产生明显的影响，而业务单元主管个人之间横向的社交联系（比如一起开会）则会增强业务单元间以及业务单元与总部之间的交流和沟通（Ghoshal, Korine & Szulanski, 1994）。

Wenpin Tsai（蔡文彬）

说到 Ghoshal，他从 INSEAD 转战伦敦商学院后培养了一位著名的华人弟子——来自中国台湾地区的蔡文彬教授。蔡教授也许是本章所介绍的"专业英雄"中最年轻的一位，是新生代学者中的翘楚。在 1998 年博士毕业当年，蔡文彬与导师 Ghoshal 教授合作发表了关于社会资本与价值创造的企业内部网络分析，为其学术旅程迎来了良好的开局（Tsai & Ghoshal，1998）。在该文中，他们考察了社会资本三个维度（结构性、关系性和认知性）之间的关系并将它们与企业内的资源交换和产品创新相关联。他们发现，代表结构性社会资本的"社交"以及代表关系性社会资本的"信任"对部门间的资源交换产生正面影响，并进而对产品创新产生正面影响。

蔡教授最具影响的独著文章乃是关于企业内部门间知识传输对于部门创新的影响，聚焦于部门在企业内部网络中的地位（中心度）以及自身对知识的吸收能力（Tsai，2001）。采用某石化公司24个业务单元和某食品加工企业36个业务单元的数据，蔡教授展现了吸收能力与网络地位对于部门创新与绩效的正面效应。该文的逻辑非常清楚：处于中心地位的业务单元往往具有信息优势以及从其他部门获取知识的优势。这说明了企业内网络的作用以及在网络中占据中心地位的重要性，它赋予业务单元潜在的接受外部知识的机会。显然，部门内部的吸收能力同样重要，它使得知识获取成为可能。不仅如此，网络地位和吸收能力有较强的正向交互作用。也就是说，当一个具有中心地位的业务单元同时具有较强的吸收能力的时候，该部门的创新与业绩将会尤其受到提振。

蔡教授还深入地探讨了企业内部不同部门间的竞争、合作与协调对部门间知识传输的影响（Tsai，2002）。他发现正规的纵向阶层制协调机制以及非正式的横向协调机制（比如社交）同时影响部门间的知识传输。由于上级过分干预、信息失真、协调时间较长及成本较高等原因，高度集中化的纵向阶层制协调（Centralized Hierarchical Mechanism）会对部门间的知识传输产生负面影响。而横向的非正式协调机制（Informal Lateral Mechanism）可以通过部门间的社会网络关系来增进它们之间的知识传输。

同时，部门间的竞争关系（对内部资源的竞争以及在外部市场上的竞争）也可能会对上述协调机制与知识传输的关系起到交互作用。实证研究结果发现，当部门间在外部市场上竞争激烈的时候，集中度较高的纵向协调机制会降低部门间的知识传输，而横向的非正式协调机制则会促进部门间的知识传输。也就是说，分权化的管理与非正式的交流及沟通相结合会有助于在外部市场上竞争激烈的部门间的知识传输。通过对协调机制的巧妙设计而促进企业内不同部门间的交流与知识传播，乃是企业能力构建的重要任务。因此，此项研究对于先前介绍的对组织能力的研究也具有启发意义。

蔡教授的学术文章非常干净优雅：立意新颖，行文流畅，清新简洁，切中要害。他只在顶尖期刊上发表文章，不在其他地方浪费时间。毕业后的二十年来，他一直在宾州州立大学任教。他温文尔雅，为人谦和，学问精湛，成就卓然，是值得后学效仿的楷模。

行为过程观察家

自 Herbert Simon、James March 和 Richard Cyert 等创立所谓的卡内基学派以来，在管理研究中对于人的行为以及组织的行为与过程的研究不断深入。在战略管理领域也有所谓的内容与过程研究之分。从对事情的总体把握角度来看，这种割裂也许很不幸，可能"只见树木，不见森林"。而从劳动分工的角度来看，亦是无奈的必然，否则谁也不够专业。问题的关键是如何把握专业化细分与总体性整合的度。在 2017 年的美国管理学会年会上，Mintzberg 在某个研讨专题上做主旨发言时曾经调侃说，你如果生了病，最好是能够被归类到医院现有科室的病，否则谁也不敢给倒霉的你看病。即使给你看病，也只是从那个科室的角度看，不越雷池一步。管理研究也是细分到了这种程度。虽然 Mintzberg 以战略过程研究著名，但他肯定认为自己是一个通才（Generalist）。其他人大概不能这么奢侈，必须进行选择，否则很难产生经久一致的影响，无法在学说史上留名。这里介绍的是在战略管理的行为过程学派上有所建树的三位专业英雄：Robert Burgelman、Philip Bromiley、Sydney Finkelstein。

Robert Burgelman

在战略管理领域，以研究硅谷企业著称而且对战略管理过程研究情有独钟的学者主要有两位。一位是十大"元帅"之一的 Eisenhardt，自 1982 年从斯坦福大学商学院博士毕业后一直任教于斯坦福大学工学院管理科学与工程中心。另外一位则是自 1981 年以来一直任职于斯坦福大学商学院的 Robert Burgelman 教授。Burgelman 于 1980 年从哥伦比亚大学获得博士学位，曾在纽约大学短暂任职，于 1992 年担任美国管理学会战略管理分会主席，乃是美国管理学会院士并曾当选战略管理学会院士。

Burgelman 最为著名的工作也许是在公司内创业（Internal Corporate Venturing）研究专题上的重要贡献（Burgelman，1983a）。通过对一家多元化企业中六个创业项目的"扎根研究"（Glaser & Strauss，1967），Burgelman 构建了一个公司内创业的过程模型。该模型由三个层次的要素构成。首先，最为重要的创新发动机是来自基层运营一线的各种自动自发的创新动议和举措（Initiatives at the Operational Level）。这些动议往往是在现有企业战略核心之外的非正式尝试，通常由胸怀野心并企图一鸣惊人从而在公司中快速进阶的不安分者挑起。其次，中层管理在整个内部创业过程中起着关键的作用。依据自己的概念能力和政治技巧，他们可以有选择地将基层的非正式动议和举措与公司正式的战略体系相关联，为这些举措提供倡导（Championing）和动力（Impetus）。最后，最高层的公司管理者所做的，是要对那些外部市场和公司内部环境所共同认可的自发动议与举措进行正式的理性化的追认。仔细对比，此项研究仿佛就是 Bower（1970）对于公司重大投资过程的研究在 20 世纪 80 年代的翻版。二者的方法和结论几乎如出一辙。可见学术研究不是孤立的现象，而是有连续性和重复性的，否则我们如何验证和积累知识呢?!

在同时期的另外一篇相关文章（Burgelman，1983b）中，Burgelman 将这种从基层动议开始的上下互动的企业内创业过程称为"战略跟随结构"。也就是说，内部创业和创新是在现有的组织体系下形成的对公司战略进行拓展和改变的尝试。这是由自发的战略行为（Autonomous Strategic Behavior）而导致的新的战略情境（Strategic Context）。而现有的战略则会诱发特定的战略行为（Induced Strategic Behavior）。该行为会界定企业日常的组织情境（Structural Context）。两种情境共同影响和界定现有的实际存在的公司战略。这样，"战略跟随结构"可以和 Chandler 的著名命题"结构跟随战略"同时成立。因此，Burgelman 呼吁采用一个更加整合的过程模式来研究战略的制定与演变。

在第三篇文章中，Burgelman 从秩序与多样性二者均衡的角度再次解读内部创业过程（Burgelman，1983c）。多样性（Diversity）来自基层的自发行为，而秩序（Order）则来自高层对于组织的战略定调正名（Imposing a Concept of Strategy on the Organization）。因此，中层管理者很重要，既要主持好多样性所要求的实验和选择，又要思考和决定如何给新的业务进行战略定调从而满足秩序稳定的要求。高层管理者对战略的影响不是提前进行具体的战略规划，而是对已经快要实现了的战略进行事后认可。其直接任务是允许中层管理者去调控战略情境，并且自己快速学习，从而可以保证企业内部自发的创业创新行为符合他们已有的但是在不断修正的战略远见。他们的最终准则是保持多样性和秩序的平衡，主要关注变化的级别和速率而不是具体的创业内容。

Burgelman 曾与英特尔的前任老板安迪·格鲁夫有深层的交往并且二人有合作发表（Burgelman & Grove，1996）。他以英特尔为素材的若干研究发表乃是战略过程研究的典范（Burgelman，1991，1994，1996）。以英特尔退出记忆存储装置业务并转向微处理器业务的过程为案例素材，Burgelman 展示了在记忆存储装置业务的行业发展已经使得该业务中竞争优势的基础与英特尔现有的显著竞争力渐行渐远的时候（面临外部选择的压力），英特尔内部自发的演进和选择过程已经将企业的技术资源向微处理器业务上转移（面临内部的选择）。高管的贡献是对这种自发的转移过程进行正式的背书和追认（进行正式的战略选择）。Burgelman 声称，企业退出并不一定是失败，新的领导力并不意味着新的领导人。高管应该有勇气自己从旋转门先转出去再转回来，从而从容地用新的心态来应对战略变革与转移。这也为格鲁夫的所作所为做了背书。

在 2012 年出版的商业畅销书《战略命途》（*Strategy as Destiny*）中，Burgelman 对此专题的研究做了一个精彩的总结。

Philip Bromiley

Philip Bromiley 教授于 1981 年在卡内基梅隆大学获得城市与公共事务博士学位，主攻公共政策与企业政策中的组织决策。其导师是组织理论大家 Herbert Simon 教授。因此，他乃卡内基学派的嫡传弟子。行为决策学也正是他最为重要的研究视角和方法（Bromiley，2009）。贯穿其学术研究的一个主线是信任，而核心的研究专题是风险。他曾长期任教于明尼苏达大学与加州大学尔湾校区，并当选战略管理学会院士。

Bowman 教授曾经预测，高风险的项目一般需要较高的回报才会有吸引力。一个推论是，伴随高收入回报的一定是收入流的高频波动。但他发现在某些行业中收入与收入波动却成反比而不是预期的正比（Bowman，1982）。这便是所谓的"Bowman 悖论"。后续研究的结果有正有反。其中一项研究证明了两种不同结果同时存在的可能：对于收入高的企业，收入与收入波动呈负相关；对于收入低的企业，收入与波动呈正相关（Fiegenbaum & Thomas，1985），这间接地证实了 Bowman 依据前景预期理论（Prospect Theory）所猜测的"处于困境的企业更倾向于冒险"的假设。而 Bromiley 最为重要的一项研究正是要在因果关系层面证实这一猜测。他的实证研究发现，企业绩效、行业平均绩效以及组织裕度与风险（收入波动）都呈负相关。这说明是绩效低导致企业更加冒险，而不是企业有资源和裕度去容许自己冒险。

在对衰退企业的风险倾向研究中，Bromiley 采取了多因素的分析框架，包括绩效（Performance）、裕度（Slack）、企图（Aspirations）、预期（Expectations）、收入流波动风险（Risk）、组织规模（Organization Size）。结果表明，组织衰退和潜在裕度（资产负债率）会增加企业风险，而高风险会进一步降低绩效（Wiseman & Bromiley，1996）。

在与学生 Kent Miller 的合作中，Bromiley 考察了三种不同的风险指标（内部财务、股市指标和收入流波动）对于回报与风险关系研究的影响（Miller & Bromiley，1990）。在与另外一位学生的合作中，基于战略、金融和行为决策理论，Bromiley 考察了在实际的风险决策中组织因素和认知因素对于风险评估过程中所产生的误判的影响。他们发现，二者都会影响风险决策中的误判，但二者同时出现时，组织因素会使认知偏差的影响变得无关紧要（McNamara & Bromiley，1997）。

Bromiley 曾以交易费用为切入点去研究信任。Williamson 认为机会主义（Opportunism）会增加交易成本。与之相对，Bromiley 则认为信任可以降低组织内与组织间的交易成本，并揭示了信任对多种组织选择的影响（Bromiley & Cummings，1995）。具体而言，信任可以降低对控制体系的支出、鼓励多种评价指标的应用而不仅仅是依赖财务指标、降低评估的频次和需要的详尽程度、鼓励部门间的合作，以及促进组织调整与创新。在信任度比较高的行业，企业可以尽量采用市场机制而不是费力地企图在自己组织内进行所有的活动。总之，信任将有助于提高企业的生产率和利润率。

也许，对于信任概念本身的界定和解读乃是 Bromiley 教授最为著名的工作（Cummings & Bromiley，1996）。他与其明尼苏达大学的同事 Larry Cummings 一起构建了一个"信任矩阵"（Trust Matrix）的概念，由信任的构成要素和信任的维度两个方面构成。信任的构成要素包括情感（Affective State）、认知（Cognition）和企图的行为（Intended Behavior）三个方面。而信任的维度则表现在保持承诺（Keeps Commitment）、诚实地谈判（Negotiates Honestly）和避免过分利用别人（Avoids Taking Excessive Advantage）。如此，应用一个 3×3 矩阵，他们界定了包括 9 种不同的信任指标的"组织信任清单"（Organizational Trust Inventory），并通过问卷调查的数据对其进行了检验和证实。

除了对风险和信任的长期研究，Bromiley 教授还亲自参与或者从旁观者的角度褒贬过战略管理研究中的诸多重要专题的研究。

Sydney Finkelstein

Sydney Finkelstein 也许是 Hambrick 最为有名的学生抑或在对高管团队研究这一核心主业上与之合作最多且最为深入的同道者。Finkelstein 于 1988 年在哥伦比亚大学博士毕业，在南加州大学任教 5 年后，就一直任教于达特茅斯学院塔克商学院。师徒二者最具影响的合作乃是对"管理自由度"概念的提出与检验。环境决定论和战略选择论之间存在着长久的争辩。Hambrick 与 Finkelstein 采用"管理自由度"的概念作为桥梁来化解二者的褊狭对立。一般而言，管理决策者不可能完全为所欲为或者一贯缩手缩脚，而是不同的人在不同的境况和时期有不同的决策自由度。而此自由度取决于环境、组织和个人这三个层面的影响和制约。依据这三个层面的高低程度，他们构建了一个 $2 \times 2 \times 2$ 三维矩阵，将管理自由度划分为 8 种具体的类型，并为它们分别取了较为形象的名称，颇具启发意义（Hambrick & Finkelstein，1987）。

在实证研究方面，在对计算机、化工和天然气分销等产业的 100 家企业进行考察时，二者发现了管理自由度对于管理者企业任期与绩效的关系有调节作用。具体而言，任期较长的高管团队采取的战略通常前后一致并与产业中企业的中心趋势一致，而且企业的绩效也与产业平均绩效相差无几。在管理自由度最高的情境下，上述结果最为明显而强劲（Finkelstein & Hambrick，1990）。此乃 Finkelstein 最具影响的论著。

Finkelstein 最为著名的独著文章探究了高管的权力概念及其实际测度（Finkelstein，1992）。他将权力的维度界定为四种：结构性权力（Structural Power），可以用官阶的大小、薪酬的高低以及担任职位的数量多少来测度；所有者的权力（Ownership Power），可以用高管的股权数量、自己家族总共拥有的股权数量以及本人是否为创始人或者与创始人沾亲带故来测度；专家权力（Expert Power），可以用所拥有的专长在企业中的重要性、经历的职能领域的数量多少以及在组织中的地位等来测度；荣誉地位权力（Prestige Power），可以用在其他企业董事会任职的数量、在非营利机构董事会任职的数量、作为董事被评价的分数等级以及出身学校的地位和知名度等来测度。

此外，Finkelstein 还在高层管理的多个研究专题以及其他战略管理研究专题上做出过重要贡献。比如，在高层管理者同时拥有 CEO 和董事长的双重身份时，董事会如何既避免 CEO 大权独揽同时又保证命令统一（Finkelstein & D'Aveni，1994），市场因素和政治因素如何影响 CEO 的薪酬（Finkelstein & Hambrick，1989），CEO 的管理自由度对于其薪酬有何影响（Finkelstein & Boyd，1998），CEO 工作所面临的各种要求（Hambrick，Finkelstein & Mooney，2005），以及采用战略、组织以及人力资源视角研究兼并与收购（Larsson & Finkelstein，1999）。Finkelstein 在 2016 年推出了商业畅销著作《超级老板》（*Superbosses*），揭秘老板善用人才之道。

概念创新出奇兵

Richard Whittington

Richard Whittington 教授于 1986 年在管理人才辈出的英国曼彻斯特大学管理学院获得博士学位，现任牛津大学战略管理学教授。他最著名的研究工作是倡导"战略乃实践"，与 Gerry Johnson 等英国与欧洲学者一起，掀起了一场小有影响的运动，强调战略管理的行动导向和实践色彩。这场运动的实际结果包括在美国管理学会成立了"战略活动与实践兴趣团"（Strategizing Activities and Practices Interest Group），实现了准分会的地位。他本人也坐上了"盟主"的位子。

Whittington 也是 Johnson 教授全球畅销的战略教材的合作者之一。他本人也面向商业畅销书市场出版了一本小册子《什么是战略》（*What is Strategy and Does it Matter?*）。可以说，他是欧洲知名的"实战派"战略管理专家。虽强调实践，但 Whittington 教授也不是只以世俗管理名家的身份游走于世的。他的学术研究和文章发表亦可圈可点。最近，他刚在《战略管理学期刊》上发表了用动态能力的视角考察企业的再组态构型（Reconfiguration）与企业绩效间关系的研究（Girod & Whittington，2017）。

事实上，他最早发表的学术论文就已经显露出强烈的行动导向（Whittington，1988）。在考察环境决定论与战略选择论之间关系的时候，他认为我们应该采取一种现实主义（Realism）的态度，不能把双方简单地对立起来，要承认人与环境双方同时的作用，聚焦于人在环境因素影响较大的情境下的选择和行动。环境不仅设立了选择的前提，也提供了选择的内容。人自身的复杂性也意味着他们即使在同一个环境下也会有不同的选择。

Whittington 教授关于"战略乃实践"概念的最早提出是在 1996 年（Whittington，1996）。他认为战略管理研究应该专注于战略家（Strategists）和"制定战略"（Strategizing）这样的战略活动与实践，而不是组织与战略（Organizations and Strategies）本身，应该更加细致地考察制定战略的人们（包括公司高管、部门主管、战略规划部人员、咨询师等）的日常工作性质与特点、他们每天必须参与的具体的活动组合，要更多地关注制定战略的人的绩效，而不是只关心组织的绩效。

之后，Whittington 不断地呼吁大家要仔细地解读战略实践者（Practitioner）、战略实践（Practice）与具体的实践活动（Praxis）之间的关系（Whittington，2006）。其有关"战略乃实践"研究的最新总结发表在《管理学会年鉴》（*Academy of Management Annals*）上（Vaara & Whittington，2012）。

William Ocasio

能够自己独创一个"企业观"，靠的是独特的见识、无畏的胆识和足够的运气。立意本身要足够独特新颖而又让大家觉得是那么回事儿，有些豁然开朗的感觉但同时又问自己怎么没有写出来这样的东西；要有人愿意追随，愿意在这面旗帜下集聚，或者愿意将自己现有的东西往这个筐里扔，往这个概念上套。William Ocasio 教授所谓的"注意力本位企业观"

（Attention-Based View of the Firm）便是这样一个例子（Ocasio, 1997）。它足够新颖而又较为平实，并且还能把多种研究专题及潮流连接在一起抑或包装一遍。

Ocasio 教授于 1992 年博士毕业于斯坦福大学商学院组织行为专业。如果没有"注意力本位企业观"在《战略管理学期刊》上的发表并在 2011 年获得该刊的最佳论文奖，也许 Ocasio 主要只是一个以制度逻辑（Institutional Logic）研究著称的组织理论专家和社会学家（Thornton & Ocasio, 1999; Ocasio, Loewenstein & Nigam, 2015），虽然他偶尔也涉足战略管理的研究话题，比如对于 CEO 传承的研究（Ocasio, 1994, 1999）。

"注意力本位企业观"的核心论点是：一个企业的行为（Behavior）是它如何引导（Channel）和分配其决策者注意力（Attention）的结果。具体的理论由三个递进的组成部分构成：注意力焦点（Focus of Attention），即决策者到底干什么取决于他们把注意力放在哪些问题和答案上；注意力的情境（Situated Attention），即决策者对什么问题和答案倾注注意力取决于具体的情境；组织对注意力的结构性分配（Structural Distribution of Attention），即决策者面临的情境取决于企业的规章准则、资源以及各种关系如何将问题、答案和决策者分配到具体的交流、活动和程序中。

Simon 认为，组织对各种刺激点（Stimuli）的分配会引导决策者的注意力并进而导致他们对所需关注和解决的事物进行有选择的感知及处理。Ocasio 教授的文章一开篇就引用了 Simon 的名言，也就为该文定了调子。这是对卡内基行为决策学派的致敬和拓展，也融入了我们现今对于社会结构、环境影响以及个体与社会认知等领域的新知（Gavetti, Levinthal & Ocasio, 2007）。这种由组织干预导致的决策行为，既不同于以理性选择为基础的理论（比如博弈论和代理人理论），也不同于强调环境决定作用的理论（比如群体生态学）。其实，注意力理论与战略管理领域对过程的研究有着极强的共性（Bower, 1970; Burgelman, 1983a），而且与战略管理领域内流行的"战略乃是在既定约束条件下进行的选择"之基本信念比较相符（Child, 1972; Andrews, 1971）。

之后，受当代脑科学研究的激发，Ocasio 进一步对注意力概念和种类进行界定（Ocasio, 2010）。脑科学将注意力分为三类：选择性的注意力（Selective Attention）、执行性的注意力（Executive Attention）和警觉（Vigilance）。注意力既可以受由既有认知模式驱动的自上而下的过程的影响，也可以受由外部刺激导致的自下而上的过程的影响。

相应地，Ocasio 将组织内的注意力分为三类：自上而下的"注意力视角"（Attention Perspective）、上下互动的"注意力启动"（Attention Engagement），以及作为注意力过程结果的"注意力选择"（Attention Selection）。同时，Ocasio 还将注意力研究从企业内部拓展到企业与行业关系的层面，考察一个行业对外在事件之注意力的决定因素（Hoffman & Ocasio, 2001）。

可以说，由于 Ocasio 的提醒，大家对注意力的注意力逐渐增强。越来越多的研究正在积极地拥抱"注意力本位企业观"的核心观点及其对行为过程的重视，并将其应用到不同的战略管理研究专题上，比如对于实物期权的研究（Barnett, 2008）。

Christoph Zott

在战略管理学科发展早期，学者们对业界的实践和现象及其总结还是非常关注的，比如对波士顿咨询公司发现的经验曲线效应的验证。而当学科发展到相对成熟阶段之后，学科有了自己的核心范式，比如产业结构分析与资源本位企业观和动态能力学说等，学者们对于学科内的发展可能更加在意，而对于业界流行的概念和现象反倒没有当初那么关注了。

而且，学者们也越来越矜持和自傲，不愿意与商业畅销书中的时髦为伍。结果是，在商业模式、生态系统、平台战略和共享经济等在业界被炒得热火朝天甚至要全盘取代"战略"的所谓话语权的时候，战略管理学术界的文献中对这些概念和现象仍鲜有提及。

好在并不是完全没有声音。仅就商业模式而言，就有 Teece 和 Amit 这样重量级的学者公然"染指"。而在这方面一直与 Amit 合作的 Zott 是前者在英属哥伦比亚大学的博士生，1999 年毕业，可以说是学术圈中商业模式研究的专业英雄。

两人最早的也是最有影响的研究工作是对电商价值创造（Value Creation in E-Business）的考量，该项研究发表在《战略管理学期刊》上（Amit & Zott，2001）。在比较了虚拟市场（Virtual Markets）、价值链、熊彼特创新、资源本位企业观、战略网络理论和交易成本理论等之后，他们的基本结论是没有现成的战略管理理论可以解释电商的价值创造，必须对现有理论进行整合，并把分析单元聚焦在商业模式这个层面。商业模式，意在描述对交易内容、结构和治理的设计，从而使企业得以利用机会去创造价值。商业模式的创新乃是价值创造的源泉。他们有关价值创造的理论框架由四大要素来支撑：交易的效率（Efficiency）、多方选手间的互补性（Complementarities）、由于转换成本和网络效应带来的锁定效应（Lock-In），以及交易结构与参与者的新颖性（Novelty）。这是迄今为止对于商业模式的驱动要素最为系统而具有理论基础的总结和呈现。Zott 与 Amit 合作的众多关于商业模式的研究成就已经在介绍 Amit 教授的时候有所提及，兹不赘述。

Zott 独自完成的有关动态能力（表现在与资源布局相关的时间、成本和学习上）与企业间绩效差异的模拟分析也在文献中具有重要影响（Zott，2003）。他还与在 INSEAD 工作时的同事 Quy Huy 合作研究过企业家的形象管理（强调个人的可信性、从事行业中的组织和领导活动、宣扬自己的组织成就以及与利益相关者关系的质量）对于其资源获取的影响，在创业学领域做出了重要贡献（Zott & Huy，2007）。Zott 现任西班牙IESE 商学院创业学教授。他曾在 2014—2015 年担任美国管理学会战略管理分会的主席。

第四部分
青梅煮酒之当代精英

　　一个学科的发展壮大，靠的是新生力量的不断涌入。虽然在管理学界学术明星的闪耀期可能很长，但毕竟会有新老更替以及创新性传承。放眼望去，当今战略管理学领域正值壮年的实力派领军人物都是在 20 世纪 90 年代左右毕业的博士。他们乃是新一代的"将帅"。第八章着力介绍这一群体的风貌与战功。再往后看，21 世纪毕业的博士中有相当数量的学者羽翼丰满、星光闪耀。他们是当之无愧的新锐精英，已然形成自己的地盘和声音。第九章将评介这些在 21 世纪初期获得博士学位的新锐精英们的贡献与特点。新锐精英们还没有真正接过实力派领军人物手中的接力棒，又一波更新的明星又开始冉冉升起，开启战略管理学科的一个独特而又充满活力的时代，造就一个明星多代混居的盛世图景、师徒数世同堂的洋洋大观。第十章里，我们将专门考察这些学术新秀的成就与特点，展望他们所代表的战略管理学科之未来。

第八章　承前启后：实力派领军人物

当年伴随十大"元帅"纵横驰骋的众多前线"战士"，转眼间都已经变成了功成名就的新一代"将军"，有些甚至已经进入晚霞灿烂的职业尾声。当然，这只是就他们当下的学术硬实力和影响力而言。好在管理学研究还不像自然科学那样真的是日新月异。社会科学内，一百年前的东西，现在拿出来看还是很有道理，甚至有可能比现今的观点更加深刻。更何况，在管理学领域内的学术文章发表，除了硬实力，靠的较多的还是经验积累以及社会网络关系。如此，"老战士"们就尚能餐饭和畅言，甘之如饴，风光无限。

不仅"元帅"们还在指点江山，"上将"们依然激战正酣，职业典范的"老战士"们有些到七八十岁了还拒绝离开战场。乍一看，年轮混搭，时空错乱，有些让人分不清辈分。比如，十大"元帅"中较年轻的 Barney 教授 2017 年又刚出任《管理学会评论》的主编，而 64 岁在现在也不过才是中年，晚霞还要接着灿烂许多年。当然，谁都知道这是精英特例。一大批 20 世纪 80 年代后期和 20 世纪 90 年代初期入行的有突出贡献的学者如今已然年过花甲。俗话说，岁月不饶人。虽是花好月圆、风光无限，毕竟夜色初上、意兴阑珊。

放眼望去，新一代的精英不断涌现。人才辈出，接踵比肩；业绩精良，咄咄逼人。虽然相当一部分 1995 年以前博士毕业的学者们仍然在学科的关键岗位不懈奋战并扮演着各类领军人物的角色，但当今青梅煮酒、纵论天下的实力派领军人物无疑是 1995 年后博士毕业的那批精英学者。

他们是今日战略管理学科的中坚力量。这里，我们介绍由这两组人员构成的当下的领军人物（见表8.1）。

表 8.1　战略管理领域当代领军人物概览

姓名	战略管理学会院士	美国管理学会院士	战略管理分会主席	谷歌学术引用次数	单篇最高引用次数	博士毕业学校	博士学位获得时间	现任学校
因缘际会多伦多								
Will Mitchell	X	X		15 000	2 500	Berkeley	1988	Toronto
Joel Baum		X		20 477	2 754	Toronto	1989	Toronto
Anita McGahan	X	X	X	7 503	1 886	HBS	1990	Toronto
Brian Silverman			X	12 500	3 750	Berkeley	1996	Toronto
又见沃顿与哈佛								
Joseph Mahoney	X	X	X	14 798	4 111	Wharton	1989	UIUC
Rita McGrath				13 087	1 210	Wharton	1993	Columbia
Ron Adner				7 500	1 050	Wharton	1998	Dartmouth
Jan Rivkin				7 600	1 410	HBS	1997	HBS
Nicolaj Siggelkow				8 200	2 600	HBS	1998	Wharton
密歇根人才涌动								
Myles Shaver				5 404	803	Michigan	1994	Minnesota
Gautam Ahuja				16 256	4 843	Michigan	1996	Cornell
James Whestphal		X	X	14 600	1 500	Kellogg	1996	Michigan
老重镇再立新功								
Todd Zenger				10 484	2 708	UCLA	1989	Utah
A. Gambardella			X	14 352	1 539	Stanford	1991	Bocconi
Jeffrey Reuer	X		X	8 162	1 049	Purdue	1997	Colorado
Melissa Schilling				12 673	1 381	Washington	1997	NYU
南方派奋力前行								
Richard Priem				10 528	3 468	Arlington	1990	TCU
Albert Cannella		X	X	14 476	1 742	Columbia	1991	Texas A&M
Amy Hillman		X		12 159	2 704	Texas A&M	1996	ASU

注：本表中所列出的当代领军人物，不包括已经在前几章中介绍过的学者。

因缘际会多伦多

多伦多大学罗特曼商学院如今战略管理人才云集，形成一个新的战略重镇。在当代领军人物中，至少有 4 位现在任职于该校。他们是 Will Mitchell、Joel Baum、Anita McGahan 和 Brian Silverman。这些人多少都有些管理经济学（或曰组织经济学）的背景与偏好。

Will Mitchell

如果把 Will Mitchell 教授的中文名字直译为"为友·觅求"，倒是很合乎情理。在学术觅求的道路上，他帮助和成全了众多人等。民国时期，某些人张嘴闭嘴都以"我的朋友胡适之"如何如何而引以为傲。在当下的战略管理领域里，估计很多人会以我的朋友"为友·觅求"怎样怎样为荣。因为 Mitchell 教授的合作者以及与他有瓜葛的人实在是太多了。仅由他直接指导或者共同指导（Chair or Co-Chair）的博士生就将近 40 位（包括著名的 Myles Shaver、Xavier Martin、Gautam Ahuja 等），由他担任博士委员会成员的博士生又有 30 多人（比如 Tom Brush），而且其中相当一部分都不是他在密歇根大学、杜克大学和多伦多大学任职时本校的学生，比如法国高等商学院（HEC）的 Laurence Capron。从 2007 年到 2015 年，他担任《战略管理学期刊》的共同主编。

Mitchell 师出名门，天分和勤奋兼备。他于 1988 年从伯克利加州大学毕业，其导师是大名鼎鼎的 David Teece 教授。再加上不仅自己能发表而且也善于与别人合作发表的好名声，Mitchell 教授的人气是不可能不旺的，其学术贡献和职业贡献也是不可能少的。出道 30 年，他的论文发表数量轻松过百，跨越的领域和专题甚多。这是追赶 Michael Hitt 的节奏。任何一个学科都需要这样的勤奋劳模和职业典范。

Mitchell 教授一项较为著名的工作是对企业之业务进入（Mitchell, 1989, 1991）与退出（Capron, Mitchell & Swaminathan, 2001）的研究。

比如，当一个行业中有新的技术领域出现时，现有企业（Incumbents）会同时面临正反两方面的激励，要么等待技术与市场不确定性消失，要么提早抢占有利地位。他认为当一个现有企业的核心产品受到威胁，或者拥有行业内相关的支持性资产（Industry-Specialized Supporting Assets）时，它会进入新的领域。他的实证研究结果支持了他的假设（Mitchell，1989）。

Mitchell 教授学术发表的另外一个重要主题是合作战略。比如，如何利用合作关系将复杂的产品商业化（Mitchell & Singh，1996），如何应对合作伙伴关张或者与他人结盟（Singh & Mitchell，1996），在战略联盟中如何向竞争性的合作伙伴学习（Dussauge，Garrette & Mitchell，2000），以及那些在战略联盟中处于游离状态的非核心成员如何结盟（Ahuja，Polidoro & Mitchell，2009），等等。

Joel Baum

Joel Baum 教授其实是公然隐藏在商学院里的社会学家。虽然他发表的文章和所在的期刊都是与组织理论和战略管理相关的，但其文风和气场则基本上都是社会学的范儿。他1989年博士毕业于多伦多大学，在纽约大学任教数年后返回母校任教，曾是第一位"加拿大国家讲席教授"，2011年当选美国管理学会院士。

Baum 教授最早的两篇文章是与其在多伦多大学的同学 Christine Oliver 合作的，研究的都是标准的组织理论话题——"制度关联性与组织死亡的关系"（Baum & Oliver，1991）以及"制度镶嵌度与组织群组动态"（Baum & Oliver，1992）。他在同一时期发表的其他文章也都是组织生态方面标准与经典课题的研究，并逐渐涉及与战略管理相关的竞争动态，并开启了以曼哈顿酒店业为样本情境的多篇高质量研究的发表历程（Baum & Mezias，1992），其合作者包括组织理论学者 Heather Haveman（Baum & Haveman，1997）和 Paul Ingram（Ingram & Baum，1997a，1997b；Baum & Ingram，1998）。这也正迎合并印证了来自伯克利加州大学、斯坦福大学和康奈尔大学等机构以及与之相关的学者们在组织生态学领域大量发表文章的现象和趋势，一时间诱发并强化了大家对于以《管理科学季刊》为阵地的"组织生态帮"现象的关注和玩味。

笔者最早注意到 Baum 教授的工作，则是他与其在纽约大学时的博士生 Helaine Korn 合作的关于多点竞争的研究（Baum & Korn，1996；Korn & Baum，1999），因为笔者在 1994 年完成的博士论文也与这个专题有关。该研究是 Baum 教授对竞争动态研究的持续与拓展，为多点竞争专题的研究做出了一系列重要贡献。竞争动态也一直是其研究和发表的主线之一（Baum & Korn，1999；Baum，Bowers & Mohanram，2015）。

迄今为止，Baum 教授最具影响力的工作是对战略联盟之形成的研究（Baum，Calabrese & Silverman，2000）。此文曾在 2005 年获得 ISI 的高引用率奖（占相关可比论文中的前 1%）。他们假设新创企业可以通过如下做法提升其早期的业绩：（1）建立战略联盟；（2）将它们组态构型为一个有效率的网络，从而可以从中获取多样的信息与能力，但又能减少由于冗余重复、冲突和复杂性带来的成本支出；（3）有选择地与潜在对手合作，从而利用机会向对方学习但又尽量减少双方在联盟内的竞争。他们的实证研究显示了不同的联盟组态构型影响它们的早期绩效表现，也间接解释了为什么企业的年龄和规模会对其绩效产生影响。

Baum 教授还将注意力放到创业学的研究当中，考察风险投资与被投企业之间的关系（Baum & Silverman，2004）。风险投资到底是从潜在被投企业中筛选未来赢家还是悉心培育它们？通过对于新创企业的战略联盟关系以及智力与人力资本的分析，他们认为两个角色同时起作用：风险投资愿意投向那些技术超强但在短期内失败风险极高并因此急需管理技能与专长的企业。其实证研究初步证实了他们的设想，并同时发现风险投资过于重视被投企业的人力资本的作用。

Baum 教授曾是 Nan Jia 等来自中国的博士生的博士委员会成员，他自己直接指导的两位较有成就的战略管理学者是 Stan Xiao Li 和 Andrew Shipilov。他曾经是《战略组织》（*Strategic Organization*）期刊的首任主编，该期刊是组织经济学背景的战略管理学者专享的"栖息之地"。

Anita McGahan

Anita McGahan 是 Michael Porter 的学生。她于 1990 年博士毕业于哈佛商学院管理经济学专业，后留校任教；曾转任职于波士顿大学，后又北上多伦多大学。像著名的 Hambrick 与陈明哲教授一样，McGahan 可谓荣誉齐全。她曾在 2006 年担任美国管理学会战略管理分会主席，并在 2010 年获得该分会的杰出教育家奖，2014 年当选战略管理学会院士，2015 年当选美国管理学会院士，2016 年担任美国管理学会主席。

McGahan 最为著名的研究是与 Porter 合作的关于行业对企业绩效到底有多大影响的专题研究，该研究比较了年份、行业、公司总部、业务单元等对于企业利润率的影响（McGahan & Porter，1997）。其实证研究得出的结论是上述因素的平均影响分别是 2%、19%、4% 和 32%。他们还发现上述影响在不同的经济领域有不同的重要性。制造业中，行业的影响相对较小，但在住宿与娱乐业、服务业、批发与零售业以及交通运输业中，行业的影响较大。在后续的研究中，他们进一步揭示了行业效应与公司总部效应的相关性，并建议采用不同的方法和数据来更加深入地研讨不同因素的影响（McGahan & Porter，2002）。此专题的研究还发表在著名的经济学期刊上（McGahan，1999；McGahan & Porter，1999）。

McGahan 另外一项较有影响的研究是关于企业如何选择并购、联盟和剥离（Adquisitions，Alliances，and Diverstitures）来拓展或者收缩企业的边界（Villalogna & McGahan，2005）。通过对 1990—2000 年间《财富》100强企业中 86 家企业 9276 项相关决策声明（Deal Announcements）的研究，她们的结果为交易费用、社会镶嵌性、组织学习以及实物期权等不同的理论提供了不同程度的支持并显示了它们之间的相关性与互补性。在应用研究方面，McGahan 曾与同事合作研究过对通用性技术的开发对下游潜在商业模式选择的影响（Gambardella & McGahan，2010）。最近，她的研究兴趣则与医疗健康行业的企业行为与战略紧密相关（Keyvan Vakili & McGahan，2016）。

Brian Silverman

Brian Silverman 教授如果是个汉学家，他的中文名字也许可以叫"硬银匠"！因为他的姓"Silverman"直译就是"银匠"，而其名"Brian"的发音是"不软"。他的履历和成就亦相当过硬：1985 年哈佛大学经济系本科毕业，1990 年麻省理工大学斯隆管理学院硕士毕业，主攻公司战略、应用经济学和市场营销，1992 年获得伯克利加州大学产业经济学硕士学位，1996 年获得 Hass 商学院管理学博士学位，主攻企业与公共政策。曾在哈佛商学院任教 3 年，前后两次任教于多伦多大学。2004 年，即博士毕业后 8 年内，Silverman 在人才济济的多伦多大学拿到讲席教授。他是2017 年美国管理学会战略管理分会的主席。

Silverman 最具影响力的研究与战略联盟有关。首先，与其伯克利加州大学的师姐 Joanne Oxley 一起在导师 David Mowery 的带领下，合作发表了关于战略联盟与企业间知识转移的研究（Mowery，Oxley & Silverman，1996）。他们采用了一个当时看来较为新颖的指标——企业的专利群被引用的规律，来测度企业能力的转变，看看联盟企业双方是否会因为互相学习而导致技术资源上的重叠。他们的研究证实了以往的常识——股权合作以及吸收能力会促进知识在联盟企业间的转移。同时，他们也发现，正如文献中建议的那样，战略联盟可以促进参与企业的专业化分工，在相当一部分联盟中，合作企业的能力变得越来越不同（Divergent）。在另外一篇相关的文章中，该研究团队探讨了企业的技术重叠与企业间合作的关系对于资源本位企业观的影响（Mowery，Oxley & Silverman，1998）。

还有一篇与战略联盟有关的重要发表，便是前述由 Baum 教授领衔的那篇引用率占前 1% 的关于联盟形成的文章（Baum，Calabrese & Silverman，2000）。在后续的跟踪研究中，他们同时采用组织生态学和组织经济学的视角，考察企业在联盟中的伙伴与自己的对手结盟如何对自己和整个行业产生影响（Silverman & Baum，2002）。那篇著名的关于风险投资既挑选赢家又培育赢家的文章也是与 Baum 合作的。以此观之，

Silverman 离开哈佛大学重返多伦多大学无疑是正确的选择。

Silverman 唯一的独著文章是同时采用资源本位企业观和交易费用理论探讨技术资源与公司多元化走向的研究（Silverman，1999）。有些资源的独特性使得它难以通过与对方签订合约的方式去有效地加以利用，而必须通过自己的多元化举措在公司内部加以利用。他的实证研究基本支持了上述假设，同时也指出了交易费用理论与资源本位企业观互补的可能性以及合约方法的潜在有用场景。

此外，他与其伯克利加州大学师兄 Nick Argyres 关于企业对 R&D 的组织结构设计对其技术知识发展之影响的研究（Argyres & Silverman，2004）以及与其同学 Jack Nickerson 和组织生态学大家 John Freeman 合作的关于美国卡车行业企业死亡的研究亦有一定影响（Silverman，Nickerson & Freeman，1997）。

又见沃顿与哈佛

当今战略管理领域的领军人物中很是有几位根正苗红的人物。他们师出名门，在一直以来的战略重镇哈佛大学或沃顿商学院博士毕业后，又到对方或者其他名校任教，出道之后一帆风顺，职业服务举手之劳，学术发表优质顺畅，按部就班地攀登学术阶梯，甚至提早实现功成名就，荣登各种荣誉榜单。这里介绍其中的四位：毕业于沃顿的 Joseph Mahoney、Rita McGrath 和 Ron Adner，以及毕业于哈佛的 Jan Rivkin 和 Nicolaj Siggelkow。

Joseph Mahoney

Joseph Mahoney 教授是战略管理学界又一位堪称根正苗红的代表性人物。他本科和博士都是就读于宾夕法尼亚大学，本科学的是经济学，后来在沃顿商学院攻读管理经济学博士。如今年已 60 岁的 Mahoney 曾经是战略领域的"魔幻少年"（Wunderkind），由于其 1992 年在《战略管理学期刊》上关于资源本位企业观的文章很早就声名鹊起，而且一直矗立于学科发展的前沿，学术文章发表持续不断。他于 2006—2016 年担任《战略管理学期刊》副主编，2008 年担任美国管理学会战略管理分会主席，2011 年获得该分会杰出教育家奖，2012 年当选美国管理学会院士，2013 年当选战略管理学会院士。现在他是其过去 30 年一直任教的伊利诺伊大学的卡特彼勒捐赠讲席教授。

Mahoney 是以管理经济学或曰组织经济学为学科基础的战略管理学者。他 2015 年出版的《战略的经济学基础》（*Economic Foundations of Strategy*）是全球数十家商学院博士项目的必读书目，内容全面而权威。Mahoney 曾经有一个独门绝技，那就是能够很快地在一个他感兴趣的领域里成为一个无所不知的"知道主义者"（Know-All Completist）。凡是他做过文献综述的专题，你就不用再耽误功夫去琢磨了，因为基本上不会有"漏网之鱼"留给你。笔者 1992 年第一次在美国管理学会年会上宣讲论文后，就接到他手写的一封信，要笔者给他寄论文的全文，之后连续几年如此。而那时笔者只是一个博士生。笔者估计他当时向战略管理分会有宣讲论文的所有人都要了他们的论文全文。这是一种态度，也是一种功夫。在第一时间全面了解整个学科的动向，可以模拟顶尖期刊主编才能享有的特权和具有的眼界。

当然，谷歌一出来，他的这项代表其核心竞争力的"武功"立马就被"废"了。这也不要紧，因为 Mahoney 已经早已不再把自己局限在组织经济学的圈子里，而是单枪匹马或者拉帮结派地到多个领域都"扫荡"过了。他参与的博士生论文指导委员会也多达 70 多个。他的学术履历上有一项统计列表：其研究在全球 81 个国家和地区得到引用。文章总数没有 Will Mitchell 教授的多，纵使追不上 Hitt 教授，至少也是追赶 Hoskisson 的节奏。

Mahoney 最忠于其组织经济学训练的学术文章是基于其博士论文的研究，用交易费用和代理人理论来分析比较"纵向一体化"以及"其他非股权性合同形式"这两种"纵向关系之治理机制"间的选择（Mahoney，1992）。此外，除了其最有名的关于资源本位企业观与产业结构分析等其他战略管理范式的比较（Mahoney & Pandian，1992），在对资源本位企业观的贡献上，他还提倡将以经济学演绎（Deductive Economics）为基础的资源本位企业观、以战略过程为导向的动态能力学说以及组织学习理论这三方面的研究进行深度融合。这样才能更好地解释导致企业间异质性的两个主要因素（资源与认知模式）如何产生互动影响（Mahoney，1995）。

　　Mahoney 另外一项颇具影响的工作，是与其当年在伊利诺伊大学的同事 Ron Sanchez 合作的有关模块化（Modualization）以及产品设计与组织设计的灵活性的研究（Sanchez & Mahoney，1996）。他与学生 Yasemin Kor（现任剑桥大学嘉治商学院讲席教授）合作的关于资源布局的文章，曾为动态能力学说的实证研究增砖添瓦（Kor & Mahoney，2005）。作为博士生导师，他还培养了近二十位学生，包括 Lihong Qian 等数位来自中国的学生，为学科的后续发展做出了贡献。

　　如果说 Zajac 与 Mahoney 是 20 世纪 80 年代沃顿商学院战略管理博士生的杰出代表，那么 Rita McGrath、Mauricio Zollo 和 Ron Adner 则是 20 世纪 90 年代沃顿系博士生中的佼佼者。我们已在第七章中介绍了 Zollo。下面评介 McGrath 和 Adner。表 8.2 是沃顿商学院与战略管理相关的博士毕业生概览。

表 8.2　沃顿商学院与战略管理相关的博士毕业生概览

姓名	博士学位获得时间	姓名	博士学位获得时间
Gordon Walker	1982	Isin Guler	2003
Ed Zajac	1986	Gino Cattani	2004
Mark Shanley	1987	Dovev Lavie	2004
Joe Mahoney	1989	Hart Posen	2005
Laura Poppo	1991	Robert Jensen	2006
SJ Chang	1992	Xiaohui Lu	2006
Rita McGrath	1993	Brian Wu	2007
Jaideep Anand	1994	JP Eggers	2008
Richard Makadok	1994	Rahul Kapoor	2008
Maurizio Zollo	1997	Vikas Aggarwal	2009
Ron Adner	1998	Felipe Csaszar	2009
Prashant Kale	1999	Aseem Kaul	2009
Giovanni Gavetti	2000	P. Meyer-Doyle	2012
Michael Jacobides	2000	Joon Mahn Lee	2012
Phanish Puranam	2001	R. Ranganathan	2012
Sendil Ethiraj	2002	Shiva Agarwal	2017
Christina Fang	2003		

Rita McGrath

Rita McGrath 本科在哥伦比亚大学读的是政治学，其后在国际关系学院获得公共管理硕士（MPA）学位；1988 年进入沃顿商学院博士项目，师从 Ian MacMillan，主攻战略与创业；1993 年毕业后，回到哥伦比亚大学，在商学院任教至今。

McGrath 是一位不仅学术文章发表情况甚佳而且在实业界极具影响的颇为罕见的女性教授。她在 2000 年与 MacMillan 合著的《企业家型头脑》（*The Entrepreneurial Mindset*）影响广泛。她在《哈佛商业评论》上发表的二十多篇文章使她成为该刊最具影响的作者之一。

McGrath 最早发表的学术文章主要是在创业学领域。仅在毕业前的 1992 年，她就有三篇文章发表在创刊才几年的《创业学期刊》（*Journal of Business Venturing*）上，均与 MacMillan 合作。一篇对创业者和非创业者在是否属于精英阶层、风险偏好以及性格倔强方面进行比较（McGrath, MacMillan & Scheinberg，1992），一篇研究企业家感知的跨文化异同（McGrath & MacMillan，1992），另外一篇则采用 Hofstede 的文化维度来比较中国大陆、中国台湾地区和美国的文化差异对于创业的影响（McGrath, MacMillan, Yang & Tsai，1992）。

同样是在 1992 年，McGrath 的第一篇战略管理论文问世。在与 MacMillan 和技术演进研究专家 Michael Tushman 的合作中，他们认为一个行业中企业集聚的密度取决于产品类别的演进，主要包括对变化各异的主导设计（Dominant Design）的选择与保持。企业的战略决策必须考虑其技术走向（Technological Trajectory）和由市场的板块化程度（Lumpiness）导致的机会空间（McGrath, MacMillan & Tushman，1992）。

在早期的另外一篇重要文章中，McGrath 采用战略过程分析的方法来解读企业竞争力的决定因素，一个是企业高管的"理解力"（Comprehension），一个是企业高管的"灵便性"（Deftness）。基于对 16 个国家中 40 个组织里 160 项新项目决策的研究，他们展示了这两个维度不仅是可以测量的，而且与企业的竞争力密切相关，于是也显示了采用过程视角与方法来研究企业竞争力的潜力（McGrath，MacMillan & Venkataraman，1995）。

McGrath 独著的关于实物期权的三篇概念性文章以及一篇实证研究亦是颇有影响。首先，她是较早地将实物期权的研究视角引入创业学的学者，清楚地指出投资于那些拓展边界但同时又有利于企业独特性的期权的战略价值（McGrath，1997）。她还强调要鼓励通过实物期权的方法去考察那些潜在结果的差异性比较大的项目，从而更好地应对不确定性，但只在条件适合的情况下进行实际的投资（McGrath，1999）。

在一篇后续的实证研究（McGrath & Nerkar，2004）中，她假设并证实了机会范围（Scope of Opportunity）、先前经验（Prior Experience）以及竞争状态（Competitive Effects）决定了企业是否会购买实物期权的倾向性（Proprensity to Invest in New Options）。同年，她与同事一起再次总结了她对实物期权视角与方法的基本观点：实物期权是企业总体价值的一个构成部分，是具体的项目，是一系列选择，是一项投资方法与诀窍（Heuristic）。期权价值的存在取决于两个基本条件：未来尚有选择；获得独占机会的可能性。实物期权视角对决策的行为过程提供了理性的经济洞察（McGrath，Ferrier & Mendelow，2004）。这是对质疑实物期权在管理学文献中之应用的文章（Adner & Levinthal，2004）的一个回应，也是对实物期权在战略管理中应用前景的一次集中总结。

在另外一篇影响广泛的独著文章中，McGrath 展示了当创新项目的探索性较强的时候，项目在目标和督导方面获得的自主性越强，组织学习的有效性就越强（McGrath，2001）。兴趣广泛的 McGrath 还曾经发表过一篇引用率很高的有关如何提高劳动生产率的人力资源战略方面的文章（Koch & McGrath，1996）。此外，她还曾涉足多点竞争的研究，探讨资源配置战略在不确定的"势力范围"中的应用（McGrath，Chen & MacMillan，1998）。

关于商业模式，McGrath 认为意欲发现新商业模式的企业家必须采取重视实验和学习的"发现驱动法"而不是常见的"分析法"（McGrath，2010）。这时的 McGrath 已然是商业畅销书市场上的大师了。

Ron Adner

在 20 世纪接近尾声之际，Ron Adner 于 1998 年从沃顿商学院博士毕业。这位如今战略管理学界最为杰出的实力派领军人物之一，先在 INSEAD 任教，后转赴达特茅斯学院塔克商学院，现为该学院战略片区主任。他在 INSEAD 的博士生 Rahul Kapoor 已经在沃顿商学院获得终身教职。在战略管理领域，他与 Kapoor 也是较早考察生态系统概念的学者（Adner & Kapoor，2010）。Adner 还将具有较为扎实学术基础的战略生态系统研究成果（Adner，2006）引入商业畅销书市场，其于 2012 年出版的专著《广角镜》（*The Wide Lense*），颇受瞩目。

以纵向一体化战略为例，他与 Kapoor 将一个特定企业（Focal Firm）与上下游的关系看成一个生态系统，把该企业需要整合的上游供应商称为"部件商"（Components），把消费者需要将该企业的产品与其产品进行整合的其他厂商称为"互补者"（Complementors）。上游部件商体系的创新给特定企业及其竞争者们带来了学习上和吸收上的挑战，谁能率先将其创新融入自己的产品中就可能产生别人难以模仿的优势。因此，他们认为，部件商体系创新带来的挑战越大，率先成功采用这些技术的企业的绩效优势就越大。而特定企业在将其产品呈现给最终的客户之前，必须要协调与其他互补者的关系。比如，空客 380 超大客机的推出有赖于主要城市机场的新建和扩建。因此，互补者必须面对的技术创新的挑战越大，率先采用这些技术的企业的绩效优势将越会减弱。而随着技术的不断成熟，纵向一体化战略的绩效优势也会越来越增强。其实证研究支持了上述猜测。

最近，Adner（2017）从结构性分析的角度集中总结了生态系统在战略管理研究中作为一个独立概念的前景。"生态系统"（Ecosystem）被定义为"需要通过互动去促成某种价值提供的多边选手之间公认的耦和结构（Alignment Structure）"。"生态战略"（Ecosystem Strategy）被定义为一个具体企业如何应对伙伴间的媾和并确立自己在生态系统中的角色。该文还具体地比较了生态系统概念与众多流行概念，比如商业模式、平台战略、竞合、多边市场、产业结构、网络联盟、技术体系、项目管理、开放式创新、供应链与价值网络等的关系与异同。

其实，Adner 对于生态系统这一概念充其量也仅仅是谨慎乐观。他意识到，这个概念在实践中热火朝天，其背后的现象也会在现实中越来越普遍。而且，作为一个学术研究概念（Construct）和视角（Perspective），它也会有越来越大的影响。但总的判断是，它的作用既不充分也不必要。像所有时髦的学术概念、视角和方法一样，对于这一概念，我们首先要界定它不是什么，它的适用边界到底在哪里。说清楚这些，本身也是一种贡献。而此类工作正是 Adner 的专长。对待实物期权，他也是同样的态度。

Adner 对实物期权视角和方法在战略管理学研究中的应用亦是毁誉参半（Adner & Levinthal，2004）。他呼吁对实物期权法在战略研究中的潜在有效空间进行清晰的界定，并强调了与现有企业行为决策等分析方法相鉴别的重要性。在最新的一篇相关文章中，通过"顺序性投资"（Sequencing Investment）、"低初始投资"（Low Initial Investment）和"再配置"（Reallocation）这三个维度，Adner 比较了实物期权法与其他几个资源分配理论的异同。他们的理论与实证研究结果表明，只有在三个维度的特定组合下，才会真正符合实物期权分析的逻辑。因此，以往的实物期权研究中产生的不一致的结果很可能是由于没有澄清各种相关的混淆因素（Confounding Effects），而对实物期权适用场景进行清晰而严谨的界定乃是未来研究之必需（Klingebiel & Adner，2015）。

此外，Adner 的研究一直以对技术创新需求方的关注为重要线索。他认为，在 Wernerfelt 祭出资源本位企业观大旗后，大家对供给方可能过分重视，因此希望做一个必要的互补。他曾与其在沃顿商学院的导师 Levinthal 合作，通过模拟分析，探究需求方的异质性对于企业产品创新与过程创新以及技术生命周期的影响。他们考虑了那些满意于现有技术的客户们所感受到的"技术创新的边际效用递减"现象，并建议企业在一个稳定的价格下增进技术改进给消费者带来的效用（Adner & Levinthal，2001）。

次年，他又单独发文详述以需求为基础的分析视角与方法，在边际效用递减之外，加入了消费者对技术的"最低可接受性能"（Threshold Performance Level）等概念，并用"偏好重叠度"（Preference Overlap）和"偏好对称度"（Preference Symmetry）两个概念来描述不同的消费者之间如何看待不同产品市场之间的关系与可替代性。他的理论与模型构建表明，需求市场的结构图景影响企业创新的机会结构及其激励机制。企业的创新会改变消费者的预期，从而促成企业所面临的需求结构的进一步变化（Adner，2002）。Adner 还同时考虑需求方异质性与资源异质性和技术改进，试图构建一个有关持久竞争优势的整合型理论（Adner & Zemsky，2006）。

本书前面在评介 Helfat 教授时曾提到过，她与 Adner 合作的关于"动态管理能力"的概念引发了一个被广为参与的研究专题，为动态能力学说的巩固、改善和传播做出了最重要的贡献（Adner & Helat，2003）。这也是 Adner 迄今为止最有影响的学术论文。

Jan Rivkin

当我们把目光从沃顿商学院转到哈佛大学的时候，可能会更加惊奇地发现，这里根正苗红的才俊们更是不鲜一见。Jan Rivkin 本科在普林斯顿大学学的是化工专业，跟他在哈佛的老师 Michael Porter 当年在普林斯顿大学读的是同一个专业。不仅如此，他还是在 1988 年毕业典礼上代表全体毕业生致辞的全校成绩最好的毕业生（Valedictorian）。1990 年 Rivkin 又到伦敦经济学院拿了个经济学硕士学位；到 Porter 创立的咨询公司 Monitor Group 干了三年之后，进入哈佛商学院管理经济学博士项目，于1997 年毕业；后留校任教，十年后升任正教授，次年获得讲席教授职位；2009 2014 年担任战略专业的主任；现任哈佛商学院负责研究事务的高级副院长。

虽然 Rivkin 发文章基本都是在战略管理领域常见的期刊上，但他最典型的文章发表从内容到方法基本上都是经济学的。他的文章引用率不是特别高，因为很多战略管理学者看不懂，外行一点的就更没兴趣了。Rivkin 自己原创性的发表主要与战略的复杂性（Complexity）相关，而他采用的分析方法是经济学的模型构建和证明。战略管理学者认为松散连接的系统（Loosely Coupled Systems）、知识管理以及互补的管理实践可以使某些战略因为其复杂性而难以被对手模仿。Rivkin 的研究正是要对这种"非正式"的说法进行"正式而严谨"的探索。

聚焦于战略的"构成要素数目"以及这些"要素间的互动"，通过模型构建和推演，他展示了战略的复杂性使得对于最优战略的搜寻在技术上不可能。模仿者必须通过经验性的学习而不能依靠某种公式性的算法来解决问题。问题是，复杂性同时也阻碍经验性学习与复制。那些学习优秀企业战略的企业稍微犯些小错就会遭受大的惩罚。这也可以解释为什么有些企业的成功秘诀完全公布于世，也难以有企业能够实现模仿赶超，为什么有些导致卓越绩效的组织实践扩散得非常缓慢，以及为什么有些企业在他们的大多数做法被对手模仿后仍然能够绩效卓越（Rivkin，2000）。

接下来，Rivkin 界定了企业对自己的战略在新情景下的"复制"（Replication）和外部对手对其战略进行的"模仿"（Imitation）。简单的战略既可被容易地复制，也可被轻易地模仿。复杂的战略既不可被自己复制，也不可被对手模仿。而复杂度适中的战略则可能相对容易地被自己复制但不那么容易被外人模仿。企业内部相对于外部在复制与模仿之间的信息优势可以导致持久竞争优势的产生和持续（Rivkin，2001）。

在另外一篇相关的文章中，他与同事探讨知识的复杂性与其传播难易程度之间的关系，以及社会网络和位置对传播的影响（Sorenson，Rivkin & Fleming，2006）。简单的知识无论远近都易于传播，因为知识接受者的本地性搜索即可起作用。过于复杂的知识即使是在它产生的社会圈子之内也很难传播。对于复杂性适中的知识，社会网络中的高保真传输加上本地性搜索会使得社会距离相近的知识接受者能够收到并拓展来自别处的知识。

而距离较远的接受者只能依靠自己的本地性搜索，因而其接受将会受到阻碍。

Rivkin 最频繁的合作者是下面要介绍的任教于沃顿商学院的其哈佛学弟 Nicolaj Siggelkow。他们二人有一个经典的合作，通过模型构建揭示并强调了一个组织应该在对好主意的不断搜寻（Search）以及找到好主意后要保持的稳定性（Stability）之间把握平衡的重要意义（Rivkin & Siggelkow，2003）。

还好，Rivkin 最有影响的发表是关于战略核心专题的，与其哈佛的师兄与同事 Tarun Khanna 合作，研究阿根廷、巴西、印度、墨西哥等 14 个新兴国家中企业集团（Business Group）的绩效。他们比较和区分了企业集团的概念与西方成熟经济中的企业联合体（Conglomerates）的概念。西方的理论和大量的实证研究结果表明，由于其业务的高度分散化与不相关性，企业联合体通常绩效较差。然而，在新兴经济体中，由于制度特点的不同，比如融资市场的不完善等，企业对于企业集团的归属会对其绩效产生正面效应（Khanna & Rivkin，2001）。因此，在考察不同的公司战略形式时，我们应该注意其制度与文化环境的不同。

Nicolaj Siggelkow

比起单靠模型打天下的师兄 Rivkin，晚一年（1998 年）于哈佛毕业的 Nicolaj Siggelkow 则是"文武双全"，不仅能够独坐象牙塔里构建数理模型，而且可以跑到田间地头进行案例研究。事实上，他最有影响力的文章是在《管理学会期刊》上的一个关于宣扬案例研究合法性的评论（Siggelkow，2007）。而他自己亲自操刀的案例研究则是对美国著名时装企业 Liz Claiborne 之兴衰的研究，考察其兴起、衰落与复兴的过程并总结出一个考察企业变革的理论框架（Siggelkow，2001）。

依照企业的"外部匹配"（企业与环境的匹配）是否改变以及"内部匹配"（企业内部活动系统之间的匹配）是否改变这两个维度，他构建了一个 2×2 矩阵，描述四种战略变革过程：没有变化（No Change）；内外同时较大的变化，称为"匹配摧毁型的有害变化"（Detrimental Fit Destroying Change）；外部匹配变化较大但内部匹配基本不变，称为"匹配保留型的变化"（Fit-Conserving Change）；外部匹配不变但内部匹配变化较大，称为"匹配摧毁型的非恶性变化"（Benign Fit-Destroying Change）。他用"匹配保留型的变化"类别来描述 Liz Claiborne 旧有管理团队难以对应的"整个内部运作有序的系统由于与外部环境的匹配失当所引发的潜在生存挑战"，以及新的管理层如何采用系统性的变革来再造企业的过程。

基于对某个共同基金管理企业的案例研究，他还提出了一套创造与改变企业核心要素（Core Elements）的框架，包括四个基本过程：通过各种改进（Elaboration）对现有核心进行的"强化"（Thickening）；创造新的核心并逐渐改进的"打补丁"（Patching）；不做任何改进的"顺势而行"（Coasting）；删除某些核心功能及对其改善的"剪除"（Trimming）。这四个过程的互动可以用来解释企业在特定重组构型内的演进过程以及在不同重组构型间的转换过程（Siggelkow，2002a）。

在一篇独著的论文中，Siggelkow 尽情展现了他的模型构架能力和理论构建上的想象力。他声称企业关于"互补性"错判的后果要远远糟糕于对"替代性"的错判。因此，他认为企业应该更多地去考虑如何促进互补性活动的进行。而且，各自为政的事业部制及其相应的激励机制可能更有利于部门间替代性较强的情形而不利于互补性较强的情形。还有，系统的脆弱性并不一定与各种决策之间的互动的增强呈正相关。当决策间的互动增强之际，互补性的系统将会越来越脆弱，但替代性的系统却可能愈发稳定（Siggelkow，2002b）。

Siggelkow 与 Rivkin 的合作研究可谓卓有成效，尤其是在对企业的搜寻与探索方面。动荡（Turbulent）的环境要求企业快速搜寻（Search Speedily），复杂的环境要求企业广泛搜寻（Search Broadly），动荡而复杂的环境则要求企业平衡搜寻的速度与范围（广度）（Siggelkow & Rivkin，2005）。他们还认为，在一个多阶层的组织中，鼓励基层的参与并不一定能够扩大企业搜寻的广度。采用基于"个体为本"的模型（Agent-Based Model），他们展示了两种不同的结果。在部门间互相依赖程度较高的时候，基层的参与会降低搜寻的广度并损害绩效，而在相互依赖性较低的情形下，基层的广泛参与则有利于企业的搜寻与绩效（Siggelkow & Rivkin，2006）。另外一个关键点是，假设决策之间互动的数量不变，互动模式的改变可以导致局部性最优解（Local Optima）的数量急剧变化。因此，可以推断，搜寻的广度在某些决策互动模式下要比在另外的互动模式下更有长期价值（Rivkin & Siggelkow，2007）。

除了其关于案例研究合法性的文章，Siggelkow 最有影响的研究是与其沃顿同事、十大"上将"之一的 Levinthal 合作的关于组织结构设计与组织探索和调整行为的文章（Siggelkow & Levinthal，2003）。当一个企业面临重大变化之后的新战略图景时（比如现有零售企业如何应对电商的出现），企业应该如何设计其搜索系统呢？在集权化和分散化之间寻求某种暂时的分散化（Temporal Decentralization）然后再进行整合（Re-integration）的方式可以取得长期的最佳效果。短期内的放权可能代价高昂，但可以扩大搜寻的范围（广度），从而增进长期绩效。

密歇根人才涌动

自 20 世纪 80 年代培养了 Richard Bettis、Stewart Hart 和 Habir Singh 等杰出学者后，密歇根大学在 20 世纪 90 年代再次贡献了若干极为优秀的学者，比如 Xavier Martin、Myles Shaver 和 Gautam Ahuja 等。现任密歇根大学战略系主任的 James Westphal 也是当下战略管理学科的主要领军人物之一。下面我们评介与密歇根大学有关的三位学者：Myles Shaver、Gautam Ahuja、James Westphal。

Myles Shaver

Myles Shaver 于 1994 年在密歇根大学获得博士学位，先后任职于纽约大学和明尼苏达大学，现任明尼苏达大学讲席教授。他曾与同事共同指导过两位出色的博士生 Gary Dushnitsky（现任职于伦敦商学院）和 Exequiel Hernandez（现任职于沃顿商学院）。他也于 2014 年由于在 MBA/EMBA 和高管培训等方面教学的贡献获得美国管理学会战略管理分会的杰出教育家奖。其研究领域横跨国际管理与战略管理，主要涉及战略的基本核心问题，主要采用的是组织经济学的视角和方法。

Shaver 教授认为战略是企业基于自身条件和外部情境的内生性选择（Endogeneous and Self-Selected Choice）。忽略这种内生性的实证研究可能会导致关于战略和绩效之间关系的错误结论，尤其是当某些难以测度的企业特质同时影响企业的战略选择和经营绩效的时候。以外国直接投资（FDI）进入方式的选择为例，从自建业务（Greenfield Entry）和并购两种进入方式的选择对投资项目生存关系的影响来看，实证研究证实了他的推测。当其模型不考虑内生性时，对于投资项目生存而言，自建业务的结果要比并购的结果好。但是，当自我选择的内生性被加入模型之后，上述结论就不再成立（Shaver, 1998）。

常识告诉我们，集群经济（Agglomeration Economies）可以使参与的企业从产业集聚（Cluster）中获得信息和资源的网络外部性优势，从而有助于其经营与发展。然而，由于参与企业之间的异质性，它们对于上述优势的贡献和享用是不对等的。因此，企业经营的位置选择决定会影响其绩效。具有卓越的技术、人力资源、培训项目、供应商和分销商的企业通常希望保持与其他企业的距离。也就是说，企业参与不同集聚性经济的动机是不同的，并不是所有的企业都愿意参与。我们也不应该笼统地认为产业集聚就能自动带来绩效提升。这是 Shaver 教授另外一篇文章的贡献（Shaver & Flyer, 2000）。

Shaver 教授还为以获取协同效应（Synergy）为激励的并购的失败原因提供了精彩的解释。当一个并购案发生之后，两个企业之间的整合提供了一个通道（Conduit），不仅能促使协同的产生，同时也会放大消极不利的因素，具体地体现在传染效应（Contagion）和能力效应（Capability

Effect）两个方面。传染效应与互相保险效应（Co-insurance）正好相反。互相保险意味着同时参与不同的业务从而降低风险。而传染效应则意味着为了实现协同效应而进行的整合使得双方更加互相依赖，反倒增大了未来收入流变化的风险。能力效应则意味着整合中的企业由于对削减冗余和降低成本的主导考虑，会使其管理能力接近或者超越极限。如此，面对突发的事件或者机会，企业难以迅速有效地做出反应（Shaver, 2006）。

从上面几篇文章大概可以看出，Shaver 是破除迷信、挑战那些笼统常识的专家。在研究方法论方面，Shaver 曾专门撰文探讨如何对"中介变量"（Mediating Variables）进行测度和检验（Shaver, 2005）。

Shaver 还与其明尼苏达大学的同事、伯克利加州大学毕业的华人学者 Richard Dan Wang 合作研究企业由于主要竞争对手的战略逼近而改变自己定位（Repositioning）的现象。采用中国电视行业的数据，他们选择央视综合频道（CCTV1）在 2003 年增加娱乐性和市场化的节目时间这一再定位作为基准事件，详细考察了主要省级卫视频道如何通过自己的重新定位来予以应对。他们的基本结论是当小企业面临大型主导企业的竞争性威胁时，它们通常会通过重新定位而远离主导企业的定位，但较为强势的小企业则可能会坚守自己的地盘（Wang & Shaver, 2014）。

Gautam Ahuja

Gautam Ahuja 不仅是密歇根大学的骄傲，也是整个 20 世纪 90 年代战略管理学界最为杰出的博士毕业生之一，当之无愧的当今实力派领军人物。他 1996 年在密歇根大学获得博士学位，次年其博士论文获得美国管理学会战略管理分会的最佳论文奖；在奥斯汀得克萨斯大学任教五年后返回母校任教，三年后获聘正教授，又在两年后获聘讲席教授；2017 年转任教于康奈尔大学。

贯穿 Ahuja 研究和发表的一条主线是技术创新。基于其博士论文发表的文章聚焦于企业的社会网络结构对其创新的影响（Ahuja, 2000a）。其理论框架构建在社会网络的三个维度上：与其他企业的直接联系（Ties）、间接联系以及与之联系的企业之间的结构空洞。这三个维度对企业创新具有不同的影响。直接联系为企业带来信息和资源。间接联系只带来信息。结构空洞有两个互相矛盾的作用：由于企业的联系者之间互相没有联系，结构空洞虽然增加了企业获取信息的多样性，但也可能使企业受到潜在的不法行为（Malfeasance）的伤害。Ahuja 假设并展示了直接联系与间接联系对创新的正面影响。但他还发现，间接联系的作用受到直接联系的调节；而结构空洞的存在有害于创新。在另外一项相关研究中，Ahuja 探讨了企业间连接（Linkages）的形成。他认为技术、商业、社会等三种资本的积累可以对企业间联系之建立的动力（Inducement）和机会（Opportunity）产生正面影响。而缺乏这些资本的企业仍然可以通过技术突破来加强与其他企业的连接（Ahuja，2000）。

值得一提的是 Ahuja 对后学的培养和提携。他是现任斯坦福大学教授的 Riita Katila 在得克萨斯大学读书时的导师。而他在密歇根大学指导的两位优秀的博士生 Francisco Polidoro 和 PK Toh 也已经在得克萨斯大学拿到终身教职。Ahuja 于 2016 年获得美国管理学会战略管理分会的杰出教育家奖。他与学生们合作发表的文章亦影响广泛。其中最具影响的一篇，是与 Katila 一起探讨并购企业的技术创新。以收购企业是否主要以获取被收购者的技术为主要动机，他们将并购分成技术导向型并购和非技术型并购。他们假设并通过实证研究结果证明了如下结论：在并购之后，非技术型并购对于收购者的创新没有明显影响。对于技术导向型的并购而言，被收购企业知识体系的绝对规模（Absolute Size）会因为其明显的贡献而增加收购企业的创新。被收购企业知识体系与收购企业知识体系的相对规模（Relative Size）会因为对吸收能力造成的压力而减少收购企业的创新。而二者知识体系的相关度则与收购者的创新成非线性的倒 U 形关系。适度相关有利于创新，过分相关或者非常不相关都不利于创新（Ahuja & Katila，2001）。此文在 2016 年获得《战略管理学期刊》最佳论文奖。

对于现有大公司内的创新，Ahuja 亦有涉及。他指出了阻碍大公司创新的三大陷阱：只关注和偏好自己熟悉区域的"熟悉性陷阱"（Familarity

Trap）、只关注成熟事物的"成熟型陷阱"（Maturity Trap）以及只关注与现有解决方案相近的解决方案的"近似性陷阱"（Propinquity Trap）。他给出的应对战略是：通过对那些对于自己来说是新奇的（Novel）技术以及正在涌现的（Emerging）技术和并不建立在任何现有技术基础上的先锋的（Pioneering）技术进行实验和尝试（Experimenting），企业可以避免掉入陷阱，并进行突破性的创新（Ahuja & Lampert，2001）。

最近，Ahuja 又提出了一个新概念，叫作二阶可获益性（Generative Appropriability）。第一阶的可获益性（Primary Appropriability）指的是通常意义上对于某种创新或者资产所产生的价值（体现在利润上）的利益攫取。而第二阶的可获益性（Second Face of Appropriability）则是创造性的和继生性的（Generative），要点在于将第一阶的创新作为一种概念（Concepts）并力求对此概念可能催生的未来创新保持获益的权利（Ahuja，Lampert & Novelli，2013）。

James Westphal

除了 Hambrick、Finkelstein 和 Cannella，也许对高阶管理的研究进行得最深入广泛的就是 James Westphal 了。他几乎无处不在，无专题不发言。但他缺少的是一个属于他自己的标签，一个杀手锏，一个标志性的作品。

这么说，并不是贬低 Westphal 的成就。毫无疑问，他的成就是伟大的，也是常人难以企及的。这种伟大成就的获得，需要的不仅是天分，还有自律和勤奋，以及对研究事业的投入。他迄今为止的五十多篇学术文章几乎都是发表在《管理科学季刊》《管理学会评论》《管理学会期刊》《战略管理学期刊》等顶尖期刊上的。二十多年来，他平均每年发表 2.5 篇文章。这是很多一流学者几辈子的成就。20 世纪 90 年代，他曾一度是全球整个社会科学领域引用率最高的学者之一。

可以说，他比 Mahoney 更称得上是"魔幻少年"。别人"骑马"，他"坐飞机"。1993 年，美国管理学会战略管理分会年会上，还在西北大学凯洛格商学院读博士一年级的 Westphal，就被导师 Zajac 送到战略管理分会的博士训练营（Doctoral Consortium）（入营的通常都是其他院校将要进入四年级的博士生）。Westphal 于 1996 年毕业，任职于奥斯汀得克萨斯大学。毕业前他已经与 Zajac 在 A 类期刊上合作发表了 4 篇文章，毕业后又发表了数篇文章。5 年后他直接升任终身职正教授，次年直接获聘讲席教授，这应该是一个历史纪录。他博士毕业后只用了 6 年就成为讲席教授，而且是甚为罕见的从来没有当过副教授的人。2006 年他转任教于密歇根大学，担任过两个讲席教授职位。他在 2005 年担任美国管理学会战略管理分会主席，2011 年当选美国管理学会院士。

Westphal 引用率最高的一篇文章是应用制度理论与网络理论对于医院群体采用全面质量管理体系（TQM）过程的研究（Westphal，Gulati & Shortell，1997）。研究结果表明，早期的采用者通常对 TQM 进行定制化的采用从而能够增进其效率，而晚期的采用者则通常直接采用通用的版本以增强自己的合法性。这说明了制度因素对于网络成员身份的调节作用，二者同时影响网络成员对于管理创新实践的采用时序与形式的组合。

Westphal 至今已经在得克萨斯大学和密歇根大学总共培养了十几位博士生，并与他们多次合作发表文章。他在密歇根大学培养的中国学生 David Zhu 已经在亚利桑那州立大学获得终身教职。

老重镇再立新功

活跃在当今一线的领军人物中，还有几位是出自其他几个传统上的战略管理学术重镇的。这里简单地介绍其中四位：毕业于 UCLA 的 Todd Zenger、毕业于斯坦福大学的 Alfonso Gambardella、毕业于普度大学的 Jeffrey Reuer，以及毕业于西雅图华盛顿大学的 Melissa Schilling。

Todd Zenger

Todd Zenger 于 1989 年在洛杉矶加州大学获得博士学位；1990 年入圣

路易斯华盛顿大学任教，8 年后升至正教授；2014 年转任教于如今包括他在 UCLA 读书时的老师 Barney 等在内的、名家云集的犹他大学，任讲席教授和校长特聘教授。他也是现在以 Levinthal 创办的《战略科学》和老牌的《管理科学》为主要阵地的组织经济学名家之一。类似于当年组织理论中"组织生态帮"的出现，在战略管理领域，"组织经济学帮"亦引人注目，大有包揽战略领域内范式性（Paradigmatic）创新的舍我其谁的架势。这个群体包括但不限于如下之成就卓著的知名学者：Ron Adner，William Barnett，Laurence Capron，Giovannit Gavetti，Michael Lenox，Joanne Oxley，Laura Poppo，Myles Shaver，Dennis Yao，Todd Zenger。

　　Zenger 早年曾与 UCLA 的两位同学一起发表过组织经济学的宣言（Hesterly，Liebeskind & Zenger，1990）。他们认为组织经济学既不是一个理论（比如大家经常认为的代理人理论和交易费用理论），也不是经济学的一个分支，而是一种分析范式。组织经济学的三大定律是：组织是交易关系的治理机制；支持交易关系的组织安排取决于交易本身的固有特点；治理某种交易的特定组织安排的选择取决于该安排相比于替代性组织安排的成本有效性。他们还从实证一致性（Empirical Consistency）、逻辑自洽性和可证伪性（Logical Coherence and Fallsifiability）、适用范围与理论简洁性（Scope and Parsimony）等方面探讨了组织经济学作为一种研究工具的作用和意义，以及在组织理论发展中的应用前景。

　　Zenger 在 UCLA 的专业是组织与战略。他在毕业前发表的一篇关于组织人口学动态与技术交流和企业绩效的文章对组织行为学和组织理论的研究做出了较有影响的贡献（Zenger & Lawrence，1989）。他早期在人力资源方面的研究表明，在那些喜好用重金（只）奖励最高绩效员工的企业里，"绩效超高"和"绩效相对较低"的员工通常留在企业里，而那些"绩效相对较高"或者"绩效极低"的员工则更可能选择离开（Zenger，1992）。在另外一篇相关的文章中，他证明了，在对技术人员的合同制定上，小企业能够更有效率地激励高能力的工程师的绩效表现及其留存，而大企业则会遇到 R&D 之规模不经济性的问题（Zenger，1994）。

Zenger 教授的代表作之一是对组织间关系治理机制的研究。基于信任的关系型交换安排通常被认为是对组织间以"复杂的正式合同"维系关系的一种替代。而且，正规合同的签订可能反倒会影响信任并鼓励机会主义。Zenger 与合作者提出了另外一种可能性："正规性合同"与"非正式的关系性合作"是互补的而不是替代的。管理者们也越来越多地将关系型的合作与日益复杂的正规合同型关系相结合。其实证结果证明了他们的假设（Poppo & Zenger, 2002）。

Zenger 与沃顿出身的 Laura Poppo 的另外一项合作也较有影响，那就是对于不同企业理论在"到底是自己做还是外边买"这一决策选择上的解释力的研究。两位作者声称一个企业理论和企业边界理论注定是复杂的，要进行交易费用理论、知识本位企业观和测量方面的考量（Poppo & Zenger, 1998）。

Zenger 还与其华盛顿大学的同事一起提出了自己的知识本位企业观。他们认为，现有的关于知识本位企业观的文章大多聚焦于知识在组织中的传播和应用，而他们则专注于知识的制造和产生。他们以问题为基本分析单元，强调问题的复杂性会影响最优解决方案的选择以及对发现最优方案的搜寻方法的选择（Nickerson & Zenger, 2004）。

最近，在商业畅销书市场上 Zenger 教授亦有良好表现。他在 2016 年出版的《超越竞争优势》（*Beyond Competitive Advantage*）已然广受好评。该书的核心观点可谓振聋发聩：光有竞争优势是不够的，你要向大家证明你在将来会持续地拥有或创造新的竞争优势，让他们持续不断地感到意外和惊喜。大家看重的不是现有的优势或者过往的优势，无论它们有多大或者多么惊人，因为这些优势已经为人所知而且已经反映在你的股价里了。问题的关键，是你的竞争优势的加速度，是你在将来是否有优势。因此，一个企业必须有一个属于自己的清晰的战略"理论"，要有自己的独特性，要具有远见（Foresight）、洞察力（Insight）与交叉视线（Cross-Sight）。

Alfonso Gambardella

意大利学者 Alfonso Gambardella 于 1982 年在帕格尼尼音乐学院获得长笛专业毕业证书，1984 年在热那亚大学获得经济学学士学位，1986 年在纽约大学获得经济学硕士学位，1991 年在斯坦福大学获得经济学博士学位；2004 年至今任教于位于米兰的博科尼大学；2016 年担任美国管理学会战略管理分会主席；现任《战略管理学期刊》三位共同主编之一。他的主要研究领域是技术创新。其学术文章主要发表在《产业与公司变革》《研究政策》以及《经济学与管理战略》等对战略感兴趣的经济学家们经常发文的地方，也有相当一部分发表在《管理科学》以及其他主流的战略管理期刊上。

他发表的若干重要文章是与其斯坦福大学的印度同学 Ashish Aora 合作的。两人在上学期间就在英国老牌期刊《产业经济学期刊》上发文，展示大型生化企业与外部合作伙伴（比如大学以及其他研发密集型小企业）的各种连接之间是相互补充的（Arora & Gambardella, 1990）。事实上，Gambardella 的博士论文研究的也是知识密集型企业如何利用外部知识。通过对美国制药行业中若干企业的案例进行研究，他发现，那些具有较强内部科研实力的企业的确更有效地使用了外部的科学信息。通过对制药行业 14 家企业 1973—1986 年的数据进行的统计分析，他进一步发现，企业的专利数量与该企业科学发表的数量呈正相关，即使控制了企业 R&D 的规模，结论仍然成立（Gambardella, 1992）。

对技术市场（Market for Technology）的关注也一直是 Gambardella 研究发表的主线之一。有关技术、点子、知识和信息的市场总是不完善的。技术市场的出现和存在方式会影响企业的技术与战略。一个显而易见的结果就是战略空间的扩大：企业既可以通过购买技术许可而应用外部知识来替代自己内部的研发努力，也可以将自己的内部研发成果用技术许可的方式出售给其他企业，而不是亲自去投资于下游的生产制造和技术商业化。这意味着企业要更加主动地进行知识产权管理、外部技术发展监控，以及与技术相关的组织形式的遴选，比如技术许可、合资企业和并购。对于新创企业而言，技术市场会青睐于技术与业务更加专注的商业模式。对于整个行业而言，技术市场会降低进入标准并增进竞争（Arora，Fosfuri & Gambardella，2001）。该研究团队在 2004 年出版的专著《技术市场：创新的经济学与公司战略》（*Markets for Technology：The Economics of innovation and Corporate Strategy*）产生了较为广泛的影响。

在对类似于硅谷那样的散落在全球各地的技术与创新聚集区（Regional Clusters of Entrepreneurship and Innovation）的研究中，他们比较了以色列、印度、爱尔兰、中国台湾等相关地区及更加发达的美国弗吉尼亚东北部、英国剑桥、北欧国家等的创新集聚区，以及"硅谷教父"Gordon Moore 口述的 40 年前的硅谷。一个有趣的发现是，导致这些集聚区形成的因素与使得它们持续发展的因素之间存在着巨大的差异。集聚经济性、外部效应以及"社会性的回报递增"等只是在集聚区起飞之后随之而来的一系列"新经济"成分，而其成功起飞则需要由"老经济"形态中不那么风光的因素的出现来促成，比如创建企业的能力、管理能力、足够的技术员工供给以及与市场的连接等（Bresnahan，Gambardella & Saxenian，2001）。

Jeffrey Reuer

Jeffrey Reuer 教授于 1997 年博士毕业于传统的战略管理学术重镇普度大学；曾任教于 INSEAD、俄亥俄州立大学、教堂山北卡罗来纳大学和普度大学，现任科罗拉多大学讲席教授兼战略管理专业主任；2007 年战略管理学会首届"新锐学者奖"（Emerging Scholar Award）获得者，现为该学会院士；曾担任美国管理学会战略管理分会主席和《战略管理学期刊》副主编，乃是即将创刊的期刊《战略管理评论》（*Strategic Management Review*）的创办主编。他的主要研究领域是合资企业与战略联盟等合作战略，最近的研究兴趣是实物期权在战略管理研究中的应用。

Reuer 教授最早的四篇文章都是与其在普度大学的老师 Kent Miller 合

作的。关于企业的风险，文献中惯常的方法是用收入的波动来衡量。其实，真正的风险是业绩的下行趋势而不是上下波动本身。有鉴于此，两人提出了若干聚焦于企业收入下行游走的风险测度指标（Miller & Reuer，1996）。在后续的研究中，采用收入下行风险指标以及实物期权的视角，他与另外一位合作者发现，美国制造业企业投资于跨国合资公司的数量以及参与的国家市场的多少并不能降低其下行风险（Reuer & Leiblein，2000）。

Reuer 与 Miller 还有一篇文章考察跨国合资公司的"内部化"（Internalization）问题，亦即合资公司被其中一个母公司全资收购的情形（Reuer & Miller，1997）。上述两篇文章都是他在博士毕业之前发表的。另外两篇与导师合作的文章则是探讨企业战略与外汇汇率波动之间的关系（Miller & Reuer，1998a，1998b）。

Reuer 教授最具影响的研究成果是关于战略联盟中企业间的组织常态（Interorganizational Routines）与绩效之间的关系（Zollo，Reuer & Singh，2002）。基于生物技术行业中 145 个战略联盟的样本数据，实证研究结果表明，只有那些具有高度伙伴特定性的经历（Parter-Specific Experience）会增进联盟绩效，在不涉及所有权合作的战略联盟中尤其如此。这也说明了联盟中企业间组织常态对于合作与协调的重要作用。在 Reuer 教授领衔的该团队的另外一篇文章中，他们考察了战略联盟成立之后治理机制之改变（比如合同、监管委员会以及监督机制的变动等）出现的可能性及其决定因素，并发现联盟的范围、劳动分工以及联盟对于参与企业的相关重要性等直接影响着联盟的动态与变化（Reuer，Zollo & Singh，2002）。

Reuer 教授还对战略联盟中合同条款的选择与应用进行了细致的研究。他的研究结果显示，对于某个特定合同条款的采用取决于合作双方的资产特定性（Asset Specificity）以及联盟的时限（是否有预设的结束期）。有着重复合作的企业并不会不去谈判条款的履行，只是更关注有关联盟内企业间协调的条款而不关注纯粹信息性的条款（Reuer & Arino，2007）。与此相关，Reuer 还考察了信息不对称对于企业间通过合资企业进行资源组合的影响（Reuer & Koza，2000）。

Reuer 教授还是实物期权视角与方法在战略管理学研究中的积极实践者。他与 Tony Tong 等人合作发表的若干文章是这一研究专题的重要成果，尤其是在跨国合资企业的研究上（Reuer & Tong，2005；Tong & Reuer，2007；Tong，Reuer & Peng，2008）。关于实物期权在战略管理中的应用，其最新的思考和总结集中在承诺与灵活性的冲突以及承诺与合作的关系等关键点上（Trigeorgis & Reuer，2017）。

Melissa Schilling

Melissa Schilling 是大名鼎鼎的 Charles Hill 教授的学生，1997 年毕业于西雅图华盛顿大学，在波士顿大学任教 4 年后，转任教于纽约大学至今。功成名就的 Schilling 教授已经加入了 Hill 教授全球畅销的战略管理教材的合著者行列，她自己也有一本有关技术创新的战略管理教材。可以说，技术创新是其学术研究的主要兴趣和线索。

Schilling 教授最早的学术贡献是基于其博士论文发表的一篇文章，研究决定企业技术成败的经济、战略与市场营销等因素（Schilling，1998）。她发现技术市场通常具有极强的路径依赖，貌似随机与独特的事件对于技术的成败有着至关重要的影响。然而，这种影响还是有一定规律可循的。另外，技术的成败还受企业战略的影响。因此，它既不是一个完全无序的过程，也不是一个企业完全不可控的过程。具体而言，她聚焦于所谓的"锁在外面"（Lockout）现象，亦即没有参与下一轮的技术演进的资格。影响"锁在外面"的因素包括缺少核心能力与吸收能力、缺少互补性的要素、基础用户匮乏以及市场进入的时间选择（过早进入会面临不成熟稳定，过晚进入则不再有机会），而且这些因素的影响会受到市场外部性以及进入壁垒的调节作用的影响。

当大多数企业（或者除了一家企业的其他所有企业）都被"锁在外面"时，就是所谓的"赢者通吃"（Winner-Take-All）局面。此时，只有一种主导技术成为产业标准。如何预测谁会是赢家呢？Schilling 教授再次将我们的目光引向基础用户数目、互补性要素以及进入市场之时间的作用。同时，她着力强调了组织学习倾向的重要性，因为组织学习可以增强企业的吸收能力以及使用实物期权的能力，并直接贡献于其组织能力以及对市场的反应和应对（Schilling，2002）。

Schilling 一直保持着对组织学习的关注。最近，她与合作者考察了个人间的网络结构与潜在的信息扭曲对组织学习的影响。处于中枢（Hub）地位的人是否会忘记或者扭曲信息，从而影响信息传递的质量并进而影响组织学习的结果？通过模拟分析，她们发现中枢地位过于强大或者过于弱小都不利于组织的学习，前者过于集中，后者过于分散。适度的中枢强度则有利于组织学习。而且，适当的信息缺失或者扭曲并不一定有害，甚至反而可能令人惊奇地有益于组织学习（Schilling & Fang，2014）。

Schilling 关于企业创新的研究还体现在对企业间合作网络的考察上（Schilling & Phelps，2007）。她认为，密度高的企业网络可以通过促进交流与合作来提升其"信息传递能力"（Information Transmission Capacity）。而不重复的企业间链接（Nonredundant Connections）可以缩短企业间的距离从而更加充分地利用广泛多样的资源，使得网络的"覆盖度"（Reach）提高。通过对 11 个产业层面的网络联盟中 1 106 家企业专利成就的研究，她证实了信息传递能力和覆盖度双高的网络可以促进企业的专利创新。她对创新研究的最新成果，是关于技术的震荡性变化（Shock）对于企业间合作网络形成的影响，以及二者对企业创新结果的共同影响（Schilling，2015）。

Schilling 还曾把企业对"网络的使用"（Use of Alliance and Network）与将生产制造功能外包给其他企业的"合同型制造"（Contract Manufacturing），以及类似季节性地招募和雇用临时工的所谓"替代性工作安排"（Alterative Work Arrangements）等打包归类为"模块化的组织形式"（Modular Organizational Forms）。她系统地考察了投入和需求的异质性对模块化组织被采用与否的影响，并考虑到产业标准、技术变化以及竞争强度对该影响的调节作用（Schilling & Steensma，2001）。

精英领衔的范式性搜寻

读到这里，大家可能会有种感觉，当下的战略管理学科中的领军人物基本上都是精英出身。从前辈先驱、十大"元帅"到十大"上将"，他们大多是著名机构中有头有脸的明星人物。其实，这一点儿都不奇怪。如今，学科越是走向库恩所说的"范式性"地位（Paradigmatic Status），这种精英化和制度化的走向就越来越明显。从研究题目的选择到研究成果的判定，从博士生的学校出身到其任职学校的地位、网络与支持，从文章本身的质量到其在学术圈内外的社会化的传播，精英的魅影无所不在。

这也再度印证了本书选题与方法的妥当行和可信性。学说史是学科明星之学术成就的历史记录。我们采取的"英雄榜和里程碑"式的记录和评介方法是有事实依据的。当然，笔者也完全清楚，一个替代性的假设是，笔者的选择反映了笔者的偏好，亦即笔者对明星人物及其作品的偏好，因此，笔者的选择相当于自我实现的预言。其实不然，这个替代性假设是很难成立的。虽然入选本书的学者都是笔者一个人挑选出来的，反映了笔者个人的偏见和局限性，但该榜单囊括了有足够学术文章发表的学者中的绝大多数。而且，笔者用的影响力指标是谷歌学术引用次数。这是最全面也是最公正的数据，对非精英学者不但不歧视，反而可能增加了他们的曝光率。如果采用 SSCI（社会科学引文索引）或者其他更为学术和专业的数据，则精英的影响力可能会被进一步放大。

还有一种可能性是，正式发表的东西不一定都是真品或臻品，某些没有发表或者不太受关注的东西可能包含了更多的真知灼见并具有潜在的巨大影响力。首先，这是非常小概率的事件。其次，学术是学者的社区，如果一个人的东西根本没有发表或者没人能看到，那么这个人根本不属于这个社区。谷歌的搜索引擎背后赖以支撑的算法依据的就是某个信息在网络中的中心度和关联度，有多少其他信息指向它，是否有众多节点与之相连并使之占据源流上的核心主导地位。这正是学术文献中引用次数概念最大规模的应用。谷歌学术引用次数因此是可靠的指标。

当下战略管理学科领军人物的另外一个可观察到的共性，是将战略作为科学对待的学者居多，采用数理模型证明和推导的较多。其实，这也与第一个观察结果相联系。在一个学科内进行范式性追求的精英，注定要在意其研究方法的严谨和正规（Rigorous and Formal）。这是每个学科在科学社区提升自己地位的必经之路。当然，我们也看到，这种理论推演式的学术成果可能越来越精致和华美，但其对管理者的实际含义和影响（与老一代的学者们的贡献和取向相比）可能越来越淡漠和疏离。

当然，当代的战略管理学科领军人物中，还包括早先介绍的十大"上将"以及专业英雄中诸多杰出的仍在壮年的学者，比如 Jeffrey Dyer、Ranjay Gulati、Akbar Zaheer、Maurizio Zollo、Christopher Zott、Mike Peng 和蔡文彬等。将他们放回当代领军人物的图景中，也许我们会看到更加丰富多样的研究专题、理论视角、研究方法以及结果呈现。毕竟，战略管理是一个问题导向（Issue-Driven）的学科，有它独特的实践色彩和理论包容性。

南方派奋力前行

美国总体的经济和文化发展状态是，东西部是主流，南方的影响相对较弱。战略管理学大抵也是如此。尽管如此，广义的南部地区仍然有若干战略管理的重要研究基地，比如私立的莱斯大学和杜克大学，以及公立的教堂山北卡罗来纳大学、奥斯汀得克萨斯大学、亚利桑那州立大学、德州农工大学、达拉斯得克萨斯大学、佛罗里达大学和佐治亚理工大学以及佐治亚州立大学等。在当代领军人物中，我们介绍三位现今游走于南方的学者：Richard Priem，Albert Cannella，Amy Hillman。

Richard Priem

Richard Priem 教授在整个战略管理学界真正出名是因为 2001 年的一篇文章（Priem & Butler, 2001a），该文公开质疑资源本位企业观对于战略管理研究的有用性，一时引来众人围观（Makadok，2001）以及 Barney 的反驳（Barney，2001）和 Priem 教授本人的再评论（Priem，2001）。该文章曾经在 2011 年获得《管理学会评论》颁发的十年大奖。

Priem 教授文章的题目很是直接而挑衅："资源本位企业观对于战略管理研究是一个有用的视角吗？"他的基本观点是当时流行的以 Barney（1991）为蓝本的资源本位企业观只是一个框架尚不是一个可以通过实证研究检验的理论（Priem & Butler，2001a）。Barney 的回复文章也很直白了当，其标题只在 Priem 教授原文的问句标题后面加了一个词："Yes！"他从四个方面回应了 Priem 教授的质疑：资源本位企业观的"套套逻辑"（Tautology）问题；资源的殊途同归问题（Equifinality of Different Resources）；对于市场需求方的相对忽略问题（Underdeveloped Product-Market Side）；有限的指导性含义（Prescriptive Implications）。Barney 再次解释和强调了资源本位企业观在上述四个方面的有效性，但也承认该视角需要更加精准细化并与其他理论视角和方法进一步连接打通。

发表在同一期的 Priem 教授的回复文章承认，虽然资源本位企业观暂时还不是一个理论体系，但它已经并且正在对战略管理研究做出贡献。之后，他再次揪住"套套逻辑"不放，声称套套逻辑不能被证伪。他引用波普的名言："如果科学论断阐述的是真实的，那么它肯定可以被证伪；如果它不能被证伪的话，它阐述的肯定不是真实的。"（In sofar as a scientific statement speaks about truth, it must be falsifiable; and in sofar as it is not falsifiable, it does not speak about reality.）

他们指出，在 Barney 框架中，对于竞争优势而言，价值与稀缺两项中每个单独存在都是必要条件而不是充分条件；对于竞争优势的可持续性而言，不可模仿、不可替代、不可转移也都是必要条件而不是充分条件。他们用数学公式的表达直观地说明了"有价值和稀缺的资源可以带来竞争优势"这个论断是重复论证的套套逻辑。因为自变量中的"价值"和"稀缺"以及因变量中的"竞争优势"都是以增进效率和有效性来定义的（Priem & Butler，2001b）。

　　沃顿出身的善于构建组织经济学模型的 Rick Makadok 前来助阵 Barney（Makadok，2001b），极力贬低 Priem 教授，将 Priem 之行文斥为"玩弄一系列文字戏法"。之后，Makadok 又遭到了 Priem 教授的痛批（Priem，2001）。Priem 教授在文章的结尾引用了组织行为学大家 John van Maanen 的一句话："躲在'反对夸夸其谈'这一立场背后的，通常是某种在范式上极为确定的强烈的精英主义。"（Standing behind an anti-rhetorical stance is often a powerful elitism associated with paradigmatic certainty.）

　　Priem 教授的成就属于精英级别的，而他自己却不是。他在顶尖期刊上发表的众多文章足以傲人，堪与众多精英人士比肩。当然，他也丝毫不介意在那些很多人根本没听说过的地方跟很多人没听说过的合作者一起发文章。Priem 教授于 1990 年毕业于阿灵顿得克萨斯大学，毕业后留校任教 11 年，转赴密尔沃基威斯康星大学任讲席教授 9 年，2010 年返回得克萨斯，任德州基督教大学（TCU）讲席教授至今。类似于当年的名将 Michael Lubatkin 和现在仍然活跃在一线并同样战斗在得克萨斯的 Duane Ireland 教授，Priem 教授以其辉煌的成就给非精英出身的学者们树立了一个卓越的榜样。

　　早期主要研究高管团队和战略过程（Priem，1990）的 Priem 教授，在诸多战略管理专题上都做出过重要贡献。最近十年来，他最为关注的是所谓的"需求方视角"（Demand Perspective）以及相关的"以消费者为本位的价值创造"（Consumer Based Value Creation）。消费者是企业战略成功与否的最终评判者。为什么消费者为不同企业产品与服务支付不同的价格？这是战略管理研究和实践要回答的一个重要问题。他认为现有理论过分关注企业资源制造经济租金的能力，而很少关注价值创造与价值获取之间的区别。

　　Priem 教授指出，应该培养和造就"消费者人力资本"（Consumers' Human Capital），亦即消费者由于对特定产品与服务的学习和经验投入所产生的知识与亲近感。同时，他认为要深挖同一个家庭内不同成员间的消费需求及其协同效应，从而提升消费者的体验，更好地创造和获取价值。

但在专家和意见领袖主导的产品和服务市场上，企业则应该放弃对个体消费者的人力资本构建。相反，它们应该对消费者的要求越少越好，让消费者的任务越简单越好，并把注意力放在引导消费者的专家和意见领袖群体上（Priem，2007）。

在 2017 年的美国管理学会年会上，有人组织了一场以需求方为基础的价值创造专题讨论会。Priem 教授与 Barney 教授同时出场，两人的对话比纸上温和多了。当然，17 年过去了，也许往事已如过眼烟云。需求和供给，产品与资源，消费者与厂家，R（资源）派学者和 D（需求）派专家。余温尚存，记忆犹新。难舍难割，有爱有恨。

Albert Cannella

Albert Cannella 乃是在美国南部若干个州立大学间"游走"的一个比较少见的常春藤学校出来的博士。在德州农工大学的官网上公布的简历中，Cannella 的第一句话就是自称其成人时代的生活开始于他在田纳西州中部和佐治亚州北部当农民的日子。他也有过一个焊接和机工小作坊，从事一般性修补工作。Cannella 于 1974 年在田纳西技术大学本科毕业，1984 年在北爱荷华大学获得 MBA 学位，1986 年进入哥伦比亚大学攻读战略管理学博士，1991 年获得博士学位。但他还没毕业就于 1989 年到德州农工大学任教了，2004 年转任职于亚利桑那州立大学，2007 年又挥师新奥尔良图兰大学，2012 年回到亚利桑那州立大学，2007 年又重回德州农工大学。来回折腾。可见 Cannella 离不开南部，离不开得克萨斯的学院小镇（College Station）。

现任德州农工大学讲席教授的 Cannella，曾在 2001 年出任美国管理学会战略管理分会主席，2008 年当选美国管理学会院士，曾经当过《管理学会评论》副主编。

可以说，Cannella 对高管团队研究的所有重要专题几乎都有参与。比如，如何看待和理解被兼并企业 CEO 的离职（Hambrick & Cannella，1993）以及其离职对于被兼并企业绩效的影响（Cannella & Hambrick，

1993）；用政治过程视角考察组织内部对于外来 CEO 的选聘（Cannella &
Lubatkin, 1993）；用资源依赖视角看董事会的角色以及企业如何通过董事
会构成的调整来应对环境变化（Hillman, Cannella & Paetzold, 2000）；高
管团队的职能背景多样性与企业绩效间的关系（Cannell, Park & Lee,
2008），等等。Cannella 与 Hambrick 和 Finkelstein 合作的《战略领导力》
（*Strategic Leadership*）一书，乃是学界和业界公认的关于高管团队研究的
集大成者（Finkelstein, Hambrick & Cannella, 1996, 2009）。

　　Cannella 除了专注于高管团队和公司治理的研究发表，也涉足竞争动
态及多点竞争专题的研究，并与其学生 Tieying Yu 合作发表了若干非常精
彩的文章。比如，以陈明哲的"意识-激励-能力"框架为基础，他们发
现跨国公司对于竞争性攻击的回应受到多种因素的影响，包括与资源相关
的距离、东道国政府、子公司控制权等，也包括与市场相关的所在国市场
的重要性、可能进行反应的地理位置，以及双方的跨市场接触程度（多
点竞争范围与强度）等（Yu & Cannella, 2007）。两人还对战略管理领域
多点竞争的研究进行了系统的回顾与数理，并提出了未来的研究方向
（Yu & Cannella, 2013）。

　　事实上，Cannella 几乎跟自己的每个博士生都有很好的合作并发表了
文章，这些博士生中就包括他早年的一位非常优秀的中国学生沈伟（Wei
Shen）。沈伟已经在亚利桑那州立大学获聘终身职教授。两人的合作研究
包括 CEO 接班人的提升扶正与被迫出走（Cannella & Shen, 2001）以及
CEO 的更替对于企业绩效的影响（Shen & Cannella, 2002）等专题。

　　Cannella 还做出了另外一个相对少见的贡献，那就是研究个人的社会
资本（与其打交道的人的数目以及关系的强弱）对于知识创造的影响，
也是与其学生合作的（McFadyen & Cannella, 2004）。他们发现，认识人
的多少与知识创造的关系是呈倒 U 形的。不认识人不行，缺乏信息和机
会；认识人太多也不行，会有规模不经济性。适当的人际关系可以优化知
识创造。关系的强度也有同样的作用模式，虽然它的边际效应比前者的作

用稍强。关系不强不起作用，而关系太强则会产生依赖以及相互之间的相似与重叠，二者都不利于知识创新。足够强的关系则正好有用。

Amy Hillman

德州农工大学从 20 世纪 80 年代中期开始，就一直是一个战略管理研究的重要阵地。Barney、Hill、Hoskisson 等曾在此建功立业，上面刚讲到的 Cannella 也是两次加盟，Hitt 一直是这里的 "镇院之宝"，后来又有 Ireland 教授的入驻以及新锐学者的补充。德州农工大学也培养了大批的训练有素的博士生，包括来自中国的刘忠明（Chung Ming Lau）、沈伟、Tieying Yu、Dan Li 与现在任教于北方交通大学的何晓明。

也许，迄今为止，德州农工大学在战略管理专业最有成就的博士生是大名鼎鼎的 Amy Hillman。她于 1996 年毕业，在密歇根州立大学任教三年、在西安大略大学毅伟商学院任教两年，后转任亚利桑那州立大学副教授，于 2006 年在毕业十年之际升任正教授及讲席教授；2004—2007 年任《管理学会期刊》副主编，2008—2011 年任《管理学会评论》主编，2014 年当选美国管理学会院士。她是著名新锐学者 David Sirmon 的共同导师之一，而且在加拿大毅伟商学院任教时曾是中国学者 Jane Lu 与周长辉的博士指导委员会成员。

Hillman 的主要研究领域是公司治理、公司政治战略以及企业社会责任和利益相关者。她的重要合作者之一是她在德州农工大学的老师 Gerald Keim。他们最有影响的工作是研究企业对利益相关者的管理以及社会活动的参与对股东价值的影响（Hillman & Keim，2001）。他们推断，通过与员工、消费者、供应商以及社区保持良好的关系，企业可以开发和积累各类隐性资产从而获取竞争优势。但另一方面，占用公司资源去参与那些和主要股东无关的社会活动并不会为股东创造价值。他们用标准普尔（S&P 500）的数据进行了实证研究，其结果显示，利益相关者关系管理会增加股东价值，而社会活动的参与和股东价值呈负相关。

在对董事会的研究上，Hillman 聚焦于董事会的两个职责：代理人理论所强调的对企业的监管（Monitoring）以及资源依赖理论所关注的对企业的资源提供（Resource Provision）。两种职能的正常使用会增进企业的绩效，而行使两种职能的能力则取决于企业"董事会资本"（Board Capital）的构成与实力，比如董事会成员的专长、经验以及与具有战略意义的组织和机构的关系等。不仅如此，董事会资本与行使上述两种职能的关系还会受到董事会成员所得到的激励（Incentives）之影响（Hillman & Dalziel，2003）。

Hillman 关于企业政治战略的研究和发表早在上学期间就已经有了良好的开端。他与 Gerry Keim 合作，比较了西方民主国家中企业与政府关系的节点（Locus）、企业影响政府政策的战略与技巧，以及双方交往的频率。最终的核心问题是政商交往如何在不同的国家影响政府政策的结果。借用现代政治经济学中的制度分析手段和组织行为学的理论，他们试图为上述问题提供答案。首先，他们将政商关系描述为一个市场，政府是政策的提供者，企业是政策的需求者。其次，他们将行政能力强大的议会政体（Parliamentary）与立法系统实力强大的美国系统相对比，并考察在两种不同政体下政商关系的特点。比如，在议会体系下，政商关系聚焦于企业对行政部门的影响，而在美国，政商关系则聚焦于对立法部门的影响。说来，还是一种权变主义的应用。

接下来，Hillman 考察了企业政治战略的具体实施如何影响企业绩效。在美国，企业影响政府的政策和行为主要包括政治献金和游说等手段。其主要目的在于获取信息、获取权和影响方面的益处并减少不确定性。但这种作用的直接效应和长期效应往往难以测量。于是，她选择一个可以被公开观察到的现象——企业的代表在政府部门任职。采用事件分析（Event Study）的方法，她发现这种做法提升了企业的价值。因此，企业的政治战略可以为其提供具有独特意义的价值（Hillman，Zardkoohi & Bierman，1999）。在另外一项研究中，Hillman 反其道而行之，依据资源依赖理论来考察政客在企业担任董事对企业绩效的影响，并发现此类任职可以提升企业的市场表现，而这种作用在受政府管制的企业里尤其明显（Hillman，2005）。

同时，Hillman 还与她在德州农工大学的老师 Hitt 教授合作，对企业政治战略的具体实施手法进行了总结和分类（Hillman & Hitt, 1999）。他们考虑了政商关系发生的层面（个人关系还是机构关系）、方法（短期交易性还是长期关系性）以及以目的为指标划分的三类基本政治战略（Types of Generic Political Strategies）：信息性的（比如游说）、财务激励性的（比如请政客作付酬演讲）以及帮助政客构建与维护支持者的（Constituency Building）政治战略（比如发动员工支持某政客竞选）。他们为三种基本战略总结了较为详细而具体的实施手段和方法，为实证研究提供了良好的基础。

2004 年，Hillman 和同事对截至当时为止的企业政治战略研究做了一次全面的梳理和总结（Hillman，Keim & Schuler，2004）。之后，她又重拾政企关系的市场比喻，分类总结了政府政策市场的吸引力程度对于企业政治战略的影响（Bonardim，Hillman & Keim，2005）。此外，Hillman 领衔的对资源依赖理论在其被提出三十年之后的回顾与总结亦颇有影响（Hillman，Withers & Collins，2009）。

其他优秀学者

除了十大"元帅"、十大"上将"、基业长青的职业典范以及本章评介的当代领军人物，还有一批优秀的学者一直在辛勤耕耘、不断贡献，对战略管理学科的发展，尤其是学术成就的提升起到了重要的推动作用。表8.3 列出了那些 1980—1999 年获得博士学位并持续有学术成果发表的战略管理学者。

表 8. 3 战略管理领域 **1980—1999** 年获得博士学位并持续
有学术成果发表的重要学者概览

姓名	谷歌学术引用次数	单篇最高引用次数	博士毕业学校	博士学位获得时间	现任职学校
Aneel Karnani	4 600	860	HBS	1980	Michigan
Gordon Walker	9 720	1 993	Wharton	1982	SMU
Terry Amburgey	5 500	1 200	Stanford	1984	Toronto
TK Das	17 900	3 560	UCLA	1984	CUNY
Ari Ginsberg	6 000	1 400	Pittsburgh	1985	NYU
Mark Sharfman	5 100	1 021	Arizona	1985	Oklahoma
Margarethe Wiersema	7 832	2 598	Michigan	1985	UC Irvine
Bill Wooldridge	5 200	980	Colorado	1985	U. Mass
Deepak Datta	7 787	1 014	Pittsburgh	1986	Texas Dallas
Avi Figenbaum	4 600	675	Illinois	1986	Deceased
Steven Floyd	9 100	1 250	Colorado	1986	U. Mass
Idalene Kesner	4 750	636	Indiana	1986	Indiana
Rhonda Reger	4 600	1 064	UIUC	1986	Missouri
Mark Shanley	11 353	4 880	Wharton	1987	UIC
Suresh Kotha	8 683	3 623	Rensslaer	1988	UIUC
Abdul Rasheed	7 915	1 132	Pittsburgh	1988	UT Arlington
Anju Seth	4 500	699	Michigan	1988	Virginia Tech
Stephen Tallman	9 999	2 323	UCLA	1988	Richmond
William Hesterly	8 795	2 900	UCLA	1989	Utah
William Judge	5 600	890	UNC	1989	Old Dominion
Raghu Garud	17 600	2 050	Minnesota	1989	Penn. State
N. Rajagopalan	4 800	790	Pittsburgh	1989	USC
Michael Russo	6 500	3 573	Berkeley	1989	Oregon
Kent Miller	6 000	1 000	Minnesota	1991	Michigan St
Laura Poppo	6 500	2 723	Wharton	1991	Nebraska
Sea-Jin Chang	8 450	1 015	Wharton	1992	Singapore NU
Ricahrd Johnson	7 600	1 250	Texas A&M	1992	Missouri
JT Li	6 846	1 196	UT Dallas	1992	HKUST
Justin Tan	6 734	837	Virginia T	1993	York

（续表）

姓名	谷歌学术引用次数	单篇最高引用次数	博士毕业学校	博士学位获得时间	现任职学校
Nicholas Argyres	5 210	677	Berkeley	1993	Wash. U. Olin
Russell Coff	5 098	1 044	UCLA	1993	Bocconi
Nikolas Foss	22 690	1 000	Copenhagen	1993	Bocconi
Tarun Khanna	23 295	2 212	Harvard	1993	Harvard
David Deephouse	7 179	1 336	Minnesota	1994	Alberta
Rodophe Durand	4 615	1 093	HEC	1994	HEC
Timothy Folta	7 000	2 100	Purdue	1994	Connecticut
Javier Gimeno	8 500	2 400	Purdue	1994	INSEAD
Paul Godfrey	5 257	1 172	Washington	1994	BYU
Richard Makadok	4 088	2 353	Wharton	1994	Purdue
William Schulze	6 871	1 857	Colorado	1994	Utah
Rajshree Agarwal	7 304	805	Buffalo	1995	Maryland
Michael Leiblein	2 922	617	Purdue	1995	Ohio State
Joanne Oxley	9 021	3 767	Berkeley	1995	Toronto
Lawrence Capron	4 353	835	HEC	1996	INSEAD
Xavier Martin	3 800	960	Michigan	1996	Tilburg
Gerry Sanders	4 000	1 294	UT Austin	1996	UTSA
Mary Tripsas	5 925	2 100	MIT	1996	Boston College
Mason Carpenter	7 000	1 270	UT Austin	1997	Deceased
Eric Tsang	12 305	2 848	Cambridge	1997	UT Dallas
Bingsheng Teng	13 500	3 500	CUNY	1998	GWU
Haiyang Li	4 600	1 150	CUHK	1998	Rice
Timothy Pollock	6 039	683	UIUC	1998	Penn State
Michael Lenox	8 927	1 594	MIT	1999	Virginia
Violina Rindova	8 365	931	NYU	1999	USC
Frank Rothaermel	12 000	1 546	Washington	1999	Georgia TU
Wei Shen	2 250	480	Texas A&M	1999	Arizona State

比如，其中较为值得一提的，是曾任教于伊利诺伊大学、现任教于马

里兰大学的 Rajshree Agarwal。她的研究以经济学为基本视角，涉及知识转移、技术战略、市场演化、企业与产品的生命周期以及员工流动与创业创新活动的关系等。她还培养了一批较为出色的学生，包括新生代的优秀学者 Martin Ganco（2011 年美国管理学会战略管理分会最佳博士论文奖获得者）、Seth Carnahan、Mahka Moeen 以及来自中国的学者 Lihong Qian。

第九章　风华正茂：少壮派新锐精英

进入 21 世纪，战略管理学科的发展步入日趋丰满的成熟阶段。各类专题纵深拓展，潮流之间交汇融合，研究方法日益精进，新人新秀不断涌现。在 21 世纪早期毕业的博士中，有相当数量的学者已然星光闪耀、成就斐然。这些学者不仅在学术发表上业绩突出，而且在美国管理学会战略管理分会以及战略管理学会的相关活动中积极参与、贡献良多。他们是当之无愧的少壮派新锐精英、下一代的领军人物，正在形成自己的声音和巩固自己的地盘。

当然，以 2000 年为时间点来划分学者群体，未必是十分精准的尺度抑或完全符合学科发展的自然态势。然而，这种通常使用的时段划分毕竟相对符合大家的认知习惯。何况，第八章所评介的 20 世纪 90 年代毕业的博士们主要代表方在壮年的实力派领军人物。对于他们而言，这些新锐精英与他们多是师承关系，基本相差一个辈分。比如，Riita Katila 师从 Gautam Ahuja，David Sirmon 师从 Amy Hillman。当然，还有一些是直接师承十大"元帅"或者十大"上将"及其同辈的。比如，Heli Wang 师从 Barney，Christopher Bingham 师从 Eisenhardt，Michael Jensen 师从 Zajac。再者，从 2000 年至今，已经有足够的时间来检验新一代学者的学术贡献与影响。

而且，从学术机构的任职来看，从 2000 年至今，也有足够的时间来考察其职业生涯的发展与进步。通常而言，在一流的研究型大学，尤其是公立大学，从助理教授到副教授需要六年左右，需要四到六篇发表在顶尖期刊上的文章，而且要有一定的影响，最好有一个核心的主题并形成一个自洽的体系。而从副教授到正教授又需要六年左右，需要在评上副教授之后的六年内再在顶尖期刊上发表六篇左右的文章。

私立大学可能会在四年内就给有潜力的学者"非终身职副教授"（Untenured Associate Professorship）职位，比如沃顿商学院。而有些学校则通常只有正教授才是终身职位，比如哈佛商学院。捐赠教席则有"捐赠研究员身份"（Fellowship）、"捐赠教授职位"（Endowed Professorship）和"捐赠讲席教授职位"（Endowed Chair）等三个级别。前两种职位可以给任何级别的教授，包括初级的助理教授中学校看中并希望鼓励的学者。后两种职位在很多学校并不细分，通常都被笼统地称为"讲席教授"（Chaired Professorship）。但明确标明的"捐赠讲席教授职位"则通常是留给较为大牌的正教授的。

还有一些学校的最高荣誉是"校级教授"（University Professor）或者"校长特聘教授"（Presidential Professor）。在有多个分校的大学系统内，比如得克萨斯大学，每个校区都有校长（President），整个系统也有所谓的总校长（Chancellor）。这种学校最高的教授荣誉则可能是"总校长特聘教授"（Chancellorial Chair or Chancellorial Professorship）或者"××大学系统特聘教授"，例如"得克萨斯大学系统特聘教授"（Professor of The University of Texas System）。另外，不同的学校，名称可能各异。例如，在伊利诺伊大学，校长称为Chancellor，总校长称为President。

显然，国际主流的管理学研究还是以美国为基准和风向标，由其引领学术潮流，造就学术人才。偶尔有欧洲大学毕业的优秀学者进入美国著名高校任职，也基本上是符合美国研究范式的学者，比如那些出自INSEAD和伦敦商学院等与美国有着天然联系的学校的博士。但主导的趋势，仍是美国范式向欧洲或者英联邦国家大学之输出与影响。比如，通过对实证研究的推广，将欧洲商学院从原先的应用经济学研究、哲学思辨式的畅想以及偏重实务性的写作逐步转引到美国范式的战略管理研究。这种传输主要是靠人才流动的方式来实现的。比如，通常会有从沃顿和哈佛以及其他战略重镇毕业的博士向欧洲重镇"挺进",尤其是去 INSEAD 和伦敦商学院,以及后来崛起的 Bocconi、HEC、牛津大学、剑桥大学、西班牙 IE 商学院、西班牙 IESE 商学院等欧洲名校。

著名经济学家、诺贝尔奖得主萨缪尔森在麻省理工学院任教长达半个世纪以上。在以他为精神领袖的麻省理工学院经济学系里,先后有多位经济学家获得诺贝尔经济学奖。他有一句著名的论断:"麻省理工学院成就了我们,我们也成就了麻省理工学院。"诚如斯言,大学和教授是互为依存、互相成就的关系。一所优秀的研究型大学,既是大师云集的学术殿堂,亦是未来精英学者的摇篮。学校的教育与师长的栽培为学生打下了良好的学术和职业基础。而学生毕业以后的成就,不仅给所供职的学校提供了优良的服务,而且也为母校增了光、添了彩。正是在这个意义上,学说史不仅是学术的历史,也是学者们的历史和著名大学的历史。这是一个难以拆解的、类似于社会学里所说的具有高度社会镶嵌性的复杂过程。考察一位学者的成就,离不开其所浸淫于其中的学术背景和氛围,要看其成长背景和能够参与的学术网络。

下面我们评介的新锐精英们,大部分已经在一流大学拿到正教授甚至讲席教授职位,部分是顶尖大学的终身副教授(见表9.1)。我们也顺便考察他们任职的学校在战略管理研究方面的整体实力。按照这些学者现在任职的机构,我们将粗略地分四个类别进行考察:美国私立研究型大学;美国公立研究型大学;美国范式的欧洲盟友;英联邦传统老树新花。

表 9.1 战略管理领域部分少壮派新锐精英学者简览

姓名	谷歌学术引用次数	单篇最高引用次数	博士毕业学校	博士学位获得时间	当前任职学校
美国私立研究型大学					
Giovanni Gavetti	6790	2100	Wharton	2000	Dartmouth
Riita Katila	8350	2810	UT Austin	2000	Stanford
R. Casadesus-Masanell	4950	1630	Kellogg	2000	HBS
Juan Alcacer	2900	550	Michigan	2001	HBS
Belen Villalonga	9900	2900	UCLA	2001	NYU
Yan Anthea Zhang	3900	690	USC	2001	Rice

（续表）

姓名	谷歌学术引用次数	单篇最高引用次数	博士毕业学校	博士学位获得时间	当前任职学校
美国公立研究型大学					
Glenn Hoetker	3100	985	Michigan	2001	ASU
Michael Jensen	1260	390	Kellogg	2001	Michigan
Mary Benner	6400	3700	Columbia	2002	Minnesota
David Sirmon	10950	2200	ASU	2004	Washington
Christopher Bingham	3200	820	Stanford	2005	UNC
美国范式的欧洲盟友					
Phanish Puranam	5600	1200	Wharton	2001	INSEAD
Andrew Shipilov	2830	420	Toronto	2005	INSEAD
Michael Jacobides	4100	890	Wharton	2000	LBS
Sendil Ethiraj	2780	960	Wharton	2002	LBS
Dovev Lavie	6850	1650	Wharton	2004	Bocconi
英联邦传统老树新花					
Heli Wang	2200	620	Ohio State	2001	Sing. MU
Sarah Kaplan	5471	1402	MIT	2004	Toronto
Yasemin Kor	3900	430	UIUC	2001	Cambridge
Teppo Felin	4700	690	Utah	2005	Oxford

注：谷歌学术引用次数为2018年2月底查询的结果。

美国私立研究型大学

美国众多的私立大学主要承载着培育社会精英的职责。私立的研究型大学更是知识创造的摇篮。而且，在其本科教育的过程中，很多学生已经有机会参与各类学术研究，在获取知识的同时，也直接贡献于知识创造的过程。他们当中的有些人会选择学术道路，成为未来的学术明星。当然，私立并不意味着不拿政府的钱。例如，麻省理工学院70%的研究经费来自各类政府（包括相当分量的军方）研究资助项目。就商学院而言，来自企业、政府和校友等各类源流的资助，保证了这些院校有充裕的资金造就并保持高密度和高质量的人才集聚，在知识原创方面独创潮流、引领风尚。

Giovanni Gavetti

在 21 世纪入行的新锐精英中，Giovanni Gavetti 的学术研究和文章发表应该是处于领先地位的。他于 1993 年在位于意大利米兰的 Bocconi 大学经济学专业本科毕业后，留校任助教和讲师；后进入沃顿商学院学习，师从 Levinthal，于 2000 年获得博士学位；在哈佛商学院任职 12 年后，转任职于达特茅斯学院塔克商学院。

从他的经济学背景可以想象到他的研究方法和取向。与上一章介绍的 Rivkin 和 Siggelkow 等学者一样，他们都是以对待科学的态度来对待管理学研究的，喜好模型与模拟分析。Gavetti 曾与其导师 Levinthal 一起倡导对以其师爷 James March 为主要代表之一的卡内基学派的研究成果进行创造性的应用（Gavetti, Levinthal & Ocasio, 2007），极为强调企业行为视角的重要性（Gavetti, Greve, Levinthal & Ocasio, 2012）。比如，以卡内基学派关注的"行为认知"为焦点，他们通过计算机模拟探究了认知的特点对于搜寻行为的影响：注重行为因果关系的认知模式通常与前向搜寻（Forward Looking Search）相关，而依据过往经验的认知模式则与后向搜寻（Backward Looking Search）相关。认知模式不仅指引着初始的搜寻，而且制约着之后的搜寻。认知模式的改变可以帮助决策者调整他们的注意力分配，从而有利于企业调整自己并更加适应环境。但这种调整带来的优势可能会被原先积累的隐性知识的丧失抵消掉（Gavetti & Levinthal, 2000）。在对认知和搜寻的研究中，他还关注管理决策者如何通过"隐喻"（Analogy）在不同的行业中应用相似的见识和道理（Gavetti, Levinthal & Rivkin, 2005）。

同时，他们也相对同情演化经济学的方法和立场，重视组织常态（Organizational Routine）的构建与应用（Gavetti & Levinthal, 2004）。Gavetti 还尝试将二者有机融合，考察"行为认知视角"与"组织常态视角"对于研究动态能力的微观基础之共同作用（Gavetti，2005）。他发现，管理者对现实的认知把握在很大程度上决定了组织的搜寻行为并进而影响其组织能力的形成。而管理者认知的准确度则取决于他在组织体系中的位置。这一结论也许能使经济学家们大开眼界，但对于研究组织管理的人来说，其实并无太多令人惊奇之处。

　　在此之前，Gavetti 更有浓度和质感的研究工作，是对宝丽来（Polaroid）公司的组织认知与决策过程的深入研究。宝丽来公司当时必须面对从模拟成像到数码成像的急剧技术创新所带来的挑战。该案例研究精彩地呈现了管理决策者认知模式如何影响组织的搜寻行为、组织能力演化和组织为了应对环境变化所必须进行的调整，为演化经济学等通常诉诸的冰冷的"惯性"（Inertial Forces）之说平添了一分人的气息与真实（Tripsas & Gavetti，2000）。此文于 2015 年获得《战略管理学期刊》最佳论文奖。

　　成就斐然的 Gavetti 被达特茅斯学院已终身聘用，但仍然只是副教授。这是因为达特茅斯学院确实人才济济。这家以 MBA 项目著称的商学院没有博士项目，但它在战略管理领域却有一个相当庞大的学术社区。表 9.2 列出了该学院战略管理领域现有的主要教授队伍，其实力与影响一目了然。

表 9.2　达特茅斯学院塔克商学院战略管理领域现任教授一览

姓名	博士毕业学校	博士学位获得时间	姓名	博士毕业学校	博士学位获得时间
William Joyce	PSU	1977	Sydney Finkelstein	Columbia	1988
V. Govindarajan	HBS	1978	Andrew King	MIT	1994
Constance Helfat	Yale	1985	Ron Adner	Wharton	1998
Richard D'Aveni	Columbia	1987	Giovanni Gavatti	Wharton	2000
Margaret Peteraf	Yale	1987	Steven Kahl	MIT	2007

Riita Katila

　　可以说，在任何一个专业，斯坦福大学毕业的博士到得克萨斯大学任教，都不算什么稀罕事。而得克萨斯大学毕业的博士到私立名校斯坦福大学任教，就是一个值得关注的事了。于 2000 年在得克萨斯大学毕业的来自芬兰的 Riita Katila 便做了这样一件事。其博士导师是时任奥斯汀得克萨斯大学助理教授的 Ahuja。由于 Ahuja 的助理教授身份，Katila 还必须在其博士指导委员会中再添加一位资深的联合导师。眼光与魄力乃是 Katila 和 Ahuja 二人选择合作的重要因素。Katila 毕业后到马里兰大学待了两年，就被 Eisenhardt 看中，挖到斯坦福大学，任教于 Eisenhardt 坐镇的工学院管理科学与工程系，现已是该系正教授。自 2007 年开始，战略管理学会每年在全球范围内选出一位学者并授予其"新锐学者奖"。第一届获奖者是 Jeff Reuer 教授，而 2008 年的第二届获奖的就是 Katila 教授。

在评介 Ahuja 的时候，我们已经简单介绍过两人在《战略管理学期刊》获过最佳论文奖的关于并购对于创新之影响的经典文章（Ahuja & Katila, 2001）。这里，我们不妨聚焦在两人合作发表的另外两篇文章上。第一篇文章是关于企业的搜寻行为与产品创新的关系。通常情况下，大家把企业的搜寻行为作为单一维度来考察，要么是本地局域性搜寻（Local Search），要么是距离较大的包括遥远空间的搜寻（Distant Search）。而他们将企业的搜寻行为细分为两个维度：一个是搜寻的深度（Depth），亦即企业使用现有知识的频繁度；一个是搜寻的广度（Scope），亦即企业搜寻范围的大小。二者勾勒了企业在这两个搜寻维度上的表现对其新产品推出的影响。他们假设两个主效应都是倒 U 形的，二者的交互项是正效应。通过以全球机器人制造业为素材的实证研究，他们对其假说进行了检验，并证实了搜寻深度的倒 U 形效应以及交互项的正效应。与预期相反，他们发现搜寻的广度是线性的正效应而不是倒 U 形的。他们的解释是，也许这个特定样本行业内的企业的搜寻，因为成本和代价高昂，还没有进入过分搜寻的区域，因此倒 U 形的后半部分尚未出现（Katila & Ahuja, 2002）。

第二篇文章探究企业资源产生的演化过程。企业间资源的差异性主要来自企业本地化搜寻中面临的独特情境。此独特情境由两个要素构成——技术潜力的接近枯竭（Technology Exhaustion）以及跨国扩张。企业需要在科研内容与地理范围这两个搜寻维度上对所面临的独特问题做出应对。这种应对造就了企业特定资源的产生以及企业间资源异质性的出现（Ahuja & Katila, 2004）。

在其独著的一篇文章中，Katila 认为，以往的知识对于创新有两个互相矛盾的作用：过往的知识本身可能损害创新活动的开展，但它也可以因其可靠性与合法性而促进创新。其实证研究证实了两种效应的同时存在（Katila, 2002）。同样，她还考察了新创企业之"资源缺乏"对于其创新的正反两方面的影响，并发现，在竞争性的小规模市场上以及在那些不需要大规模制造能力的环境中，小企业的创新最为活跃（Katila & Shane, 2005）。

Ramon Casadesus-Masanell

哈佛商学院一贯师资雄厚，在此无须赘述。两位西班牙语系的新锐精英值得一提。一位是来自西班牙的 Ramon Casadesus-Masanell，另一位是来自委内瑞拉的 Juan Alcacer。Masanell 2000 年毕业于西北大学凯洛格商学院管理经济学专业。他是《经济学与管理战略》的两位共同主编之一。其发表的文章主要集中在经济学方面，但在《管理科学》上也有多篇文章发表。

稍微令人惊叹的是，他最有影响的学术论文发表竟然是在《管理学会评论》上。通篇的模拟分析也能发在《管理学会评论》上。真是"一招鲜，吃遍天"。当然，他的题目确实很吸引人："什么时候开放式创新最有价值与可能性？"他的基本结论是，开放式创新可以整合在封闭式创新系统中某些难以整合的资源与活动，并有利于发现新的产品特点组合。但是，如果参与创新的成员的目标过于分散和不一致，则无法形成一个产品的技术发展轨道（Technological Trajectory）。因此，开放式创新的挑战在于鼓励产品创新组合的发现并同时控制由于参与者目标不同而带来的各种成本和挑战（Almirall & Casadesus-Masanell, 2010）。

在商业畅销书市场上，Masanell 是以对商业模式的解读而闻名的。他认为，商业模式讲的是企业创造价值的逻辑。战略是通过选择活动组合去获取独特而有价值之定位的一种谋划，战略的任务是根据情境去选择应用哪种商业模式。每个企业都有自己的商业模式，但不一定每个企业都有战略。因此，战略具体表现在被企业选择了的商业模式上（Casadesus-Masanell & Ricart，2011）。或者说，企业此时的商业模式，对应的是实现了的战略（Realized Strategy）。而无论是战略还是商业模式，都与战术（Tactics）有所不同（Casadesus-Masanell & Ricart，2010）。

Juan Alcacer

于 2001 年毕业于密歇根大学的 Juan Alcacer 也是以《管理科学》为主要阵地的偏重经济学的学者。他的研究主线是企业的地点选择对于知识获取和传输的影响，是当今的"地点战略"专家。他首先将对外直接投资地点的选择（Location Choice）分为后进企业的"追赶"以及先进企业的"求知"两种。他发现，不仅来自技术相对落后国家的那些企图迎头赶上的企业到美国那些 R&D 投入比较高的州落户，许多技术先进国家的企业也因为希望获取新知而对把这些州作为投资地点感兴趣（Chung & Alcacer，2002）。

他还发现，企业的地点选择战略受到对知识溢出效应的考量的影响。一般而言，企业的地点选择将会以扩大净溢出收益（对内溢出收益减去对外溢出损失）为准则而实施，考察特定地点的知识活动、自己的能力以及预期的对手行为与影响。采用 1985—1994 年外国企业进入美国市场的数据，他发现企业喜好那些具有学术创新活动的地点。具体而言，技术较弱的企业会选择产业创新活动较活跃的地点，而技术较强的企业则会只选择学术创新活动较强的地点去获得知识的对内溢出，而避开那些产业创新活动活跃的地点，从而防范知识的对外溢出（Alcacer & Chung，2007）。在一项相关的对全球手机行业的研究中，他发现生产和销售机构的地点选择通常遍布全球，但 R&D 部门的地点则相对集中。而且，相比于那些能力较差的企业，能力较强的企业通常不愿与其他企业扎堆儿在一起（Alcacer，2006）。

接续 Shaver 教授关于集群经济研究的话题，Alcacer 还从"地点战略选择"的角度考察了进入集群的利弊。他发现，那些有若干个强势企业控制资源的集群经济体对于新进企业而言并无大用。而且，某些企业对于资源集聚的贡献可能反倒会对自己的竞争对手更有帮助。这也再次印证了一个道理：大家从表面上看通常认为是有利的现象，对于不同的企业其实是有不同的利害关系的（Alcacer & Chung，2014）。

Belen Villalonga

西班牙裔学者 Belen Villalonga，2001 年毕业于 UCLA，在哈佛商学院任教 11 年后转到纽约大学 Stern 商学院，现已获得正教授职位（表 9.3 列出了该院战略管理领域现任的主要教授队伍）。她早期的研究关注企业的私有化及其绩效（Cuervo & Villalonga，2000），并在金融学的顶级期刊上发表过多元化战略与绩效关系的文章（Villalonga，2004），而且获得了年度最佳论文奖。在管理学领域，她关于企业并购、联盟以及剥离的比较研究（Villalonga & McGahan，2005）较有影响。她与 Amit 合作的关于家族企业股权、监管机制以及企业绩效的一系列文章（Villalonga & Amit，2006，2008）也受到大家的关注。

表 9.3　纽约大学 Stern 商学院战略管理领域现任主要教授一览

姓名	博士毕业学校	博士学位获得时间	姓名	博士毕业学校	博士学位获得时间
Gino Cattani	Wharton	2003	Ari Ginsberg	Pittsburgh	2004
JP Eggers	Wharton	2008	Joe Porac	Rochester	1988
Christina Fang	Wharton	2004	Melissa Schilling	Washington	1997
Pankaj Ghemawat	Kellogg	1989	Belen Villalonga	UCLA	2010

Yan Anthea Zhang（张燕）

张燕教授可以说是战略管理领域新锐精英中当之无愧的出类拔萃者之一。她师从 Nandini Rajagopalan，于 2001 年毕业于南加州大学马歇尔商学院。2000 年在多伦多开美国管理学会年会时，笔者第一次见到她，当时她还是个小姑娘。转眼间，她已经是私立名校中功成名就的讲席教授了。可喜可贺。她的优点是专注，专注于一个领域（高层管理研究），专注于一个学校（一直坚守在莱斯大学），专注于把事儿办好（发表是学者的通行证）。迄今为止，她已经在 A 类期刊上发表论文 20 篇左右。2010 年，她成为第四位获得战略管理学会"新锐学者奖"的学者，也是继 Katila 之后第二位获此殊荣的毕业于 21 世纪的新一代学者。

张燕教授的主要研究兴趣在于对 CEO 和高管团队以及公司治理方面的研究。她的主要合作者是其导师 Rajagopalan。在其早期的发表中，对于 CEO 来源的解释较为引人注目。她们将 CEO 来源分为企业内、行业内和行业外三个类别，并考察哪些企业与行业因素决定对它们的选择。通过对 1993—1998 年的 220 个 CEO 继任案的考察，她们发现，企业内选拔继任 CEO 与是否有明确接班人以及董事会中非接班人董事的多少相关，行业内的继任 CEO 选择与行业内企业间战略异质性的程度以及该企业是否与行业中心趋势相符合呈正相关（Zhang & Rajagopalan，2003）。

两位作者还考察了企业自身特点及其绩效对于内部继任 CEO 选择的影响，并发现了内部继任 CEO 对于绩效的正面影响。她们的解读是，继任 CEO 在企业内的学习和准备对其担任最高决策职位的表现是有帮助的（Zhang & Rajagopalan，2004）。在对内外继任 CEO 的绩效研究中，她们发现战略变革的力度与企业的绩效呈倒 U 形的关系：变革过小或者过大都对企业绩效有不利影响。对于外聘 CEO 而言，结果尤其如此。上述内外 CEO 之间的区别，在任职的后期要比任期早期更明显（Zhang & Rajagopalan，2010）。

此外，张燕教授也涉足对新兴经济体中技术创新的研究以及跨国投资战略的考察。在这方面，她的主要合作者是如今同在莱斯大学任教的其夫李海洋教授。比如，他们假设并用实证结果展示了在中国这样的新兴经济体中的技术集聚区（Technology Cluster）里，一个新创企业与各种职业服务公司（比如律师、会计和猎头等）的关系会拓展其外部搜寻的空间并降低搜寻成本。外部搜寻对新创企业的产品创新越重要，从这种关系中获得的收益越明显（Zhang & Li, 2010）。他们还发现，企业高管的政治网络关系以及职能经验有利于提高新创企业的业绩。而且这种关系的出现与强弱会受到企业所有制类型以及竞争状况的调节（Li & Zhang, 2007）。

通过莱斯大学的平台以及与国内高校和同行的各种合作，包括对各种国内学会和期刊，比如"中国管理研究国际学会"（IACMR）和《管理学季刊》等的学术服务，这对"双职工劳模"还致力于提携诸多国内的战略管理学者，为中国管理学研究的发展做出了极有价值的贡献。

美国公立研究型大学

美国公立大学中，有许多研究型大学非常著名而有竞争力。其录取标准和教授待遇可能直逼顶尖的私立大学。甚至有人将加州大学、密歇根大学、教堂山北卡罗来纳大学、奥斯汀得克萨斯大学和弗吉尼亚大学等八家公立大学称为"公立的常春藤盟校"（Public Ivy League Schools）。在战略管理领域，一批州立大学（比如早年的华盛顿大学和当今的明尼苏达大学）亦是教授阵容强大，毕业生人才辈出。下面简介几位在著名公立大学任职的新锐战略学者。

Glenn Hoetker

Glenn Hoetker 于 2001 年毕业于密歇根大学，师从 Will Mitchell 教授。在伊利诺伊大学任职 10 年后，转赴亚利桑那州立大学，现为该校 Carey 商学院教授。他的主要研究兴趣包括技术创新与管理以及组织之间的合作，尤其是企业与其供应商的合作。

企业如何选择供应商？交易费用理论强调企业内在发展的作用，企业间联盟理论注重以往的关系，企业能力理论则青睐卓越的能力。Hoetker企图同时采用三种理论视角来探究供应商选择问题。他发现，当不确定性较低的时候，选择的焦点是技术能力的高下；当不确定性增强时，以往的经验和内部供应商则比能力的影响更加显著；当不确定性超高的时候，内部供应关系就更被重视，与外部供应商过往的关系几乎不在考虑之列（Hoetker, 2005）。

在伊利诺伊大学任教时的 Ron Sanchez 教授曾与同事 Mahoney 写过一篇著名的文章，探讨组织的模块化和灵活性问题（Sanchez & Mahoney, 1996）。该文被认为是组织模块化专题的一个重要贡献。其中一个基本假设是，产品的模块化会自然地导致组织的模块化。后来的研究对上述关系的考察则产生了不一致的结论（Schilling & Steensma, 2001）。基于交易费用理论和组织本位企业观的视角，Hoetker 发现，虽然产品模块化会导致组织"可重组构型性"（Reconfigurability）的增强，但它并不会导致企业放弃对其生产活动采用阶层制结构（Hierarchy）的管理。因此，模块化并不是一个单一的简单概念（Hoetker, 2006）。

Hoetker 也参与了对战略联盟治理机制专题的研究。他发现，联盟治理机制的选择取决于联盟内所涉及的参与企业的资产数量及其性质。正式的治理机制适合于以实物资产为基础的战略联盟，而关系型的治理机制则适合于以知识资产为基础的战略联盟。治理方式的选择与所涉及资产的性质不匹配将会损害联盟的绩效（Hoetker & Mellewigt, 2009）。

Hoetker 教授迄今最具影响的发表是关于研究方法论方面的贡献。他撰文详细探讨了 Probit 模型和 Logit 模型两种分析法在战略管理研究中的应用（Hoetker, 2007）。

Michael Jensen

Michael Jensen 于 2001 年毕业于西北大学凯洛格商学院，师从 Zajac

教授。他主要研究市场的社会性结构，包括社会网络（Social Networks）以及参与企业在市场中的身份（Market Identity），具体聚焦于企业的地位（Status）与声誉（Reputation）。通过对 1991—1997 年从商业银行向投资银行转变的银行企业样本的分析，他发现"企业间关系"（Interfirm Ties）以及企业在社会网络中的地位（Network Status）均可帮助企业进入一个新的市场。但当企业间关系出现时，网络地位的影响则会减弱。而且，企业一旦进入市场，网络地位的影响也将会逐渐减弱，尤其是对于那些有经验的顾客而言（Jensen，2003）。

在一项与其导师的合作研究中，他们同时采用高层管理理论要素以及代理人理论视角，考察企业精英们如何影响企业的战略。他们发现，虽然企业中精英人士的独特个人偏好（比如并购）会影响企业的战略，但这些偏好在不同的代理人情境（比如高管是否有股权）下会展现出非常不同的战略结果。因此，笼统地将高管团队或者董事会当作一个统一的分析单元是比较危险的（Jensen & Zajac，2004）。

Jensen 研究的社会现象与文化背景倒比较有趣。比如，他曾经考察过所谓的"奥斯卡诅咒"现象，亦即演员在获奥斯卡奖或者提名之后会走背运。他发现，在职业生涯上，这种诅咒并不存在，无论男女获奖者或者提名者，之后的片约都会增多。唯一与"诅咒"相关的结果是，男演员在获奖或者提名之后离婚率会上升（Jensen & Kim，2015）。

再如，在对美国 96 家歌剧院 1995—2005 年上演剧目的研究中，他们发现，这些歌剧院试图构建清晰的市场身份认知。具体而言，依据观众构成及其欣赏口味多样化的程度以及面临的来自其他歌剧院的竞争压力，它们的剧目安排有意识地在传统经典剧目和非常规剧目之间保持特定的平衡（Jensen & Kim，2013）。

显然，Jensen 教授是一个典型的社会学家。Jensen 现在任职的密歇根大学乃是战略管理领域新锐精英和未来之星聚集的重要阵地。表 9.4 列出了密歇根大学 Ross 商学院战略管理领域现任的主要教授。

表 9.4   密歇根大学 Ross 商学院战略管理领域现任主要教授一览

姓名	博士毕业学校	博士学位获得时间	姓名	博士毕业学校	博士学位获得时间
Seth Carnahan	Maryland	2013	James Ostler	UCLA	2003
Felipe Csaszar	Wharton	2009	Jordan Siegel	MIT	2003
Derek Harmon	USC	2016	James Walsh	Kellogg	1985
Michael Jensen	Kellogg	2001	James Westphal	Kellogg	1996
Aneel Karnani	HBS	1980	Brian Wu	Wharton	2007
A. Nguyen-Chyung	Berkeley	2013	Yue Maggie Zhou	Michigan	2008

Mary Bennar

Mary Bennar 的专长是组织理论与战略管理的交汇融合，聚焦于企业的技术创新过程以及面临的挑战。她 2002 年毕业于哥伦比亚大学。次年，其博士论文获得美国管理学会战略管理分会的最佳博士论文奖。她在沃顿商学院任教九年后，转任教于明尼苏达大学卡尔森商学院至今。

Bennar 与其导师 Michael Tushman 合作的两篇关于过程管理与技术创新的文章是该专题领域的经典。组织同时面临两方面的挑战：有效率地在现有领地经营运作；不断根据环境变化对经营领地和战略进行调整。而过程管理则主要针对生产与经营活动的标准化和规范性，专注于那些提升效率的"挖掘性活动"（Exploitation），很可能会在某种程度上牺牲或搁置了企业的"探索性活动"（Exploration）。在对涂料和成像两个行业的研究中，实证结果初步证实了他们的假说（Benner & Tushman，2002）。

在相关的一篇理论构建文章中，采用权变的视角，他们认为，在稳定的环境中，渐进创新的情形下，面对现有客户的时候，过程管理通常有益于组织的创新和对环境的应变；而在快速多变的环境中，面对新客户，必须应对架构性的、模块化的和剧烈的技术创新（Architectural, Modular, and Radical Innovation）之际，过程管理可能束手无策甚至带来重重阻碍。因此，他们建议采用二元结构设计（Ambidextrous Organizations）来深入利用过程管理的效率优势并同时保证企业探索性行动持续而有效地进行，从而保证企业能够调整自己而适应环境（Bennar & Tushman，2003）。此文在 2013 年获得《管理学会期刊》的十年大奖。

Bennar 教授另一项持续的研究专门考察了股市分析师的反应对企业技术创新的影响（Benner & Ranganathan，2012，2017）。由于对过程管理，比如 ISO9000（质量管理体系标准）和 TQM（全面质量管理）的关注，她也在生产和运营管理的期刊上发表其研究成果。

Bennar 教授现在任职的明尼苏达大学设有专门的战略管理与创业学系，乃是当今的一个战略管理学重镇。表 9.5 中列出的是该校战略管理领域的主要现任教授，新老搭配，阵容强大。

表 9.5　明尼苏达大学 Carlson 商学院战略管理领域现任主要教授一览

姓名	博士毕业学校	博士学位获得时间	姓名	博士毕业学校	博士学位获得时间
Mary Bennar	Columbia	2001	Myles Shaver	Michigan	1994
Daniel Forbes	NYU	2000	Paul Vaaler	Minnesota	1997
Russell Funk	Michigan	2014	Gurneeta Singh	GWU	2005
Aseem Kaul	Wharton	2009	Akbar Zaheer	MIT	1992
Luo Jiao	Columbia	2012	Srilata Zaheer	MIT	1992
Evan Rowley	Berkeley	2007	Shaker Zahra	Missisippi	1993

David Sirmon

在新锐学者中，发表势头最为强劲的要数 David Sirmon 了。他已经在 A 类期刊上发表了 12 篇文章，总发表数量近 40 篇，谷歌学术引用次数已经上万。2011 年，他成为战略管理学会"新锐学者奖"的第五位获奖者。但他的初始经历并非星光闪耀。Sirmon 2004 年博士毕业于学术研究声名鹊起的亚利桑那州立大学。他读博士期间，正是 Hitt 教授在那里任教的时候（2000—2003 年）。

Sirmon 毕业后的第一个教职是在籍籍无名的 Clemson 大学；两年之后，转任教于 Hitt 重返坐镇的德州农工大学，从此开启了其井喷式的学术文章发表历程；2012 年转任教于华盛顿大学 Foster 商学院。Sirmon 最为著名的工作是与 Hitt 等人合作的对于资源配置（Resource Orchestration）的研究以及对"战略创业学"或"战略性创业"（Strategic Entrepreneurship）的解读与提倡。Sirmon 的其他研究兴趣包括公司治理以及家族企业研究。

针对有关资源本位企业观的批评，比如缺乏对动态性、环境权变因素以及管理者角色的关注，他与合作者对一系列资源配置与能力开发过程进行了探讨，力求为企业的竞争优势与价值创造提供更令人信服的解释。具体的过程包括三个顺序递进的阶段。首先，设计资产组合的结构（Structuring the Resource Portfolio），包括资源的获取、积累与剥离。其次，打包组合资源从而构建组织能力（Bundling Resources to Build Capabilities），包括对能力的固化（Stabilizing）与增进（Enrichment）。最后，调动资源去应用市场机会（Leveraging Capabilities to Exploit Market Opportunities），包括对能力需求的审视（Mobilizing）、对能力的协调（Coordinating）以及具体的使用（Deploying）。

资源配置的一个要点是如何将资源的投资（Resource Investment）与资源的使用（Resource Deployment）相匹配。基于对银行业的研究，他们发现，如果银行的资源投资决定（包括人力上的与物质上的）与对手的常规相背离，其绩效会受损。但当其资源使用支持其资源投资时，与对手的偏离则会有助于提高企业的绩效（Sirmon & Hitt, 2009）。也就是说，资源的拥有本身只是前提，如何通过资源的调配与使用去创造价值才是问题的根本（Sirmon, Gove & Hitt, 2008）。Sirmon 还曾将资源配置视角引入对家族企业经营战略的研究中并产生了较大的影响（Sirmon & Hitt, 2003）。

Sirmon 与合作者们关于资源配置的研究，尤其是资源配置的深度、广度以及在企业生命周期不同阶段的表现，在一篇回顾与展望性的文章中得到了较为全面的梳理与总结（Sirmon, Hitt, Ireland & Gilbert, 2011）。在最新的实证研究中，他还考察了高管团队的异质性对资源配置与使用以及企业绩效的影响（Ndofor, Sirmon & He, 2015）。该文的合作者之一是毕业于德州农工大学的何晓明（现任教于北京交通大学）。

Christopher Bingham

Christopher Bingham 是 Eisenhardt 的学生，2005 年毕业于斯坦福大学管理科学与工程系，在马里兰大学任教三年后，入职教堂山北卡罗来纳大学，现任该校教授和战略片区主任。他的主要研究兴趣与 Eisenhardt 极为相似，专注于动态多变环境中的企业以及新创企业中的组织学习、技术创新与战略决策过程。他与 Eisenhardt 对于"战略的简单法则"（Strategy as Simple Rules）的研究非常具有新意。

采用适当的组织结构来平衡组织的效率和灵活性是企业战略管理的一大挑战。通过计算机与数学模型的构建和证明，他们发现企业的组织结构与绩效之间的关系是不对称的。也就是说，即使组织结构选择不当，过分地依赖结构通常也要比不太依赖结构更有助于提高企业的绩效。而且，不同的环境动态性（速度、复杂性、模糊性、不可预测性等）对绩效有特定的影响。环境不确定性的增强会将有效应对战略的备选方案减至极少的数量。

另外，以随机应变和依靠较少的结构性准则为基础的所谓"简单法则"，可以通过对众多机会的快速筛选而在许多环境下奏效，并在某些环境下不可或缺。在将新创企业与既有企业对比时，他们发现，无论在什么环境下，新创企业都应该快速形成结构。而既有企业则应该选择那些可以预测的环境，除非它们有能力应对不可预测的环境所带来的混乱无序（Davis，Eisenhardt & Bingham，2009）。在一篇相关的文章中，他们认为用以平衡效率和灵活性的简单法则乃是企业绩效研究专题的重要微观基础（Eisenhardt，Furr & Bingham，2010）。

在另外一项研究中，通过对三个不同国家中六家新创技术企业在国际化进程中"学习内容"（Learned Content）的考察，他们发现企业的学习最终聚焦在少数的经验法则（Heuristics）上。这些法则的相似之处是对机会的捕捉。这些简单法则的应用将不断地增强其战略含义。此项研究不仅接续了认知心理学在战略管理方面的研究传统，而且展现了简单法则的应用作为一种企业动态能力的可能性，可以使企业的竞争优势持久存续（Bingham & Eisenhardt，2011）。在此前的一篇相关的文章中，他们就已经着力强调了经验法则的应用可以造就提升企业绩效的组织过程，并因此而成为企业的一种重要能力（Bingham，Eisenhardt & Furr，2007）。

在研究方法论方面，Bingham 教授曾撰文探讨和评介模拟分析法（Simulation Methods）在管理学领域进行理论构建与检验的应用（Davis，Eisenhardt & Bingham，2007）。

美国范式的欧洲联盟

在欧洲，至少有两所大学在过去的数十年间是紧跟美国商学院潮流的，在早年尤其受到从哈佛商学院博士毕业后回归学者们的影响。它们从注重 MBA 教育开始，逐渐向顶尖的学术研究机构迈进。这两所学校就是坐落于法国巴黎近郊枫丹白露的 INSEAD 以及英国的伦敦商学院。号称"全世界的商学院"的 INSEAD，还在亚洲设立了与枫丹白露校区同等地位的新加坡校区，影响日益增强。

对标美国的潮流在欧洲至今盛行不衰。法国的 HEC 以及意大利的 Bocconi 正在迎头赶上。西班牙的 IE、IESE 和 Esade，瑞士的 St. Gallen，荷兰的 Erasmus，丹麦的 Copenhagen 和德国的 ESMT 等亦不甘落后。其他老牌的大学和新建的项目亦纷纷效仿。下面我们简介任教于 INSEAD、伦敦商学院和 Bocconi 的几位新锐精英学者。五位学者里面有四位是沃顿商学院的博士。也许是巧合，也许是宿命。

Phanish Puranam

2001 年从沃顿商学院毕业后，Phanish Puranam 任职于伦敦商学院，九年后获聘正教授；2012 年转任职于 INSEAD，现为罗兰贝格讲席教授和博士项目主管。他的主要研究兴趣是企业内部门间的协调与整合以及企业间关系的管理，其研究方法论主要是正式的模型构建与实验设计。

Puranam 在博士毕业前曾经参与了一项较有影响的工作，研究 CEO 的领导力特点在不确定环境下对利润率的影响（Waldman, Ramirez, House & Puranam, 2001）。以美国《财富》500 强企业中的 48 家企业为样本，他们的研究结果表明，CEO 的领导力特点与企业利润率之间的关系取决于感知到的环境不确定性（Perceived Environmental Uncertainty）。具体而言，魅力型（Charismatic）CEO 在不确定环境下对企业的利润率有显著的正向影响，而在确定的环境中则没有明显影响。在不确定的环境下，交易型（Transactional）CEO 并不比魅力型 CEO 对利润率有更大的贡献。

Puranam 教授的一项重要工作，是考察以获取技术为动机的兼并案发生后如何保持被收购业务的技术与产品创新活力。收购企业既要对被收购业务进行必要的整合从而更好地挖掘和利用其能力，同时又要给予其足够的自主权去探索新的创新空间。他将这两个截然不同甚至互相冲突的任务称为"协调-自主"困境（Coordination-Autonomy Dilemma）。应对此困境的办法，是清醒地意识到被收购业务所处的创新阶段（Stage of Innovation Trajectory）。在并购完成之后对被收购业务立刻进行结构性的整合对后续的产品创新是不利的。在被收购业务的新产品尚未推出之前就对其进行结构性的整合尤其不利。在被收购业务的技术发展处于相对成熟时期时，这种不利影响可能得到缓解（Puranam, Singh & Zollo, 2006）。

进一步探讨上述困境，Puranam 教授把协调整合看作收购者对被收购者知识的应用（Leveraging What They Know），把被收购者的相对自主看作一种独立于收购者的创新活动（Leveraging What They Do）。他们的结果显示，有经验的收购者可能更善于应对协调整合带来的各种冲突与不和谐，但并没有证据表明这种整合会带来实际的收益（Puranam & Srikanth, 2007）。

接下来，他又探讨了结构性整合之外的替代性协调方式，比如通过所谓的"共同领地"（Common Ground）来协调收购者与被收购业务的关键人员之间的交流与沟通关系。这里的"共同领地"，指的是双方同时拥有的某种共同的知识和语言体系，可以以之为基础进行沟通与协调

（Puranam, Singh & Chaudhuri, 2009）。

Puranam 教授的一位主要合作者是战略联盟专家 Ranjay Gulati。他们曾经共同研讨上下游企业间纵向关系的调整（Gulati, Lawrence & Puranam, 2005）、包含多个实体的所谓"元组织"的设计（Meta-organizational Design）（Gulati, Puranam & Tushman, 2012），以及通过组织再造进行组织更新（Organizational Renewal through Re-organization）的尝试（Gulati & Puranam, 2009）。

Andrew Shipilov

在多伦多大学师从 Joel Baum 教授的 Andrew Shipilov，自 2005 年博士毕业便一直任教于众星云集的 INSEAD，现为该校讲席教授（表 9.6 列出了该校战略管理领域的现任教授）。他是战略管理学会 2014 年的"新锐学者奖"获得者。

表 9.6 INSEAD 战略管理领域现任教授一览

姓名	博士毕业学校	博士学位获得时间	姓名	博士毕业学校	博士学位获得时间
Yves Doz	HBS	1976	Andrew Shipilov	Toronto	2005
W. Chan Kim	Michigan	1978	Ithai Stern	UT Austin	2005
Karel Cool	Purdue	1986	Jason Davis	Stanford	2007
Javier Gimeno	Purdue	1994	Guoli Chen	PSU	2008
Gabriel Szulanski	INSEAD	1995	Vikas Aggarwal	Wharton	2009
S. Rangan	HBS	1995	Nathan Furr	Stanford	2009
Peter Zemsky	Stanford	1995	P. Meyer-Doyle	Wharton	2012
Laurence Capron	HEC	1996	Ilze Kivleniece	HEC	2013
Quy Huy	McGill	1999	Mathew Lee	HBS	2014
Phanish Puranam	Wharton	2001	Juan Ma	HBS	2017

Shipilov 与 Baum 合作的研究包括对社会网络中"小圈子"（Small World or Clique）的勾勒与解读（Baum, Shipilov & Rowley, 2003），还有成员从小圈子中的退出（Rowley, Greve, Rao, Baum & Shipilov, 2005），

以及绩效反馈对合作伙伴选择的影响（Baum，Rowley，Shipilov & Chuang，2005）。

在基于其博士论文发表的独著文章中，Shipilov 发现，在结构空洞充斥的企业社会网络中，那些专业化和通用化的加拿大银行的绩效要比中度专业化的银行的绩效好。通用化的银行绩效要比专业化的银行绩效好（Shipilov，2006）。在另外一篇独著的文章中，通过对 1992—2001 年英国投行业投行之间在并购案合作关系上的研究，他发现，企业经验范围的广泛程度可以增强其对不同信息的吸收能力并使之在充满结构空洞的网络环境中表现优异。与合作伙伴以往有多点竞争关系的企业可以通过减少对方的不合作而促进其绩效。而那些在网络中占据非主流地位的企业也可以通过利用机会增强其谈判能力而获益（Shipilov，2009）。

他还与其多伦多大学的师兄、华人学者 Stan Li 合作考察了结构空洞对合作网络中企业"地位形成"（Status Accumulation）与"市场表现"（Market Performance）的影响。他们发现，地位形成对市场表现有正面影响，结构空洞可以促进企业的地位形成但不利于其市场表现（Shipilov & Li，2008）。在另一项合作中，两人还提出了一个有趣的概念——"复杂性三角关系"（Multiplex Triad）。复杂性三角关系可以被认为是由不同的方式和渠道连接的三方关系，同时包括横向关系（比如两个企业之间的关系）与纵向关系（比如企业与其购买商之间的关系）。这里，他们将作为购买方的顾客引入企业间是否合盟的考量中（Shipilov & Li，2012）。

Michael Jacobides

来自希腊的学者 Michael Jacobides 2000 年博士毕业于沃顿商学院，师从演化经济学和组织能力理论大家 Sydney Winter；毕业后一直任职于伦敦商学院（表 9.7 列出了伦敦商学院战略管理领域的现任教授）；2015 年起担任《产业与公司变革》的共同主编。

表 9. 7　伦敦商学院战略管理领域现任教授一览

姓名	博士毕业学校	博士学位获得时间	姓名	博士毕业学校	博士学位获得时间
Micahel Bikard	MIT	2013	I. Fernandez-Mateo	MIT	2004
Julian Birkinshaw	WU Ivey	1995	Gary Hamel	Michigan	1990
Sungyong Chang	Columbia	2016	Ioannis Ioannou	HBS	2009
A. Cohen-Mohliver	Columbia	2012	Michael Jacobides	Wharton	2000
Donal Crilly	INSEAD	2010	A. Kacperczyk	Michigan	2009
Collen Cunningham	Duke	2017	Costas Markides	HBS	1990
Gary Dushnitsky	NYU	2004	Bryan Stroube	Maryland	2015
Sendil Ethiraj	Wharton	2002	Keyvan Vakili	Toronto	2013

在早期的一篇文章中，Jacobides 考察了信息与委托人和代理人的关系。信息不对称可以导致价值的再分配，而不适当的监督也会促使代理人采取行动来影响价值的再分配。他建议企业转换思路，远离只关注于减少委托人监管费用的倾向，拥抱那些促使双方价值最大化的做法。也就是说，监管并不一定是有益处的。适当的信息政策可以促进企业的价值创造与分配（Jacobides & Croson，2001）。

Jacobides 的一个主要研究兴趣是企业间的纵向关系，考察企业如何通过自造、购买和结盟的选择来确立其边界（Jacobides & Hitt，2005；Jacobides & Billinger，2006）。他真正关注的是对纵向一体化进行替代的各种纵向关系管理机制。为此，他专门考察了为什么企业会采取"去一体化"（Disintegration）战略去管理纵向价值创造活动体系，并发现信息的标准化以及协调机制的简单化乃是促成用市场代替企业内交易的主要动力（Jacobides，2005）。

在其最具影响的一篇文章里，Jacobides 与其导师 Winter 合作，通过瑞士钟表业（逐渐纵向一体化）和按揭贷款行业（逐渐去一体化）两个行业的对比研究，得出如下结论：交易费用和企业能力两方面的因素对于企业纵向边界的界定具有重要的影响作用，而企业纵向边界的确立和改变会反过来改变企业能力的演变过程。企业能力的改变也会改变整个行业

"能力池"（Capability Pool）的构成，从而进一步影响不同企业的地位和生存（Jacobides & Winter，2005）。

后来，两位作者对企业能力和交易费用对企业纵向范围影响的文献再次进行了总结和梳理（Jacobides & Winter，2012）。在另外一篇独著的文章中，Jacobides（2008）还通过对能力差异、交易费用和学习曲线等三个方面的考察来更加深入地探究企业纵向范围的确定。毫无疑问，Jacobides教授是企业纵向关系战略方面的顶级专家。

Jacobides在不同场合多次强调了"产业架构"（Industry Architecture）——产业或者细分市场层面关于价值链上不同阶段劳动分工与协作的设计安排——在管理纵向关系上的重要性。这种产业架构可以催生价值链上不同阶段的流动性与互补性，从而使得核心企业不需要诉诸纵向一体化便可以收获纵向关系上的价值，拓展了Teece关于"可收益性"的论断（Jacobides，Knudsen & Augier，2006）。

Sendil Ethiraj

现任《战略管理学期刊》三大主编之一的Sendil Ethiraj教授，是2002年毕业的沃顿商学院博士，师从Levinthal教授。在密歇根大学任职11年之后，转任教于伦敦商学院，现为该院讲席教授和战略与创业系主任。

基于Levinthal、Rivkin以及Siggelkow等人对复杂系统中战略研究的数理模型传统，Ethiraj通过模拟分析发现，复杂系统中的战略必须对两种不同的势力进行权衡：过分精致的模块化设计可能会影响企业的稳定，造成周期性的波动，并且难以对绩效提升有所贡献；而过分的整合可能导致有限的搜寻从而过早地选择了较为劣质的设计（Ethiraj & Levinthal，2004a）。

在另外一篇相关的研究中，Ethiraj和Levinthal通过数理模型展示了组织复杂性的架构（Architecture of Complexity）对于组织设计的影响（Ethiraj & Levinthal，2004b）。同时，他还与合作者通过模拟分析考察了模块化设计对创新和模仿的影响。模块化可以促进领先企业的创新，但同时也有助于对手的模仿。然而，在准模块化和非模块化的情形下，领先企业与后进企业之间的绩效差距则可持续存在（Ethiraj, Levinthal & Roy, 2008）。

在对企业能力的研究中，Ethiraj 教授还与同事将能力划分为与特定客户相关（Client-Specific）的能力和项目管理（Project-Management）的能力。二者的边际回报是不同的。对二者的理解可以提高企业在获取与应用它们时的有效性（Ethiraj, Kale, Krishnan & Singh, 2005）。

看到这里，也许大家更加强烈地感受到了"组织经济学帮"的真实存在以及日渐强大的影响力和辐射范围。这种存在与影响在顶尖的学校中表现得尤为突出。从某种意义上说，INSEAD 和伦敦商学院也许可以被视为沃顿或者哈佛等美国名校在欧洲的"分院"，因为它们几乎完全接受了美国范式的影响和洗礼。组织经济学范式的传播以及数理模型的充分应用，无疑使得管理学的研究更加精致、精准、严谨和强劲（Robust）。有些时候，文章得出的结果和潜在的启示简直妙不可言——华美标致，简洁直观，不禁令人叹为观止。

但这种范式的假设和涉及的维度，概而言之，又都往往过于简单。惊叹之余，你可能会发现其呈现的道理通常都过于笼统和浅显：对于经济学家来讲，是理解组织复杂性进程中的新奇发现；对于以管理和组织为学科基础的学者而言，不过是采取极为复杂的手段对早已尽人皆知抑或毫无惊奇的事情做了一次令人眼花缭乱的技术性展演。可见，学术界是有其自身的发展逻辑的，跟它所对应的实践及其潮流可能没有必然的联系。某位学者、某个学校、某本期刊、某一学派，就能在一时之间撑起一片天，独步天下、傲视群雄，成为主流里的主流、核心中的核心。

Dovev Lavie

Dovev Lavie 自 2004 年从沃顿商学院获得博士学位之后，曾任教于奥斯汀得克萨斯大学和以色列的 Technion 大学，现在已经与其沃顿师兄 Maurizio Zollo 汇合于位于意大利米兰的 Bocconi 大学商学院。有关该院的战略管理师资，请参见表9.8。博士毕业后的三年内，Lavie教授在A类期刊上发表了5篇文章，其中4篇是独立完成的。这为他在2012年获得战略管理学会"新锐学者奖"打下了良好的根基。

表9.8 意大利Bocconi大学商学院战略管理领域现任主要教授一览

姓名	博士毕业学校	博士学位获得时间	姓名	博士毕业学校	博士学位获得时间
Christiane Bode	INSEAD	2015	Dovev Lavie	Wharton	2004
Nilanjana Dutt	Duke	2013	Toben Pedersen	Copenhagen	1993
A. Gambardella	Stanford	1991	Giuseppe Soda	Bocconi	1996
Andrea Fosfuri	Barcelona	1998	Marco Tortoriello	CMU	2006
Nicolaj Foss	Copenhagen	1993	Gianmario Verona	Bocconi	1999
Robert M. Grant	LSE	1974	Maurizio Zollo	Wharton	1997

Lavie教授最早发表的文章是将资源本位企业观引入企业联盟的研究中。他首先将联盟中企业的资源分为共享的和非共享的，并且指出只有共享的资源才可能给企业带来"关系租金收益"（Appropriated Relational Rent）。通过对异质性、不可流动性、不可模仿性和不可替代性的分析，他进一步认为，对于企业是否能从联盟网络中获得经济租金而言，企业间关系的性质和特点要比那些共享资源本身的性质和特点更为重要（Lavie，2006a）。

尽管是其个人独著的文章，但Lavie教授对其研究工作的主题定位是非常符合战略管理领域内的学术潮流的。另外一篇同年发表的理论构建类别的文章，则是紧扣动态能力学说的主题，探讨现有企业在面对技术变革的情境下如何对其能力进行重组构型。他将重组构型的机制分为三大类别：替代、演化、转化，并将这些机制与技术变革的特点（比如速度与不确定性）和能力的特质（比如复杂性和因果模糊性）进行关联性的讨论。他认为，这些机制对于企业面临的认知障碍和运营障碍的克服程度，将会影响企业对其总体能力差距的弥补（Lavie，2006b）。

年之内，能有两篇独著的理论构建文章在《管理学会评论》上发表，是一个了不起的成就和贡献。笔者印象中，也只有Barney在1986年实现过。两人之间相隔了 20 年。

Lavie 还将 March 著名的探索与挖掘两分法引入有关战略联盟形成的决策中，再次证明了其选题的精当与顺应主流。他与合作者认为，吸收能力和组织惯性会对挖掘和探索产生相互矛盾的压力。其实证研究结果显示，企业针对战略联盟的三个关键维度（价值链、合作伙伴特点、合作伙伴在联盟中的地位）所进行的挖掘和搜索呈现了不同特点与均衡。而且，随着时间的推移，二者之间的均衡点也会改变（Lavie & Rosenkopf, 2006）。

除此之外，他还对上述两种企业行为在公司内与公司间的层面进行了全面的总结和梳理（Lavie, Stettner & Tushman, 2010）。最近，他又加入了对并购情境下探索与挖掘的考量，同时考察内部组织、外部联盟以及兼并与收购对两分法的影响（Stettner & Lavie, 2014）。

在其另外一篇独著的文章中，Lavie 考察了一个企业的战略联盟组合（Alliance Portfolio）与其价值创造和价值获取的关系。采用 367 个企业的 20 779 个联盟的板块数据，他的实证研究发现，联盟网络资源对企业价值创造的贡献取决于资源的互补性。当诸多联盟伙伴在同一个市场上竞争的时候，强势伙伴的出现会损害一个企业的价值获取能力。而一个企业的战略联盟组合中伙伴企业之间的竞争激烈程度反倒会增强其绩效表现。因此，价值创造和价值获取是相关但不同的两个问题（Lavie, 2007）。

最近，作为联合客席主编之一，Lavie 参与了《管理学会期刊》关于大数据和数据科学方法在管理学研究中的应用研究专刊的编审和总结工作，再次迎合了学术潮流，站在了前沿（George, Osinga, Lavie & Scott, 2016）。

英联邦传统老树新花

前文提到，INSEAD 已经在新加坡设立了与法国本部同等资格的全职能校区。新加坡自己的新加坡国立大学、南洋理工大学和后来创立的新加坡管理大学在亚洲可谓名列前茅。尤其是在管理教育方面，这些学校都是亚洲的翘楚。其实，英联邦国家（包括曾经属于英联邦的国家）对教育是极为重视的。从印度到新加坡，从澳大利亚到加拿大，这些国家的大学体系对其所在国的人才培养贡献卓著。虽然这些国家受益于英联邦重视教育的理念并曾经直接与英国教育体系的管理方法与结构对接，但至少从20世纪后期开始，从学科设置到管理体系再到研究传统，他们的大学日益向美国一流高校对标，争相效仿。首先，身处北美的加拿大早已深受美国教育体系的影响。其次，在英联邦的大本营英国，就管理教育而言，不仅像伦敦商学院那样注重职业教育（MBA/EMBA/EDP）的学院紧跟美国潮流，剑桥大学、牛津大学和伦敦大学学院等老牌的英国名校也将其商学院逐渐向美国传统靠拢，不断吸收美国范式的学者加盟。下面，我们将评介任职于新加坡、加拿大和英国的几位新锐精英学者的成就和贡献。

Heli Wang（王鹤丽）

王鹤丽，现任新加坡管理大学李光前商学院李光前讲席教授，战略与组织系负责人；2013—2016年任《管理学会期刊》副主编，2017年至今任《管理学会评论》副主编（现任主编正是她在俄亥俄州立大学费雪商学院读博士时的导师Barney教授）；2002—2012年任教于香港科技大学，获得终身教职；2012年至今一直任教于新加坡管理大学。王教授的研究兴趣主要在于战略管理与人力资源管理的交汇处，考察人力资源的特点与监管机制对企业战略和竞争优势的影响。这一点与毕业于UCLA、现任职于威斯康星大学的Russ Coff有些相像。她的另外一个主要研究兴趣是企业社会责任与商业伦理。

王鹤丽最早的学术发表是基于一个非常直观有趣的点子（当然是说出来以后大家才感觉到有些直观）。她认为，企业的利益相关者，比如员工、供应商或者顾客，可以通过对企业进行特定性的投资而增强其竞争力，甚至可以提供持久竞争优势。但这样做也会给这些利益相关者带来很大的风险。因此，从这个角度看，企业的风险管理不应只考虑规避业务上的风险本身，还要考虑如何通过降低利益相关者所感受到的风险来诱发他们进行更多的企业特定投资（Firm-Specific Investment），为企业提升竞争力，也为他们带来更好的收益（Wang, Barney & Reuer, 2003）。

顺藤摸瓜往下走，她考察了作为重要利益相关者的企业员工在资源本位企业观中的角色，并具体考察了员工所做出的具有高度企业特定性的投资对于公司多元化战略的影响。她与 Barney 认为，与核心资源相关的风险越高，关键员工获得的回报也会越高。通过多元化战略将核心资源应用到不同的产品市场则会降低核心资源所面临的风险，因此可以促使员工进行与企业核心资源相关的投资。如此，企业也不必给予员工过高的回报作为激励（Wang & Barney, 2006）。后来，她还开发了一个模型，考察员工激励在企业实物期权项目中的作用。因为期权使用的灵活性意味着企业可以适时放弃某些项目及其背后的资源，包括人力资源。因此，实物期权项目在设计和实施中必须考虑对相关人力资源正反两方面的激励以及人力资源的参与和贡献（Wang & Lim, 2008）。

她还发现，良好的利益相关者关系对企业的持续卓越绩效有正面的影响，虽然其影响不如技术实力等因素的影响大，但利益相关者关系是她发现的唯一可以使绩效较差的企业脱离困境的因素。因此，良好的利益相关者关系主要是帮助后进企业改善境遇，而不是帮助优质企业持续其竞争优势（Choi & Wang, 2009）。它可以雪中送炭，但不能锦上添花。

王教授还在多篇文章中探究了企业的社会表现对企业经营绩效的影响（Wang & Qian, 2011），比如企业慈善活动对其绩效的影响（Wang, Choi & Li, 2008）、企业的社会表现与股市回报的关系以及股市分析师推荐的调节作用（Luo, Wang, Raithel & Zheng, 2015）。她还参与主编了一期《管理学会期刊》的专刊，回顾与展望了有关企业社会责任的研究（Wang, Tong, Takeuchi & George, 2016）。她的其他研究领域还包括知识与创新管理（Wang & Li, 2008）。

笔者 2011—2012 年在香港科技大学休学术假，要离开的时候，王教授正好赴任，因而有过几次简短的接触。印象中，她言谈优雅得体，思维敏锐迅捷，好像还会弹钢琴。

Sarah Kaplan

Sarah Kaplan 的资历也不一般。她本科在 UCLA 学的是政治学，获得政治系的最高荣誉奖；硕士在约翰·霍普金斯大学学的是国际关系；进入学术界前，曾在麦肯锡公司纽约区供职近十年；博士在麻省理工学院学的是管理，导师是 Rebecca Henderson；2004 年博士毕业后到沃顿商学院任职 5 年，于 2009 年任教于多伦多大学（有关该校 Rotman 商学院的战略管理师资，请参见表 9.9），现为该校战略管理学教授，同时是"性别与经济"研究讲席教授。

表 9.9　多伦多大学 Rotman 商学院战略管理领域现任教授一览

姓名	博士毕业学校	博士学位获得时间	姓名	博士毕业学校	博士学位获得时间
Terry Amburgey	Stanford	1984	Anita McGahan	HBS	1990
Joel Baum	Toronto	1989	Will Mitchell	Berkeley	1988
Anne Bowers	Michigan	2008	Joanne Oxley	Berkeley	1995
Brian Golden	Kellogg	1989	Timothy Rowley	Pittsburgh	1998
Sarah Kaplan	MIT	2004	Michael Ryall	UCLA	1997
Christopher Liu	HBS	2010	Brian Silverman	Berkeley	1996
Bill McEvily	Minnesota	1997	Andras Ticsik	Harvard	2002

Kaplan 最有名的论著，是 2011 年与人合著的《创造性破坏》（*Creative Destruction*），借用熊彼特的术语来描述现代创新与竞争图景：为什么基业长青的企业会陷入困境？如何解救它们？从这一书名中，大概可以猜测出她是研究企业创新管理的。

Kaplan 发表的首篇重要学术文章是与其导师一起呼吁对组织经济学（注重激励）和组织理论（注重惯性）的融合，从而更好地理解组织的行为与变革（Kaplan & Henderson，2005）。

她基于博士论文的研究于 2008 年发表在《管理学会期刊》上

（Kaplan，2008a）。根据对 71 家通信公司的光纤技术采用经历的研究，她发现企业 CEO 的认知、组织能力以及组织激励分别影响对新技术的采用，而当三者同时一致地发生作用时，可以产生最大的组织变革。而且，CEO 的认知尤为重要，可以在某种程度上抵消组织能力和激励方面的缺失带来的负面影响。

在另外一篇独著文章中，她研究了在不确定情境下的决策中"框定"（Framing）效应的重要性（Kaplan，2008b）。所谓的框定，就是从认知的角度将事情放在某种特定的框架（Frame）中，给事情找参照、定调子，从而帮助决策者感知现实和辨别各类模糊的信息。显然，这既是一个认知过程，也是一个组织政治的过程。当组织中的决策者异质性较强的时候，自然会有不同的框定企图以及各异的框架出现。到底采用哪种框架，会决定企业后续的行动和选择。

从这个意义上讲，组织中的决策可以被认为是一种不同框定间的竞赛（Framing Contests），尤其是在没有清晰目标和准则出现的不确定的情形下。那些具有政治智慧和技能的决策者通常会使自己的框定成为组织内的主导框定。框定不仅是事后的辩解（Justification），而且主要是在决策前的造势以及对决策的诱导。不确定性为新的选手获取权力开放了机会，因为不确定性会诱发新的框定企图。框定竞赛会导致企业内权力结构的变化（Kaplan，2008b）。Kaplan 还将框定的视角与方法应用到相关的技术管理决策的研究之中。比如，对技术开发生命周期中不同阶段的特点与结果的研究（Kaplan & Tripsas，2008）以及 CEO 认知与组织能力对现有企业应对技术变革的影响。

她的另外一项研究非常即时而且有趣：PPT 的应用如何影响战略制定。PPT 是企业中战略知识与认知的一种传播手段。采用这种手段进行相关的对话与沟通乃是企业制定战略时的一种具体实践。这种实践不能简单地只用有效或者无效来进行判定。我们应该意识到，PPT 的应用只是一种认知工具（Epismatic Machinery），但它的制造与应用却能够影响大家对战略问题的理解和应对。因此，战略制定并不只是产业分析或者资源配置这些战略内容本身的考量，而是一种镶嵌于组织文化内的认知和政治过程（Kaplan，2011）。其实，说白了，PPT 应用本身也是一种框定。

Yasemin Kor

Yasemin Kor 来自土耳其，2001 年从伊利诺伊大学博士毕业，师从 Mahoney 教授；先后任职于特拉华大学和南卡罗来纳大学；2015 年赴任剑桥大学 Judge 商学院 Beckwith 讲席教授。她的研究兴趣聚焦在战略制定与更新、高管团队的人力资本与社会资本，以及董事会和公司治理。Kor 发表的首篇学术文章是毕业前与导师合作的评介 Edith Penrose 的经典论著《企业增长理论》（*The Theory of the Growth of the Firm*）对战略管理研究的影响（Kor & Mahoney，2000）。其后，二人再次阐述彭罗斯理论对于资源本位企业观的贡献（Kor & Mahoney，2004）。在另外一项合作中，他们还考察了资源配置的动态以及监管机制对于企业经营绩效的影响（Kor & Mahoney，2005）。

她的首篇独著文章研究了新创企业高管团队的经验对企业持续增长的影响。她把管理团队的经验分为三个层面：企业层面、团队层面和产业层面。通过对医疗和手术器具产业的研究，她发现：创始人的参与以及以往产业层面的经验对于团队获取新的成长机会有贡献；但当团队层面的经验抑或产业层面的经验增加时，创始人的作用会减弱（Kor，2003）。

她还同时考察了企业高管团队与董事会的构成对企业 R&D 投资的影响并发现二者的构成分别影响 R&D 投资的强度。当董事会中外部董事居多的时候，高管团队在企业内的任职时间长短、团队本身的合作经验、职能异质性等都会导致较低的 R&D 投入。如果企业期望某种特定的 R&D 投资强度，那么它必须谨慎地选择董事会的构成以及高管团队的构成，并考虑二者之间的关系（Kor，2006）。

在最近的一篇高引用率的文章中，Kor 探讨了动态管理能力（管理者的人力资本、社会资本、认知资本）与主导逻辑之间的关系。CEO 的两大功能是对高管团队动态能力的组态构型与配置使用。这两种功能会影响高管团队的吸收能力以及相应的调整应变能力。CEO 的动态能力与高管团队的能力将共同决定企业是否能够更新企业的主导逻辑，从而实现与环境的动态匹配（Kor & Mesko, 2013）。

Teppo Felin

Teppo Felin 来自芬兰，2005 年从犹他大学博士毕业，先在杨百翰大学任教，后转赴牛津大学任战略学教授，主要研究方向是战略与创业和创新。Felin 的出名，在很大程度上与所谓的"微观基础"运动有关（Felin & Foss, 2005；Felin, Foss & Ployhart, 2015）。

在这一运动中，他最具有影响的工作，是为知识本位企业观提供了一个微观的理论基础：个体间的知识异质性是群体间知识异质性的基础。因此，必须注重个体所掌握的知识，而不能只把知识看成组织层面的现象（Felin & Hesterly, 2007）。实话实说，这篇文章还是较有新意而且相对比较精致的。然而，自此，Felin 教授便一发不可收拾地在诸多领域大肆倡导所谓的"微观基础"运动：组织理论的微观基础；资源本位企业观的微观基础；动态能力的微观基础。只要是稍微宏观一点的现象或者理论、所谓的"总体主义"（Collectivism or Holism）的东西，这种微观化运动似乎都要去攻击、去破解，要给个基于"个体主义"（Individualism）的微观基础。其说辞与"战略乃实践"运动几乎如出一辙：组织活动和组织战略的背后是人！活生生的人！只看结构性的、汇总性的、宏观性的概念和框架是远远不够的，必须从源头上看人作为个体对它的影响。要直接观察人每天的活动，观察他们的想法和激励、他们的举止和作为、他们的喜怒与哀乐。

这些观点倒是不无道理，不过未免有些小题大做、耸人听闻。毕竟学术研究有分工的不同。各种"分析单元"与"整合层级"的现象（Levels of Analysis and Levels of Aggregations）都要有人去考察。没必要把对宏观的有关研究贬得近乎离奇无用。何况微观层面的考察一直就存在并持续改进着。如果过分地强调微观基础，最后只能是最小单元主义（Minimalist）

的胜利。如此，一切社会科学都将没有意义。

好在 Felin 教授还没走那么远。至少他还跟着 Barney 企图界定什么不是"微观基础"（Barney & Felin, 2013）。但每个人对微观基础的认知注定各异。发动这场没有具体议程和共同焦点的运动也只是能够帮助他和丹麦学者 Nicolai Foss 等人多发几篇呼吁性文章而已。

值得欣赏的是，在最新的一篇文章中，Felin 教授与合作者 Todd Zenger 教授一起盛赞人的判断对于战略成功的重要意义。以苹果的乔布斯、星巴克的舒尔茨以及沃尔玛的沃尔顿为例，他们认为突破性战略的诸多案例表明，决策者在做战略决策时面临高度的复杂性和不确定性，他们是几乎没有多少数据支撑也没有什么基础准则去进行分析运算的。因此，对于那些靠消除个人偏见，减少决策误差，将战略决策交给大数据、各类算法和人工智能等方法去增进战略实践之有效性的臆想，他们是持高度怀疑态度的（Felin & Zenger, 2018）。

第十章 走向未来：新生代初升之星

正当 21 世纪早期博士毕业的新锐精英们座次渐定之际，新一代的战略管理学者已经大踏步走来。他们势如破竹、突飞猛进，心无旁骛地专注于纯粹的学术研究。这是学科日益规范化和程式化之大情境的要求，也是学者们在研究发表上力求专业化和精准化之努力的体现。

为了尽量齐全地收集在 21 世纪获得博士学位的战略管理学者的情况，笔者进行了多方面的努力，并最终确立了一个范围适中的名单。首先，根据主要研究型大学博士毕业生的名单以及在这些大学任教的学者名单，初步确定人选。其次，查看美国管理学会战略管理分会"学术研究委员会"（Research Committee）和"执行委员会"（Executive Committee）的历年名单。这些都是学科精英领导层遴选出来的学科优秀代表，包括了那些研究成就出众但并不在名校任教的学者。再次，查看该分会历年的博士论文获奖名单以及各类年度最佳论文名单。最后，查看这个群体在各种相关期刊的获奖情况以及他们在《战略管理学期刊》与其他相关期刊担任编委和评审的情况。

根据初选的名单，尽量从每位学者任职学校（包括现任和前任学校）的官网以及其他相关渠道获取他们最新的学术履历。然后，在一定程度上参考谷歌学术引用次数以及他们在顶尖期刊与一流期刊上发文的数目。由于近期毕业的学者其发表的文章还未来得及被引用，而且他们的文章发表主要集中在纯学术期刊上，诸多只在顶尖学术期刊上发文的学者的文章引用率并不是很高。因此，对于这个群体而言，在顶尖期刊上发表文章的数量也许更有说服力。可以说，进入最终名单的学者，首先都具有一定数量和质量的学术论文发表，有学术领先性，而同时亦有足够的代表性，可以展现整个学科现今的学术潮流以及人员构成的总体风貌。

根据对这个群体的详尽考察，笔者发现总体的趋势大致有三个。第一，少数精英院校对人才培养的贡献有增无减，虽然众多优秀的研究型大学仍然广泛参与。第二，学者们的地域性来源也越来越多元化，当今顶尖或者一流的学者分别来自二十多个国家。然而，这种学者出身的地域多元化以及与之相关的文化背景多元化，并不意味着主流管理学社区日益拥抱这些多元性。主要的融合方式，是这些来自不同背景的学者主动向以美国范式为代表的学科主流的靠拢和归依。第三，这一代学者们各自所研究的专题也越来越聚焦和专一，理论构建和研究方法均日渐精准和细致。同时，总体来看，他们所涉及的研究专题以及采用的研究方法亦足够丰富多元。让我们逐一来看这三个趋势。

精英院校愈发人才辈出

精英院校与后备研究人才培养

首先，按照其博士毕业的院校来归类，几个顶尖院校占据了学科优质人才培养的半壁江山。从某种意义上说，人才是靠它们培养的，期刊是为它们的学生们预留的，研究潮流是由它们引起的，学术运动是由它们领导的。表10.1虽然并不是一个完全的图景，并没有包含所有院校的全部博士毕业生，但基本囊括了发表了一定数量的学术文章以及重要学术文章的几乎所有新一代学者。

表 10.1　21 世纪战略管理学博士毕业生显著贡献者概览（不完全统计）

姓名	博士毕业 学校	博士学位 获得时间	当前任职 学校	A 类发表 （篇）
Giovanni Gavetti*	Wharton	2000	Dartmouth	10
Michael Jacobides*	Wharton	2000	LBS	11
Phanish Puranam*	Wharton	2001	INSEAD	21
Sendil Ethiraj*	Wharton	2002	LBS	13
Isin Guler	Wharton	2003	UNC	8
Gino Cattani	Wharton	2004	NYU	9
Dovev Lavie*	Wharton	2004	Bocconi	13
Hart Posen	Wharton	2005	Wisconsin	9
Brian Wu	Wharton	2007	Michigan	9
JP Eggers	Wharton	2008	NYU	13
Vikas Aggarwal	Wharton	2009	INSEAD	5
Felipe Csaszar	Wharton	2009	Michigan	7
Aseem Kaul	Wharton	2009	Minnesota	9
Juan Alcacer*	Michigan	2001	HBS	13
Glenn Hoetker*	Michigan	2001	ASU	12
Francisco Polidoro	Michigan	2006	UT Austin	8
PK Toh	Michigan	2007	UT Austin	6
Yue Maggie Zhou	Michigan	2008	Michigan	6
David H. Zhu	Michigan	2009	ASU	9
Gareth D. Keeves	Michigan	2018	Michigan	2
Jasjit Singh	HBS	2004	INSEAD	8
Feng Zhu	HBS	2008	HBS	9
Emilie Feldman	HBS	2010	Wharton	7
Claudine Gartenberg	HBS	2011	Wharton	3
Venkat Kuppuswamy	HBS	2011	UNC	4
Melissa Grebner	Stanford	2003	UT Austin	7
Christopher Bingham*	Stanford	2005	UNC	12
Benjamin Hallen	Stanford	2007	Washington	8
Emily Cox Pahnke	Stanford	2010	Washington	5
Aaron Chatterji	Berkeley	2006	Duke	10

（续表）

姓名	博士毕业 学校	博士学位 获得时间	当前任职 学校	A 类发表 （篇）
Victor Bennet	Berkeley	2010	Duke	5
Fiona Kun Yao	Berkeley	2013	UIUC	3
Olivier Chatain	INSEAD	2007	HEC Paris	8
Rahul Kapoor	INSEAD	2008	Wharton	11
Donal Crilly	INSEAD	2010	LBS	6
Seth Carnahan	Maryland	2013	Michigan	6
Mahka Moeen	Maryland	2013	UNC	4
Anastasiya Zavyalova	Maryland	2012	Rice	4
Gary Dushnitsky	NYU	2004	LBS	7
Minyuan Zhao	NYU	2004	Wharton	6
Hong Luo	NYU	2011	HBS	2
Yasemin Kor*	UIUC	2001	Cambridge	7
Martin Ganco	UIUC	2010	Wisconsin	7
Lihong Qian	UIUC	2011	Portland St	4
Andrew Shipilov*	Toronto	2005	INSEAD	17
Nan Jia	Toronto	2008	USC	8
Elena Kulchina	Toronto	2012	Duke	4
David Sirmon*	ASU	2004	Washington	12
Han Jiang	ASU	2014	Arizona	3
Mary Benner*	Columbia	2002	Minnesota	11
Jiao Luo	Columbia	2012	Minnesota	3
Casadesus-Masanell*	Kellogg	2000	HBS	7
Michael Jensen*	Kellogg	2001	Michigan	12
Heli Wang*	Ohio State	2001	Singapore MU	15
Tony Tong	Ohio State	2004	Colorado	11
Brian McCann	Purdue	2009	Vanderbilt	8
Arkadiy Sakhartov	Purdue	2012	Wharton	5
Yan Anthea Zhang*	USC	2001	Rice	18
Libby Weber	USC	2010	UCI	7
Riita Katila*	UT Austin	2000	Stanford	13

（续表）

姓名	博士毕业学校	博士学位获得时间	当前任职学校	A类发表（篇）
Steven Boivie	UT Austin	2006	Texas A&M	13
Albert Yanfei Zhao	Alberta	2014	Indiana	6
David Tan	Emory	2009	Washington	7
Cuili Qian	HKUST	2010	UT Dallas	10
Ryan Krause	Indiana	2013	TCU	11
Sarah Kaplan*	MIT	2004	Toronto	9
Exequiel Hernandez	Minnesota	2011	Wharton	9
Guoli Chen	PSU	2008	INSEAD	13
Wei Shi	Rice	2016	Indiana-I	8
Caroline Flammer	St. Gallen	2009	Boston U.	7
Belen Villalonga*	UCLA	2001	NYU	5
Teppo Felin*	Utah	2005	Oxford	7
Greg Fisher	Washington	2012	Indiana	5

注：用于统计的 A 类管理学期刊包括：AMR，AMJ，SMJ，ASQ，OS，MS，JIBS，JBV（期刊的中英文全称对照参见附录一）。

* 标明的学者，已经在第九章介绍过。

令人惊叹的是，在21世纪出道的70多位明星学者当中，仅沃顿商学院就包揽了将近20%！可谓一枝独秀、技压群芳。接下来是密歇根大学，占了近10%。老牌顶尖战略管理研究重镇哈佛商学院紧随其后，贡献了5位明星学者。另外一个顶尖重镇斯坦福大学（主要是 Eisenhardt 所在的工学院的管理科学与工程系）则贡献了4位明星学者。再往后，伯克利加州大学、欧洲工商管理学院、马里兰大学、纽约大学、伊利诺伊大学以及多伦多大学你追我赶、不相上下，各自贡献了3位明星学者。总体而言，马里兰大学最近几年的毕业生择校记录相当好。其他老牌劲旅如哥伦比亚大学、西北大学、普度大学、南加州大学，以及实力较强的俄亥俄州立大学、奥斯汀得克萨斯大学和最近上升较快的亚利桑那州立大学亦分别贡献了2位明星学者。

精英院校间的人才流动

这些明星学者的任职院校与毕业院校之间有很强的相关性（参见表10.2）。沃顿商学院和密歇根大学招聘的明星学者依旧遥遥领先，各占6名；培养的明星学者数目和招聘的明星教员数目可谓双高。INSEAD占了5名。哈佛商学院、伦敦商学院、教堂山北卡罗来纳大学以及西雅图华盛顿大学都是各占4名。杜克大学、纽约大学、明尼苏达大学、奥斯汀得克萨斯大学、印第安纳大学均各占3名。这些高校对于新一代学者的重视和青睐以及足够的吸引力，保证了它们在未来学科演进中的领先地位。

表10.2　21世纪毕业的战略管理学博士中明星学者任职学校一览

任职学校	明星学者人数	任职学校	明星学者人数
Wharton	6	Bocconi	1
Michigan	6	Boston U	1
INSEAD	5	Cambridge	1
HBS	4	Colorado	1
LBS	4	Dartmouth	1
UNC	4	HEC Paris	1
Washington	4	HKUST	1
Duke	3	Oxford	1
Minnesota	3	Portland St	1
NYU	3	USC	1
UT Austin	3	Singapore MU	1
Indiana	3	Texas A&M	1
ASU	2	Toronto	1
Wisconsin	2	UCI	1
Rice	2	UIUC	1
Arizona	1	Vanderbilt	1

当然，像沃顿商学院这种院校，是在全球范围内考察值得给予终身教职者或者值得聘用的候选人，其选择范围不仅仅是那些已经在沃顿任教的助理教授们。而且，其潜规则是，拿不到终身教职是正常的，拿到的都是

超级优秀的。在这种院校，即使是研究和教学都超强的天才级别的学者，整天拼命做研究，也才可能有机会在规定的时间内达到终身教职的学术文章发表要求（数量、质量和影响力）。Publish or Perish.（不发表，就死定。）这是研究型大学的铁律。

对于新招的博士而言，有些同等院校之间或者同类院校之间通常会有互相招纳对方学生的传统。这种互招可以在私立名校之间，比如沃顿与哈佛；也可以在学术地位和总体声誉大致相当的公立学校之间，比如明尼苏达大学、教堂山北卡罗来纳大学、马里兰大学等。偶尔会有公立名校的极为优秀的毕业生到私立名校任职，比如普度大学毕业的 Arkadiy Sakhartov 和明尼苏达大学毕业的 Exequiel Hernandez 到沃顿任教。但大多数情况下，博士毕业生求职都是到比自己的院校稍微低一些的院校，尤其是最顶尖的院校出来的毕业生，比如沃顿的毕业生到明尼苏达大学或者教堂山北卡罗来纳大学任教。还有一种情形是名校自己的毕业生到外校任教几年之后再回母校任教。当然，像哈佛商学院那样的院校，根本不在乎什么"近亲繁殖"的指摘，对于优秀的博士毕业生可以让其直接留校任教。

美国主导下全球参与的学术运动

20 世纪是美国全面领先全球经济与社会发展的时代。同样，在整个 20 世纪，管理学近乎是美国的专利。美国的管理学教育为其经济发展提供了必要的人才储备。随着管理学以及商学院相关领域对科学研究的推崇逐渐替代了原先实战派故事讲述的教研传统，管理学的知识也在被不断创造和积累，成果丰硕，洋洋大观。美国范式的研究传统（重视理论构建与实证检验）逐渐受到大家的重视，引来其他各国精英的纷纷效仿。从最早的英国学者游学美国，到印度学者的大批涌入，从日韩学者的中间过渡，到中国学者在改革开放后的大举进军，再到如今包括欧洲、南美和亚洲等国家和地区学者的纷纷加入，美国范式研究的行情仍然见长。粗略算了一下，这些在 21 世纪从美国高校以及若干采用美国范式的欧洲名校博士毕业的明星学者们，分别来自二十多个国家（参见表10.3中的归类统计）。来自俄罗斯的学者也进入了美国的战略管理研究重镇，这是之前难以想象的。

表 10.3 21 世纪博士毕业的战略管理明星学者来自的国家和地区

姓名	国家和地区	姓名	国家和地区
印度系依然有实力		**中国军团已然崛起**	
Phanish Puranam*	印度	Heli Wang*	中国
Sendil Ethiraj*	印度	Yan Anthea Zhang*	中国
Aseem Kaul	印度	Tony Tong	中国
Jasjit Singh	印度	Minyuan Zhao	中国
Vikas Aggarwal	美国（印度裔）	Brian Wu	中国
Aaron Chatterji	美国（印度裔）	Guoli Chen	中国
Venkat Kuppuswamy	加拿大（印度裔）	Lihong Qian	中国
Rahul Kapoor	新加坡（印度裔）	Cuili Qian	中国
欧洲阵营持续扩张		Nan Jia	中国
Arkadiy Sakhartov	俄罗斯	Yue Maggie Zhou	中国
Anastasiya Zavyalova	俄罗斯	Hong Luo	中国
Elena Kulchina	俄罗斯	Jiao Luo	中国
Giovanni Gavetti*	意大利	David H Zhu	中国
Gino Cattani	意大利	Eric Yanfei Zhao	中国
Casadesus-Masanell*	西班牙	Wei Shi	中国
Belen Villalonga*	西班牙	Feng Zhu	美国（华裔）
Yasemin Kor*	土耳其	David Tan	美国（华裔）
Isin Guler	土耳其	**诸多国家学者参与**	
Riita Katila*	芬兰	Gary Dushnitsky	以色列
Teppo Felin*	芬兰	Dovev Lavie*	以色列
Olivier Chatain	法国	PK Toh	新加坡
Michael Jensen*	丹麦	Greg Fisher	南非
Michael Jacobides*	希腊	Felipe Csaszar	智利
Caroline Flammer	瑞士	Francisco Polidoro	巴西
Donal Crilly	爱尔兰	Juan Alcacer	委内瑞拉
Martin Ganco	斯洛伐克	Mahka Moeen	伊朗
		Hart Posen	加拿大

注：以姓名特点和本科毕业院校为基准鉴定。

＊标明的学者，已经在第九章介绍过。

当然，由于美国高校的开放以及求贤若渴，全球的学术精英大多希望与之为伍。战略管理学界从一开始就有来自各国的学者在美国的阵地上战斗。十大"元帅"中，就有四位来自美国以外的国家和地区：加拿大的Mintzberg、丹麦的Wernerfelt、印度的Prahalad以及新西兰的Teece。十大"上将"中亦有四位来自美国以外：以色列的Amit、印度的Ghoshal、英国的Grant和Hamel。可见，学者阵容的国际化对于战略管理学科而言并不是什么新鲜事儿。只是在当今时代，参与的国家越来越多，参与的程度也越来越深。

印度系依然有实力

在战略管理领域，首先大规模进入美国学术界的是印度系的学者。其中，几乎所有早期的以及大部分如今的学者，都是从印度到美国留学攻读博士，然后留在美国发展并成名成家的，比如Prahalad、Venkatraman、Ghoshal等。对于很多印度学生来讲，在美国商学院学术生涯的"标配"，是在印度理工大学（IIT）读本科，在印度管理学院（IIM）读MBA，在美国名校读博士，然后到其他美国名校任教。比如，做运筹学或者供应链的学者，IIT（本科）/IIM（硕士）/MIT（博士）是学术生涯的"标配"，出道后可以去卡内基梅隆大学或者斯坦福大学任教。战略管理领域也基本类似。比如，Habir Singh的学术生涯"配置"是IIT（本科）/IIM（硕士）/Michigan（博士）/Wharton（任教）。还有一些印度学者，或者直接来自印度或者早已移居美国，他们直接在美国读的本科，一路再读到博士，比如在哈佛商学院读博士并任教的Ranjay Gulati和Tarun Khanna，以及新一代明星学者Aaron Chatterji（在美国康奈尔大学读的本科）。

印度学者的优势，恰恰符合战略管理学科发展对学者素养和能力的要求。一是概念能力要强，要善于逻辑思维和哲学思辨，但同时又要能够把握大的场景和局面，有整体意识和全局感，并能准确清晰地诉诸文字，有足够的想象力和打动别人的同理心。二是要具有较强的数理分析能力，要有对数据和模型的敏感度，从而在科研项目上有强大的执行力和操作技能。在这两点上，典型的或曰优秀的印度学者都非常沾光。他们本科训练良好，英语能力无碍，数理能力更是平均水平甚高。可以说，印度学者的成才率还是相当可观的。

战略学科发展早期，概念能力相对重要。印度学者毫不畏惧、首当其冲，探究的多是当时最为时髦的话题，比如，对战略乃是环境与企业间契合的各种可能形式的论述（Venkatraman，1989）。当学科发展到研究方法日趋精准、数理模型日渐走俏的阶段，从博弈论到个体本位模型，印度学者仍然得心应手、当仁不让，比如，Aggarwal 领衔的关于对协作进行监管的模拟分析（Aggarwal & Siggelkow，2011）。至于管理学领域常用的各类统计分析，更是不在话下。

在表 10.3 列出的新一代明星学者中，印度系的占了 8 位，主要任教于 INSEAD、伦敦商学院和杜克大学等著名学府，学术论文发表情况极佳。印度学者一如既往、源源不断地进入美国的高等院校读书任教。已经在美国的二代印度裔学生也在加入学术阵营。至少在战略管理领域，他们的实力依然强大。

欧洲阵营持续扩张

以往活跃在美国学术界的战略管理学者往往来自英、法等少数几个国家。比如英国的 Howard Thomas、Robert Grant、JC Spender 和 Charles Hill 以及法国的 Yves Doz 等。如今，来自更多欧洲国家的学者日渐广泛地进入美国管理学界，或者在自己的国家从事以实证研究为主要特色的美国范式的管理学研究。

成立于 1936 年的美国管理学会（AOM），原本乃是美国国家级的管理学研究学会，旨在促进高等院校管理学教授之间的沟通与交流。如今，它已经成为不折不扣的全球最大规模也是最为主流的管理学会。根据2018 年 3 月 6 日其官网统计数字，该学会共有 18 023 名会员，来自 117 个国家，堪称全球管理学界的奥运会。其中，来自北美的会员占到总人数的 57.83%。除去来自加拿大的 931 人（大概占 5% 左右），来自美国机构的会员大致占到52%。更不用说，美国会员中相当一部分也是来自其他国家的学生和学者。也就是说，至少将近一半的会员是美国以外的（见表10.4）。

表 10.4　拥有美国管理学会（AOM）会员较多的国家

国家	英国	加拿大	德国	澳大利亚	中国	荷兰	日本	法国	丹麦	新加坡	韩国	意大利	西班牙
人数	935	931	621	593	537	438	342	312	241	213	210	202	198

就专业领域而言，AOM 的战略管理分会是除组织行为学分会（5 839人）之外的最大的分会（4 871人），会员人数占 AOM 会员总数的27%。

拥有超过40名 AOM 会员的大学和机构有35个，其中11个是美国以外的。哥本哈根商学院以100名会员名列全球第一。哈佛大学排名第二，有88名会员。排名第三的是 INSEAD，有78名会员。

在新一代明星学者当中，就有相当多的来自欧洲的学者，大概占到四分之一。加入 AOM 的英国学者数量是除美国之外最多的。但在新一代明星学者中，基本上没有英国学者出现。日益对标美国的意大利和西班牙各自贡献2名，北欧的芬兰和欧亚之交的土耳其也是各自2名。倒是俄罗斯出人意料，有3位明星学者出现，分别任教于沃顿商学院、多伦多商学院和莱斯大学这三所名校。除此之外，法国、丹麦、希腊、瑞士、爱尔兰以及东欧的斯洛伐克亦均有贡献。

诸多国家学者参与

不仅欧洲的学者不断涌向以美国管理学会年会为平台和纽带的美国管理学界，世界其他国家和地区的学者也有参与。以色列一直是一个极为重视教育的国家。他们参与美国学界的学者亦不鲜一见，而且以优秀和顶尖学者居多。纽约大学博士毕业、现任职于伦敦商学院的 Gary Dushnitsky 便是其中的一位典型代表。

加拿大跟美国更是近乎。大家经常用"北美"一词来描述美国和加拿大，其实根本也就没把两个国家怎么分开。两国间的学术人才流动还是非常充分的。双方你来我往，而不只是单向流动。当然，这种流动的频率和方向也许在一定程度上取决于两国汇率的波动和走向。

中、日、韩和新加坡各自都有数百位 AOM 会员。亚洲会员加起来至少占 AOM 会员总数的10％。有意思的是，日本现在（或者一直就）很少有人去美国读书，在美国学术界留下来的就更少。而且，日本学者也很少参加 AOM 年会。令人些微惊奇的是，日本竟然还有 342 名 AOM 会员。

值得注意的是，来自南美国家的学者也纷纷加入 AOM 会员的队伍。比如，巴西就有来自 109 所高校和机构的 147 名 AOM 会员。以此观之，其分布还是比较均匀分散的，并不只局限在某几所学校。在新一代明星学者中，就有来自巴西、委内瑞拉和智利的学者。此外，中东的伊朗和非洲的南非亦有优秀学者参与。

中国军团已然崛起

伴随着中国的改革开放，中国学者走向世界的进程悄然兴起，然后波涛汹涌、势不可挡。在早期，赴美留学的主要是理工科的学生。1979—1989 年的 CUSPEA（中美联合培养物理类研究生计划）项目和 1981—1989 年的 CUSBEA（中美联合培养生物化学类研究生计划）项目是早期正式大规模派遣留学生的官方举措。这些学物理和生物化学的学生中，有相当一批人由于就业等各种原因转到商学院读博士，尤其是利用其数理能力优势去读运筹学、决策学、运营与生产管理和金融学等专业的博士。有的人甚至拥有理工和商学两个博士学位。这批学生是最早进军商学院的中国学者，比如沃顿商学院毕业的于刚博士，在得克萨斯大学获聘讲席教授后，又去戴尔和亚马逊任高管，后来创立了一号店。

另外有三拨人跟商学院有关系。一是 20 世纪 80 年代早期国家公派的几批赴美攻读 MBA 的人才。其中就包括中国创投业的创始人之一成思危教授（UCLA）以及执掌华润、中粮和中化的宁高宁（匹兹堡大学）。但这批人主要是搞实务的，做学术的极少。另外一批，来自所谓的"福特班"，亦即通过"福特基金会"赞助，由邹志庄教授在美国经济学会美中交流委员会主席任上所推行的经济学留美博士计划（1985，1986，1987）。这些人中，待在经济系里的多，转到商学院的少。还有一批，是由各种渠道赴美的访问学者，由于资质优异而转成博士生从而进入美国管理学界。

有一位前辈值得一提，干什么都是先锋！他乃当今投资界的名家单伟建，旧金山大学的 MBA，伯克利加州大学的博士，曾师从于 Teece 教授。在世界银行短暂任职后，他自 1987 年至 1993 年在沃顿商学院任助理教授，跟当时的年轻人 Bruce Kogut 和 Gordon Walker 一起共事。他在《战略管理学期刊》和《国际商务研究期刊》上各发表了 2 篇文章。也许，他是第一个在《战略管理学期刊》上发文的中国学者（Shan，1990）。他应该也是第一个在沃顿商学院管理系任教的中国学者。1993 年，他离开学术界去了 JP 摩根。

20 世纪 80 年代，由国内通过考试直接进入美国商学院读管理学博士的几乎闻所未闻。后来，有了新东方，西方向来自中国的留学生更加有力地张开了欢迎的臂膀。一代又一代的留学生赴美，英文越来越好，专业越来越强。转眼间，战略管理学领域的新一代明星学者中，中国学者成为任何一个国家中最大的群体。熠熠生辉，群星闪耀。张燕和王鹤丽坐拥讲席教授席位，其他学者则分别在著名的研究型大学任教，其中包括哈佛商学院（罗红、朱峰）、沃顿商学院（赵敏渊）、INSEAD（陈国立）、密歇根大学 Ross 商学院（吴迅和 Yue Zhou）、南加州大学 Marshall 商学院（Nan Jia）、华盛顿大学 Foster 商学院（David Tan）、印第安纳大学 Kelley 商学院（Eric Zhao 和 Wei Shi）、科罗拉多大学 Leeds 商学院（Tony Tong）和亚利桑那州立大学 Carey 商学院（沈伟、David Zhu）等。

值得传为佳话的是，这些学者中不仅有"夫妻档"，而且还有"父子兵"。张燕和李海洋教授是我们的"双职工劳模"。在加拿大约克大学任讲席教授的谭劲松教授，应该是现今仍在学术圈里的中国学者中最早在《战略管理学期刊》上发表文章的（Tan & Litsschert，1994）。他的儿子 David Tan 2009 年从埃默里大学（Emory University）博士毕业，已经在西雅图华盛顿大学获得终身教职。父子二人还一起合作发文（J. Tan & D.

Tan，2005）。可以说，在美国管理学范式全球化的学术运动中，中国军团已经迅速崛起，未来甚是可期。

理论和方法的不断探索与挖掘

正像管理学研究中依照 March 教授探索与挖掘两分法对组织学习与创新过程的不断考察和探究一样，我们也可以将这个两分法应用到对战略管理学学科之研究活动本身的考察和评审之中，来看一看我们的研究努力究竟在多大程度上是主要聚焦在与边界拓展相关的探索性活动上的，有多少功夫是应用于对现有领域和专题的精耕细作与深入挖掘上的。

可以说，在新一代的战略管理学者中，各种探索性的尝试仍然在继续。大家会不断关注新的研究专题、不同专题之间的交叉与融合以及对新的研究方法的尝试和采用。同时，也许更多的努力是体现在大家在一些相对成熟的细分领域和研究范式之内的工作上：对某些经典的话题通过更加精致和严谨的方法去进一步地打磨和改进，从而进一步增加理论的正规性和强健性（Formalness and Robustness）。这既是社会科学方法论的不断创新在战略管理学科的体现和应用，也是本学科自身迈向范式性学科的一种自发的努力和发展趋势。

在本书第一章提供的有关战略管理学科的发展演进概览中，我们将战略管理的主要研究领域粗略地划分为公司战略、业务战略、战略过程以及高管团队等若干领域。在这些传统的领域内和话题上，新一代的学术明星们正在继续拓展我们的知识创造与更新。

公司战略研究的细化与深入

在公司战略研究方面，毕业于哈佛商学院、如今任教于沃顿商学院的 **Emilie Feldman** 可以说是一颗冉冉升起的新星。师承 Cynthia Montgomery 与 Belen Villalonga，Feldman 的研究专注于公司战略的核心话题之一——

业务的剥离（Divestiture）。比如，她曾专门研究公司对于自己赖以起家的原始核心业务（Legacy Business）进行剥离的决策，并发现新任 CEO 更容易进行此类剥离，而剥离这些业务的企业在之后的经营业绩通常低于那些保留此类业务的企业（Feldman，2013）。

此外，她还考察了剥离决策中股票分析师对价值创造的影响（Feldman，Gilson & Villalonga，2014；Feldman，2016a）、家族企业中业务剥离决策的特点（Feldman，Amit & Villalonga，2016）、高管的薪酬体系与业务剥离决策的关系（Feldman，2016b），以及同时担任母公司以及被剥离业务公司（Spinoff Firms）之"双重董事"对于被剥离业务治理的影响（Feldman，2016b）。显然，Feldman 对于剥离决策的研究专注而具体，并且迅速形成了自己的一套研究项目（Research Program），使自己成为公司业务剥离研究的专家，在较短的时间内成就了高频率和高浓度的贡献与影响。Feldman 是战略管理学会 2017 年"新锐学者奖"得主。

新一代明星学者中，Feldman 在沃顿商学院的同事、2012 年博士毕业于普度大学的俄罗斯学者 Arkadiy Sakhartov，也是以研究公司战略著称的（Sakhartov，2017，2018）。他曾与其导师 Tim Folta 一起考察多元化公司中资源的相关性（Resource Relatedness）所带来的协同作用（Synergy）以及资源的"可再部署性"（Resource Redeployability）对于企业价值的影响（Sakhartov & Folta，2014），并将实物期权视角和模拟分析方法引入对资源相关性这一经典专题的研究中（Sakhartov & Folta，2015）。他们的基本结论是，除了协同作用的影响，对于资源可以被部署到其他业务程度的考虑也是决定和影响企业多元化战略决策的一个重要因素。

2007 年博士毕业于沃顿商学院的**吴迅（Brian Wu）**，已于密歇根大学获得终身教职。他的研究和发表不仅涵盖了企业组织内的协调与调整（Aggarwal & Wu，2014）以及对企业创新的关注（Wu & Knott，2006；Wu，Wan & Levinthal，2014），而且也在很大程度上涉及公司战略领域的专题，包括从机会成本与企业自我选择的角度对企业经营业务范围的界定以及经营绩效的考察（Levinthal & Wu，2010），基于组织能力的考量而对潜在并购对象进行的选择（Kaul & Wu，2016），以及在纵向价值链关系中企业之间的价值分配（Wan & Wu，2017），等等。

基于其博士论文的工作，通过对心血管疾病领域医疗器械企业（1976—2004 年）的实证研究，他发现不同市场上的需求特点会影响组织能力在不同市场间部署时所面临的机会成本，并因此影响企业的多元化决策及其绩效。具体而言，具有较强的创新经验的企业更可能多元化，面临现有市场需求成熟化的企业更可能多元化，多元化通常会导致现有业务的绩效下滑但会带来整个公司绩效的提升。这项研究将产业动态（Industry Dynamics）与企业资源与能力之部署（Deployment of Resources and Capabilities）相连接，增进了我们对企业多元化决策与绩效的了解（Wu，2013）。

上述吴迅教授的合作者 **Aseem Kaul** 乃是他在沃顿商学院的同学，2009 年毕业，现任教于明尼苏达大学。他从技术创新的角度考察了企业业务范围的界定（Kaul，2012），对公司战略的研究亦有贡献。

非市场战略：企业政治战略与社会责任

在关于公司经营战略的研究不断深入的同时，关于公司政治战略的研究也在不断深入。新生代学者中，中国学者 **Nan Jian** 乃是这一专题最为杰出的贡献者之一。她最早对公司战略的研究始于对中国集团企业（Business Groups）中控股企业与成员企业间关系的考察。她发现，当控股企业财务状况吃紧时，成员企业通常会通过贷款或者贷款担保的形式与控股公司进行交易；而当某个成员企业业绩受损时，控股企业以及其他成员企业则多是通过非贷款形式的交易提供帮助。她将这种行为称为集团企业内部的"互为保险"（Co-Insurance）效应。另外，她还关注竞争与治理机制在企业进行特定关系投资（Relation-Specific Investment）时的影响（Jia，2013）。

此后，她的几乎所有研究都是专注于企业的政治战略（Corporate Political Strategy），包括企业的政治行为与个体政治行为的互补与替代关系（Jia，2014）、政治机构之结构对于企业政治游说的影响（Choi，Jia & Lu，2014），以及中国企业家在高度企业政治镶嵌性（Political Embeddedness）的情境下如何通过与政府官员建立关系与信任而提升企业的绩效（Haveman，Jia，Shi & Wang，2017）。她还考察了企业的政治风险与企业地理位置集中度之间的关系。其研究结果表明，虽然走出企业核心经营地区在早期会增强来自政府要挟的危险，但随着企业在核心区域外销售的增长，它影响相关政府的能力也会越来越强，而且它也可以通过退出来胁迫政府让步。当然，这种可能性取决于企业的政治资本储备以及相应的制度安排对于政府行为约束的有效性（Jia & Mayer，2017）。

对于企业社会责任与非市场战略的研究，在张燕和王鹤丽之后的新生代学者中仍然是一个较为热门的话题。现任教于达拉斯得克萨斯大学的**钱翠丽（Cuili Qian）**2010 年毕业于香港科技大学。她与时任香港科技大学教授的王鹤丽老师合作考察过企业慈善对经营绩效的影响。她们认为企业慈善可以帮助企业增进合法性从而获取利益相关者的正面反应并在政治上获得便利。基于对 2001—2006 年中国上市公司数据的研究，她们发现，企业慈善与其经营绩效的正向关系在那些相对知名的企业以及以往业绩较好的企业里表现得尤为突出。非政府所有的企业以及政治关联不甚紧密的企业也会从慈善活动中更多地获益，因为获取政治上的关系便利对它们来说尤其重要（Wang & Qian，2011）。

在新近的一篇文章中，通过引入竞争行动（Competitive Action）的影响作用，她进一步考察了企业社会责任对企业经营绩效的影响。通过对 113 家美国软件行业上市公司（2000—2005 年）数据的分析，她与合作者发现，当竞争活动程度较高的时候，社会责任活动会增强企业的经营绩效；当竞争活动程度较低的时候，负面的社会责任活动（Negative CSR）则会提升企业的业绩（Kim，Kim & Qian，2018）。此外，她还考察过企业社会责任对于那些面临较高的被诉讼风险企业的"保险价值"（Koh，Qian & Wang，2014），以及中国企业对于其社会责任的报告与公布（CSR Reporting）行为，从实质性总结和象征性应付两个方面进行了探究

（Marquis & Qian，2013）。

明尼苏达大学的印度裔学者 **Aseem Kaul** 与来自中国的学者 **Jiao Luo** 在研究企业社会责任时，非常有新意地同时考察营利性企业与非营利性企业。通过模型分析，他们指出，满足如下两个条件中的任何一个都会增进企业的经营绩效（财务指标）：企业的社会责任活动与其主业相关；企业的社会责任活动与非营利性企业的业务不重叠。而只有当二者同时满足时，才会增进企业在社会绩效方面的贡献。也就是说，只有企业在自己最拿手的领域里做非营利性企业不能做的事情时，它才真正做出了社会性的贡献（Kaul & Luo，2018）。

在另外一篇文章中，Jiao Luo 与合作者认为，政府失业保险救济金额的提高通常会降低企业员工对失业的恐惧并纵容怠工或者缺勤等非敬业行为。因此，作为应对，企业会增加与员工相关的社会责任活动。如此，社会责任活动乃是企业应用于员工治理的一种战略手段（Flammer & Luo，2017）。另一位新生代学术明星——现任教于密歇根大学的 **Seth Carnahan**（马里兰大学的博士，2013 年毕业）也对社会责任和员工行为之间的关系进行了研究。以纽约的律师事务所为研究对象，他与合作者发现，企业社会责任参与度较高的企业可以更好地满足从业者对工作意义的追求，从而降低他们（由于去创业或者转行而导致）的离职率。同时，由于员工为了谋求更高经济收益而转到其他律师事务所的行为，较高的社会责任活动参与度也会在某些律师事务所导致较高的离职率（Carnahan，Kryscynski & Olson，2017）。

另外一位马里兰大学的博士（2012 年毕业）、现任教于莱斯大学的来自俄罗斯的学者 **Anastasiya Zavyalova**，也专注于企业的社会责任以及企业声誉的研究。当企业或者竞争对手出现劣迹或者污点等"误行"（Wrongdoing）时，技术性和象征性的活动在管理大众认知和感受上会有什么效果？首先，她发现媒体对某个企业之误行的报道会由于整个行业误行的泛滥而变得格外负面，此乃所谓的"负面溢出效应"。她还发现，技术性的纠错行动可能会减轻误行带来的负面影响，而象征性的回应则可能会加大负面影响（Zavyalova, Pfarrer, Reger & Shapiro, 2012）。

在另外一项研究中，她发现组织声誉既是资产又是包袱。对于那些对组织认同较强的利益相关者而言，好的声誉会带来更多的资源支持，比如名校的毕业生可能更愿意为自己母校的球队捐款。但同时，对于那些对组织认同没那么强的利益相关者而言，同等条件下，他们更愿意去支持那些名气没那么大的组织。比如，一个非校友球迷可能更愿意给不那么著名的学校捐款而不是给著名的学校捐款（Zavyalova, Pfarrer, Reger & Hubbard, 2016）。最近，她还进一步考察了媒体报道对于组织形象与声誉（声名显赫还是臭名远扬）的影响（Zavyalova, Pfarrer & Reger, 2017）。

战略管理学会 2015 年"新锐学者奖"的获得者是杜克大学的 **Aaron Chatterji**（伯克利加州大学博士，2006 年毕业）。他的研究涉及多个战略管理研究专题，但最重要的一条主线与企业的社会责任研究相关。比如，针对企业社会行为的各类排名是否准确地测度企业的社会责任（Chatterji, Levine & Toffel, 2009），不同的评估者和排名方法得出的结果是否一致（Chatterji, Durand, Levine & Touboul, 2016），以及企业如何应对此类评估排名（Chatterji & Toffel, 2010），等等。

有关非市场战略的最新研究，是 **Aseem Kaul** 与合作者基于新制度经济学的视角所提出的一个分类法（Dorobantu, Kaul & Zelner, 2017）。面对相对较弱的制度安排（Weak Institutions），企业可以通过调整变革去适应（Adapting to）现有制度安排、去补充和增加（Augmenting）制度安排以及去转换和改变（Transforming）制度安排等行动来创造并获取价值。企业可以自己独立去做（Independent），也可以与其他企业和机构合作而为（Collaboratively）。如此，以这两个维度为基础可以做出一个 3×2 矩阵并总结出六种非市场战略：自己调整的"内部化战略"（Internalization）；合作调整的"伙伴战略"（Partnership Strategies）；独立增补的"积极主动战略"（Proactive Strategies）；共同增补的"集体战略"（Collective Strategies）；个体转换的"影响战略"（Influence Strategies）；集体参与的"同盟合谋战略"（Coalition Strategies）。三位作者还根据制度环境的特点（不完善或者

是被少数既得利益者把持）对于上述非市场战略的选择及其可能的结果
进行了比较分析。

竞争战略研究：组织经济学的深度应用

组织经济学的模型应用也在模仿战略的研究中进一步显现。现任教于
密歇根大学的 **Felipe Csaszar**（沃顿商学院博士，2009 年毕业）与其在沃
顿时的老师 Siggelkow 考合作探讨竞争性模仿最为适宜的宽度（Breadth of
Imitation）。他们采用模拟分析（NK 模型）考察了竞争情景与企业间的相
似性以及时间因素对于模仿之回报的影响（Csaszar & Siggelkow，2010）。
他还和其他两位学者合作，考察了企业在多维战略空间进行的定位
（Adner，Csaszar & Zemsky，2014）。

同样出身于沃顿商学院（2005 年博士毕业）、现任教于威斯康星大学
的新生代学者 **Hart Posen** 对于模仿战略以及市场进入的研究亦颇有新意。
应用数理计算模型分析，通过对模仿性进入和非模仿性进入的比较，
Posen 发现模仿性进入可能并不能减少模仿者与被模仿者之间在绩效上的
差距，反而会增大绩效的异质性。模仿战略是有极大风险的，这种风险取
决于市场领先者实践的可观察性以及模仿者在模仿之后的学习和实验过程
（Posen & Martignoni，2018）。然而，尽管新进入企业可能遭遇"新手负
债"（Liability of Newness），即通常缺乏生存与竞争所要求的知识与能力，
但它们也有可能享受"新手优势"（Advantage of Newness），即不仅可以
通过自己的经验得以学习，而且可以比现有企业更有效地通过外部的间接
经验而获取知识（Posen & Chen，2013）。

另外，大家通常认为对于某些行业一窝蜂的进入而导致的众多新进入
企业的失败，对企业来说是一种错误的战略行为，对社会经济资源来说也
是一种浪费。但过度的进入可以导致足够的外部性来抵消潜在的浪费，从
而显著地降低行业整体的成本。总体而言，这种外部性收益大于进入者所
承担的相关成本。因此，企业失败对于整个经济体系而言也许是好事
（Knott & Posen，2005）。对于企业而言，战略失败的企业补贴了战略成功

的企业。

另外一位沃顿商学院的博士（2008 年毕业）、在纽约大学任教的 **JP Eggers** 也对企业的失败进行了深入的研究。他发现，企业在不确定性的情形下做出的技术投资决策将在很大程度上影响企业在该业务上的未来命运。首先，当竞争性技术出现时，早先选择后来被淘汰的技术的企业很难在后来再被选中的技术领域中有所作为。这一方面是由于"锁在外面"效应，另一方面是由于企业的风险承受能力降低。其次，同时投资两种竞争性技术或者等待不确定性消除再进行投资都可能不甚有效。前者是因为二者间的协调与侧重难以把握，后者是因为面临学习上的劣势。最后，对于那些早先支持了被淘汰的技术和同时投资于两种技术的企业而言，如果具备产业链上下游的互补性资源，则可以降低其失败的概率，提高其成功拥抱产业主导技术的可能性（Eggers，2012）。

在一篇相关的文章中，他发现，过早地对最终成为主导技术的承诺可能阻碍企业以最佳的产品入市，而过晚地投资进入则会限制企业获取和积累知识的能力。通过对平面显示屏行业 40 年（1965—2005 年）技术演进的研究，他还发现，在企业被迫转换到主导技术之前，初始投资于失败技术的企业提供了最好的产品价值；技术转换虽然延误了对主导技术的投资，但能够帮助企业开发与市场相关的知识（Eggers，2014）。因此，早期的失败也许并非一无是处。

2007 年博士毕业于 INSEAD 的 **Olivier Chatain**，曾任教于沃顿商学院，现任教于法国高等商学院。他以对资源市场竞争与产品市场竞争关系的研究（Chatain，2014）以及对供求双方关系的研究（Chatain & Zemsky，2007）而著称。他对价值创造与获取之影响的研究尤其引人注目。他将共享客户的供应商作为"相关的竞争者"。对于一个特定的供应商而言，一个与其共享客户的实力一般的竞争者要比一个不与其共享客户的极具实力的供应商更具威胁。客户与潜在供应商形成新的交易关系需要时间和成本。一个进一步的推论是，针对"相关竞争者"的企业专长与竞争力要比针对所有竞争者的企业专长与竞争力更能帮助企业获取价值。他对英国律师行业的实证研究支持了上述结论（Chatain，2011）。

谈到"相关的竞争者"，有必要谈及关于竞争领域界定的最新研究成果——企业的类别与竞争（Categories and Competition）的关系，由新生代学者 **Giovanni Cattani** 与老将 Joe Porac 和 Howard Thomas 联袂奉献（Cattani，Porac & Thomas，2017）。Cattani 2004 年在沃顿商学院获得博士学位，师从 Sydney Winter 和 Daniel Levinthal，现任教于纽约大学。该文对比了产业组织经济学（强调产品的可替代性）、战略管理（注重战略群组与移动壁垒）以及组织理论（把握独特性与相似性之间的平衡）等对于市场边界划分的影响，并强调了企业决策者认知对于市场界定的影响（Cognitive Embeddedness of Competition in Markets）。

企业的地点选择也是重要的战略管理维度之一。在新生代学者中，现任教于范德堡大学的 **Brian McCann** 教授（普度大学博士，2009 年毕业）乃是这一专题的重要贡献者（McCann & Folta，2008）。McCann 与其在普度大学时的老师 Tim Folta 合作，发现并不是所有的企业都能从集群经济中获益，只有那些新创企业以及知识储备较高的企业才会从企业集群中获益（McCann & Folta，2011）。此前，两人还明确地区分了需求方的集群效应（比如降低消费者的搜寻成本）以及供给方的集群效应（比如大规模的专业人才与知识溢出），并探讨了这种区分对研究与实践的意义（McCann & Folta，2009）。McCann 还将集群经济对信息不对称的降低应用到企业关于并购与战略联盟之间的选择上（McCann，Reuer & Lahiri，2016）。

McCann 教授最新的一项研究颇具新意。他考察了东欧和中亚等新兴经济体国家中正规企业与无照经营的非正规企业间的竞争。他发现正规企业往往试图通过产品创新（New Product Development）来应对来自非正规企业的竞争，尤其是当它们把非正规企业的存在当作障碍的时候。当然，这种关系受到竞争与制度环境的影响。当一个正规企业面临的来自其他正规企业的竞争压力增大的时候，当腐败行为也可以奏效的时候，或者当管理者对于监管环境极为乐观的时候，创新的激励会被削弱（McCann & Bahl，2017）。

战略过程研究：战略管理与创业学的融合

新生代学者对于战略过程的研究，主要聚焦于企业的战略联盟与企业间关系对企业战略与绩效的影响。此类研究最为常见的情境背景是新创企业与企业家行为以及公司内创业创新。现任教于伦敦商学院的 **Gary Dushnitsky** 在此类研究上的发表堪称典范。他于 2004 年在纽约大学获得博士学位，2013 年获得战略管理学会的"新锐学者奖"。他的主要研究兴趣在于公司内部风险投资（Corporate Venture Capital，CVC）。他认为，企业内部风险投资可以成为收获企业创新价值的重要手段。其研究结果表明，企业内部风险投资项目在知识产权界定相对较弱（Weak IP Regimes）以及企业自身吸收能力较强的情形下尤其有效。企业内部风险投资项目的增多会导致后续专利的增多（Dushnitsky & Lenox, 2005a）。

他的合作者 **Michael Lenox** 任教于弗吉尼亚大学，乃是 2009 年战略管理学会"新锐学者奖"得主。在一项相关研究中，他们发现，在知识产权界定相对较弱而且技术酝酿周期较长、互补能力较为重要的产业里，企业更愿意选择内部风险投资项目。而且，充裕的现金流以及较强的吸收能力会增大企业内部风险投资的可能性（Dushnitsky & Lenox, 2005b）。他们还发现，被刻意用于驾驭新奇技术（Novel Technology）的企业内部风险投资项目更能够帮助企业创造和收获价值（Dushnitsky & Lenox, 2006）。而且，在知识产权难以界定的领域，企业内部风险投资一般不会投给那些与企业现有业务相同的行业中的创业项目。相反，在知识产权可以清晰界定的领域，企业更愿意投给与自己相同行业中的内部创业项目（Dushnitsky & Shaver, 2009）。

另外，Eisenhardt 坐镇的斯坦福大学管理科学与工程系毕业的两位学生 **Benjamin Hallen** 与 **Emily Cox Pahnke** 表现得较为突出。他们分别于 2007 年和 2010 年博士毕业，现共同任教于西雅图华盛顿大学。在他们的一项合作研究中，二者采用有限理性的视角，并基于企业声誉的文献（Fombrun & Shanley, 1990），考察创业者是否能够准确地评价风险投资者

（VC）总体的业绩表现（Track Record）。他们还发现，当创业者远离网络中心、激励较低、在评价品质较低的 VC 或者极为著名的 VC 时，他们的评价会较为不准确。而这些情形下，创业者恰恰最为需要准确的 VC 信息（Hallen & Pahnke，2016）。

尽管文献中有证据表明与 VC 结成的社会网络有助于新创企业的上市与成长，但他们与合作者在另外一项研究中发现，新创企业之间由于共享同一个 VC 而形成的非直接关系可能导致信息的泄露并因此对企业创新产生负面影响（Pahnke，McDonald，Wang & Hallen，2015）。在最近的一项研究中，他们与合作者确立了"创业者灯塔"（Entrepreneurial Beacon）效应，亦即在某些新兴领域（Narscent Sectors）中单一个体的引领与诱发效应（Singular Trigger）。他们发现，耶鲁大学捐赠基金对 VC 类投资项目之日益增持的选择对新兴 VC 的创立起到了所谓的"创业者灯塔"效应（Bermiss，Hallen，McDonald & Pahnke，2017）。

在早期的研究当中，Hallen 还关注了新创企业与相关网络中其他企业和机构之间联系的形成。他发现，在早期就形成联系的企业主要靠的是创业者个人的关系和社会资本，而形成联系较晚的企业主要依靠的是组织的成就（Hallen，2008）。他还与 Eisenhardt 合作区分了联系形成的两种模式：具有特定优势与特权的企业对现有强关系的依赖，以及其他企业主要通过利用机会和提升自身吸引力之作为（Hallen & Eisenhardt，2012）。

任教于北卡罗来纳大学的另一位新生代学者——2013 年博士毕业于马里兰大学的 **Mahka Moeen**，则专注于研究企业在新行业诞生过程中的投资进入决策。她首先区分了企业在进入新兴行业时的能力和企业在进行初始投资时的能力。在企业做出进入决策时，核心技术能力与互补配套资源影响进入的可能性。然而，在企业早先进行相关的初始投资时，企业的整合能力以及初始的相关技术能力和互补性资产显得尤为关键，因为它们使得进入新兴产业所必须具备的核心技术能力与互补配套资源在企业里的内生发展（Endogenous Development）成为可能（Moeen，2017）。

Moeen 与其导师 Rajshree Agarwal 合作发现，在新兴产业从技术突破到商业化之间的孵化阶段（Incubation Stage），各种企业通过多样各异的知识体系影响着行业的知识演进过程并且通过不同的方式获取相应的经济价值。行业中现有的企业很可能成为兼并的对象。以科研为主的新创企业更可能与现有企业合作或者对其进行并购。她们建议企业不应只以技术和产品的商品化为唯一准绳，而是应该采取多种绩效指标和评判尺度来考察行业进入的成败（Moen & Agarwal，2017）。

战略过程研究：组织经济学的渗透

在战略管理过程研究的一些传统和标准话题上，组织经济学的渗透进一步显现。比如，以 **JP Eggers** 和 **Felipe Csaszar** 为代表的学者对于组织结构、决策过程与企业绩效的研究。二者基于"信息集聚"（Information Aggregation）视角对于组织决策的合作研究较有影响。参照卡内基行为决策理论和群组决策文献，他们认为组织中信息集聚的方式大致有四种：独自决策（Individual Decision Making）、授权给专家（Delegation to Experts）、多数投票（Majority Voting），以及对意见的加总平均（Averaging of Opinions）。通过正式的模型分析，他们考察了这四种模式的有效性如何受到组织知识宽度以及外部环境变化的影响。其模型显示，当企业专长构成复杂、准确授权较为可能、组织的知识与环境要求相吻合的时候，授权乃是最为有效的决策机制。另外，根据组织的知识宽度，多数投票或者加总平均也可能成为最有效的模式。

师从 Levinthal 的 Csaszar 擅长以模型分析为基础的实证研究。在对609家共同基金的15万个股票选择决策的研究中，他发现决策集中度的提高会增加"疏漏错误"（Omission Error），亦即遗漏了该选择的好股票，减少"误投错误"（Commission Error），亦即选择了不该选择的差股票，也同时减少了总投资项目数。该文的基准模型取材于经济学，道理简单明晰，结果也较为直观。基于同一类经济学模型，他还考察了组织结构设计对于其探索与挖掘行为的影响（Csaszar，2013）。

在与其导师合作的一项研究中，Csaszar 将战略制定者有关战略的

"心理表征"（Mental Representation）与战略"图景"的选择（Choice of Strategy "Landscape"）同时进行考察。心理表征是有关现实的一个理念模型，可以用来感知和预测现实。因此，对于战略制定而言，心理表征代表决策者如何看待、意会和审视战略决策。一个决策者可以不断搜寻较为满意的心理表征，积极而富于想象力地去构建某种战略理念模式，但他必须最终依照某种特定的心理表征去做出实际的战略选择。是不断地试图改善自己的心理表征还是在既定的心理表征下去做出决策选择？二者之间应该有个均衡点。过度准确的心理表征有时可能反而不利于企业的绩效表现（Csaszar & Levinthal, 2016）。

高阶视角研究持续更新

战略管理学研究的一个重要的构成部分，是 Hambrick & Mason（1984）倡导的采用所谓的高阶视角以及相应的方法来研究企业 CEO、高管团队和董事会的构成与动态，以及公司治理的选择对于企业战略、组织行动与经营绩效的影响。采用行为决策、心理学、社会学、代理人理论、博弈论、金融学乃至会计学等诸多学科的理论视角和研究方法，这一领域的研究成果丰盈、引人注目。在少壮派新锐精英张燕教授之后，又有诸多新一代的学术明星专注于 CEO 与高管团队的研究。

其中，最为引人注目的学者当属任教于 INSEAD 的**陈国立（Guoli Chen）**教授。他于 2008 年从宾州州立大学获得博士学位，乃是 Hambrick 的亲传弟子。由于其突出的研究和发表成就，陈国立教授于 2016 年获得战略管理学会的"新锐学者奖"。

陈教授最具影响的工作之一是研究企业转机（Turnaround）过程中的 CEO 更替（CEO Succession）及其对绩效的影响。他与 Hambrick 发现：CEO 的更替本身并不能帮助解救遭遇困境的企业。CEO 更替是否能够对企业绩效产生正面影响，取决于原任 CEO 与企业面临的情境不契合的程度以及继任 CEO 与该情境相契合的程度（Chen & Hambrick, 2012）。

之后，陈教授还发现在企业转机过程中招聘的 CEO 通常会获得较高的薪酬激励，尤其是与绩效相关联的薪酬（Chen，2015）。他还考察了临时过渡性 CEO（Interim CEOs）对于"企业收入提高"（Income-Increasing Earnings Management）这一企业绩效指标的看中和操纵。其研究发现，临时 CEO 更倾向于管理和操纵"企业收入提高"；他们越是这样做，越容易被转成正式 CEO；而在企业内外治理机制健全的情形下，"企业收入提高"与临时 CEO 被转正的关系将会减弱（Chen，Luo，Tang & Tong，2015）。对于高阶视角的研究专题，还包括董事会中女性的比例对于企业并购力度的影响（Chen，Crossland & Huang，2016）以及 CEO 过分自信对于企业抗拒纠偏反馈的影响（Chen，Crossland & Luo，2015）。陈教授的其他研究兴趣还包括新创企业 IPO 前的形象管理（Chen，Hambrick & Pollock，2008），等等。

此外，研究发表著述甚丰的 Westphal 教授也有多位弟子在高阶管理研究中贡献突出。亚利桑那州立大学的 **David Zhu** 教授，于 2009 年在密歇根大学获得博士学位。他在毕业前曾与 Ethiraj 合作就模仿战略的成效进行实证研究（Ethiraj & Zhu，2008）。他在毕业当年有一篇与导师合作的文章，研究证券分析师对于公司股票回购计划的反应（Zhu & Westphal，2011）。之后他发表的所有文章，都与 CEO 或者董事会有关，均是在 A 类期刊上发表，2 篇为独著，其余 5 篇都是第一作者（或者所有作者贡献相同）。其合作者包括 Westphal、沈伟、陈国立和 Amy Hillman。研究的题目包括 CEO 的自恋与先前参与各种董事会的经历对于公司战略的影响（Zhu & Chen，2015a，2015b），CEO 在选择董事会成员时对其与自己的自恋倾向相似性的偏好（Zhu & Chen，2015a），外聘 CEO 先前与多样性较高的董事会的共事经历对其业绩的影响（Zhu & Shen，2016），以及董事会的"群体极化"（Group Polarization）对于并购溢价的影响（Zhu，2013）。

现任教于得克萨斯农工大学的 **Steven Boivie** 教授，2006 年在奥斯汀得克萨斯大学获得博士学位，师从当时任教于该校的 Westphal 教授。他在对高管团队（尤其是对董事会）的研究方面有着极为广泛的文章发表记录，但很少是第一作者。在他最近领衔的一项研究中，他与合作者发现，对于那些没有 CEO 任职的高管人员而言，进入其他企业的董事会等于是被外部市场进行了认证，而且还可以获得独特的知识、技能与关系，并能够因此提升自己在高管市场上的身价以及在企业内部的薪酬，更有机会被提拔为未来的 CEO（Boivie, Graffin, Oliver & Withers, 2016）。

Westphal 最近的学生，是即将从密歇根大学毕业的 **Gareth Keeves**。他在毕业前已经有两篇文章在 A 类期刊上发表。一篇考察企业高管对 CEO 的讨好逢迎（Ingratiation）的正反两面性作用。逢迎既可以招致 CEO 的好感，也可以导致逢迎者对 CEO 的厌恶和憎恨，尤其是当 CEO 是少数族裔或者女性时（Keeves, Westphal & McDonald, 2017）。另外一篇考察白人男性高管对于女性或者少数族裔 CEO 的反应，以及这种反应如何影响他们对组织的认同以及对同事提供的帮助（McDonald, Keeves & Westphal, 2017）。显然，题目越来越细碎和具体。

在新生代明星学者中还有一位研究企业高管的学者值得一提：2013 年博士毕业于印第安纳大学的 **Ryan Krause**，现任教于得克萨斯基督教大学（TCU），只用了 4 年就在该校获得终身教职。Krause 现在已经有 11 篇文章在 A 类期刊上发表。他的研究主要集中在对董事会的考察上，包括：作为 CEO 之老板的董事长对 CEO 的"合作"与"控制"倾向（Krause, 2017）；企业的董事会中来自别的企业首席执行官（CEO）/总裁职位的外部董事的出现对于企业经营绩效的影响（Krause, Semadeni & Cannella, 2013）；共同 CEO（Co-CEOs）情况下的"一山不容二虎"以及两个 CEO 之间的权力差距与企业绩效的非线性关系（Krause, Priem & Love, 2015）；等等。

Krause 最具影响的工作之一是研究 CEO 与董事长是否由同一人担任对企业绩效的影响。他将从一人同时担任董事长和 CEO 的情形转变成董事长和 CEO 分别由不同的人担任的情形分成三种。学徒（Apprentice）：现任董事长兼 CEO 让出 CEO 的位置给新人；出局（Departures）：现任董事长兼 CEO 完全出局，由两个不同的人分别继任董事长和 CEO；降级（Demotion）：现任双职位者的董事长职位被拿掉，只保留 CEO 职位。基于标准普尔 1 500 强与《财富》1 000 强企业样本的研究结果表明，当目前企业绩效不佳时，将一人兼二职的情形转换成一人一职的设置有利于提高企业的绩效；而当企业目前绩效较好时，拆一为二则会降低企业的绩效。上述关系在降级的情境下最为突出（Krause & Semadeni, 2013）。在之后的另外一篇文章中，他们考察了企业绩效、董事会的独立性以及现任CEO的职业生涯阶段对于上述三种分离模式之采用的影响（Krause & Semadeni, 2014）。

张燕教授与 Hoskisson 教授在莱斯大学共同指导的 **Wei Shi** 同样也是一颗耀眼的学术新星。他于 2016 年获得博士学位，现任教于印第安纳大学。毕业不到两年的时间，已经有 8 篇文章在 A 类期刊上发表或者被接受，其中 6 篇是作为第一作者。这是比当年的 Westphal 还要快的速度。他的研究以高管人员为主要对象（Shi, Hoskisson & Zhang, 2017），研究视角主要包括金融投资理论等。比如，他曾经考察 CEO 在竞争对手获得 CEO 奖项前后的并购投资行为。他发现，一个企业的 CEO 在对手获奖后急于提振自己的名声和地位，因此会比对手获奖前更加大肆并购企业。当该CEO 自己有机会获得类似奖项时，这种行为尤其明显。但股市对于该CEO 在对手获奖后的并购宣告的反应要小于对同一 CEO 在对手获奖前的并购宣告的反应（Shi, Zhang & Hoskisson, 2017）。

与其他学科和领域的融合

21 世纪，战略管理学的研究与相近的创业学和国际管理等领域进一步融合（Zahra, Ireland & Hitt, 2000）。经济学、金融学、社会学、心理学乃至脑科学也在不断影响战略管理学科研究的进展。正如前文介绍的创业学和组织经济学对于战略过程研究的丰富与拓展，新生代的学者在构建各自专注一致的研究项目的同时，也在跨学科融合方面进行了不懈的探索。

在 Deephouse（1999）的基础上，**Eric Zhao** 和 **Greg Fisher** 与同事一起进一步将制度理论与战略选择理论相结合，考察企业独特性的最优化程度（Optimal Distinctiveness）。企业需要足够的独特性以彰显其竞争优势，但同时也要保持与其他"选手"的相似性，从而能够符合利益相关者的预期并保证其足够的合法性，实现最大限度的独特、最低限度的合法，尽量出众而又足够合群。在独特性与合法性之间如何平衡，是战略管理面临的一个重大挑战。Eric 和合作者的工作将大家对最优独特性的理解从以往通常想象的单一维度拓展到多维度的综合考量。毕竟，企业的环境是复杂、细碎和动态的，而且利益相关者的诉求也是多方面的（Zhao, Fisher, Lounsbury & Miller, 2017）。

Greg Fisher 2012 年从西雅图华盛顿大学获得博士学位，Eric Zhao 2014 年毕业于阿尔伯塔大学。二人共同任教于印第安纳大学。Eric Zhao 还将制度逻辑理论应用到社会性创业（Social Entrepreneurship）的研究中（Zhao & Loundsbury, 2016；Cobb, Wry & Zhao, 2016）。

在伊利诺伊大学厄巴纳-香槟分校（UIUC）师从 Rajshree Agarwal 的 **Martin Ganco** 于 2010 年博士毕业，现任教于威斯康星大学。他的专长是研究企业人力资源的流动性与创业和创新的关系。常识认为，技术的复杂性会阻碍由于员工离职创业或者到对手那里工作而可能导致的技术流失。然而，由于复杂的知识在现有组织中通常并没有被完全挖掘利用，即使知识的复杂性可以阻止员工流动导致的扩散流失，但技术仍然可以通过员工离职创业而被转移到新创企业中（Ganco, 2013）。

在另一项关于员工创业的研究中，Martin Ganco 与合作者发现，收入较高的员工通常比收入低的员工更不会轻易离职。而他们一旦离职，则更可能会去自己创业而不是加入竞争对手企业。员工离职创业对"老东家"的负面影响通常比加入对手企业要更严重（Campbell, Ganco, Franco & Agarwal, 2012）。他还发现，一家对自己专利看管严格而经常会对离职技术人员进行诉讼的企业可以降低技术人员离职的概率。但当企业诉讼过于频繁时，离职的技术人员在离职后的生产率反倒得以提高。因此，一个可能的结论是，企业的诉讼只能威慑那些一般甚至优秀的技术人员，但通常还是挡不住那些具有超强创造力的技术人员的离职（Ganco, Ziedonis & Agarwal, 2015）。

在新生代的学者中，2011 年毕业于明尼苏达大学的 **Exequiel Hernandez** 在战略联盟及其在全球竞争中的应用以及国外市场进入方面的研究较为引人注目。他与 **Akbar Zaheer** 合作考察过在知识密集型产业中企业与并购对象之前的战略联盟关系对于并购绩效的影响（**Zaheer, Hernandez & Banerjee**，2010）、企业的网络镶嵌性与创新力的关系（Vasudeva，Zaheer & Hernandez，2013）、跨国公司的地理范围与其战略联盟组合的关系（Zaheer & Hernandez，2011）。他还专注于研究网络中的防范行为（Network Defense），考察企业如何通过终止或者避免某些关系与连接从而防止自己的知识被泄露给那些与自身没有直接关系的竞争对手（Hernandez，Sanders & Tuschke，2015）。

基于 1998—2003 年间 27 个国家的企业在美国各州设立分部的数据，Hernandez 考察了来自同一个国家的移民与该国企业在美国扩张的关系。如果某个国家的移民在某个州的集中度较高，那么来自这个国家的企业更容易在这个州设立分部，也更容易存活。当企业先前没有在美国的经验时，当移民可以帮助企业利用与业务相关的知识溢出时，当企业是知识密集型企业时，上述关系尤为强劲（Hernandez，2014）。

在一篇理论构建的文章中，2011 年博士毕业于伊利诺伊大学的 **Lihong Qian** 与 Mahoney 合作阐释了"市场摩擦"（Market Friction）的概念并以之为基础系统地梳理了组织经济学（交易费用理论、产权理论、实物期权理论、资源本位理论等）对于战略管理的潜在贡献。市场摩擦可以导致市场的不完善（Market Imperfection）、市场的低效率（Market Inefficiency）和市场失灵（Market Failure）。在不同的市场摩擦状态下，存在着成本降低、价值创造以及价值获取的不同组合。他们希望市场摩擦这一概念可以为企业租金的产生寻找更多的、比现有的"分子"层面的组织经济学理论（如交易费用理论）更加微观的"原子"层面的源泉（Mahoney & Qian，2013）。

以实物期权为视角和方法的研究亦有声有色。现任教于科罗拉多大学的**童文峰（Tony Tong）**教授 2004 年博士毕业于俄亥俄州立大学，师从

Barney 教授。他是战略管理领域实物期权研究的重要贡献者之一。在对跨国合资企业的研究中，他与合作者认为，股权结构、产品市场组合以及地理位置对于跨国合资企业能够提供的企业未来发展选择（Growth Options）的价值有重要影响。具体而言，少数股权的跨国合资企业以及多元化的跨国合资企业最具未来发展选择价值（Tong, Reuer & Peng, 2008）。

童教授与 Jeff Reuer 在实物期权研究方面合作较多，著述甚丰，不仅涉及对跨国合资企业的研究（Reuer & Tong, 2005），而且还包括对于跨国公司风险的考察（Tong & Reuer, 2007）、不同国家对于企业发展选择的影响（Tong et al., 2008），以及其他企业与 IPO 企业缔结的以股权为基础的战略联盟（Reuer & Tong, 2010）。他还将实物期权的视角应用到企业内部风险投资与并购选择的比较研究中（Tong & Li, 2011）。

童教授其他的研究兴趣包括跨国公司总部与分部之间的知识转移（Wang, Tong & Koh, 2004）、新兴经济体中股权类型与战略群组的关系（Peng, Tan & Tong, 2004），等等。

最近，以组织经济学模型为手段，Hart Posen 也试图开发一种有关实物期权使用的行为决策理论，包括信号噪声、决策者偏见以及学习过程等相关因素（Posen, Leiblein & Chen, 2018）。

新兴研究领域逐渐升温

虽然学术研究的逻辑和焦点与商业畅销书市场上的时髦并非完全吻合，但二者在各自的发展进程中注定会偶尔接触碰撞、交汇融合。在所谓的"新经济"中出现的现象和概念也在学术文献中得到体现和应用，比如平台战略、生态系统、商业模式、共享经济等。

华人学者**朱峰（Feng Zhu）**教授本科在美国文理学院常年排名第一的 Willams 学院（Williams College）学习经济学、数学和计算机专业，2005 年在哈佛大学获得计算机科学硕士学位，2008 年在哈佛商学院与文理研究生院获得科学、技术与管理博士学位。在南加州大学任教数年后，他于 2013 年回到哈佛商学院任教至今。他的主要研究兴趣是平台市场中的技术创新战略，研究现象和情境涉及电子游戏系统、网络社交平台、维基百科网站、智能手机操作系统等。

在技术创新的应用中，新进企业可以选择"战略显现"（Strategic Revelation）或者"战略隐匿"（Strategic Concealment）两个不同的战略来拉拢对手并同时实现自己的价值最大化。前者是明确地采用新的商业模式来展现自己的技术创新，从而诱导现有企业也采用新的商业模式，使其行为有利于新进企业。后者是不采用新的商业模式而是采用现有企业使用的传统商业模式，这样可以隐藏自己的技术创新，避免现有企业通过改变其现有商业模式来威胁新进企业。通过模型分析，朱峰与 Ramon Casadesus-Masanell 发现：当新进企业的产品质量高于现有企业的产品质量时，它通常会采用战略显现；而当新进企业的产品质量低于现有企业的产品质量时，它则通常会选择战略隐匿（Casadesus-Masanell & Zhu，2013）。

这表明，是否公开展现自己的商业模式创新是一个重要的战略选择。而且，一个推断是，有很多潜在的商业模式并不会见到天日，因为创新者会担心现有企业的模仿使自己"竹篮打水一场空"。在两个企业的交锋中，产业的均衡点通常是二者分别采用不同的商业模式。现有企业可以通过向新进企业学习而获得收益。当这种收益大于由于新进企业的进入而带来的损失时，现有企业对于新进企业的接纳会导致比独自垄断时更高的收益（Casadesus-Masanell & Zhu，2013）。在另外一篇文章中，他发现了平台市场中非直接网络效应（Indirect Network Effects）以及消费者对未来应用的贴现值（Discount Factor for Future Applications）对于后进入者之存活的重要性（Zhu & Iansiti，2012）。

如前所述，沃顿商学院的 **Rahul Kapoor** 教授与 Ron Adner 合作的对于生态系统战略的研究乃是战略管理文献中对该专题最具影响的贡献之一（Adner & Kapoor，2010）。Kapoor 于 2008 年在 INSEAD 获得博士学位，师从当时在 INSEAD 任职的 Ron Adner 教授。继二者早期的生态系统研究之后，他们又以生态系统的视角考察了技术的替代。他们认为，在互相依赖的技术体系内，技术的替代通常不是单项技术本身的替代，而是一个技术生态系统对另外一个技术生态系统的替代。他们提出了新技术"生态涌现"（Emergence Challenges）和现有技术"生态拓展"（Extension Opportunities）的概念，并且认为二者同时决定了技术替代的速度与范围（Adner & Kapoor, 2016）。

Kapoor 还考察了生态系统中不同参与者之间的治理模式对于技术创新之采用的影响。在对医院、医生群体、医疗服务分销商的关系如何影响新技术（MRI 和 PET 两种医疗器械）之采用（1995—2006）的研究中，他与合作者发现：那些与医生群体通过联盟形式合作的医院更愿意购买上述医疗器械，而与医生群体进行纯粹市场交易或者自己拥有医生群体的医院则不那么积极。那些与医疗服务分销商保持多种关系的医院要比只与分销商保持市场交易关系的医院更愿意购买新型医疗器械（Kapoor & Lee, 2013）。

2011 年在哈佛商学院获得博士学位的 **Venkat Kuppuswamy** 现任教于北卡罗来纳大学。迄今为止，他的主要研究贡献集中在众筹专题上。当人们认为自己的投入会产生不一样的结果时，他们会愿意支持众筹项目。他预测，当众筹目标快要实现的时候，人们更愿意对其给予支持。而一旦目标实现，人们对于该众筹项目的支持将会骤然减少。通过对著名众筹平台 Kickstarter 的田野调查研究，他证实了自己的假设（Kuppuswamy & Bayus, 2017）。在最近的一篇文章中，他还发现大家对不同种族发起的众筹的支持程度是不一样的。少数族裔发起的众筹项目通常会被认为质量低劣而获得较少的支持（Younkin & Kuppuswamy, 2017）。

另外，所谓的"共享经济"也受到战略管理学者的关注。比如，**Seth Carnahan** 就对"赶场经济"（Gig Economy）平台的出现对于创业的影响进行了实证研究。他与合作者以 Uber 对于某个区域的进入为例，考察了这种进入对于当地创业的影响。他们用 Kickstater 的创业项目数目和当地自我就业的指标来测度研究的因变量：创业活动的增减。其结果发现，像 Uber 这样的赶场经济平台一方面为社区提供了较为稳定的就业机会，另一方面也减少了个体创业的动机和行为。可以说，赶场经济平台的出现对于其他形式的个体创业（也许是较为低质量的创业）存在挤出效应（Burtch，Carnahan & Greenwood，2018）。

研究方法论的多样与精细

在研究方法论方面，无论是在方法本身的严谨精准方面还是在新老方法的丰富多样方面，新生代的明星学者都在进行积极的尝试和有益的贡献。2003年毕业于斯坦福大学的 **Melissa Graebner**，如今任教于奥斯汀得克萨斯大学。她与导师 Eisenhardt 曾经合作发表了具有重大影响的关于从案例研究构建理论所面临的机会与挑战的系统总结（Eisenhardt & Graebner，2007）。最近，她们又探讨了归纳法（Inductive Methods）在管理学研究中将会遇到的各类重要挑战（Eisenhardt，Graebner & Sonenshein，2016）。此外，她还专门梳理了对于定性数据（Qualitative Data）研究的一些常见的偏见和误解（Graebner，Martin & Roundy，2012）。

最近，**Aaron Chatterji** 与同事专门探讨了田野实验（Field Experiments）在战略管理研究上的应用前景，尤其是对于因果关系的探究（Chatterji，Findley，Jensen，Meier & Nielson，2016）。Emily Pahnke 还与同事合作考察了社会网络研究的"指数随机图模型"（Exponential Random Graph Models）方法在战略管理研究中的应用（Kim，Howard，Pahnke & Boeker，2016）。此外，组织经济学中对于个体本位模型（Agent-Based Model）以及 NK 模型的应用（Csaszar & Siggelkow，2010；Csaszar & Levinthal，2016）亦蔚然成风。

与此同时，传统的统计分析（各类回归模型）、事件研究分析（Event Study Analysis）以及分类法（Typology）研究（Fiss，2011）等较为传统的研究方法也经常被采用（Schuler，Shi，Hoskisson & Chen，2017）。

第五部分
学科发展之前景展望

　　回首过去是为了更好地展望未来。梳理和总结战略管理学研究的发展历程与学说史，是为了更好地理解本学科的基本使命和主要诉求，那就是对涉及企业生存与持续发展的战略决策过程与内容的探究、对于企业绩效决定因素的考察。这是战略管理学科的立身之本。回望既往的概念体系、分析框架、理论视角与研究方法，是为了更好地把握学科未来的走向和趋势，看看哪些需要扬弃，哪些需要补充，哪些需要重组，哪些需要更新。从早期发展到日益成熟，战略管理学正在向范式性渐强的规范性学科的方向挺进。同时，其问题导向也吸引了众多其他领域学者的参与。学科本身也从当初联系紧密的同仁兴趣社区转向如今貌似来者不拒的大规模群众运动。

　　展望未来，大规模的开放性参与，将会是不可逆转的潮流。而居于学科核心的精英群体、精英意识和精英结构也将不可避免地持续下去。多数群众运动都是需要由领袖们鼓动发起和监督掌控的。主流与枝节，核心与边缘；殿堂与街市，精英与大众；学说与检验，原创与跟踪；理论与实践，学术与应用。多方力量，互动并行。运动仍将继续下去。回望过去，波澜壮阔，云蒸霞蔚；展望未来，风光旖旎，精彩万千。战略管理学尚在青春，依然年轻。我们在路上。

第十一章　开放系统：殿堂与街市互动

自哈佛商学院的企业政策教学与研究开始，一个世纪以来，战略管理学科走过了一个学说繁盛、流派纷呈的发展演进历程。尤其是在过去的四五十年间，这一学科日益注重理论研究的重要性，力争在保持与管理实践相关和契合的同时提升自己在科学研究社区的地位与合法性。进入新世纪，学者们更是向着范式性学科的方向迈进，学术研究专题不断明晰细致，研究方法日益精进严谨，不同专题与视角的研究工作也在逐渐融合。

同时，作为一个应用型学科，战略管理也在不断吐故纳新、与时俱进，积极考察和应对实践前沿所面临的新的问题与挑战。因此，尽管整个学科正在走向范式性的状态，但它仍然是一个朝气蓬勃、欣欣向荣的年轻领域，充满生机活力，既复杂多样、兼容并包，又聚焦于一个统一一致的主题：为什么某些企业持续地比其他企业拥有卓越的经营业绩？

在结束我们对战略管理学说史的漫长回顾之际，不妨回顾两个重要的话题：学术理论与管理实践的关系以及研究社区中学术精英与普通学者的关系。如果纵观历史能够在某种程度上帮助我们预见未来，那么对于战略管理学说史的考察至少可以给予我们两点启示。

其一，学说史是明星学者的著述史。无论学说本身优劣对错，无论是否与实践在任何程度上相关，明星学者的重要学说通常可以自成一体，激发相关学者的兴趣和想象力，引导学科发展的阶段性方向，更加有效和有效率地促成学术资源以及研究努力的集聚，从而增进学科的成果产出与影响力。

其二，理论与实践之间往往具有复杂而多样的关系。理论本身可能并不来源于实践，实践也并不一定就能激发理论创建。学术研究和管理实践均有自己的内在逻辑。各自并行，间或交叉。偶有交集，乃是幸事。多乏关联，亦是常态。知行合一，则是可遇而不可求。

学术研究：精英与大众的互动游戏

学术成就的判定靠的主要是其影响力

在学术界，学者的成就和贡献的最终判定，是根据其学说和成果的影响力：有多少学者在谈论你的东西？有多少人在验证你的假说？有多少人在采用你的理论或者研究方法？有多少人在不断地试图攻击和反驳你？有人想要极力地推翻你的东西，这正说明你曾经非常权威地风光过或者正在风光地灿烂着。除了极少数个案，可以说，学术精英的地位是自己"挣"出来的，靠的是自己的实力与贡献，外加时机和运气。一个没有多少人关注和引用的学者号称自己成就如何，无疑是井蛙夏虫、自傲梦呓。

至少在西方或者以美国学术界为代表的管理学研究社区，所谓的"怀才不遇"的现象是极为罕见的。"是骡子是马，拉出来溜溜。"所有的顶尖期刊都是公开透明的，纯粹的学术期刊基本上都是双盲评审。文章有没有新意，大致一目了然。偶尔有旷世奇才，其划时代的贡献可能被多个渠道拒绝。但这种情形基本上是小概率事件。而且，真正的划时代贡献在被拒多次之后仍然是要以某种方式得见天日的，而且还会由于其经历坎坷而再传一段佳话。Teece"动态能力"学说的发表历程便是类似的经典案例。

精英的种类与其贡献

能够在一两个研究领域或者专题上有所建树并对整个学科产生深刻影响的学者乃是精英中的精英。在战略管理学科，以多元化战略和资源本位企业观著称的 Rumelt 教授便是此类精英学者的典范，号称战略学家中的战略学家。这类精英要么开创一种理论范式和潮流，要么构建一些基础的学术概念和分析框架。具体而言，我们还可以再细分出至少四类不同的精英学者。

第一类，是纯粹以概念构建见长的学者，比如 Barney 教授。他自己从来就没有也不需要去做什么实证研究，完全靠理论功底"吃饭"，创概念，拼逻辑，讲道理。而且是只用文字干侃，还不用诉诸数理模型。只有在与人合作时，他才参与实证研究项目。以"主导逻辑"和"核心竞争力"等概念著称的 Prahalad 教授基本上也是此类精英学者。

第二类，是提出概念并能够用数理模型或者模拟演示等方法去演绎自创的概念，或者在数理模型的基础上进行实证检验的学者，比如，提出"吸收能力"以及"组织学习短视症"的 Levinthal 教授。可以说，以组织经济学为学科背景的明星学者们基本上都属于这种路数。这些学者追求的是理论概念的基本性（Generic）和普适性（Generalizable）以及理论模型的简洁优雅。他们通常也都梦想着构建自己的企业理论（The Theory of Firm）。

第三类，是提出概念模型并能够通过自己的实证研究进行验证的学者，他们可以开创一脉研究潮流，不仅自己乐此不疲，而且引领众多的学者参与其中，风起云涌，前呼后拥。比如，将产业结构分析引入战略管理领域的 Porter 教授和开创高阶研究风尚的 Hambrick 教授。

介于第一类和第三类之间的是 Teece 教授这样的精英学者，早年重于实证研究，比如对"范围经济"的验证，后来专注于概念构建和文字性的逻辑演绎，比如动态能力。介于第二类和第三类之间的是 Rumelt 和 Wernerfelt 教授那样的精英学者，既能用数理模型演绎概念，又能亲自上手诉诸实证研究而印证其理论观点。Wernerfelt 教授的发表更是入乡随俗、应景而变：在经济学期刊上更多地采用数理模型，在管理学期刊上则专注于实证研究。

第四类，通常是基于实地观察以及理论归纳法而自创概念的精英学者。比如，研究快速决策的 Eisenhardt 教授以及对组织战略、组织结构和公司权力与政治构造了多种分类法的 Mintzberg 教授。

介于第一类和第四类之间的是创造基本战略分类法的 Miles 教授。Miles 与 Snow 基本战略分类法乃是将对企业的行为观察以及理论构建相结合的上佳范本。

当然，还有一些精英学者可能擅长于上述多种理论构建的方法和模式，比如 Siggelkow，既能通过案例总结和归纳构建理论，又能把握数理模型以及实证研究。或者，像 Amit 或者 Kogut 那样的全能精英学者，基本上可以用上述所有方法进行理论创新。

除了上述四种精英学者，还有一些学者由于其在理论验证与发展方面的持续贡献而进入学科的核心区域，并产生重要而广泛的影响。他们可以被认为是第五类精英学者。他们对于理论发展的贡献主要在于对现有理论的检验，进得快，做得早，产量高，研究相对扎实可靠，而且可能提出一些相关的衍生概念（Derivatives）、互补概念（Complementaries）或者理论拓展（Theoretical Extension）。比如，整个战略管理学科最为全能而且极端敬业的 Hitt 教授、在多个领域和专题做出过重要贡献的 Zajac 教授和 Singh 教授，以及在高管团队等研究领域做出持续贡献的 Westphal 教授等。

理论的检验与传播和应用

一个学科内的大部分学者都不太可能创建足够新颖、实用而又可以得到众多同行认可的理论概念。他们能做到的是在某一个特定的情境下用某种特定的样本和研究方法来验证和传播某种既有概念及理论框架，或者在某些细分领域做出所谓的"价值添增的边际贡献"（Value-Added Marginal Contribution）。如此，便可以在文献中留下一笔。当然，这是对于那些或者出于自己的兴趣和自律，或者出于任职机构的制度化压力（比如比较像样的大学里的学术文章发表要求），而致力于学术文章发表的学者而言的。他们的贡献，是对精英学者提出的命题进行细化和拓展。

还有一些学者，游走于学界和实务界之间，既可以接触和欣赏学术研究的成果，又可以有选择地经过自己的包装向实务界趸贩扩散。由于他们自己曾经是学者，甚至是经过良好的学术训练并且非常有成就的学者，他们可以从管理实践中提炼出一些真知灼见或者提出一些新鲜时髦的话题，巧妙地植入学术文献，荡起些许涟漪抑或一番波澜。然而，在更多的情况下，他们的主要工作是将其对实践的观察和总结经过包装再返销给各类信奉大师的管理实践者和商业畅销书的受众。比如，Hamel 博士便是此类大师的典范。

通常情况下，这些曾经的学者在时下与学术界的关系越紧密，其倡导的管理技法越扎实靠谱。他们离开学术界的距离越远，被捧为大师或者自封大师的时间越长，其兜售的战略秘诀和管理真经就会越来越单一武断，更加接近于与具体情境相关的即兴感悟和纯粹的个人偏见。

而对于大多数博士毕业生而言，他们在毕业后可能不再从事学术研究，或者根本无缘在主流期刊上发表文章，遑论在顶尖期刊上发表文章或者有什么学术影响。他们的贡献，也许在于教学，也许在于咨询，也许在于直接参与管理实践，也许在于进入政府监管部门或者非政府机构。总之，其贡献的实质，是在某种程度上对于管理知识的扩散传播和实践应用，而不是知识创造本身。他们的贡献是对整个学术界研究成果的加工和扩散。

开放式创新：殿堂与街市的互动

有意思的是，大家往往把学术领域抑或学术圈称为学术殿堂。也许，这并不是巧合，而是有其内在的深层含义的。计算机软件行业观察家 Eric Raymond 曾用殿堂与街市（Cathedral vs Bazaar）形容专业社区的职业人士所进行的软件开发与所有人都可以参与的开源（Open Source）开发模式之间的关系（Raymond, 1999）。其著名的论断之一是，给定足够的眼球，所有的瑕疵疏漏（Bugs）都会显得浅薄而不堪一击。至少在开源领域，由于大众参与的规模，很少会有公然的谬误能够得以持续存在。

然而，与之相反，殿堂里的作为，在很大程度上是在职业人士聚焦的封闭社区中发生的。社区内的自我纠偏功能要格外强大，才能够避免硬伤和毁灭性的打击。如此，他们也许有必要借助街市的力量去验证自己的活动结果，并使之在应用中得到不断的改进（Debug）和拓展。安卓手机的开源系统便是从殿堂走向街市的著名案例之一。而苹果的 iOS 系统则主要依靠殿堂内的力量去进行创新。

然而，无论是安卓还是 iOS，抑或其他任何知识和技术系统，原始的点子上的创新往往来自殿堂，而不是街市。因为殿堂内的职业人士通常训练有素、传承严格、行为规范、敬业专注，属于专业人做专业事儿。而街市的主要作用在于对出自殿堂的理论之检验、应用、更新与传播。街市本身很难靠自己松散的力量自创一套完整的设计与活动体系。街市力量的动员与集聚，仍然要依靠来自殿堂的源头势力的影响。以维基百科为例，上面传播的东西基本上都是各种殿堂内产生的知识。你不可能维基维基，不可能引用维基证明维基，或者通过维基构建维基。它只是对原创内容的一种再组合方式的公开传播。

把这种比喻引入战略管理学的研究中来，这就意味着关键的理论概念和框架是来自精英机构（抑或精英圈子）里的精英学者。大多数学者只不过是在殿堂的边缘抑或街市的中央区域以及各种角落去摇旗呐喊，影响受众、取悦精英、实现自我。划时代的贡献是由精英学者来囊括的。来自街市而盛行于街市的学者，偶尔能够登堂入室，成为殿堂级的学者。而大多数的殿堂级精英，则是所谓的根正苗红、出身显赫、授业名门、鹤立鸡群。他们有自己的内在圈子以及隐匿私密的社会网络。

如果外在环境发生剧变，而精英社区墨守成规、故步自封，也可能会导致一个学科的衰败与没落。但只要一个研究社区在精英与大众之间保持足够开放的沟通以及公开透明的上升通道，那么这一学科就会有不断自我更新的动力与行为机制。精英群体可以通过提高进入门槛（比如耍极为复杂的方法论）而构建和保持其社区的纯洁性和私密性，用非常高深抑或貌似高深的方法去考量和验证其实极为简单的道理。而街市上的大众学者们，因为缺乏足够的技术能力，而无法判断或者揭穿某些天真无邪的自鸣得意以及刻意而为的故弄玄虚。但只要精英群体能够将自己的真实贡献用大众学者们能够理解的形式呈现，他们的贡献就会在更广泛的程度上得以验证和传播。发动街市上的力量参与到某种运动中去，对于精英的成就实现和地位提升最终是有利的。

精英机构与精英人才：互相造就

人以类聚，物以群分。显然，精英人才是有其独特的聚集栖息之地的。在学术圈中，这意味着顶尖的研究型大学或者相关的具有优秀传统和雄厚实力的各类研究机构。就战略管理学研究而言，精英人才的摇篮和用武之地，主要是研究型大学，从那些以基础学科研究为主导的私立名校（比如哈佛大学和斯坦福大学），到知识创造与传播相结合的实力派公立名校（比如密歇根大学和伯克利加州大学）。参见本书附录二列出的以战略管理学研究著称的各类知名学府。

考察一所院校的学术实力及其精英地位与氛围，一是看其现有教师队伍的精英程度以及规模和范围上的覆盖程度，二是看其博士毕业生的就业前景以及之后的学术发表成就。精英地位靠的是持续的人才集聚与人才培养。某些院校可能由于若干学术明星的出走便立刻墙倒屋塌。有些院校则实力深厚、阵容庞大，不会由于少数人员的变动就会在本质上改变其学术地位。还有一些学校，能够与之为伍便可能是终生的最佳归宿。因此，某些精英学者对于精英机构的承诺可能是数十年，甚至将其作为唯一的职业选择。在这种意义上，精英机构与精英人才乃是互相提携、互相造就的。

在战略管理领域内，整个20世纪，哈佛大学可谓半壁江山、一枝独秀。它培养了最多的学术明星，足迹遍及全球，影响深远广泛，至今仍然声誉不衰、备受尊崇。进入21世纪，宾夕法尼亚大学沃顿商学院更是傲视群雄、一马当先。以Levinthal为首的导师团队持续贡献了一系列耀眼的学术新星，尽显风骚、成就斐然。在过去的二十多年里，伯克利加州大学的企业与公共政策（Business and Public Policy）专业的管理经济学博士项目也造就了一批与战略管理相关的明星学者。

斯坦福大学、纽约大学和西北大学等传统私立名校依然实力雄厚、青春焕发。密歇根大学、明尼苏达大学、华盛顿大学、伊利诺伊大学和马里兰大学等老牌的公立大学如今人才济济、口碑上佳。达特茅斯学院塔克商学院和弗吉尼亚大学达顿商学院等教学型院校更是明星云集、教学相长。加拿大的多伦多大学，欧洲的 INSEAD、伦敦商学院、法国高等商学院和 Bocconi 大学，以及亚洲的新加坡管理大学等亦是风潮涌动、蒸蒸日上。

　　显然，战略管理学的学术研究虽然已经成为全球性的群众性运动，但居于核心主导地位的仍然是美国的精英名校以及与之相关的各类名校和精英学者。"众人拾柴火焰高"，但前提是要有"点火者"的初始贡献；"大树底下好乘凉"，但关键是要有人提前栽树方可造就庇荫。没错，群众的眼睛是雪亮的。他们可以决定是否和如何跟随某些创意和潮流。而精英的智力集聚以及思想启迪则是群众运动之前不可或缺的。

　　毕竟，学术圈是学术明星的社区，学说史是精英学者的思想记录。这是我们梳理战略管理学说史的依据和初衷，也是本书的主旨要义。下面，我们简要地考察战略管理学术研究与实践的复杂关系，并展望中国学者与中国情境对于本学科发展的潜在贡献和相关含义。

理论与实践的复杂关系

管理学研究的"一仆二主"

　　作为一个问题导向的应用研究学科，从长远看，战略管理学可谓"一仆二主"。它既要满足科学社区对于科研活动及成果判定的严谨性（Rigor）要求，也要对管理实践社区有足够的相关性（Relevance）和启发意义（Implications）。到底是战略管理学者依靠自己的思考和观察并通过自己的研究成果去启发和指导战略管理实践，还是学者们有选择地应用现实世界管理实践的素材和问题作为自己研究的平台和情境来丰富自己的研究工作，并最终满足自己的好奇心以及求知的偏好与初衷？也许，两种力量同时存在，交叉抑或并行。管理学研究既要遵从科学发展本身的逻辑，又要关照对企业实践的启发和引领（Hambrick，1994）。战略管理学科亦是如此。

　　毕竟，知识创造本身有其长期和根本的意义所在，并不一定会对实践产生立竿见影的直接影响或者对管理问题提供药到病除的解决方案。同时，科学研究和知识创造也是分为不同层次的，有基础研究、应用研究和具体的问题导向的 R&D 项目。纯粹的学术研究，往往是专注于基础研究层面的有关根本问题的一般性理论。对于更加具体的中区理论（Mid-Range Theory）层面的研究则介于基础研究和应用研究之间，也许更加偏重应用研究。而完全专注于解决问题的研发层面的研究与成果则主要是咨询公司和智库机构的专长。

　　因此，学术研究的作用和意义，尤其是基础研究的重要性，在于创造一般性的知识，用最严谨的手段和方法去构建一些尽可能地接近现实并能够在最原本的层面解释现实的理论知识。这种基础知识可以激发咨询公司等机构应用研究和解决方案的发现与构建，可以直接启发管理实践者根据自己的情境去改善和提高自己的管理实践水平，可以通过学校教育去系统地提升未来管理者的学养、品位与格调，去激发他们的探索精神和系统思考的能力，鼓励他们用科学研究的思路和科学方法论去应对现实中遇到的问题。这是学术研究的重要意义和最为实际的贡献。也正是在这个意义上，不一定每项管理学研究都必须直接涉及对管理实践的直接作用与影响（Huff, 2000）。

理论与实践的关系：复杂而又割裂

　　某些理论可以直接解释现实、指导实践。某些理论也许需要应用性的解读与阐释才能对管理实践者有启发意义。还有一些理论，是学者为了构建新的理论所必须进行的纯粹的基础性研究，对实践基本没有任何意义。也就是说，有些理论仅仅是作为学者的智力游戏而有其存在价值但与管理实践没有任何干系。还有一些理论虽然精彩，但可能没有可以直接对应的现实来对其进行检验和应用，因此，其实用价值一时难以确定。

　　有些实践，可能没有现成的理论能够清晰精准地解释，甚至没有理论能够说明其根本的机制和道理。而且，即使是很多能够解释和指导现有实践的理论，也通常因为实践者没有机会或者兴趣接触而无缘与实践对接。另外，各种未经检验的所谓"经典妙方"与"实战秘籍"以及用华美标签包装的道听途说和个人偏见，通常也以各种理论为名头风行于世。其错误的传播与应用无疑也在某种程度上败坏了理论的名声。

无论如何，学者的研究，最终是为了知识发现与创造本身。至于别人（包括最需要靠谱而实用之理论的管理实践者）是否理解和赏识，那是另外一个问题。学术研究本身自有其存在的价值和内在的逻辑。比如，学术大家 March 教授认为，判定学术成就高下的主要尺度是该理论是否有趣好玩而且在理论构建和呈现过程中手艺是否精当地道。

其实，一旦理论与实践结合，点子与行动相遇，结果就可能会是革命性的突破，形成轰轰烈烈的运动，摧枯拉朽、红红火火。毕竟，革命不常有，也不长久。小的运动可能隔三差五、接连不断，大抵也总是春和景明、波澜不惊。可以想见，实践中的管理精英以及学术圈中的理论精英，都通常会认为自己是最聪明的人。而最聪明的人，其最大的特点之一，就是对于（自己领域内和其他领域里）不聪明者或曰他们认为的不聪明者会自然流露出难以掩饰的鄙夷和不懈。文人相轻，愚夫互贬。秀才与兵，书呆子与折腾者。各种鄙视链盛行。

因此，必须有足够好而又足够亲民的理论与足够开明而又足够接地气的实践者紧密结合才能产生改天换地的运动。但这注定是可遇而不可求的。星星之火，可以燎原。当一个聪慧的点子或者强劲的理论欣逢其时之际，没有什么比它更有用的了。如此，理论不一定需要最完美精准，但要至少具有基本的学养与合法性以及超强的吸引力，并且能够以各种聪明程度的实践者听得懂、看得见、摸得着的方式传输给他们，使他们得到激发和动员、信奉与承诺，义无反顾地投身到该运动中。可以说，管理理论在世俗生活中的表现，是通过一个又一个的所谓流行趋势与当下时髦而界定的（Abrahmson & Fairchild, 1999）。

一般而言，理论与实践是两条道上跑的车。二者的关系总体上是割裂的。学者通常并不会刻意地去思考和推销其理论的管理含义。管理实践者也往往不会把学者的书生之见放在眼里、记在心上、落实到行动当中去。甚至还颇有一些功成名就的创业者干脆像"粪土当年万户侯"一样鄙夷学者及其知识。这是真实的现状，过去大概就是这样，未来也许仍然如此。无须愤世嫉俗，也不必扼腕叹息。学术与实务，知识与功利。同一个世界，不同的梦想。各有各的活法，各有各的道理。精彩与辉煌，只需向同道者展现，不足为外人道也。偶尔相逢，会心莞尔，抱拳拱手，扬长而去。

实践素材与理论构建之不确定性关系

由于全球范围内不同国家学者广泛而深入的参与，无论是研究的现象和专题还是采用的方法和视角，战略管理学的研究正在日益多元化，不断地接纳来自不同国家和地区以及文化背景的研究素材与研究情境。但迄今为止，总的趋势仍然主要是将以美国学术社区为核心基准的研究范式拓展应用到这些多元化的国际情境，或者用这些情境去验证美国范式的一些理论与常识。这些多元化的情境，至少迄今为止，并没有在理论原创方面有什么令人眼界大开的突出贡献。

有一种说法貌似非常有理。那就是，中国的经济改革与企业实践是人类发展史上的一个奇迹。对于现代经济学和管理学研究而言，这种实践乃是一座金矿，可以依靠它做出重大的理论贡献。也许，这确实是有道理的。谁能说清楚这一伟大成就的背后成因以及作用机理，谁就无疑会做出突破性的学术贡献。然而，仔细思之，是否能够做出理论性的贡献，与面对的实践其实也不一定有非常直接的关系，关键是要看研究者有没有足够的天分、学术训练、想象力和足够的敬业自律与献身投入。

毕竟，学术研究是智力和想象力的比拼，是逻辑思维能力的展现和应用，而不只是看图说话，从直观的感受中总结出浅显的道理。学术精英的出现与高浓度的智力集聚以及高强度的专注研究，注重对事情本身原委究竟和过程机制的探究，讲求对原创性概念和框架的揉炼与开发，这才是学术研究的真谛。著名的奥地利学派，靠的就是几个极端聪明的大脑以及卓越的学术传统和研究氛围，跟奥地利的经济发展没有过多的直接联系。同样，物理学中的哥本哈根学派靠的也是若干睿智的头脑，而不是丹麦的社会经济发展状况。"亚洲四小龙"的起飞、日本与韩国的渐次兴盛以及在全球范围内的成就，也并没有给世界带来多少理论性的贡献。从这一意义上讲，至少在某种程度上，理论研究与管理实践的素材和情境之间可能没有什么必然联系。

当然，中国的经济改革与管理实践对于全球商界的影响是显而易见的。中国经济的体量本身就足以毫无悬念地得到全世界的重视。只是说，我们的实践是否能够激发世界级的学术研究尚待考察和验证。也许值得一提的是，至少在商学院的教学方面，我们已经拥有极大的影响。20世纪90年代，美国《商务周刊》曾经报道，当被问到在哈佛商学院学习两年最大的感受是什么的时候，一位MBA学生不假思索地脱口而出：我们上了那么多的课、读了那么多的案例，结论似乎只有一个——不管我们做什么，日本人总是比我们做得好。如果今天再做同样的采访，哈佛商学院MBA学生的直觉回答可能是：不管我们做什么，中国人总是比我们做得快而便宜。是的，在商学院课堂上，抑或在更加广泛的商业畅销书市场上，无论是当年的日本还是现今的中国，都是以事件和现象出现的，甚至代表的是风尚与时髦。而它所激发的理论创新则相对匮乏。所谓代表日本文化的Z理论（由William Ouchi提出）也不过是昙花一现的应用性解读；而韩裔学者提出的蓝海战略基本上与韩国没有任何关系。

理论发展与突破从重视精英开始

没有精英的思想原创和理论基石的构建，大规模的群众运动不过是散兵游勇的自发集结和低水平的不断重复。理论构建必须从对精英的遴选和鼓励开始。从小到大，精英是选拔出来的，不是培养出来的。不是说后天无须培养，而是说首先要选出有潜力的苗子，而后精心培养。在研究型大学构建学术研究的浓厚氛围，让聪颖优异的学生对学术研究感兴趣，这也许是最为关键的切入点。"千军易得，一将难求。"这是中国先人归纳出来的真知灼见。但我们好像并没有将这一真知灼见付诸演绎性的实践，在学术圈中鼓励自由意志、独立思考、批判精神以及对注重证伪的科学方法论的应用。前路漫长，任重道远。

当然，国内的战略管理学研究也已逐渐脱离过去的"我认为""我相信""我们必须"那样的文学作品和政策报告式的八股文风，而日益拥抱甚至矫枉过正地采用美国范式的"实证主义"（Positivist Empiricism）。我们"山寨"别人观点和"拷打"数据的能力还是足够强的。这也无可厚非。"千里之行，始于足下。"毕竟，我们只能从我们可以做并善于做的地方开始。何况，精英通常也是不可能大规模培养和复制的，尤其是在理论氛围缺乏的场景下。也许，假以时日，在我们的大规模群众运动中，给定足够大的体量和基数，是可以涌现出一批优秀的精英人才和划时代的突破性贡献的。在那一天到来之前，大家还是要力所能及地尽量做出自己最大可能的贡献。正像本书前面评介的那样，在现有领域内的挖掘和利用也许是促进探索性发现与未来创新的契机。

战略管理学研究：中国学者的贡献

就管理学研究的国际主流社区而言，华人学者的加入也日渐形成规模。最早参加美国管理学会的华人是一批来自中国香港地区和中国台湾地区的优秀学者，包括 Rosalie Tung、Carolyn Woo、徐淑英（Anne Tsui）、汤明哲（Ming-Je Tang）、樊景立（Larry Farh）以及陈明哲等。其中，Rosalie Tung、徐淑英和陈明哲三位都担任过美国管理学会的主席。这无疑是华人的骄傲。然而，仔细思之，他们的成就和地位并非来自其华人身份，而是其成就与贡献恰恰符合美国范式的要求与预期。尽管如此，他们的成就无疑为我辈后学以及未来的华人学者做出了卓越的榜样。

从 20 世纪 80 年代中后期开始，来自中国内地的学者也逐渐加入美国管理学会。早年参加美国管理学会年会的有组织行为学领域的 Bill Jiang 和后来的陈昭全（Chao Chen）、国际商务领域的 Tailan Chi 和阎爱民，以及战略管理领域的李明芳和谭劲松等。印象中那时华人学者聚会，找一家中餐馆，两三桌就基本搞定了。那时，无论是整个美国管理学会与各个分会，还是华人学者群体，都是关系较为亲近的熟人社区。

三十年过后，情形大变。在 2017 年亚特兰大的美国管理学会年会上，在正式会议日程（Program Book）上出现的华人学者就有成百上千位。粗略算了一下，从莱斯大学的张燕（Anthea Yan Zhang）到北京大学的张志学（Zhixue Zhang），名字从 A 到 Z，姓 Zhang（张、章或者其他发音为"Zhang"的姓氏）的学者就有 92 位；姓 Li（李、黎等）的学者就有 81 位。

大家的领域越来越细分，各类小圈子之间也越来越松散。好在学界前辈与精英的领导作用仍然能够神奇地把大家聚拢在一起。从 2006 年开始，陈明哲教授每年都组织华人学者聚会，并主持管理学研究工作坊，帮助大家进行交流与沟通，同时在学术研究和职业发展上请资深学者对后学新人进行经验传授和提携点拨，功德无量。来自中国的著名战略管理学者，也都纷纷利用假期以及学术访问和学术会议抑或国内兼职等诸多方式对中国战略管理学的发展做出了自己应有的贡献（参见本书附录九中简要总结的在国外获得博士学位的战略管理领域华人学者名录）。

如第九章所述，来自中国的一批新生代精英学者，正在美国顶尖的研究型大学不断集结并站稳脚跟。他们的学术成就与贡献有目共睹。作为一个人才济济、日益扩展的群体，华人战略管理学研究社区至少在数量上可以和美国之外的任何一个国家相媲美，中国军团的后发崛起也正在质量和影响力上日渐逼近具有先发优势的印度学者集群。可以想见，在未来的战略管理学科发展进程中，中国学者以及整个华人社区的成就和贡献将会越来越得以凸显。我们需要极力争取的，是能够引领和影响整个学科发展的原创性的理论贡献。

结语：展望未来

从企业政策到战略管理再到现今新经济形态下的各类战略创新，战略管理学科的研究工作经历了上百年的演进历程，逐渐成熟而又历久弥新。新鲜的血液不断加入，研究方法不断更新，新的问题日益得到关注，不同的研究领域和潮流既深入聚焦、自成一体，又不断交叉融合、互补衬映。

就整体趋势而言，对于与价值创新和价值获取相关的更为总括的话题的关注日益代替了原先对于持久竞争优势的迷恋。战略管理与日益走俏的创业学也正在形成进一步的融合与互鉴。战略理论对当下实践的关注（平台战略、生态系统、共享经济等）也不断升温、渐入佳境。组织经济学社区的强力集聚与强势出击也明显地体现了本学科在向规范性学科迈进时对于方法论之严谨正式和精准细致的诉求。

战略管理学科虽然山头林立、细碎割裂、流派纷呈、各执一端，但毕竟有其共享的对于企业绩效决定因素的终极兴趣。于是，不同的专题领域、学术流派和研究方法也在持续碰撞与互相融合（Durand, Grant & Madsen, 2017）。而且，从理论构建的真实性和可信性考虑，对企业中的人、行为过程以及活动组合的关注，导致了大家对各种理论之微观基础的进一步深入考量，并对战略分析与战略实践的关系进行必要的重新审视。

学科继续发展，明星不断涌现。而一部学说史梳理下来，一个强烈的感受是，欲想成就卓越而有影响的贡献，一个学者必须专注和自律。在天分资质、想象力和勤奋程度给定的前提下，能够专注于一些根本性的话题，力争创建解释力强（Big Effect Size）而又强劲的理论概念分类法或者框架体系，乃是成功的捷径甚或必经之路。要有自己的特色和坚守，同时又足够开放和灵活，能够整合多种专题与潮流，并应用于多种细分领域甚至不同的学科。要有自己标签性的阵地和独特性的成就。

其实，学术界也是一场运动接着一场运动。没有运动，就无法造就新星。没有新星，也就难以有新的运动。二者是互相激发的。这一过程未必是注定"求真"的过程，通常是刻意"造真"的过程。而且是一个个小圈子互相笔试、比试、避世、鄙视、逼使从而发展成大圈子的过程。圈子过大了，有人厌倦了，新的小圈子就又出来了。周而复始，循环再生。概念点子和理论兴趣的周期循环，也如圈子一样。你现在看到的也许是十几

年前理论的翻版抑或几十年前理论的复制。场景变了，辞藻变了，也许是
问题和事情真的变了，但主要是人变了。新人来了，要有饭吃，就得有圈
子。创立圈子，钻进圈子，扩大圈子。否则，你只能在圈子外看热闹。

就事儿说事儿，当下的战略管理学科可谓理论繁盛、明星云集。其自
身的持续存在与不断壮大证明了它独特的存在价值。然而，在求知的道路
上，我们必须保持足够的敬畏之心和虔诚之意。正像如今年逾八旬的美国
管理学会前任（1998 年）会长 Bill Starbuck 教授在回顾自己半个世纪的学
术生涯时所感悟到的那样，我们可能知道的很多，也可能什么都不知道，
而且很可能知道的很多东西都是错的（Starbuck，2004）。

探索不能停。我们在路上。

附录一 战略管理学常见相关期刊概览

英文名称（缩写）	中文名称	类别或归属
Strategic Management Journal（SMJ）	《战略管理学期刊》	战略管理学会
Strategic Entrepreneurial Journal（SEJ）	《战略创业学期刊》	战略管理学会
Global Strategy Journal（GSJ）	《全球战略期刊》	战略管理学会
Academy of Management Review（AMR）	《管理学会评论》	美国管理学会
Academy of Management Journal（AMJ）	《管理学会期刊》	美国管理学会
Academy of Management Perspective（AMP）	《管理学会透视》	美国管理学会
Organization Science（OS）	《组织科学》	管理科学学会
Management Science（MS）	《管理科学》	管理科学学会
Strategy Science（SS）	《战略科学》	管理科学学会
Administrative Science Quarterly（ASQ）	《管理科学季刊》	管理综合类
Journal of Management（JOM）	《管理学期刊》	管理综合类
Journal of Management Studies（JOMS）	《管理学研究期刊》	管理综合类
California Management Review（CMR）	《加州管理评论》	管理实践类
Harvard Business Review（HBR）	《哈佛商业评论》	管理实践类
MIT Sloan Management Review（SMR）	《斯隆管理评论》	管理实践类
Long Range Planning（LRP）	《长期规划》	管理实践类
Entrepreneurship Theory and Practice（ETP）	《创业理论与实践》	创业学
Journal of Business Venturing（JBV）	《创业学期刊》	创业学
Journal of Small Business Management（JSBM）	《小企业管理期刊》	创业学
Journal of International Business Studies（JIBS）	《国际商务研究期刊》	国际管理
Journal of International Management（JIM）	《国际管理期刊》	国际管理
Journal of World Business（JWB）	《全球商务期刊》	国际管理
Industrial and Corporate Change（ICC）	《产业与公司变革》	经济学
Journal of Economic Behavior & Organization（JOBO）	《经济行为与组织》	经济学
Journal of Economics & Management Strategy（JEMS）	《经济学与管理战略》	经济学
Managerial and Decision Economics（MDE）	《管理与决策经济学》	经济学
Research Policy（RP）	《研究政策》	经济学
Strategic Organization（SO）	《战略组织》	经济学/综合
American Journal of Sociology（AJS）	《美国社会学期刊》	社会学
American Sociological Review（ASR）	《美国社会学评论》	社会学
Journal of Applied Psychology（JAP）	《应用心理学期刊》	心理学

附录二　以战略管理学研究著称的大学

一贯顶尖（Consistent Top Tier）
Harvard Business School
University of Pennsylvania Wharton

当今顶尖（Current Top Tier）
Dartmouth College（无博士项目）
INSEAD
Stanford University（GSB + MSE）
University of Toronto Rotman

长期一流（Consistent 1st Tier）
Columbia Business School
New York University Stern
Northwestern University Kellogg
UC Berkeley Hass
UCLA Anderson
University of Michigan Ross
MIT

早期一流（Once 1st Tier）
Purdue University Krannert
University of Pittsburgh Katz
University of Washington Foster
（主要以早年的众多优秀学生而著名）

实力名校（Solid Mainstream）
Duke University
Indiana University Kelley
London Business School
McGill University Desautels
Ohio State University Fisher
Pennsylvania State University Smeal
Texas A&M University
University of Illinois at UC
University of Maryland Smith
University of Minnesota Carlson
University of North Carolina Kenan-Flagler
University of Southern California
University of Texas at Austin McCombs
University of Wisconsin Madison
Washington University Olin

后起之秀（Recent Rising Star）
Arizona State University Carey
Bocconi University
HEC Paris
HKUST
Oxford University Said
National University of Singapore
Rice University Jones
Singapore Management University
University of Colorado Boulder Leeds
University of Utah
BYU（无博士项目）

　　注：上述分类主要考虑学校在两个方面的表现：（1）明星学者的集聚与影响；（2）培养的博士生的成就与贡献。

附录三 战略管理学会三大期刊 历年最佳论文奖

《战略管理学期刊》（*Strategic Management Journal*）

2017　David Mowery, Joanne Oxley, Brian Silverman. 1996. Strategic Alliances and Interfirm Knowledge Transfer. 17（Winter Special Issue）：77—91.

2016　Gautam Ahuja and Riitta Katila. 2001. Technological Aquisitions and the Innovation Performance of Acquiring Firms：A Longitudinal Study. 22（3）：197—220.

2015　Mary Tripsas and Giovanni Gavetti. 2000. Capabilities, Cognition, and Inertia：Evidence from Digital Imaging. 21（SI）：1147—1161.

2014　Ranjay Gulati. 1998. Alliances and Networks. 19（4）：293—317.

2013　Pam Barr, Larry Stimpert, Anne Huff. 1992. Cognitive Change, Strategic Action, and Organizational Renewal. 13（S1）Summer：15—36.

2012　Oliver Williamson. 1991. Strategizing, Economizing, and Economic Organization. 12（S2）Winter：75—94.

2011　William Ocasio. 1997. Towards an Attention-Based View of the Firm. 18（S1）：187—206.

2010　Rebecca M. Henderson, Iain M. Cockburn. 1994. Measuring Competence? Exploring Firm Effects in Pharmaceutical. 15（S1）Winter：63—84.

2009　Richard Nelson. 1991. Why do Firms Differ, and How Does it Matter? 12（S2）Winter：61—74.
　　　Sidney Winter. 2003. Understanding Dynamic Capabilities. 24（10）：991—999.

2008　Peter Smith Ring, Andy Van De Ven. 1992. Structuring Cooperative Relationships Between Organizations. 13（7）：483—498.

2007　Kathy Eisenhardt, Jeff Martin. 2000. Dynamic Capabilities：What Are They? 21（10—11）：1105—1121.

2006　Robert M. Grant. 1996. Toward A Knowledge-Based Theory of The Firm 17（S1）Winter：109—122.
　　　J-C Spender. 1996. Making Knowledge The Basis of A Dynamic Theory of The Firm. 17（S1）Winter：45—62.

2005　Henry Mintzberg, James A Waters. Of Strategies, Deliberate and Emergent 6（3）：257—272.

2004　Gabriel Szulanski. 1996. Exploring Internal Stickiness：Impediments to the Transfer of Best Practice within the Firm. 17（Winter Special Issue）：27—43.

2003　David J. Teece, Gary Pisano, Amy Shuen. 1997. Dynamic Capabilities and Strategic Management. 18（7）：509—533.

2002　Daniel A. Levinthal, James G. March. 1993. The Myopia of Learning. 14（S2）Winter：95—112.

2001　Dorothy Leonard. 1992. Core Capabilities and Core Rigidities：A Paradox in Managing New Product Development. 13（S1）Summer：111—125.

2000　Raphael Amit, Paul J. H. Schoemaker. Strategic Assets and Organizational Rent. 14（1）：33—46.

1999　Margaret A. Peteraf. 1993. The Cornerstones of Competitive Advantage：A Resource-Based View. 14（3）：179—191.

1998　Bruce Kogut. Joint Ventures：Theoretical and Empirical Perspectives 9（4）：319—332.

1997　Richard P Rumelt. 1991. How Much Does Industry Matter? 12（3）：167—185.

1996　Marvin B. Lieberman, David B. Montgomery. First-Mover Advantages. 9（S1）Summer：41—58.

1995　Danny Miller. 1986. Configurations of Strategy and Structure：Towards a Synthesis. 7（3）：233—249.

1994　Birger Wernerfelt. 1984. A Resource-based View of the Firm. 5（2）：171—180.

1993　CK Prahalad, Richard A. Bettis. The Dominant Logic：A New Linkage Between Diversity and Performance. 7（6）：485—501.

《战略创业学期刊》（*Strategic Entrepreneurship Journal*）

2014　Sharon Alvarez, Jay Barney. 2007. Discovery and Creation：Alternative Theories of Entrepreneurial Action. 1（1—2）：11—26.

2015　Sonali Shah, Mary Tripsas. The Accidental Entrepreneurs：The Emergent and Collective Process of Use Entrepreneurship. 1（1—2）：123—140.

2016　Rajshree Agarwal, David Audretsch, MB Sarkar. The Process of Creative Construction：Knowledge Spillovers, Entrepreneurship, and Economic Growth. 1（3—4）：263—286.

2017　Christopher B. Bingham, Kathleen M. Eisenhardt, Nathan R. Furr. 2007. What Makes a Process a Capability? Heuristics, Strategy, and Effective Capture of Opportunities. 1（1—2）：27—47.

《全球战略期刊》（*Global Strategy Journal*）

2017　Vijay Govindarajan, Ravi Ramamurti. 2011. Reverse Innovation, Emerging Markets, and Global Strategy. 1（3—4）：191—205.

附录四　战略管理学会奖项获奖名单

新锐学者奖（Emerging Scholar Award）

年份	获奖者名单	当时任职机构
2007	Jeffrey Reuer	University of North Carolina
2008	Riita Katila	Stanford University
2009	Michael Lenox	University of Virginia
2010	Yan Anthea Zhang	Rice University
2011	David Sirmon	Texas A&M University
2012	Dovev Levie	Technion
2013	Gary Dushnitsky	London Business School
2014	Andrew Shipilov	INSEAD
2015	Arron Chatterji	Duke University
2016	Guoli Chen	INSEAD
2017	Emilie Feldman	Wharton School

Prahalad 杰出学者-实践者奖
（CK Prahalad Distinguished Scholar-Practitioner Award）

年份	获奖者名单	当时任职机构
2011	Yvez Doz	INSEAD
2012	Nitin Nohria	Harvard Business School
2013	Clayton Christensen	Harvard Business School
2014	Henry Mintzberg	McGill University
2015	Michael Porter	Harvard Business School
2016	Richard Rumelt	UCLA
2017	Kathleen Eisenhardt	Stanford University

战略管理学会服务奖（SMS Service Award）

年份	获奖者名单	当时任职机构
2014	Lois Gast	Wiley Blackwell
2015	Michael Hitt	Texas A&M
2016	Richard Bettis	University of North Carolina at Chapel Hill
2017	Irene Duhaime	Georgia State University

附录五　战略管理学会院士名单
Fellows of Strategic Management Society

Active（活跃）

Rajshree Agarwal

Raffi Amit

Africa Ariño

Charles Baden-Fuller

Jay Barney

Christopher Bartlett

Ricard Bettis

Philip Bromiley

Robert Burgelman

Carlos Cavalle

Bala Chakravarthy

Karel Cool

Ming-Jer Chen

Yves Doz

Irene Duhaime

Rodolphe Durand

Kathleen Eisenhardt

Alfonso Gambardella

Robert Grant

Ranjay Gulati

Anil Gupta

Donald Hambrick

Constance Helfat

Michael Hitt

Robert Hoskisson

Anne Huff

Duane Ireland

Daniel Levinthal

Marvin Lieberman

Marjorie Lyles

Joseph Mahoney

Anita McGahan

Danny Miller

Henry Mintzberg

Will Mitchell

Torben Pedersen

Margaret Peteraf

Andrew Pettigrew

Jeffrey Reuer

Joan Enric Ricart

Peter Smith Ring

Richard Rumelt

Dan Schendel

Nicolaj Siggelkow

Harbir Singh

George Stalk Jr.

Stephen Tallman

Howard Thomas

Jose de la Torre

Margarethe Wiersema

Sidney Winter

Akbar Zaheer

Edward Zajac

Maurizio Zollo

Inactive（不活跃）

Joseph Bower

Pankaj Ghemawat

Vijay Govindarajan

William Guth

Gary Hamel

Bruce Kogut

Peter Lorange

Ian MacMillan

John McGee

David Norburn

Michael Porter

Kenneth Smith

David Teece

In Memoriam
（已故）

Kenneth Andrews

H. Igor Ansoff

Edward Bowman

Alfred Chandler

Derek Channon

Arnold Cooper

Sumantra Ghoshal

Bruce Henderson

CK Prahalad

John Stopford

附录六 美国管理学会战略管理分会历任会长名单
Division Chairs of The Strategic Management Division
(Formerly The Business Policy and Strategy Division)
Academy of Management

2017—2018	Mary Benner, Minnesota	1996—1997	Michael Lubatkin, Connecticut
2016—2017	Brian Silverman, Toronto	1995—1996	Jay Barney, Texas A&M
2015—2016	Alfonso Gambardella, Bocconi	1994—1995	Idie Kesner, North Carolina
2014—2015	Chris Zott, IESE	1993—1994	Irene Duhaime, Memphis State
2013—2014	Rajshree Agarwal, Maryland	1992—1993	Kathryn Harrigan, Columbia
2012—2013	Jeff Reuer, Purdue	1991—1992	Robert Burgelman, Stanford
2011—2012	Nicholas Argyres, Washington	1990—1991	Carl Zeithaml, North Carolina
2010—2011	Tammy Madsen, Santa Clara	1989—1990	Jay Bourgeois, Virginia
2009—2010	Joanne Oxley, Toronto	1988—1989	Carolyn Woo, Purdue
2008—2009	Joe Mahoney, Illinois	1987—1988	Rich Bettis, SMU
2007—2008	Russ Coff, Emory	1986—1987	Don Hambrick, Columbia
2006—2007	Anita McGahan, Toronto	1985—1986	David Jemison, Stanford
2005—2006	James Westphal, Texas-Austin	1984—1985	Edwin Murray, Boston
2004—2005	Margie Peteraf, Dartmouth	1983—1984	Larry Jauch, Southern Illinois
2003—2004	Javier Gimeno, INSEAD	1982—1983	Bob Pitts, Penn State
2002—2003	Ranjay Gulati, Northwestern	1981—1982	Carl Anderson, N. Carolina
2001—2002	Bert Cannella, Texas A&M	1980—1981	Charles Saunders, Connecticut
2000—2001	Ming-Jer Chen, Pennsylvania	1979—1980	John Grant, Pittsburgh
1999—2000	Diana L. Day, Rutgers	1978—1979	Arnold Cooper, Purdue
1998—1999	Ed Zajac, Northwestern	1977—1978	Charles Hofer, Purdue
1997—1998	Harbir Singh, Pennsylvania	1976—1977	William Glueck, Georgia

附录七　美国管理学会战略管理分会杰出教育家奖名单
Irvin Outstanding Educator Award
The Strategic Management Division
(Formerly The Business Policy and Strategy Division)
Academy of Management

2018　Sharon Oster—*Yale University*

2017　Glenn Carroll—*Stanford University*

2016　Gautam Ahuja—*University of Michigan*

2015　Dan Levinthal—*University of Pennsylvania*

2014　Myles Shaver—*University of Minnesota*

2013　Bernard Yeung—*National University of Singapore*

2012　Henri Mintzberg—*McGill University*

2011　Joseph T. Mahoney—*University of Illinois*

2010　Anita McGahan—*University of Toronto*

2009　Will Mitchell—*Duke University*

2008　Pankaj Ghemawat—*Harvard University*

2007　Kathleen Eisenhardt—*Stanford University*

2005　Jay Barney—*Ohio State University*

2003　Donald C. Hambrick—*Penn State University*

2001　Michael A. Hitt—*Arizona State University*

1999　Arnold Cooper—*Purdue University*

1997　David Jemison—*University of Texas*

1995　William H. Newman—*Columbia University*

1993　Michael Porter—*Harvard University*

1991　Charles Summer—*University of Washington*

1989　James Brian Quinn—*Dartmouth College*

1987　C. Roland Christensen—*Harvard University*

附录八 从事战略管理学或者相近领域
研究的美国管理学会院士名单

Academy of Management Fellows
Who Are In or Closely Related to Strategic Management

Howard Aldrich—*University of North Carolina*

Jay B. Barney—*University of Utah*

Joel Baum—*University of Toronto*

Albert Cannella—*Texas A&M University*

Archie B. Carroll—*University of Georgia*

Ming-Jer Chen—*University of Virginia*

John Child—*University of Birmingham*

Yves Doz—*INSEAD*

Kathleen Eisenhardt—*Stanford University*

Sydney Finkelstein—*Dartmouth College*

Robert Edward Freeman—*University of Virginia*

Ranjay Gulati—*Harvard Business School*

Anil K. Gupta—*University of Maryland*

William D. Guth—*New York University*

Donald C. Hambrick—*Pennsylvania State University*

Kathryn Rudie Harrigan—*Columbia*

Amy Hillman—*Arizona State University*

Michael A. Hitt—*Texas A&M University*

Robert E. Hoskisson—*Rice University*

Anne S. Huff—*Dublin City University*

R. Duane Ireland—*Texas A&M University*

Ann Langley—*HEC Montreal*

Ian C. MacMillan—*University of Pennsylvania*

Joseph T. Mahoney—*University of Illinois*

James G. March—*Stanford University*

Anita McGahan—*University of Toronto*

Alan D. Meyer—*University of Oregon*

Raymond E. Miles—*University of California*

Danny Miller—*HEC Montréal & U Alberta*

Henry Mintzberg—*McGill University*

William G. Mitchell—*University of Toronto*

Christine Oliver—*York University*

Margaret A. Peteraf—*Dartmouth College*

A. M. Pettigrew—*University of Oxford*

Jeffrey Pfeffer—*Stanford University*

Joseph Porac—*New York University*

Michael E. Porter—*Harvard University*

Dan E. Schendel—*Purdue University*

Ken G. Smith—*University of Maryland*

Charles C. Snow—*Pennsylvania State University*

William H. Starbuck—*University of Oregon*

Howard Thomas—*Singapore Management U*

James D. Westphal—*University of Michigan*

Edward Zajac—*Northwestern University*

In Memoriam（已故院士）：

H. Igor Ansoff（1970）—

Alfred D. Chandler, Jr.（1990）—*Harvard University*

C. Roland Christensen（1976）—*Harvard University*

Arnold C. Cooper（1998）—*Purdue University*

Peter F. Drucker（1962）—*New York University*

Sumantra Ghoshal（2001）—*London Business School*

William F. Glueck（1975）—*University of Missouri*

Lawrence R. James（2010）—*Georgia Institute of Technology*

Harold D. Koontz（1958）—*University of California, Los Angeles*

Paul R. Lawrence（1988）—*Harvard University*

Edmund P. Learned（1967）—*Harvard University*

William H. Newman（1953）—*Columbia University*

Max D. Richards（1969）—*Pennsylvania State University*

George A. Steiner（1964）—*University of California, Los Angeles*

Charles E. Summer, Jr.（1964）—*University of Washington*

注：括号中的年份表示该学者当选院士的日期。

附录九　战略管理领域华人学者概览

英文名	中文名	博士毕业学校	毕业时间	当前任职学校
Ming-Je Tang	汤明哲	MIT	1985	NTU
Ming-Jer Chen	陈明哲	Maryland	1988	Virginia
Mingfang Li	李明芳	Virginia Tech	1990	Deceased
Peter Ping Li	李平	GWU	1991	Copenhagen BS
JT Li	李家涛	UT Dallas	1992	HKUST
Justin Tan	谭劲松	Virginia Tech	1993	York Schulich
Ji-Ren Lee	李吉仁	UIUC	1994	NTU
Hao Ma	马浩	UT Austin	1994	Peking U.
Yuwei Shi	施瑜玮	UT Dallas	1994	Monterey
Roger R. Chen	陈荣鑫	UT Dallas	1996	U San Francisco
Mike W. Peng	彭维刚	Washington	1996	UT Dallas
Jianwen Jon Liao	廖建文	SIU Carbondale	1996	CKGSB/JD. com
Haiyang Li	李海洋	HKCU	1998	Rice
Bingsheng Teng	滕斌圣	CUNY	1998	CKGSB
Wenpin Tsai	蔡文彬	LBS	1998	PSU
Wei Shen	沈伟	Texas A&M	1999	ASU
William Wan	温彪	Texas A&M	2000	HKCU
Xiaoli Yin		Kellogg	2000	CUNY Baruch
Stan Xiao Li		Toronto	2001	York Schulick
Heli Wang	王鹤丽	Ohio State	2001	Singapore MU
Yan Anthea Zhang	张燕	USC	2001	Rice
Daphne Yiu	姚詠儀	Oklahoma	2002	CUHK
Changhui Zhou	周长辉	UWO Ivey	2002	Peking U.
Wei-Ru Chen	陈威如	Purdue	2003	CEIBS/CaiNiao
Xudong Gao	高旭东	MIT	2003	Tsinghua
Tieying Yu		Texas A&M	2003	Boston College
Tom Qingjiu Tao	陶庆九	Pittsburgh	2004	James Madison
Tony Tong	童文峰	Ohio State	2004	Colorado
Jianfeng Wu	吴剑峰	Purdue	2004	UIBE
Yan Ling		Connecticut	2004	George Mason
Jane Zhao		Michigan	2004	Kansas
Minyuan Zhao	赵敏渊	NYU	2004	Wharton
Jinyu He	何今宇	UIUC	2005	HKUST

（续表）

英文名	中文名	博士毕业学校	毕业时间	当前任职学校
Dan Li		Texas A&M	2005	Indiana
Charlotte Ren	任荣荣	UCLA	2005	Temple
Yong Li		UIUC	2006	Buffalo
Xiaohui Lu	吕晓慧	Wharton	2006	Peking U.
Jun Xia	夏军	Texas Tech	2006	UT Dallas
Xuanli Xie	谢绚丽	UNC	2006	Peking U.
Brian Wu	吴迅	Wharton	2007	Michigan
Frank Fan Xia	夏凡	UCLA	2007	Rennes
Guoli Chen	陈国立	PSU	2008	INSEAD
Nan Jia	贾楠	Toronto	2008	USC
Stone Weilei Shi		Pittsburgh	2008	CUNY
Yue Maggie Zhou		Michigan	2008	Michigan
Feng Zhu	朱峰	HBS	2008	HBS
David Tan		Emory	2009	Washington
Yi Tang	唐翌	HKUST	2009	HKBU
Wang Yanbo		MIT	2009	NU Singapore
David Zhu		Michigan	2009	ASU
Xiaoming He	何晓明	Texas A&M	2010	Beijing JTU
Cuili Qian	钱翠丽	HKUST	2010	UT Dallas
Sunny Li Sun	孙黎	UT Dallas	2010	UMass-Lowell
Richard Wang		Berkeley	2010	Babson
Hong Luo	罗红	NYU	2011	HBS
Lihong Qian		UIUC	2011	Portland St
Jiao Luo	罗晶	Columbia	2012	Minnesota
Qiang John Li	李强	Maryland	2013	HKUST
Fiona Kun Yao		Berkeley	2013	UIUC
Han Jiang	姜翰	ASU	2014	Arizona
Danqing Wang		INSEAD	2014	HKU
Albert Yanfei Zhao		Alberta	2014	Indiana
Guangrui Guo	郭广瑞	Miami U.	2015	Windsor
Ting Xiao	肖婷	Ohio State	2015	Peking U.
Wei Shi		Rice	2016	Indiana
Xiwei Yi	易希薇	Rice	2016	Peking U.
Yidi Guo	郭依迪	INSEAD	2017	Tsinghua
Yongzhi Wang		USC	2017	OSU

注：表中未列出中文姓名的学者，为中文姓名不详或作者未查阅到。

附录十 战略管理领域有过一定学术成果发表的学者概览

读者可微信扫描下方二维码，获取详细信息：

参 考 文 献

读者可微信扫描下方二维码，获取详细信息：

重要术语索引

后　　记

我非常欣慰能够最终完成这部著作。一是它能够向中文读者呈现一部相对全面系统的战略管理学说史，能够帮助他们相对迅捷方便地接触到战略管理学科的总体风貌与实质精髓。二是对于我自己而言，这也是在博士毕业二十多年之后的一次系统性的再学习与再出发。更重要的是，这是我将近二十本论著中最为艰难和耗费心神的。

在我于 2017 年 3 月份兴趣初发而偶然进入这个题目的时候，大概没想到整个过程会是如此漫长艰辛与耗时费力。如果早有规划和预期，估计早就偃旗息鼓、易辙更张了。它所覆盖的知识浩瀚纷繁，评介的学者数以百计，涉及的时段长达一个世纪。过去十多年间，我专注于教学工作，几乎没有发表英文学术论文而且也没有再跟踪过学术文献的进展。这次再捡起来，宛若一个全新的学习过程。

好在总算如愿完稿。由于敝帚自珍，喜好事必躬亲。此项工程的完成，凭借的是在下一己之力。在 2017 年的 3—4 月份、9—10 月份以及 2018 年的 2—3 月份这三大时段内，我几乎是每日连轴转地写作、阅读、查询、补课、梳理、再写作，并不断在自己的微信公众号（"马浩教授 on 战略管理"）上贴出一些章节，偶尔得到一些支持与鼓励，便更加不自量力，硬着头皮往前走。

直到可以草草收笔，才算有了个交代。这也再次印证了我经常趸贩的一套歪理邪说：战略就是有目的地不断折腾，从而增加歪打正着的可能性。究竟打正了没有，这要看读者诸君的意见和品评。反正我是把这个项目给"糊弄"下来了。虽是临阵磨枪，但自信见识和品味还不至于露怯现眼。当然，所有的功劳和亮点，都来自战略管理学科的明星学者与学术英雄。所有谬误与疏漏完全是我自己的责任，与他人无涉。

在此，我要衷心地感谢妻子、儿女以及所有家人的大力支持和欣然理解。在写作本书的过程中，我在家里待着也和没在一样，同家人之间很少有交流互动，主要生活在自创的学说史的世界里。这是一种幸福——一个人能够聚精会神地专注于自己喜欢干而且还有能力干的事情上。这也是一种令人歉疚的奢侈——过分地占用了本来应属于家人的空间和时间。感激妻子袁远的爱与关照。感谢洁鸥与祥鹤的理解和支持以及他们在学校和家里的良好表现给我们带来的宽慰与欣喜。

北京大学出版社对我一如既往的长期支持，尤其是对我的管理学精装系列论著的精心策划和鼎力支持，令人十分感激。在此，我要衷心感谢北京大学出版社总编辑助理、经济与管理图书事业部主任林君秀女士的慷慨鼓励与悉心关照，衷心感谢责任编辑张燕女士的辛劳敬业与专业把关。她们的工作值得信赖和赞赏。

本书的研究和写作曾得到教育部基地项目 16JJD630001 的部分资助，在此谨表谢意。

最后，也是最为重要的，我要感谢我在奥斯汀得克萨斯大学读博士时的导师 David Jemison 教授。是他把我引入了战略管理学的学术殿堂，使我有机会与各位学术英雄们纸上神交，徜徉于一个令人精神愉悦的奇妙世界。在自己没有当老师带学生之前，难以体会到恩师在我身上耗费的时间与精力。对于恩师，我甚为感激。

在 1989 年的那个时局动荡的春季，来自得克萨斯大学的录取通知书辗转三个月后才寄到我的手上。我紧赶慢赶地办完了手续到达奥斯汀时，已经开学一个星期了。据当年招生委员会里的一位智利学姐后来向我透露，那年的招生委员会主任正是刚从斯坦福大学转任得克萨斯大学的

Jemison 教授。在我的手续办得艰难缓慢而且结果未卜的情况下，有些老师建议直接转录等待名单上的下一个候选者，而 Jemison 教授坚持要等我来。

　　也许，这就是缘分。是 Jemison 教授给我打下了良好的学术基础并给了我如今赖以吃饭的手艺。由衷感激。我儿子的英文名字 David 正是以 David Jemison 教授的名字命名的。这本微薄的小书，我虔诚地献给我的导师——敬爱的 David Jemison 教授。

马　浩

得克萨斯州奥斯汀市

西湖山西河沿翠溪轩

2018 年 3 月 19 日